SEIRIN PRACTICE

プラクティス
交通事故
訴訟

梶村太市
西村博一　［編］
井手良彦

青林書院

はしがき

　本書『プラクティス　交通事故訴訟』は，交通事故訴訟をめぐる諸問題について，概説部分とＱ＆Ａ方式部分に分けて，わかりやすく解説したものである。類書は数多くあるが，本書の特色は，交通事故をめぐる紛争解決について詳しい簡易裁判所判事，弁護士を中心とする実務家が，実務の経験を通して習得した知見をフルに活用して，交通事故訴訟において遭遇する諸問題について全般的に検討を加えているところにある。地方裁判所や簡易裁判所あるいは高等裁判所等における交通事故訴訟について，主として弁護士等の訴訟代理人が知っておくべき基本的事項について，そこで出てくる実体法上あるいは手続法上あらゆる観点から問題点を摘出し，過不足のない解説を目指している。

　『概説』部の解説の中心は，主として判例理論及び裁判所における実務運用の実情の紹介にあり，学説はそれらに関する説明に必要な範囲で紹介するにとどめている。

　『Ｑ＆Ａ』部は，概説部の各論に相当する部分であり，概説部で触れた裁判上の重要事項や争点などを個別に取り上げて詳述するほか，紛争事例（設例）を設けてそれを丁寧に解説し，その中で当該章の要点を掘り下げることとしている。設例では，必要に応じて申立人代理人・原告代理人等（債権者・債務者双方）の作成する書面例（書式）なども掲載する。

　本書の章立ては，第１章から第５章まで，「交通事故をめぐる保険制度」「交通事故における責任原因」「損害」「過失相殺」「交通事故訴訟の手続」に分類し，Ｑ45まで細分化して解説している。

　本書が，交通事故訴訟における弁護士代理人・司法書士やご本人あるいは裁判官や裁判所書記官などの関係者はもちろんのこと，交通事故調停の代理人・調停委員あるいは各種相談者などにおいて，幅広く利用されるよう願ってやまない。

　本書の出版にかけてはご多忙にもかかわらず，原稿を完成していただいた各執筆者の方々には厚くお礼申し上げるとともに，編集の労をとっていただいた

青林書院編集部の宮根茂樹氏には謝意を表したい。

平成28年12月

編集者
梶　村　太　市
西　村　博　一
井　手　良　彦

凡　　例

I　叙述方法
(1) 叙述にあたっては，常用漢字，現代仮名遣いによることを原則としたが，引用文などは原文どおりとした。
(2) 見出し記号は，原文引用の場合を除き，原則として，〔1〕〔2〕〔3〕…，(1)(2)(3)…，(a)(b)(c)…，(イ)(ロ)(ハ)…，(ⅰ)(ⅱ)(ⅲ)…の順とした。なお，本文中の列記事項については，①②③…などを用いた。

II　法令の引用表記
(1) 各法令の条文番号は，横組みとしたため，原則として算用数字を用いた。
(2) カッコ内における主要な法令名は，原則として，後掲の「法令名略語例」により，それ以外のものはフルネームで表した。
(3) カッコ内において複数の法令条項を引用する際，同一法令の条文番号は「・」で，異なる法令の条文番号は「，」で併記した。それぞれ条・項・号を付し，原則として「第」の文字は省いた。

III　判例・裁判例の引用表記
(1) 主要な判例集や雑誌等の名称を含む判例・裁判例の表記には，原則として，後掲の「判例集・雑誌等略語例」による略語を用いた。
(2) 判例・裁判例は，上記略語を用いて，原則として，次のように表記した。
　　〔例〕　大審院昭和13年4月20日判決，大審院民事判例集17巻8号726頁
　　　　　　→　大判昭13・4・20民集17巻8号726頁
　　　　最高裁判所第一小法廷平成25年1月17日決定，判例タイムズ1386号182頁
　　　　　　→　最〔1小〕決平25・1・17判タ1386号182頁
　　　　東京高等裁判所昭和30年9月29日判決，高等裁判所民事判例集8巻7号519頁
　　　　　　→　東京高判昭30・9・29高民集8巻7号519頁

Ⅳ 各種略語例

(1) 交通事故損害賠償額の算定基準に関する次の文献は,とくに断りのない限り,矢印右に記した略語をもって表記した。

①公益財団法人日弁連交通事故相談センター東京支部編『民事交通事故訴訟・損害賠償額算定基準』
　　　　　　　　　　　　　　　　　　　　　　　　　　　　　　→ 『赤い本』

②公益財団法人日弁連交通事故相談センター『交通事故損害賠償額算定基準』
　　　　　　　　　　　　　　　　　　　　　　　　　　　　　　→ 『青本』

(2) 法令名,判例集・雑誌等の略語例は以下のとおりである。

【法令名略語例】

会	会社法	自賠令	自動車損害賠償保障法施行令
刑 訴	刑事訴訟法		
健 保	健康保険法	商	商法
国 賠	国家賠償法	道 交	道路交通法
国 保	国民健康保険法	道交令	道路交通法施行令
裁	裁判所法	保 険	保険法
児 福	児童福祉法	民	民法
自 賠	自動車損害賠償保障法	民 訴	民事訴訟法
		民訴規	民事訴訟規則

【判例集・雑誌等略語例】

大	大審院	刑 集	最高裁判所（または大審院）刑事判例集
最	最高裁判所		
〔大〕	大法廷	裁判集民事	最高裁判所裁判集民事
〔1小〕	第1小法廷	下民集	下級裁判所民事裁判例集
〔2小〕	第2小法廷		
〔3小〕	第3小法廷	交民集	交通事故民事裁判例集
高	高等裁判所	高刑特報	高等裁判所刑事判決特報
地	地方裁判所		
簡	簡易裁判所	金 判	金融・商事判例
支	支部	最判解説	最高裁判所判例解説
判	判決	自保ジャーナル	自動車保険ジャーナル
決	決定		
		ジュリ	ジュリスト
民 録	大審院民事判決録	判 時	判例時報
民 集	最高裁判所（または大審院）民事判例集	判 タ	判例タイムズ
		判 評	判例評論

編集者・執筆者一覧

編　集　者

梶村　太市（常葉大学法学部教授・弁護士）
西村　博一（宇治簡易裁判所判事）
井手　良彦（東京簡易裁判所判事）

執　筆　者（執筆順）

井手　良彦（上　掲）
小泉　孝博（東京簡易裁判所判事）
堀田　　隆（東京簡易裁判所判事）
太田　和範（弁護士）
増田　輝夫（明石簡易裁判所判事）
笹本　　昇（取手簡易裁判所判事）
中林　清則（富山簡易裁判所判事）
藤岡　謙三（東京簡易裁判所判事）
宇都宮庫敏（明石簡易裁判所判事）
辰已　　晃（岩国簡易裁判所判事）
神谷　義彦（佐伯簡易裁判所判事）
野藤　直文（岡山簡易裁判所判事）
丸尾　敏也（福岡簡易裁判所判事）
織田　啓三（千葉簡易裁判所判事）

〔平成28年11月現在〕

目　次

はしがき
凡　例
編集者・執筆者一覧

第1章　交通事故をめぐる保険制度

Q1 ｜ 自賠責保険 ……………………………………………[井手　良彦]……　3
　　自賠責保険の仕組みについて説明しなさい。
Q2 ｜ 任意自動車保険 ………………………………………[井手　良彦]……　16
　　任意自動車保険の仕組みについて説明しなさい。併せて，任意自動車保険に付帯されている人身傷害補償保険において保険会社が人身傷害補償保険金を支払った場合（被害者にも過失があり，過失相殺された場合）の保険会社の保険代位の範囲について，最判平24・2・20（民集66巻2号742頁）が採用したとされる訴訟基準差額説を中心に，他の考え方についても触れながら説明しなさい。
Q3 ｜ 公的給付 ………………………………………………[井手　良彦]……　36
　　公的給付について説明しなさい。

第2章　交通事故における責任原因

Q4 ｜ 民法に基づく不法行為責任 …………………………[小泉　孝博]……　45
　　交通事故に関して，民法の一般不法行為責任及び特殊不法行為責任について説明しなさい。
Q5 ｜ 運行供用者責任(1) ……………………………………[堀田　　隆]……　63
　　自賠法3条に基づく損害賠償責任（①運行供用者性，②運行起因性，③他人性）について説明しなさい。
Q6 ｜ 運行供用者責任(2) ……………………………………[堀田　　隆]……　75
　　事故車がレンタカーやリース車両の場合，レンタカー会社やリース会社は，運行供用者責任を負うことになるか，また，子供が親の自動車を運転して事故を起こした場合，親が運行供用者責任を負うことになるかについて説明しなさい。
Q7 ｜ 不法行為責任と債務不履行責任 ……………………[太田　和範]……　83
　　タクシーに乗車中に運転手の過失によって負傷した乗客は，いかなる法条を根拠にして，タクシー会社に損害賠償を請求できるか，説明しなさい。

第3章 損　害

第1節　人的損害【概説】……………………………………[増田　輝夫]…… *89*
　〔1〕　人的損害における損害の分類（項目）………………………………… *89*
　〔2〕　積極損害 …………………………………………………………………… *92*
　　　（1）　治療関係費（*92*）　（2）　付添費用（*92*）　（3）　入院雑費（*93*）
　　　（4）　交通費（*94*）　（5）　装具・器具等購入費（*94*）　（6）　家屋・自動
　　　車等改造費（*94*）　（7）　葬儀関係費（*94*）　（8）　弁護士費用（*95*）
　　　（9）　遅延損害金（*95*）
　〔3〕　消極損害 …………………………………………………………………… *96*
　　　（1）　休業損害（*96*）　（2）　逸失利益（*98*）
　〔4〕　精神的損害（慰謝料）…………………………………………………… *101*
　　　（1）　入通院慰謝料（傷害慰謝料）（*101*）　（2）　後遺障害慰謝料（*101*）
　　　（3）　死亡慰謝料（*101*）

Q 8｜死亡による逸失利益の算定方法 ……………………[増田　輝夫]…… *102*
　死亡による逸失利益の算定方法について説明しなさい。

Q 9｜給与所得者の死亡による逸失利益 …………………[増田　輝夫]…… *108*
　交通事故によって給与所得者が死亡した場合の逸失利益について説明しなさい。

Q10｜事業所得者の死亡による逸失利益 …………………[増田　輝夫]…… *115*
　交通事故によって事業所得者が死亡した場合の逸失利益について説明しなさい。

Q11｜家事従事者の死亡逸失利益 …………………………[増田　輝夫]…… *121*
　交通事故によって家事従事者が死亡した場合の逸失利益について説明しなさい。

Q12｜年金受給者の死亡による逸失利益 …………………[増田　輝夫]…… *127*
　交通事故によって年金受給者が死亡した場合の逸失利益について説明しなさい。

Q13｜幼児，生徒，学生の死亡による逸失利益 …………[増田　輝夫]…… *138*
　交通事故によって幼児，生徒，学生が死亡した場合の逸失利益について説明しなさい。

Q14｜症状固定日 ……………………………………………[笹本　　昇]…… *145*
　治療費算定と症状固定日との関係について説明しなさい。

Q15｜整骨院等の施術費 ……………………………………[中林　清則]…… *154*
　整骨院等の施術費が治療費として損害賠償請求が認められる場合及びその範囲について説明しなさい。

Q16｜慰 謝 料 ………………………………………………[井手　良彦]…… *164*
　慰謝料の算定基準について説明しなさい。

Q17｜慰謝料の増額 …………………………………………[井手　良彦]…… *178*
　慰謝料の増額事由について説明しなさい。

| Q18 | 休業損害 ……………………………………………[藤岡　謙三]…… *182* |

休業損害の算定方法について説明しなさい。

| Q19 | 損益相殺 ………………………………………………[笹本　　昇]…… *193* |

損益相殺について説明しなさい。

第2節　物的損害【概説】………………………………………[小泉　孝博]…… *206*

〔1〕　総　　説 ………………………………………………………………… *206*

〔2〕　車両自体の損害 ………………………………………………………… *206*

　　(1)　修理費（*206*）　(2)　買替差額（*208*）　(3)　消費税（*211*）
　　(4)　評価損（*211*）

〔3〕　その他の損害 …………………………………………………………… *213*

　　(1)　買替諸費用（*213*）　(2)　代車費用（*214*）　(3)　休車損（*215*）
　　(4)　雑　費（*217*）　(5)　増加保険料（*217*）　(6)　車両以外の物に関
　　する損害（*217*）　(7)　営業損害等（*219*）　(8)　物的損害に対する慰
　　謝料（*220*）　(9)　弁護士費用（*222*）

| Q20 | 全　　損 ……………………………………………[宇都宮　庫敏]…… *223* |

物理的全損と経済的全損の異同について説明しなさい。

| Q21 | 改造車の修理費用等 ……………………………………[辰巳　　晃]…… *229* |

改造車における修理費用，車両時価額の算定について説明しなさい。

| Q22 | 休　車　損 …………………………………………[宇都宮　庫敏]…… *234* |

休車損の意義，要件及びその算定方法について説明しなさい。

| Q23 | 代車費用 ………………………………………………[神谷　義彦]…… *240* |

代車費用請求の要件について説明しなさい。

| Q24 | 評価損(1) ………………………………………………[堀田　　隆]…… *249* |

評価損請求の要件及び算定方法について説明しなさい。

| Q25 | 評価損(2) ………………………………………………[堀田　　隆]…… *259* |

損害が現実化していない場合でも事故歴があるというだけで評価損が認められるか，説明しなさい。

| Q26 | 修理費，時価額の算定 …………………………………[小泉　孝博]…… *270* |

市場価格のなくなった中古車の損害評価について説明しなさい。

第4章　過失相殺

【概　説】……………………………………………………………[井手　良彦]…… *281*

〔1〕　はじめに …………………………………………………………………… *281*

〔2〕　過失相殺の意義 …………………………………………………………… *281*

　　(1)　過失相殺の意義（*281*）　(2)　過失相殺の本質（*281*）

〔3〕過失相殺における主張・立証責任 ………………………………… *282*
　　　(1) 過失相殺における主張責任（*282*）　(2) 過失相殺における立証責任（*283*）
　〔4〕過失相殺の判断 ………………………………………………………… *283*
　　　(1) 過失相殺における「過失」（*283*）　(2) 過失相殺能力（*284*）
　　　(3) 被害者側の過失（*285*）　(4) 一部請求の場合の過失相殺の処理（*285*）　(5) 共同不法行為の場合の過失相殺（*286*）　(6) 過失相殺などについての示談の法的拘束力（*287*）　(7) 判決書に斟酌すべき「過失」を記載すべきか（*288*）　(8) 過失相殺の類推適用，あるいは過失相殺の考え方を類推すべき場合（*288*）
　〔5〕過失相殺の方法 ………………………………………………………… *290*
　　　(1) 過失相殺の方法（*290*）　(2) 損害費目別の過失相殺の可否（*291*）
　　　(3) 自賠責保険における過失相殺の制限（*292*）
Q27｜裁量による過失相殺 ……………………………………[中林　清則]…… *293*
　裁判所は当事者の主張がない場合でも過失相殺できるか。
Q28｜非接触事故と過失相殺 …………………………………[辰巳　　晃]…… *300*
　非接触事故における過失相殺について説明しなさい。
Q29｜自賠責保険と過失相殺 …………………………………[野藤　直文]…… *305*
　自賠責保険における過失相殺（重過失減額）について説明しなさい。
Q30｜共同不法行為と過失相殺 ………………………………[藤岡　謙三]…… *309*
　交通事故訴訟における共同不法行為と過失相殺について説明しなさい。
Q31｜三者関与事故と過失相殺 ………………………………[宇都宮　庫敏]…… *324*
　三者関与事故における過失相殺について説明しなさい。
Q32｜信号機以外の規制・誘導に従った場合の過失相殺 ……[辰巳　　晃]…… *335*
　道路交通法上の信号機以外の規制・誘導に従った場合の過失相殺について説明しなさい。
Q33｜高速道路の停車車両に後続車両が追突した場合の過失相殺 …[神谷　義彦]…… *342*
　高速道路で事故を起こし停車していた車両に後続車両が追突した場合の停車車両と後続車両の過失相殺について説明しなさい。
Q34｜過失相殺等の示談の法的拘束力 ………………………[神谷　義彦]…… *353*
　過失相殺等の示談の法的拘束力について説明しなさい。
Q35｜道路の瑕疵による交通事故と過失相殺 ………………[藤岡　謙三]…… *359*
　道路の瑕疵によって交通事故が生じた場合の過失相殺について説明しなさい。
Q36｜自転車事故と過失相殺 …………………………………[丸尾　敏也]…… *375*
　自転車と歩行者の交通事故，自転車同士の交通事故における過失相殺について説明しなさい。
Q37｜被害者側の過失 …………………………………………[織田　啓三]…… *385*

民法722条2項にいう被害者の過失には被害者側の過失が含まれるか。含まれるとした場合，「被害者側」の範囲についても説明しなさい。

Q38 │ 幼児の被害事故と過失相殺 ……………………………[織田 啓三]…… *391*
　　幼児が交通事故の被害者である場合，その幼児の行為等を過失相殺において考慮しうるか説明しなさい。

Q39 │ 好意同乗者と過失相殺 ………………………………[織田 啓三]…… *397*
　　好意同乗者について過失相殺の規定が適用又は類推適用されるか，以下の事項ごとに説明しなさい。
　(1) 単なる便乗・同乗した場合。
　(2) 危険承知で同乗した場合。
　(3) 同乗者が交通事故発生の危険性が増大するような状況を作出した場合。
　(4) 加害者と共同暴走行為をしている運転者の過失については，同乗者の過失として評価しえないか。

Q40 │ 一部請求と過失相殺 …………………………………[小泉 孝博]…… *403*
　　被害者が交通事故により被った損害の一部について賠償請求をする場合，相手方主張の過失相殺の取扱いについて説明しなさい。

第5章　交通事故訴訟の手続

【概　説】………………………………………………………[丸尾 敏也]…… *411*
　〔1〕 交通事故訴訟の特徴 …………………………………………………… *411*
　　　(1) はじめに（*411*）　(2) 交通事故訴訟の特徴（*411*）
　〔2〕 訴　訟　物 ……………………………………………………………… *412*
　　　(1) 責任主体との関係（*412*）　(2) 被告侵害利益との関係（*413*）
　　　(3) 一部請求（*415*）
　〔3〕 訴訟運営 ………………………………………………………………… *416*

Q41 │ 当事者(1) ……………………………………………[中林 清則]…… *418*
　　交通事故訴訟から生じた損害の賠償請求権者（原告）について説明しなさい。併せて，原告の訴状における請求の原因の記載例もあげて説明しなさい。

Q42 │ 当事者(2) ……………………………………………[中林 清則]…… *438*
　　交通事故訴訟から生じた損害の責任負担者（被告）について説明しなさい。併せて，被告が，原告車の経済的全損を主張したり，買替えに要する期間（代車期間）やその費用（代車費用（代車使用料））を争ったり，過失相殺を主張したりする場合（抗弁の主張）の記載例もあげて説明しなさい。

Q43 │ 消滅時効 ………………………………………………[丸尾 敏也]…… *456*
　　交通事故による損害賠償請求権の消滅時効の起算点について，人損と物損に分け

て説明しなさい。併せて，時効の中断について説明し，自賠責保険金の支払，任意保険会社からの支払及び示談交渉があった場合に時効が中断するかについても説明しなさい。

Q44｜交通事故訴訟提起をめぐる問題 ……………………[野藤　直文]…… *463*
　　交通事故訴訟提起前の準備事項，訴えの態様及び管轄について説明しなさい。

Q45｜交通事故訴訟の審理 ……………………………………[野藤　直文]…… *469*
　　交通事故訴訟の第1回口頭弁論期日以降の審理及び当事者の主張立証上の留意点について説明しなさい。

事項索引

第1章

交通事故をめぐる保険制度

 | 自賠責保険

自賠責保険の仕組みについて説明しなさい。

〔1〕 自動車保険

(1) 自動車保険

　自動車保険には，大別して自動車損害賠償責任保険（以下「自賠責保険」という）と任意自動車保険がある。

(2) 自賠責保険

　自賠責保険とは，自動車損害賠償保障法（以下「自賠法」という）に基づき，自動車の運行によって生じる人身事故による損害（人損）について，第三者（被害者）に対し，車両保有者は自賠法3条に基づく賠償責任を，また，運転者*1も賠償責任を負う場合において，そのために被保険者（車両保有者と運転者）が負う損害を，支払基準（自賠16条の3）に従って支払限度額（自賠13条，自賠令2条）の範囲内でてん補し，よって，人損を被った被害者の最低限度の救済を迅速に行おうとしたものであり，すべての自動車（原動機付き自転車を含む）につき

保険契約を締結することが義務づけられている強制保険のことである。

自賠責保険は，この保険によって被保険者（車両保有者と運転者）の賠償能力を確保し，人身事故における被保険者の賠償責任の履行を保障し，被害者救済を図ろうとするための制度として設けられており，また，車両保有者の賠償責任の認定について，被害者救済の見地から，立証責任が車両保有者側へ転換されている（自賠3条）（後述〔2〕(2)(a)参照）。

> ＊1　この場合の「運転者」とは，他人のために自動車の運転又は運転の補助に従事する者をいう（自賠2条4項）。

(3) 任意自動車保険

自賠責保険は，上記のように，人身事故の損害賠償を最低限度保障し，被害者救済を図ろうとするものであるが，自賠責保険ではカバーしきれない危険や損害が生じる場合もある＊2。そこで，自賠責保険ではカバーしきれない危険や損害を担保するために，保険会社との間で任意に結ばれる損害保険契約が，任意自動車保険である。

> ＊2　例えば，自賠責保険においては，被害者が死亡した場合に支払われるのは最大で3000万円，また，被害者に後遺障害が生じた場合についても，最も重度の第1級の場合に支払われるのが3000万円，最も軽度の第14級の場合に支払われるのは75万円，さらに被害者が負傷した場合に支払われるのは最大で120万円であって，実際には被害者にそれ以上の損害が生じる場合もあるが，そのような場合であっても，上記の各金額を超える部分は支払われない。

(4) 両者の関係

自賠責保険は，「自動車の運行」によって生じる「人身事故」による損害（人損）だけをカバーし，しかも上記＊2のように，支払限度額が設けられており，交通事故による損害をすべててん補できない場合が生じる。

そこで，任意自動車保険においては，保険会社との契約によって，交通事故による損害のうち自賠責保険でてん補できない部分をカバーしようとしており，具体的には，①「自動車の運行」に限らず，広く「自動車の所有・使用・管理に起因する人身事故」による損害賠償を保障しており，また，自賠責保険の支払限度額を超える損害賠償を保障しようとしており，このように人損において自賠責保険でてん補できない部分をカバーしている（上積み保険）。さらに，②

物件事故による損害（物損）についても担保している。しかも，③任意自動車保険においては，保険会社との契約により，加害者側の保険による支払が受けられない場合において，被害者側の被った損害をてん補するように定めることができ，この場合には，（加害者側である被保険者の賠償責任をてん補するという加害者側の保険という機能の他に）被害者側の保険としての機能が付加されていることになる。

　上記のように，自賠責保険は，「自動車の運行」によって生じる「人身事故」による損害（人損）を補償し，人身事故による被害者を迅速，かつ最低限度において救済しようとするものであり，一方，任意自動車保険は，保険会社との契約によって，交通事故による損害のうち自賠責保険でてん補できない部分（物損部分を含む）を補償し，さらに，被害者側の被った損害のうち，加害者側の保険による支払が受けられない部分についてのてん補を目指すものである。

(5)　自賠責共済

　自動車損害賠償責任共済（以下「自賠責共済」という）を行う事業主体は，農業協同組合法に基づく農業協同組合又は農業協同組合連合会，消費生活協同組合法に基づく消費生活協同組合又は消費生活協同組合連合会などであるが（自賠6条2項）*3，自賠法5条は，自賠責保険又は自賠責共済のいずれかの契約を締結することを要求している。

　そして，自賠責共済については，自賠責保険と同様に保険法の適用を受け（保険2条1号），さらに，自賠法において自賠責保険の条項の多くが準用されており，その内容は，原則として自賠責保険の内容と同一である。

　そのため，自賠責共済については，以下の自賠責保険についての記述を参照されたい。

　　＊3　自賠責共済の代表的な事業主体には，全国共済農業協同組合連合会（JA共済連）や全国労働者共済生活協同組合連合会（全労済）などがある。

〔2〕　自賠責保険の仕組み

(1)　自賠責保険の特徴

(a)　強制保険（締結の強制）

(イ)　自賠責保険については，自賠法5条に基づき，同法10条の適用除外自

動車を除いたすべての自動車につき，この保険契約の締結が義務づけられている。自賠責保険契約を締結しないで自動車を運行した場合には，刑事罰（1年以下の懲役又は50万円以下の罰金）の対象になるし（自賠86条の3第1号），道路交通法上の行政罰（免許停止など）の対象にもなる。このように，自賠責保険は，この保険への加入が強制される強制保険である。

このようにすべての車両保有者に自賠責保険契約の締結を強制しているのは，自賠責保険により加害者側である被保険者（車両保有者と運転者）の賠償能力を確保し，よって，被害者の救済を実現するためである。

(ロ) 自賠責保険契約の締結が義務づけられるのは，自賠法10条の適用除外自動車を除いたすべての自動車である。この自動車については，自賠法2条に定義規定が設けられている。これによると，道路運送車両法2条2項に規定する自動車[*4]（ただし，農耕作業用に製作した小型特殊自動車，いわゆる耕耘機を除く）及び原動機付自転車が，自賠責保険への加入が強制される自動車にあたる。よって，四輪自動車のほか，三輪車，二輪車，ブルドーザーなどキャタピラで走行する車，また被牽引車なども含まれる。

なお，自賠法10条の適用除外自動車とは，自衛隊，在日米軍また在日国連軍の任務遂行に必要な自動車，さらに構内専用自動車（工場内でのみ使用される作業用自動車，飛行場内でのみ使用される搭乗客送迎用バスなど）などである。

> [*4] 道路運送車両法2条2項によると，「『自動車』とは，原動機により陸上を移動させることを目的として製作した用具で軌条若しくは架線を用いないもの又はこれにより牽引して陸上を移動させることを目的として製作した用具であって，……原動機付自転車以外のものをいう。」とされている。

(b) 保険会社の契約引受義務（自賠24条）

上記(a)のように，自賠法は，すべての自動車保有者に自賠責保険契約の締結を強制している。このような強制保険性を担保するために，保険契約の受け手である保険会社は，自賠責保険契約の引受義務を課せられており，自賠責保険契約の締結を拒否できない（自賠24条）。例えば，保険会社は，交通事故歴を有する者であっても，自賠責保険契約の締結を拒否することは許されないことになる。

(c) 解除の制限（自賠20条の2）

自賠責保険締結後に当事者の合意によって解除することができず，また，契約締結時に解除条件を付することができない（自賠20条の2第2項）。さらに，自賠責保険契約を解除できる場合が制限されている（自賠20条の2第1項）。

(d) 保険約款の修正の禁止

保険契約の内容は保険約款に規定され，保険当事者はその内容に拘束されるが，本来であれば，保険当事者の意思によりその内容を修正することも可能なはずである。

しかし，自賠責保険については，強行規定である自賠法に基づき特別に設けられたものであり，さらに，交通事故の被害者に対し最低限度の救済を迅速，確実に実現しようという社会保障的性質をも有するところから，自賠責保険の保険約款である自賠責保険普通保険約款は，保険当事者によって修正することは許されない。また，そのような保険約款は，自賠法の規定を補足するにとどまり，そのため，保険約款に規定がない場合には，自賠法が適用されることになる。

(e) 免責事由の制限

自賠責保険においては，免責事由が，①重複契約の場合（自賠82条の3）と②保険契約者又は被保険者の悪意によって損害が生じた場合（自賠14条）に制限されている。すなわち，自賠責保険は，この保険によって加害者側である被保険者の賠償能力を確保し，自動車の人身事故による被害者を救済しようとする趣旨のものであるから，保険会社と保険契約者が特約により個別に免責事由を定めることは許されないのである。

(イ) 重複契約の場合（自賠82条の3）　重複契約とは，1台の自動車に複数の自賠責保険契約が締結されている場合である。この場合には，契約締結が最も早い契約以外の自賠責保険契約については免責となる。自賠責保険契約はどの契約であっても同一内容であるから，このような処理をしても，不利益は生じないからである。また，複数の自賠責保険契約の締結時期が同じであるときは，各自賠責保険は，重複契約がない場合に支払うべき金額を契約の数で除した金額を支払えば，それを超える金額については免責となる。

(ロ) 保険契約者又は被保険者の悪意の場合（自賠14条）　保険契約者又は被保険者が「悪意」の場合には，自賠責保険会社は免責される。そして，この

「悪意」の解釈については，議論の余地がある。しかし，自賠責保険実務においては，被害者を保護する見地から，「悪意」を故意と同義に解しており，しかも，未必の故意の場合は含めず（未必の故意の場合は免責が認められない），確定的故意の場合に限って「悪意」にあたるとして，免責を認めるという取扱いをしている。

ところで，上記のように，「悪意」による免責が認められる場合であっても，被害者は，自賠責保険会社に対して直接請求をなしうる（自賠16条）。この場合に，損害賠償額を支払った自賠責保険会社は，政府保障事業に補償を求めることができ，さらに，政府は，悪意者に対して求償することになる（自賠16条4項・72条2項・76条2項）。

(f) 保険金額の法定等

自賠責保険においては，「保険金額」と「支払基準」が定められている。

(イ) 保険金額 「保険金額」とは，自賠責保険で支払われる保険金の上限額のことをいう（自賠13条1項）。この「保険金額」は，政令（自賠令2条）で定められている。交通事故に基づく損害額が実際には「保険金額」を上回っている場合にも，自賠責保険からは「保険金額」の限度でしか支払われない。これは，自賠責保険の制度を維持しつつ，被害者の最低限度の救済を迅速，確実に実現しようとしたためである。

現在の「保険金額」は，①(i)死亡による損害については3000万円，(ii)傷害による損害については120万円，(iii)死亡に至るまでの傷害による損害についても120万円である（自賠令2条）。②後遺障害については，(i)介護を要する後遺障害の場合で，常時介護を要するものが4000万円，随時介護を要するものが3000万円である（自賠令別表第1）。また，(ii)後遺障害等級ごとに「保険金額」が定められており，最も重度の第1級の場合が3000万円，最も軽度の第14級の場合が75万円である（自賠令別表第2）。さらに，(iii)複数の後遺障害が生じた場合や既存障害の程度が重くなり加重した場合の処理についても，自賠法施行令2条に規定されている。

この「保険金額」は，1台の自動車による1事故の場合の被害者1名についてのものである。そのため，1事故で被害者が複数いれば，被害者ごとにそれぞれ「保険金額」が決定される。また，自賠責保険は自動車1台ごとに締結さ

れているので，複数台が関係した交通事故（共同不法行為）の場合には，「保険金額」に自動車の台数をかけた金額が「保険金額」として支払われることになる。さらに，保険契約の期間であれば，再度交通事故を起こしても，その交通事故においても，上記の「保険金額」が支払われることになる（「再度」の交通事故を理由に，支払われる「保険金額」が減額されることはない）。

(ロ) 支払基準　　自賠責保険会社が，保険金を支払うときは，死亡，後遺障害及び傷害の別に，国土交通大臣及び内閣総理大臣が定めた「支払基準」に従って支払わなければならない（自賠16条の3）。このような規定が設けられたのは，自賠責保険は，交通事故の被害者に対し最低限度の救済を迅速，確実に実現しようという社会保障的性質をも有するところから，支払額の算定につき，公平性のみならず，処理の迅速性，定型性，画一性が要請され，これらの要請を満たすためである。

上記の支払基準として，「自動車損害賠償責任保険の保険金等及び自動車損害賠償責任共済の共済金等の支払基準」（平成13年金融庁・国土交通省告示第1号）（平成14年4月1日以降に発生した交通事故が対象になる。以下「自賠責保険支払基準」という）が設けられ，詳細な規定が設けられている。ただし，最低限度の救済を迅速，確実に実現しようという自賠責保険の趣旨から，上記の支払基準においては，休業損害や通院慰謝料の金額を，日額，かつ定額で定めていたり，慰謝料についても控えめに規定したりしており，そのため，加害者に対する損害賠償請求訴訟が提起された場合に，裁判所がこれと異なる損害額を認定する場合もある。

(g) 過失相殺の制限（重過失減額）

自賠責保険においては，被害者を保護する見地から，過失相殺が制限されている。

すなわち，被害者に重大な過失があった場合にのみ，被害者の過失を理由とした減額を行う。具体的には，①被害者の過失が（後遺障害又は死亡にかかるものについても，また，傷害にかかるものについても）7割未満の場合には減額をしない。②被害者の過失が後遺障害又は死亡にかかるものについては，(i)7割以上8割未満の場合には2割減額，(ii)8割以上9割未満の場合には3割減額，(iii)9割以上10割未満の場合には5割減額となる。そして，③被害者の過失が傷害にか

かるものについては，7割以上10割未満の場合には一律に2割減額となる（自賠責保険支払基準第6第1項）。

なお，被害者の傷害による損害額が20万円以下の場合には，重大な過失による減額を行わず，また，重大な過失による減額を行った結果，20万円以下になる場合には，20万円にするとされている。

この自賠責保険における過失相殺の制限については，Q29の論述も参考にされたい。

(h) 因果関係認定困難事案の場合

自賠責保険においては，交通事故と損害との因果関係の有無の判断が困難な場合であっても，死亡による損害額，又は後遺障害による損害額の5割が認定され，支払われる（自賠責保険支払基準第6第2項）。これは，交通事故の被害者に対し最低限度の救済を実現するためである。

上記のように，自賠責保険においては，因果関係認定困難事案の場合にも，5割の損害賠償額の支払が認められるが，そうだとしても，加害者に対する損害賠償請求訴訟が提起された場合においては，相当因果関係が否定されることもあるし，相当因果関係が認められても，素因減額等により損害の認定額が自賠責保険からの支払額を下回ることもありうる。

(i) 後遺障害等級認定

自賠責保険においては，被害者の救済を公平，かつ迅速に行うことが求められており，この見地から，被害者の後遺障害等級認定手続も公平，かつ迅速に行われなければならない。そのため，交通事故の損害調査を，保険会社から独立した損害保険料率算出機構が全国に設置している自賠責損害調査事務所が行い，この調査結果に従って，加害車両保有者が加入している自賠責保険会社が，後遺障害等級認定を行い，被害者に対し認定した後遺障害等級に応じて保険金額の限度で保険金を支払うということになっている[5]。なお，上記の損害調査については，後記(4)の記載を参照されたい。

後遺障害等級認定手続は，被害者からの請求（自賠16条1項）により行われる場合，加害者からの請求（自賠15条）により行われる場合，さらに，後記(3)(d)における一括支払の前提として任意自動車保険会社の事前認定手続[6]によって行われる場合がある。そして，かかる認定は，当該後遺障害が自賠法施行令

別表第1又は別表第2のいずれに相当するかを認定するものであるが，この認定については，原則として，労働者災害補償保険における障害等級認定基準に準じて行われている。

後遺障害等級の認定に不服がある場合については，自賠責保険会社に対し，異議申立てをなしうる。そして，このような異議申立てを行っても，既に認定された等級が下がることはない。また，国土交通大臣及び内閣総理大臣が指定する「一般財団法人自賠責保険・共済紛争処理機構」に対し，紛争処理の申請を行うことができる。

> ＊5　ただし，JA共済の場合には，自賠責共済についての損害調査と後遺障害等級認定をJA共済連（全国共済農業協同組合連合会）が行っている。
>
> ＊6　後記(3)(d)における一括支払制度において，任意保険会社が被害者に損害賠償額（保険金）を一括して支払い，後に自賠責保険会社に自賠責保険金相当額を請求するとしても，任意保険会社が予想していた自賠責保険金相当額と現実に支払われる自賠責保険金の間に相違が生じると，現実問題として，任意保険会社が一括支払をすることは困難となる。そこで，任意保険会社は，あらかじめ自賠責保険会社に対し加害者の賠償責任の有無や程度，重過失減額の有無や程度，また，後遺障害の有無や程度などにつき認定を依頼し，依頼を受けた自賠責保険会社は，自賠責損害調査事務所へ損害調査を依頼して，その結果をもとに，上記の各事項につき認定して自賠責保険金額を決定する。このような一連の手続を事前認定手続という。

(2) 自賠責保険金の支払

(a) 自賠法3条

自賠法3条の要件を具備する場合に，自賠責保険会社から損害賠償額が支払われる。すなわち，車両の保有者が，自己のために自動車を運行の用に供する者である場合，その運行によって他人の生命又は身体を害したときは，これによって生じた損害につき賠償責任を負担することになり，この場合に，自賠責保険会社から損害賠償額が支払われる。

そして，自賠法は，被害者救済を図るため，車両保有者の賠償責任の認定にあたって，立証責任の転換を図っている。すなわち，車両保有者側において，①運行供用者及び運転者が自動車の運行に関し注意を怠らなかったこと，②被害者又は第三者に故意又は過失があったこと，③事故自動車に構造上の欠陥又

は機能の障害がなかったことの3つの要件を立証できなければ，賠償責任を免れないとされている（自賠3条ただし書）。

(b) 自賠法3条の要件

(イ) 自動車　自賠法3条における「自動車」の意義については，上記(1)(a)(ロ)に記載したとおりである。

(ロ) 運　行　「運行」とは，人又は物を運送するとしないとにかかわらず，自動車を当該装置の用法に従って用いることと定義されており（自賠2条2項），このうち「当該装置」の意義については，説の対立がある。そして，判例は固有装置説を採っているとされる（最判昭52・11・24民集31巻6号918頁）。この固有装置説によれば，「当該装置」とは，自動車の構造上設備されている全装置のことであり，例えば，エンジン，ハンドルやブレーキなどの走行装置，ドアなどだけでなく，ダンプカーのダンプ，トラックの荷台や側板・後板，フォークリフトのフォーク，コンクリートミキサー車のミキサーなど，それらの自動車の固有の装置についても含むことになる。そこで，固有装置説によれば，駐車中の交通事故であっても，固有の装置の使用中だと認められれば，「運行」が肯定されることになる。

(ハ) 運行供用者　「運行供用者」についても，説の対立がある。かつては，危険責任の法理と報償責任の法理に基づき，「運行供用者」とは「運行支配」及び「運行利益」の帰属主体であるとし（二元説），しかも，具体的事実によって具体的・現実的な「運行支配」と「運行利益」が認められなければならないとする説が有力であった。しかし，被害者の救済を拡大する見地から，「運行支配」や「運行利益」を規範化・抽象化し，運行支配については，その可能性や事実上の支配力があればよい，あるいは運行を指示し制御すべき立場にあればよいとし，また，運行利益についても客観的・外形的に運行の利益が認められればよいとする説が有力になり，さらに，現在においては，「運行供用者」であるためには「抽象的な運行支配」だけで足り（一元説），しかも，自動車の所有権，賃借権など正当な権利，権限があれば，特に運行支配が排除されるような事情がない限り，その権利内容として「抽象的な運行支配」の権限を含む地位が取得されると認定され，それにより，一般的，抽象的に「運行供用者」に該当するという説が有力に主張されている。この説では，自動車を譲渡や賃

貸などにより他に引き渡したり，盗難により占有を奪われたりして，運行支配が消滅したときに，運行供用者としての地位を失うと解されている[*7]。

（ニ）運行によって　「運行によって」（運行起因性）の解釈についても説の対立があるが，判例は，運行と交通事故との間に相当因果関係が必要であると解している（最判昭43・10・8民集22巻10号2125頁，前掲最判昭52・11・24など）。

（ホ）他　人　「他人」については，自己ために自動車を運行の用に供する者，自動車運転者及び運転補助者以外の者をいうとされている（最判昭37・12・14民集16巻12号2407頁など）。よって，自動車の好意同乗者も「他人」に含まれる（最判昭42・9・29裁判集民事88号629頁）。

＊7　二元説においては，「運行供用者」を事実概念（主要事実）ととらえることになり，「運行供用者」に帰属する「運行支配」と「運行利益」につき，それらを基礎づける事実（例えば，車両所有者と加害者（運転者）の雇用関係，日常の自動車の運転や管理状況など）について，原告，すなわち，被害者側が請求原因において主張・立証すべきものとされる。他方，一元説では，「運行供用者」を法律概念ととらえ，請求原因において「抽象的な運行支配」（主要事実）が認定されれば「運行供用者」という法的地位が認められ（この結果，車両保有者に自賠法3条の賠償責任が生じる），そして，運行支配の消滅を基礎づける事実（例えば，譲渡や賃貸による引渡し，盗難など）があれば，その事実については，被告，すなわち，加害者側において抗弁事実として主張・立証すべきことになる。なお，東京地方裁判所交通部（民事27部）など下級審における裁判実務においては，その多くが，上記のような一元説の考え方によって処理されているようである。

(3) 請　　求

(a) 被保険者からの保険金請求（15条請求）

被保険者（車両保有者及び運転者）は，被害者にその損害賠償金を支払った場合には，その支払った限度においてのみ，自賠責保険会社に対して，保険金の支払を請求することができる（自賠15条）。被保険者にこのような先履行義務を負わせたのは，被保険者が保険金の支払を受けたのにこれを自ら費消するなどして被害者に支払われない事態の発生を防ぎ，そうして被害者の救済を図るためである。

なお，被保険者からの保険金請求権についての消滅時効期間は，3年間である（保険95条。ただし，平成22年4月1日以降に発生した交通事故から）[*8]。

* 8　平成20年制定の保険法によって，従来の2年間から3年間に延長された。そのため，平成22年4月1日より前に発生した交通事故につき，被保険者からの保険金請求についての消滅時効期間は2年間である。

(b)　被害者請求（16条請求）

　上記(a)の15条請求の場合には，被保険者（車両保有者及び運転者）に先履行義務があり，そこで，示談が成立しないなどの理由により被保険者が損害賠償金を支払わない場合には，被害者はいつまでも損害賠償金を受け取れない事態となる。そのため，自賠法3条による車両保有者の損害賠償責任が発生したときには，被害者は，自賠責保険会社に対し直接保険金額の限度で損害賠償額の支払を請求できることにした。自賠責保険の場合，被害者は保険契約の当事者ではなく，保険金についての権利はなく，よって，保険会社に対する保険金請求はできないはずである。しかし，自賠責保険の被害者救済という目的を実現するために，被害者による保険会社に対する直接請求を制度として認めたものである。これが「16条請求」である。この16条請求は，保険会社に対する保険金請求ではなく，このため，「損害賠償額の支払」請求という用語が用いられている。

　ところで，被害者からの「損害賠償額の支払」請求権の消滅時効期間も，3年間である（自賠19条。ただし，平成22年4月1日以降に発生した交通事故から）*9。そして，時効の起算日については，原則として，傷害による損害については交通事故時であり，後遺障害による損害については症状固定時であり，死亡による損害については死亡時である。さらに，被害者からの「損害賠償額の支払」請求権の消滅時効期間は，加害者に対する損害賠償請求権（自賠3条，民709条）とは別個に進行する。そこで，加害者に対する損害賠償請求権につき時効中断が生じても，被害者からの「損害賠償額の支払」請求権の消滅時効期間は中断せず，したがって，「損害賠償額の支払」請求権の時効消滅を防ぐために，自賠責保険会社に対し別途時効中断申請の手続を取っておく必要がある。

　被害者からの「損害賠償額の支払」請求権は，被害者救済の目的を実現するために，差押禁止債権となっている（自賠18条）。

* 9　平成20年の保険法の制定により，保険法の規定にあわせて自賠法も改正され，従来の2年間から3年間に延長された。そのため，平成22年4月1日より前に発生し

た交通事故については，被害者からの「損害賠償額の支払」請求権についての消滅時効期間は2年間である。

(c) 仮渡金請求（自賠17条）

自動車の保有者が，その自動車につき自賠責保険契約を結んでおり，かつ，その自動車の運行によって他人の生命又は身体を害したときは，被害者は，保険会社に対し，16条請求による損害賠償額の支払に先だって，一定金額の支払を請求することができる（自賠17条）。このような請求を仮渡金請求という。

仮渡金請求の制度は，運行供用者の賠償責任が未だ確定しない場合，また，被害者の治療が継続中で治療費が確定しないため賠償額が未だ確定しない場合などにも，被害者は治療費や葬儀費などの出費が必要になることが多く，そのような事態に対処するために設けられたものである。

仮渡金として請求できる金額は，死亡の場合には290万円，傷害の場合にはその程度により40万円，20万円又は5万円である（自賠令5条）。

仮渡金は損害賠償額の前渡しの性質を有するから，後日，損害賠償額が確定したときは，保険会社は，確定した損害賠償額から支払済みの仮渡金を控除した残りを支払うことになる。そして，この場合に，確定した損害賠償額が支払済みの仮渡金を下回ったときは，保険会社が被害者に対しその差額の返還を請求することになる（自賠17条3項）。また，自動車の保有者の賠償責任が生じないと確定したときは，保険会社は，支払済みの仮渡金につき，政府の保障事業に対し補償を求めることができる（同条4項）。そして，政府は仮渡金の支払を受けた被害者に対し同額の返還を請求することができる（自賠76条3項）。

なお，仮渡金請求権についても，被害者救済の目的を実現するために，差押禁止債権となっている（自賠18条）。

(d) 一括払制度

自動車の保有者が，自賠責保険契約の他，任意自動車保険契約も結んでいる場合に，任意保険会社が被害者に損害賠償額（保険金）を一括して支払い，自賠責保険金相当額を自賠責保険会社に請求するという制度である。

これは，本来であれば，被害者は，自賠責保険会社と交渉して（自賠法16条請求），自賠責保険から保険金の支払を受け，その支払でもてん補されなかった損害については，任意自動車保険会社と交渉して（直接請求），任意保険から支

払を受けるということが必要になる。それでは煩雑なため，その煩雑さを避けるために設けられたのが，一括払制度である。そして，自賠責保険契約を結んだ保険会社と任意自動車保険契約を結んだ保険会社が別々の会社であっても，任意自動車保険会社が窓口になり，この一括払制度を利用できる。この制度は，自賠法上の制度ではなく，任意自動車保険契約に基づくサービスである。ただし，この制度は，任意自動車保険会社にもメリットがあるといわれている。手間が省けるという点があり，また，被害者から同意書を取り病院へ診療報酬明細や診断書を求めることが可能となり，そこで，治療経過を把握できることになって，損害賠償金の目途が立ち，示談交渉の方針を立てることが可能になるなどの点があるからである。

(4) **損害調査**

(a) 損害調査の流れ

(イ) 請求者は，加害自動車の保有者が加入する自賠責保険会社に対し必要書類をそろえて請求する（上記(3)(d)の一括支払制度を利用する場合は，任意自動車保険会社が窓口となる）。

上記の必要書類とは，①自動車損害賠償責任保険・支払請求書，②交通事故証明書，③事故発生状況報告書，④診断書，⑤診療報酬明細書，⑥通院交通費明細書，⑦付添看護自認書，⑧休業損害証明書，⑨印鑑証明書，⑩後遺障害診断書などである。

(ロ) 請求を受けた自賠責保険会社は，上記(イ)の書類に不備がないかを確認した上で，それらの書類を，損害保険料率算出機構[*10]が各地に設置した自賠責損害調査事務所[*11]へ送付し，損害調査を依頼する。

(ハ) 自賠責損害調査事務所では，上記(イ)の書類に基づき，事故の発生状況，自賠責保険の対象となる事故かどうか，傷害と事故との因果関係，発生した損害の額，また，後遺障害の等級などについて調査をする。上記(イ)の書類の内容だけでは事故に関する事実確認ができない場合には，①事故当事者に事故状況の照会，②病院照会，③事故現場調査などの調査を行うこともある。

(ニ) 自賠責損害調査事務所は，調査結果を自賠責保険会社に報告する。そして，自賠責保険会社は，この報告に従って，支払額を決定したり，後遺障害の等級を認定したりして，請求者に対し支払を行う。

*10　損害保険料率算出機構とは,「損害保険料率算出団体に関する法律」に基づき設立された法人であり,その主たる業務は,保険会社から独立して,自賠責保険（共済）の損害調査を行ったり,火災保険・傷害保険・自動車保険などの参考純率や自賠責保険・地震保険の基準料率を算出し,会員となった保険会社に提供したりしている。保険会社のほか,自賠責共済を取り扱っている全労済（全国労働者共済生活協同組合連合会),全自共（全国自動車共済協同組合連合会）及び交協連（全国トラック交通共済協同組合連合会）も会員となっており,これらの自賠責共済についても,その損害調査は損害保険料率算出機構が設置した自賠責損害調査事務所において行われている。

*11　JA共済の場合は,全国共済農業協同組合連合会（JA共済連）が,自賠責共済についての損害調査を行っている。

(b)　不服申立て

(イ)　上記(a)(ニ)における自賠責保険における支払額の決定や後遺障害の等級認定に不服がある場合には,被害者は,自賠責保険会社に対して,異議申立てをすることができる。このような異議申立てがあると,損害保険料率算出機構において,日弁連が推薦する弁護士,専門医,交通法学者,学識経験者で構成される自賠責保険審査会で審査を行う。

(ロ)　同様に,自賠責保険における支払額の決定や後遺障害の等級認定に不服がある場合には,被害者は,国土交通大臣及び内閣総理大臣が指定する「一般財団法人自賠責保険・共済紛争処理機構」に対し紛争処理の申請を行うことができる。このような申請があると,「一般財団法人自賠責保険・共済紛争処理機構」では,公正中立で,専門的な知見を有する弁護士,医師などの紛争処理委員からなる紛争処理委員会において,自賠責保険における支払額や後遺障害の等級認定の妥当性について審査を行う。

［井手　良彦］

2 | 任意自動車保険

　任意自動車保険の仕組みについて説明しなさい。併せて，任意自動車保険に付帯されている人身傷害補償保険において保険会社が人身傷害補償保険金を支払った場合（被害者にも過失があり，過失相殺された場合）の保険会社の保険代位の範囲について，最判平24・2・20（民集66巻2号742頁）が採用したとされる訴訟基準差額説を中心に，他の考え方についても触れながら説明しなさい。

〔1〕 任意自動車保険の仕組み

(1) 任意自動車保険

　任意自動車保険（以下「任意保険」という）とは，自動車保有者や運転者が，自動車損害賠償責任保険（以下「自賠責保険」という）とは別個に，保険会社と任意に締結する保険契約であり，保険契約の内容によって，様々な危険を担保することになる。

(2) 任意自動車保険の種類

(a) 保険自由化前の状況

　かつて，任意保険には，自家用自動車総合保険（「SAP」），自動車総合保険（「PAP」）及び自動車保険（「BAP」）の3種類があり，これらの3種類の各保険においては，その内容を構成する保険（対人賠償責任保険，対物賠償責任保険，自損事故保険，無保険車傷害保険，搭乗者傷害保険及び車両保険），その補償内容及び対象車種の組合せなどが決まっており，そして，3種類の各保険の補償内容や保険料などは，保険会社のすべてにおいて横並びであった。これは，損害保険料率算出機構の前身である自動車保険料率算定会（自算会）の算出する保険料率を，自算会の会員である保険会社は法律上使用するように義務づけられていたこと

に由来する。

(b) 保険自由化後の状況

しかし，規制緩和と自由競争の促進の見地から，平成10年7月に上記(a)のような使用義務が廃止された（保険の自由化）。その結果，現在においては，各保険会社の保険商品に相当な違いが生じている。各保険会社は保険商品に適用される保険約款を独自に定めており，さらに，同じ保険会社の同じ保険商品であっても，保険約款の改定の結果，販売時期によって補償内容が異なることがある。

また，保険の自由化の結果，①自動車事故により被害者が被った人的損害につき，加害者やその保険会社と交渉することなく，かつ，過失相殺を考慮しないで，被害者の加入する保険会社から契約上定められた範囲で補償を受けられるという内容の保険（人身傷害補償保険）や，②担保される危険を保険契約者の事情に応じて細かく取り決める内容の保険などが登場している。

任意保険を構成する保険としては，担保種目の違いにより，対人賠償責任保険，対物賠償責任保険，人身傷害補償保険，自損事故保険，無保険車傷害保険，搭乗者傷害保険及び車両保険などがある。そして，〔2〕以下において，これらの保険について説明をしていきたい。

(3) 自賠責保険との関係

任意保険と自賠責保険との関係については，Q1〔1〕(4)を参照のこと。

〔2〕 対人賠償責任保険

(1) 対人賠償責任保険

対人賠償責任保険とは，被保険自動車[*1]の所有・使用・管理に起因して他人の生命・身体を侵害することによって以下の(2)における被保険者が法律上の損害賠償責任を負う場合に，自賠責保険から支払われる保険金を超える部分について，被保険者の損害賠償責任を補償するために保険金が支払われる賠償保険のことをいう（上乗せ保険）。

上記の被保険自動車の「所有・使用・管理」については，「運行」（自動車損害賠償保障法（以下「自賠法」という）3条）よりも広い概念であるから，自賠責保険が支払われない場合であっても，対人賠償責任保険が支払われることがある。

*1　被保険自動車とは，任意保険において，その契約の対象として保険契約証書に記載された自動車のことをいう。

(2)　被保険者

被保険者とは，保険の補償を受ける者をいう。

自賠責保険における被保険者は，被保険自動車の保有者及び運転者である（自賠2条3項・4項）。これに対して，対人賠償責任保険における被保険者は，多くの場合，①記名被保険者（保険契約証書に名前が記載されている者），②被保険自動車を使用・管理中の(i)記名被保険者の配偶者（内縁の配偶者を含む），(ii)記名被保険者又はその配偶者の同居の親族，(iii)記名被保険者又はその配偶者の別居の未婚の子（これまでに法律上の婚姻歴がない者をいう），③許諾被保険者（記名被保険者の承諾を得て被保険自動車を使用・管理中の者（自動車取扱業者を除く）），④記名被保険者の使用者（記名被保険者が被保険自動車を使用者の業務に使用している場合に限る）とされており，自賠責保険の場合よりも被保険者の範囲が拡張されている。

(3)　免責事由

対人賠償責任保険の場合，その多くに，①保険契約者や記名被保険者などの故意によって生じた損害についての免責，②戦争，内乱などの事変又は暴動などの場合の免責，③地震や噴火又はこれらによる津波の場合の免責，④台風，洪水又は高潮の場合の免責，⑤異常危険（核燃料物質に由来する事故，放射能汚染など）によって生じた場合の免責，⑥被保険自動車を競技や曲技などに使用した場合などの免責，⑦加重責任負担契約についての免責，⑧被保険者や家族などが被害者である場合の免責，⑨被保険者の業務に従事中の使用人が被害者である場合の免責，また，⑩被保険者の使用者の業務に従事中の他の使用人（被保険者の同僚）が被害者である場合の免責（⑨及び⑩の場合は，本来労災保険において対応するべきであるとして免責とされた）などが定められている*2。さらに，対人賠償責任保険においては，特約によって①ないし⑩以外の免責が定められている場合がある。

このうち⑦の加重責任負担契約についての免責とは，被保険者が本来の損害賠償責任を超える責任を負担する内容の示談や特約を締結したとしても，そのような超過部分については，保険金支払の対象にならないというものである。

また，⑧における免責とは，自動車事故により(i)記名被保険者，(ii)被保険者

の父母，配偶者（内縁の配偶者を含む（最判平7・11・10民集49巻9号2918頁））又は子，(iii)被保険自動車を運転中の者，(iv)前記(iii)の者の父母，配偶者又は子につき，これらの者が被害者となり，その結果，被保険者が被る損害については，対人賠償責任保険の支払対象にはされないというものである。このような免責が設けられているのは，(ii)の者からは一般的に被保険者に対し損害賠償請求はされることがなく，(iii)の者は事故当事者であって，本来加害者として損害賠償責任を負う立場にあり，一般的にこの者からも被保険者に対し損害賠償請求はされず，また，(iv)の者からも一般的に被保険者に対し損害賠償請求はされることがない。そうすると，(i)の場合も含めて，(ii)ないし(iv)の者に関して，「被保険者が法律上の損害賠償責任を負う場合」にはあたらないことになる。そのために，対人賠償責任保険の支払対象から除外され，さらには，これらの者に保険金を支払うとなるとモラルハザード（不当な保険金支払）のおそれを生じさせると考えられたために除外されたのである。

＊2　対人賠償責任保険（対物賠償責任保険においても同様）においては，被害者救済の観点から，無免許・酒酔い等運転によって事故が生じた場合にも免責にならない（保険金支払の対象になる）。

(4) 保険金額

対人賠償責任保険は任意の保険契約であるから，個々の契約によって支払われる保険金の上限が定められている。自動車保険においては，「対人無制限」とされている場合が多く，この場合には人損につき上限なく保険金が支払われることになる。しかし，自動車保険でない他の損害保険につき対人賠償責任保険が特約でつけられているような場合には，保険金額の上限が定められていることが多いようである。

(5) 過失相殺・因果関係認定困難事案

(a) 過失相殺

自賠責保険においては，被害者を保護する見地から，過失相殺が制限されている（その詳細については，Q1〔2〕(1)(g)を参照）。

しかし，自賠責保険の場合と異なり，対人賠償責任保険においては，被保険者が「法律上」損害賠償責任を負った場合に被る損害をてん補しようとするものであるから，民法722条2項が適用され，過失相殺が行われることになる。

(b) 因果関係認定困難事案

自賠責保険においては，被害者の最低限度の救済を実現するために，交通事故と損害との因果関係の有無の判断が困難な場合であっても，死亡による損害額，又は後遺障害による損害額の5割が認定され，保険金が支払われることになっている（自賠責保険支払基準第6第2項）（その詳細については，Q1〔2〕(1)(h)を参照）。

しかし，対人賠償責任保険においては，上記(a)と同様の趣旨から，法律上因果関係の有無が判定され，その結果，因果関係が認められなければ，保険金は支払われないことになる。

(6) 請求権者

対人賠償責任保険においても，自賠責保険の場合と同様に，①被保険者からの請求の他，通常，保険約款によって，②被害者からの直接請求も認められている。上記②における被害者は対人賠償責任保険の契約当事者ではないが，被害者保護の見地から，このような直接請求が認められている（しかし，この被害者の直接請求権の行使については，いろいろの条件が付されており，そのため，現実には行使されることが少ないようである）。

(7) 代　　位

対人賠償責任保険は，損害てん補型の保険であるから，保険会社がその支払った保険金額の限度において被保険者を代位する（保険会社が，被保険者の加害者に対する賠償請求権を取得し，その限度で，被保険者の損害賠償請求権は喪失する。保険25条）。通常，その旨が保険約款に記載されている。これは，保険金と損害賠償金の二重取りによる被保険者の利得を阻止するためと，他方で，有責である加害者を免責にしないためである。

(8) 時　　効

対人賠償責任保険においても，被保険者からの保険金請求権についての消滅時効期間は，3年間である（保険95条。ただし，平成22年4月1日以降に発生した交通事故から）[*3]。また，被害者の直接請求権についても，保険約款の改定によって，従前の2年から3年に延長されている（その起算日は，判決等によって損害額が確定した日となる）[*4]。

*3　平成20年制定の保険法によって，従来の2年間から3年間に延長された。そのた

め，平成22年4月1日より前に発生した交通事故につき，被保険者からの保険金請求についての消滅時効期間は2年間である。
* 4　平成20年の保険法の制定にあわせて保険約款も改定され，従来の2年間から3年間に延長されている。そのため，平成22年4月1日より前に発生した交通事故については，被害者からの直接請求権についての消滅時効期間は2年間となる。

〔3〕 対物賠償責任保険（対物保険）

(1) 対物賠償責任保険

対物賠償責任保険とは，被保険自動車の所有・使用・管理に起因して他人の財物を滅失・毀損・汚損したことによって被保険者が法律上の損害賠償責任を負う場合に，そのために被保険者が負う損害を補償するために保険金が支払われる賠償保険のことをいう。この対物賠償責任保険によって，①直接損害，すなわち，交通事故の相手方車両の修理費や交通事故によって損壊した他人の家屋の塀の修理費などのほか，②間接損害，すなわち，相手方車両の修理期間における代車費用やタクシーなどの商用車が修理期間中に使用できなかったことによる休業損害などもてん補されることになる。

(2) 被保険者

対物賠償責任保険の被保険者については，対人賠償責任保険の場合と同一である（前述〔2〕(2)参照）。

(3) 免責事由

対物賠償責任保険の場合も，その多くに，対人賠償責任保険の場合の免責事由①ないし⑧と同一の免責事由が設けられている（前述〔2〕(3)参照）。

(4) 請求権者

対物賠償責任保険の場合も，通常，保険約款によって被害者の直接請求権が認められている。

(5) 代　位

対物賠償責任保険も，損害てん補型の保険であるから，保険会社がその支払った保険金額の限度において被保険者を代位する（保険会社が，被保険者の加害者に対する賠償請求権を取得し，その限度で，被保険者の損害賠償請求権は喪失する。保険25条）。通常，その旨が保険約款に記載されている。

(6) 時　　効

対物賠償責任保険の時効については，対人賠償責任保険の場合と同一である（前述〔2〕(8)参照）。

〔4〕 人身傷害補償保険

(1) 人身傷害補償保険

人身傷害補償保険とは，自動車事故によって被保険者が死傷した場合に，被保険者の過失割合を考慮せずに（過失相殺による減額をせずに），保険会社（被害者側の保険会社）が，保険金額の範囲内で，当該保険会社の基準に従って算定される損害額を補償するというものである。

平成10年の保険自由化によって開発された保険であるが，現在においてはほとんどの自動車保険につけられている。

(2) 支払要件

人身傷害補償保険の場合の支払要件は，①自動車（原動機付自転車を含む）の運行に起因する事故による，又は②(i)自動車の運行中に飛来・落下してきた物との衝突や(ii)自動車の運行中の火災・爆発や(iii)自動車の運行中の落下による（②の場合には，被保険者は，被保険自動車の正規の乗車装置，又はその装置のある室内に搭乗していなければならない），③「急激」，「偶然」，「外来」の事故によって被保険者が身体に傷害（ガス中毒を含む）を被ることによって，被保険者又はその父母，配偶者，子が損害を被ることである。

上記の「急激」性とは，事故の突発性のことであり，原因となった事故から傷害が発生するまでの時間的間隔が短く，被保険者が結果を予測・回避できない状態をいう。また，「偶然」性とは，予見不可能な原因から傷害が発生する状態をいう。さらに，「外来」性とは，事故の原因が被保険者の身体外部からの作用によることをいう。これらの3要件は，保険事故，すなわち傷害保険の対象になるための必要要件である。

(3) 被保険者

人身傷害補償保険の被保険者（人身傷害補償保険から補償を受ける者）は，①記名被保険者，②記名被保険者の配偶者，③記名被保険者又はその配偶者の同居の親族，④記名被保険者又はその配偶者の別居の未婚の子，⑤これらの者以外で，

被保険自動車の正規の乗車装置，又はその装置のある室内に搭乗していた者である。

(4) 支払保険金

人身傷害補償保険における支払保険金は，被保険者が交通事故の直接の結果として，(i)傷害，(ii)後遺障害，(iii)死亡に至った場合に，保険約款に定める基準・計算方法に基づき計算した損害額及び保険契約者や被保険者が支出した所定の費用（損害防止費用，請求権の保全・行使手続費用）から，①自賠責保険から支払われた保険金や政府保障事業から支払われた給付金，②他の任意保険契約から支払われた保険金，③賠償義務者から取得した賠償金，④労災補償制度から支払われた給付金などを控除した金額となる。

なお，保険会社が保険約款に定める基準・計算方法に基づき計算する損害額は，自賠責基準による場合ともいわゆる裁判基準による場合とも異なる金額となる。

(5) 人身傷害補償保険と損害賠償請求権との関係

(a) 後記(7)のように，人身傷害補償保険は，損害てん補型の保険であるから，保険会社が被保険者に対し人身傷害補償保険金を支払った場合には，支払った保険金額の限度において，被保険者の損害賠償請求権を代位取得する（保険25条）。その結果，その限度で，被保険者の加害者に対する損害賠償請求権は喪失する（Q19〔4〕(8)参照）。

そして，上記のように人身傷害補償保険金が支払われた場合の保険会社の保険代位について，被害者にも過失があり過失相殺がされる場合の保険代位の範囲については説が分かれており，大別すると以下の4つの説があるとされる。

まず，①保険会社は「支払った保険金」について代位するという見解である（絶対説）。次に，②保険会社は「支払った保険金のうち加害者の過失割合に対応する部分」について代位するという見解である（比例説）。そして，③保険会社は，「被保険者の損害」がてん補されるように，保険会社の支払う保険金と被保険者の加害者に対する過失相殺後の損害賠償請求権の額との合計額が「被保険者の損害」を上回る場合に限って，その上回る部分について代位するという見解である（差額説）。この差額説は，さらに，③-(i)上記の「被保険者の損害」を人身傷害補償保険の保険約款に定める基準・計算方法に基づき計算した

損害額（人傷基準損害額）とする見解（人傷基準差額説）と，③-(ii)上記の「被保険者の損害」を裁判において認定される損害額で，かつ過失相殺前のもの（裁判基準損害額）とする見解（裁判基準差額説）に分かれる[*5]。

例えば，被害者（被保険者）の裁判基準損害額が1000万円，人傷基準損害額が900万円，人身傷害補償保険の支払可能額（付保限度額）が800万円，過失割合は被害者（被保険者）20％，加害者80％である場合に，保険会社が保険金800万円を被害者に支払った場合において，①絶対説では，保険会社は800万円を代位し，加害者にこの800万円について代位請求しうることになる（一方，この800万円の範囲で，被害者（被保険者）の加害者に対する損害賠償請求権は喪失する）。

また，②比例説では，保険会社は640万円（＝800万円×0.8）を代位し，加害者にこの640万円について代位請求しうることになる（一方，この640万円の範囲で，被害者（被保険者）の加害者に対する損害賠償請求権は喪失する）。

そして，③-(i)人傷基準差額説では，次のとおり，620万円について代位し，加害者にこの620万円について代位請求しうることになる（一方，この620万円の範囲で，被害者（被保険者）の加害者に対する損害賠償請求権は喪失する）。

1．人傷基準差額説では，人傷基準損害額900万円が基準になる。
2．被害者（被保険者）の加害者に対する損害賠償金は，720万円（＝900万円×0.8），保険会社から支払われた保険金は800万円である。
3．人傷基準損害額900万円は被害者（被保険者）のために確保すべきことになり，それを超える部分，つまり，（800万円＋720万円）－900万円＝620万円について，代位することになる。
4．上記のように，代位される620万円の範囲で，被害者（被保険者）の加害者に対する損害賠償請求権は喪失するが，上記2．の720万円から620万円を差し引いた100万円（＝720万円－620万円）については，被害者（被保険者）は加害者に対し損害賠償請求権を行使しうる。この結果，被害者（被保険者）は，この100万円と保険金800万円により人傷基準損害額900万円につきてん補されることになる。

さらに，③-(ii)裁判基準差額説では，次のとおり，600万円について代位し，加害者にこの600万円について代位請求しうることになる（一方，この600万円の範囲で，被害者（被保険者）の加害者に対する損害賠償請求権は喪失する）。

1．裁判基準差額説では，裁判基準損害額1000万円が基準になる。
2．被害者（被保険者）の加害者に対する損害賠償金は，800万円（＝1000万円×0.8），保険会社から支払われた保険金が800万円である。
3．裁判基準損害額1000万円は被害者（被保険者）のために確保すべきことになり，それを超える部分，（800万円＋800万円）−1000万円＝600万円について，代位することになる。
4．上記のように，代位される600万円の範囲で，被害者（被保険者）の加害者に対する損害賠償請求権は喪失するが，上記2．の800万円から600万円を差し引いた200万円（＝800万円−600万円）については，被害者（被保険者）は加害者に対し損害賠償請求権を行使しうる。この結果，被害者（被保険者）は，この200万円と保険金800万円により裁判基準損害額1000万円につきてん補されることになる（被害者（被保険者）の最終的な回収額は1000万円である）。

*5　人傷基準差額説は，要するに，保険会社の支払う保険金と被保険者の加害者に対する過失相殺後の損害賠償金によって，人傷基準損害額を確保できるようにしようという見解である。他方，裁判基準差額説は，要するに，保険会社の支払う保険金と被保険者の加害者に対する過失相殺後の損害賠償金によって，裁判基準損害額を確保しようという見解である。

（b）最高裁は，人身傷害補償保険において，保険会社が先に保険金を支払った場合につき，以下のように，裁判基準差額説を採用することを明らかにした（最判平24・2・20民集66巻2号742頁）。すなわち，人身傷害補償条項に，①保険会社は，日本国内において，自動車の運行に起因する事故等に該当する急激かつ偶然な外来の事故により，被保険者が身体に傷害を被ることによって被保険者又はその父母，配偶者若しくは子が被る損害に対し，保険金を支払うとの約款（以下「本件約款」という）が設けられていること，また，②保険金請求権者が他人に損害賠償の請求をすることができる場合には，保険会社は，その損害に対して支払った保険金の額の限度内で，かつ，保険金請求権者の権利を害さない範囲内で，保険金請求権者が他人に対して有する権利を取得するという条項（以下「本件代位条項」という）が設けられていることを認定した上で，「本件約款によれば，訴外保険会社は，交通事故等により被保険者が死傷した場合におい

ては、被保険者に過失があるときでも、その過失割合を考慮することなく算定される額の保険金を支払うものとされているのであって、上記保険金は、被害者が被る損害に対して支払われる傷害保険金として、被害者が被る実損をその過失の有無、割合にかかわらず塡補する趣旨・目的の下で支払われるものと解される。上記保険金が支払われる趣旨・目的に照らすと、本件代位条項にいう『保険金請求権者の権利を害さない範囲』との文言は、保険金請求権者が、被保険者である被害者の過失の有無、割合にかかわらず、上記保険金の支払によって民法上認められるべき過失相殺前の損害額（以下「裁判基準損害額」という。）を確保することができるように解することが合理的である。そうすると、上記保険金を支払った訴外保険会社は、保険金請求権者に裁判基準損害額に相当する額が確保されるように、上記保険金の額と被害者の加害者に対する過失相殺後の損害賠償請求権の額との合計額が裁判基準損害額を上回る場合に限り、その上回る部分に相当する額の範囲で保険金請求権者の加害者に対する損害賠償請求権を代位取得すると解するのが相当である。」*6

(c) ところで、上記(b)における裁判基準差額説を採用する場合には、上記(b)の判例の場合のように、保険会社から人身傷害補償保険金を先に受領しその後に加害者に損害賠償金を請求する場合（人傷先行）と、加害者からの損害賠償金を先に受領しその後に保険会社に人身傷害補償保険金を請求する場合（賠償先行）とで、約款の解釈上、被保険者（被害者）が最終的に回収できる金額に差が生じる可能性がある*7。

しかし、このような結果は不合理であるから、まずは、保険約款を改正することが必要であるが*8、そのような改正がなされない間は、そのような差が生じないように、保険約款における「人傷基準損害額から受領した損害賠償金を差し引いた額を支払う」という点の「差し引いた」につき「保険金請求権者の権利を害さない範囲」に限るという限定解釈をして、上記のような差が生じないように対処するべきものと考える（前掲最判平24・2・20の宮川裁判官の補足意見参照）。

*6 車両保険において、保険会社が被保険者に対し車両保険金を支払った場合にも、支払った保険金額の限度において、被保険者の損害賠償請求権を代位取得する（保険25条。後記〔8〕(5)(b)参照）。その結果、その限度で、被保険者の加害者に対す

る損害賠償請求権は喪失するが、その際に、被害者にも過失があり過失相殺がされる場合における保険会社の保険代位の範囲については、上記のように人身傷害補償保険の場合と同様の問題が生じることになる。

　そして、平成22年4月1日から施行された保険法25条1項2号は差額説を採用したとされており（さらに、保険法25条は片面的強行規定であるから（同法26条）、保険法25条に反する特約で、被保険者（被害者）に不利なものは無効となる）、そうすると、車両保険の場合にも、裁判基準差額説を採用すべきものと考える。すなわち、被保険者（被害者）に損害額（裁判所で認定された損害額）を確保しうるように解釈し、それを超える支払をした部分について、保険代位を認めるようにすべきである。

　例えば、被保険者（被害者）の損害額（裁判所で認定された損害額）が40万円、過失割合は、被害者（被保険者）10％、加害者90％、車両保険の支払可能額（付保限度額）100万円（免責額20万円）の場合において、保険会社が、被保険者（被害者）に20万円（＝損害額40万円－免責額20万円）を支払い、保険代位によって被保険者の損害賠償請求権を代位取得した場合に、（被保険者（被害者）の加害者への支払を考慮しないとすれば）、本来、被保険者（被害者）が加害者に請求しうる損害賠償金は36万円（＝損害額40万円×過失割合0.9）であるから、被保険者（被害者）が免責のために保険会社から支払を受けられなかった20万円はまるまる上記の加害者に対する損害賠償金36万円からてん補を受けうることになる。その結果、保険会社が保険代位によって加害者に請求しうるのは16万円（＝加害者に請求しうる損害賠償金36万円－被保険者（被害者）が加害者に請求する金額20万円）となる。

＊7　上記(a)の事例において、裁判基準差額説によると、被保険者（被害者）が、まず加害者から損害賠償金800万円の支払を受け、その後に人身傷害補償保険金を請求した場合（賠償先行）においては、保険約款では、通常、人傷基準損害額（900万円）から受領した損害賠償金を差し引いた額を支払うと記載されているので、この記載どおりに解釈すれば、人身傷害補償保険会社から支払われるのは100万円（＝900万円－800万円）となり、被保険者（被害者）の最終的な回収額は900万円（＝800万円＋100万円）となる。しかし、(a)の③－(ⅱ)の4．のように、まず人身傷害補償保険金を受領しその後に加害者に損害賠償金を請求した場合（人傷先行）については、最終的な回収額が1000万円となるので、この場合よりも、100万円の減額となる。

＊8　実際には、多くの人身傷害補償保険会社において保険約款の改正が行われており、「判決又は裁判上の和解において賠償義務者が負担すべき損害賠償額が人身傷害補

償保険の算定基準と異なる基準により算出された場合であって，その基準が社会通念上妥当であると認められるときは，その基準により算定された額を損害額とみなす」という内容が規定されている。その結果，保険会社から人身傷害補償保険金を先に受領し，その後に加害者に損害賠償金を請求する場合（人傷先行）と加害者からの損害賠償金を先に受領し，その後に保険会社に人身傷害補償保険金を請求する場合（賠償先行）とで回収できる金額に差が生じるという事態は回避されるようになっている。

(6) 免責事由

人身傷害補償保険の場合には，その多くに，①被保険者の故意又は極めて重大な過失[*9]によって生じた場合の免責，②無免許・酒酔い等運転によって生じた場合の免責，③正当な権利者が承諾しないのに搭乗中に生じた場合の免責，④闘争行為・自殺・犯罪行為によって生じた場合の免責，⑤戦争，内乱などの事変又は暴動などの場合の免責，⑥地震や噴火又はこれらによる津波の場合の免責，⑦異常危険（核燃料物質に由来する事故，放射能汚染など）によって生じた場合の免責，⑧被保険自動車を競技や曲技などに使用していた場合の免責，⑨被保険自動車以外の二輪車又は原動機付自転車に搭乗中に生じた場合の免責，⑩事業用自動車を運転中に生じた場合の免責などが設けられている。

> [*9] 極めて重大な過失とは，事故の直接の原因となりうる過失であって，通常の不注意などでは説明のできない行為（不作為を含む）とされている。しかし，具体的にどのようなものがこれにあたるかについては，必ずしも明確でない。判例などにより具体的事例の集積が待たれるところである。

(7) 代　　位

人身傷害補償保険は，損害てん補型の保険であるから，保険会社がその支払った保険金額の限度において被保険者を代位する（保険会社が，被保険者の加害者に対する賠償請求権を取得し，その限度で，被保険者の損害賠償請求権は喪失する。保険25条）。通常，その旨が保険約款に記載されている。

〔5〕 自損事故保険

(1) 自損事故保険

自損事故保険とは，自分に100％の過失があるとか，相手がいない事故（電

柱との衝突や崖からの転落などの単独事故）を起こしたときに，運転者や同乗者などの傷害や死亡に対して補償をする保険のことである．すなわち，①被保険自動車の運行に起因する事故による，又は②(i)被保険自動車の運行中に飛来・落下してきた物との衝突や(ii)被保険自動車の運行中の火災・爆発や(iii)被保険自動車の運行中の落下による（②の場合には，被保険者は，被保険自動車の正規の乗車装置，又はその装置のある室内に搭乗していなければならない），③「急激」，「偶然」，「外来」の事故によって身体に傷害（ガス中毒を含む）を被り，かつ，④その傷害につき加害者に運行供用者責任を問うことができない場合に，保険金が支払われる保険をいう．ただし，上記〔4〕の人身傷害補償保険をつけている場合には，その補償が優先される．

　保険金は定額給付方式とされており，自損事故保険で定められたところに従って，死亡保険金，後遺障害保険金，介護費用保険金，又は医療保険金が支払われる．

(2) 被保険者

　自損事故保険の被保険者（自損事故保険から補償を受ける者）は，①被保険自動車の保有者，②被保険自動車の運転者（自賠法上の運転者），また，③①及び②以外の者で，被保険自動車の正規の乗車装置，又はその装置のある室内に搭乗していた者である．

(3) 免責事由

　自損事故保険の場合には，その多くに，①被保険者などの故意によって生じた場合の免責，②無免許・酒酔い等運転によって生じた場合の免責，③正当な権利者が承諾しないのに搭乗中に生じた場合の免責，④闘争行為・自殺・犯罪行為によって生じた場合の免責，⑤戦争，内乱などの事変又は暴動などの場合の免責，⑥地震や噴火又はこれらによる津波の場合の免責，⑦異常危険（核燃料物質に由来する事故，放射能汚染など）によって生じた場合の免責，⑧被保険自動車を競技や曲技などに使用していた場合の免責などが設けられている．

(4) 代　　位

　自損事故保険は，損害てん補型の保険ではなく，保険会社が保険金を支払った場合であっても，被保険者に代位しない．通常，その旨が保険約款に記載されている．

〔6〕 無保険車傷害保険

(1) 無保険車傷害保険

　無保険車傷害保険とは，無保険などで賠償資力が十分でない他の自動車との事故において，すなわち，①相手自動車が対人賠償保険に加入していなかったり，②加入していても，運転者の年齢条件違反などの理由により保険金が支払われなかったり，③加入していても，その保険金額（加害車両が複数のときは，複数の保険金額の合計額）が自身で契約した無保険車傷害保険の保険金額より低かったり，④当て逃げなどで相手自動車が不明であり，かつ政府保障事業から受け取る補償金が十分でなかったりした場合に，この保険から，相手方からの損害賠償に代わって，運転者や同乗者の死亡や後遺障害に対して支払われるものである。

　この無保険車傷害保険の場合，被保険者が死亡又は後遺障害を生じた場合にのみ支払われ，傷害が生じただけでは支払われない。また，この保険は実損てん補型の保険であり，実損害額から自賠責保険（又は政府保障事業）から支払われる金額，相手方の対人賠償責任保険から支払われる金額及び既に受領した損害賠償金を控除した金額につき支払われる。

　また，被害者が人身傷害補償保険に加入している場合には，人身傷害補償保険から支払を受けられない場合，また，自賠責保険と無保険車傷害保険の保険金額合計額が人身傷害補償保険の保険金額よりも多い場合に，無保険車傷害保険から支払を受けることになる。

(2) 被保険者

　無保険車傷害保険の被保険者（無保険車傷害保険から補償を受ける者）は，①記名被保険者，②記名被保険者の配偶者，③記名被保険者又はその配偶者の同居の親族，④記名被保険者又はその配偶者の別居の未婚の子，⑤これらの者以外で，被保険自動車の正規の乗車装置，又はその装置のある室内に搭乗していた者である。

(3) 免責事由

　無保険車傷害保険の場合には，一般に，①被保険者などの故意によって生じた場合の免責，②無免許・酒酔い等運転によって生じた場合の免責，③正当な

権利者が承諾しないのに搭乗中に生じた場合の免責，④闘争行為・自殺・犯罪行為によって生じた場合の免責，⑤戦争，内乱などの事変又は暴動などの場合の免責，⑥地震や噴火又はこれらによる津波の場合の免責，⑦台風，洪水又は高潮の場合の免責，⑧異常危険（核燃料物質に由来する事故，放射能汚染など）によって生じた場合の免責，⑨被保険自動車を競技や曲技などに使用していた場合の免責，⑩被保険者の父母，配偶者又は子などが賠償義務者である場合の免責などが設けられている。

(4) 代　位

無保険車傷害保険は，損害てん補型の保険であるから，保険会社がその支払った保険金額の限度において被保険者を代位する（保険会社が，被保険者の加害者に対する賠償請求権を取得し，その限度で，被保険者の損害賠償請求権は喪失する。保険25条）。通常，その旨が保険約款に記載されている。

〔7〕 搭乗者傷害保険

(1) 搭乗者傷害保険

搭乗者傷害保険とは，被保険車が事故にあったとき，その自動車の搭乗者すべてを被保険者として，あらかじめ定められた保険金を各人に支払うという保険をいう。すなわち，被保険車の搭乗者が，①被保険自動車の運行に起因する事故による，又は②(i)被保険自動車の運行中に飛来・落下してきた物との衝突や(ii)被保険自動車の運行中の火災・爆発や(iii)被保険自動車の運行中の落下による，③「急激」，「偶然」，「外来」の事故によって身体に傷害（ガス中毒を含む）を被った場合に，そのような搭乗者全員にあらかじめ定められた保険金を支払うというものである。

保険金は定額給付方式であり，契約によって定められた死亡保険金，座席ベルト装着者特別保険金，後遺障害保険金，重度後遺障害特別保険金，重度後遺障害介護費用保険金及び医療保険金などが支払われる。これらの保険金は，相手方の対人賠償責任保険から保険金が支払われる場合にも，自身の人身傷害補償保険や自損事故保険や無保険車傷害保険から保険金が支払われる場合にも，それらの保険金の支払とは別個に支払われることになる。

(2) 被保険者

この保険の被保険者は，被保険自動車の正規の乗車装置，又はその装置のある室内に搭乗中の者である。

(3) 免責事由

　搭乗者傷害保険の場合には，一般に，①被保険者などの故意によって生じた場合の免責，②無免許・酒酔い等運転によって生じた場合の免責，③正当な権利者が承諾しないのに搭乗中に生じた場合の免責，④闘争行為・自殺・犯罪行為によって生じた場合の免責，⑤戦争，内乱などの事変又は暴動などの場合の免責，⑥地震や噴火又はこれらによる津波の場合の免責，⑦異常危険（核燃料物質に由来する事故，放射能汚染など）によって生じた場合の免責，⑧被保険自動車を競技や曲技などに使用していた場合の免責などが設けられている。

(4) 代　　位

　搭乗者傷害保険は，損害てん補型の保険ではなく，保険会社が保険金を支払った場合であっても，被保険者に代位しない。通常，その旨が保険約款に記載されている。

(5) 人身傷害補償保険との関係

　人身傷害補償保険に加入している場合には，搭乗者の傷害についても広く補償されるため，搭乗者傷害保険の役割は相対的に低下することになる。しかし，次のような違いもある。すなわち，①搭乗者傷害保険において補償されるのは，被保険自動車に乗車している搭乗者全員である。他方，人身傷害補償保険において補償されるのは，被保険自動車に乗車している搭乗者全員，また，その他に記名被保険者の配偶者やその子について，被保険自動車以外に乗車していても，歩行中等の際に自動車事故にあった場合についても，補償される。さらに，②保険金の支払につき，搭乗者傷害保険においては，契約した保険金額を限度に一定額の保険金が支払われる方式であり，他方，人身傷害補償保険においては，契約した保険金額の範囲で実際の損害額（ただし，保険会社が算定した損害額）が支払われることになる。なお，上記(1)のように，人身傷害補償保険から保険金が支払われる場合にも，その支払とは別個に，搭乗者傷害保険の保険金が支払われる。

〔8〕 車両保険

(1) 車両保険

車両保険とは，被保険自動車（任意保険において，その契約の対象として保険契約証書に記載された自動車のこと）が「偶然な事故」によって損害を被った場合に保険金が支払われる保険のことである。上記の「偶然な事故」とは，交通事故だけでなく，衝突，接触，墜落，転覆，物の飛来や落下，火災，爆発，盗難，台風，洪水，高潮などあらゆる偶然の事故をいい，被保険者の過失によって生じた偶然な事故も含む。

車両保険においては，下記(4)の免責事由に記載された場合を除き，原則として，すべての事故に保険金が支払われるが，保険約款によって，保険金が支払われる場合が限定されていることもある。

(2) 保険金額

車両保険において支払われる保険金額は，「事故発生地」における「事故発生時」の被保険自動車の価額，すなわち，当該自動車と同一車種，年式で同じ消耗度の自動車の市場販売価格相当額を基準にして決められる。そのため，事故による修理費がこの保険金額を超える場合には，この保険金額を限度に保険金が支払われることになる。ただし，保険商品のなかには，特約により実損害以上の補償（「保険契約締結時」の評価額）を受けられるというものもある（後記〔9〕(5)参照）。

代車損害や休車損害などの間接損害については，原則として補償されない。しかし，保険商品のなかには，特約によりこれらの損害についても補償を受けられるというものもある。

(3) 保険の対象物

被保険自動車に定着[*10]・装備されている付属品（カーナビゲーション，カーステレオ，エアコン，時計など），また，室内やトランクなどにある日常生活に用いる動産（身の回り品）も補償の対象物になる。しかし，装飾品や違法に装備された物などは含まれない。

> [*10] 定着とは，ボルトやネジなどで固定されており，工具などを使用しなければ容易にとりはずせない状態をいう。

(4) 免責事由

車両保険の場合，契約約款によって，その多くに，①保険契約者や記名被保険者などの故意や重過失によって生じた損害についての免責，②無免許・酒酔い等運転によって生じた場合の免責，③戦争，内乱などの事変又は暴動などの場合の免責，④地震や噴火又はこれらによる津波の場合の免責，⑤異常危険（核燃料物質に由来する事故，放射能汚染など）によって生じた場合の免責，⑥差押えや没収などの国や公共団体の公権力の行使によって生じた場合の免責，⑦詐欺，横領により生じた場合の免責，⑧被保険自動車を競技や曲技などに使用した場合などの免責，⑨被保険自動車の欠陥や腐食など自然の消耗によって生じた場合の免責，⑩故障損害の場合の免責，⑪タイヤの損害の場合の免責（ただし，被保険自動車の他の部品と同時に損害を被った場合，火災や盗難の場合には保険金支払の対象になる）などが設けられている。

(5) 代 位

(a) 残存物代位

保険会社が，被保険自動車が全損として保険金を支払った場合には，その保険会社は，原則として被保険者が被保険自動車に対し有しているすべての権利を取得する（保険24条）。通常，その旨が保険約款に記載されている。

(b) 請求権代位

車両保険も，損害てん補型の保険であるから，被保険者が車両損害につき他人に損害賠償請求権を有する場合において，保険会社がその損害につき保険金を支払った場合には，保険会社がその支払った保険金額の限度において被保険者を代位する（保険会社が被保険者の有する賠償請求権を取得し，その限度で，被保険者の損害賠償請求権は喪失する。保険25条）。通常，その旨が保険約款に記載されている。

〔9〕 特 約

各損害保険会社は，上記の〔2〕ないし〔8〕のような各種保険にいろいろな特約を開発し，組み合わせ販売している。以下に，代表的な特約につきその概略について説明をしたい。

(1) 弁護士費用等補償特約（弁護士特約）

被保険者が交通事故により損害を被った場合に，保険金請求権者（被保険者，

その法定相続人など）が相手方に損害賠償請求をし，その際に弁護士費用を負担するという損害を被った場合に，その被った損害につき，保険会社から一定限度で保険金が支払われるものである。

(2) **運転者家族限定，運転者本人・配偶者限定，運転者年齢限定特約**

被保険自動車を運転する者を記名被保険者とその家族，記名被保険者とその配偶者，又は，ある年齢以上の者に限定し，それ以外の者が運転中の事故による損害等については，原則として，保険金を支払わないというものである。保険料が割り引かれるというメリットがある。

(3) **他車運転危険補償特約**

被保険者等が，借用した自動車を運転中に起こした人身事故や物損事故により法律上の賠償責任を負う場合に，借用した自動車の保険に優先して，保険金が支払われるものである。

(4) **対物超過修理費用補償特約**

相手方の自動車の修理費がその時価額を超える場合に，被保険者が時価額を超える修理費を負担した場合にも，時価額を超える部分について，一定限度で保険金が支払われるというものである。

この場合において，被保険者の本来の損害賠償責任は相手方自動車の時価額の範囲にとどまり，被保険者がそのような時価額を超える部分を負担するとしても，そのような超過部分については，本来，保険金支払の対象になることはない。しかし，この点は相手方とトラブルになりやすいところであり，このようなトラブルを防止するために，このような特約が設けられたのである。

(5) **車両価額協定保険特約**

被保険自動車が，事故により全損となった場合に，事故時の評価額ではなく，契約締結時の評価額が保険金として支払われるものである。

(6) **付随費用補償特約**

車両事故にともなって付随費用を支払う必要が生じ損害を被った場合に，車両保険による保険金の他，付随費用が支払われるというものである。付随費用には，臨時宿泊費用，臨時帰宅費用，搬送・引取費用，キャンセル費用などである。

［井手　良彦］

Q3 | 公的給付

公的給付について説明しなさい。

〔1〕 はじめに

　自動車事故の人身事故による損害（人損）について公的給付が問題になるのは，大別すると，政府の自動車損害賠償保障事業による給付の場合と社会保険からの給付の場合である。以下に，それぞれの場合について説明をしていきたい。

〔2〕 政府の自動車損害賠償保障事業（政府保障事業）

(1) 政府保障事業の概要，目的

　政府保障事業とは，自動車損害賠償保障法（以下「自賠法」という）に基づき，自動車損害賠償責任保険（以下「自賠責保険」という）の対象とならないひき逃げ事故や無保険車による事故にあった被害者に対し，健康保険や労災保険等の他の社会保険の給付や損害賠償責任者の支払によっても，なお被害者に損害が残る場合に，最終的な救済として，法定限度額の範囲内で，政府がその損害をてん補する制度である。

　自動車の運行による交通事故（人身事故）の被害者であっても自賠責保険によってその被害救済を受けられない場合がある。例えば，ひき逃げ事故などで，加害車両やその保有者が明らかでない場合（自賠72条1項前段），また，自賠責保険が付帯されていない無保険車や盗難車による事故のように，自賠責保険の被保険者でない者が運行供用者として損害賠償責任を負う場合（自賠72条1項後

段）である。これらの場合には，自賠責保険からの保険金支払がなく，しかも，健康保険や労災保険等の他の社会保険の給付や損害賠償義務者からの支払があっても，なお被害者に損害が残る場合がありえ，このような場合を放置すると，自動車事故（人身事故）により傷害を被った被害者の必要最低限度の救済を行おうとした自賠責保険制度の目的を達成しえないことになる。そのため，このような場合に，政府が自動車損害賠償保障事業を行うことによって（自賠71条），被害者の救済を図ろうとしたものである（自賠72条）。

なお，政府保障事業に対する損害てん補請求権は，加害者に対する損害賠償請求権の存在を前提とするものではあるが，（その請求権とは別個に）自賠法により創設された請求権である。

(2) 政府保障事業によるてん補対象とされる場合

(a) 被害者が損害をてん補される場合

(イ) 加害車両の保有者が不明な場合　　ひき逃げ事故のように，加害車両やその保有者が不明の場合には，被害者は自賠責保険会社に対して保険金請求をなしえず，自賠責保険による救済を受けられない。そのため，政府保障事業によるてん補対象とされる。

ところで，実務においては，加害者と疑われている者が交通事故につき争い，加害者であることを否認しているような場合には，損害賠償請求権の時効消滅を避けるために，とりあえず保有者不明のひき逃げ事故として取り扱うことになっている。

(ロ) 無保険車による事故の場合　　自賠法においては自賠責保険への加入が強制されている（自賠5条）。しかし，自賠法に違反して自賠責保険へ加入していない車両も存在しており，このような無保険車が交通事故（人身事故）を起こした場合には，やはり自賠責保険による救済を受けえない。そのため，このような場合も政府保障事業によるてん補対象とされている。

なお，構内専用車，工場での作業用自動車，また，空港内の送迎バスなど一般道路上での運転が予定されていない車両については，自動車登録がされておらず，ナンバープレートもなく，自賠責保険にも加入していない。このような自動車が一般道路上で交通事故（人身事故）を起こした場合には，無保険車による事故の場合にあたり，政府保障事業によるてん補対象とされる。

(ハ) 自賠責保険の被保険者でない者が，運行供用者として損害賠償責任を負う場合（要するに，車両保有者が運行供用者に該当しない場合）　盗難車による事故や無断運転による事故の場合などで，加害車両の保有者の管理に手落ちがなく，運行供用者に該当しない場合である。この場合には，車両保有者に運行供用者としての損害賠償責任がないため，被害者は加害車両に付帯している自賠責保険から保険金の支払を受けられない。そのために，この場合も政府保障事業によるてん補対象とされている。

(b)　保険会社が損害をてん補される場合

(イ) 悪意事故の場合の補償請求　自賠責保険会社は，保険契約者や被保険者の悪意によって生じた損害については保険金の支払を免れる（自賠14条）。しかし，この場合であっても，被害者の救済のために，被害者からの直接請求に対しては損害賠償金を支払わなければならない。そして，この場合には，自賠責保険会社は，支払った損害賠償金につき政府保障事業に対し補償を求めうることになる（自賠16条4項）。

(ロ) 自動車保有者に賠償責任がない場合の補償請求　自賠法においては，被害者の救済のために，仮渡金制度が設けられている（自賠17条）。そして，この制度においては，交通事故が発生したという事実だけで，つまり，調査事務所の調査を経ない段階で，仮渡金として被害者に対し一定の金額が支払われる。しかし，仮渡金が支払われた後に，保有者に賠償責任がないことが判明する場合があり，この場合には，自賠責保険会社は支払うべき義務のない金員を支払ったことになる。そのため，自賠責保険会社は，この場合に支払った相手方に対し支払った金額の返還を求めうるが，実際にはその回収は困難である。そこで，自賠責保険会社は，支払った金額につき政府保障事業に対し補償を求めうるとされている（自賠17条4項）。そして，この場合，政府は，支払を受けた被害者に対し同額の返還を請求することができる（自賠76条3項）。

(3)　政府保障事業による保障の内容

(a)　総　　論

政府保障事業による保障は，自賠責保険の補完としての役割を果たしており，そのため，支払限度額などの保障内容の基本的な点は自賠責保険と同じである。しかし，次のような違いもある。

(b) 他法令給付の優先

　自賠責保険による救済を受けられない場合であっても，健康保険法や労働者災害補償保険法その他政令で定める法令による給付（「他法令給付」という）を受けられる場合には，この他法令給付が優先される。そのため，他法令給付分を控除し，その残りについて政府保障事業からのてん補が行われる。これは，政府保障事業による保障は，自賠責保険その他の救済を受けられない場合の被害者に対する最終的救済制度と位置づけられており，他法令給付を受けられる場合にはその給付が優先されるためである。

　さらに，政府保障事業は最終的救済制度であるという趣旨から，上記の他法令給付分が控除されるだけでなく，賠償義務者から受領した金員についても，その名目如何を問わず控除されることになる。ただし，自賠責保険制度，またそれを補完する政府保障事業は生命又は身体に対する損害賠償のための制度であるから，「物損」について支払われた金額は控除の対象にならない。

(c) 時　　効

(イ)　政府保障事業に対する請求権の時効期間　　①事故発生日が平成22年4月1日以降の場合－3年間，②それより前の場合－2年間である。

(ロ)　時効の起算日　　①傷害に基づく請求権の場合－治療終了日，②後遺障害に基づく請求権の場合－症状固定日，③死亡に基づく請求権の場合－死亡日である。

(d) 過失相殺

　自賠責保険の場合は，被害者救済という制度目的を実現するため，一般の損害賠償の場合のような厳格な過失相殺を行わず，被害者に重大な過失がある場合に限って一定の減額が行われる。

　しかし，政府保障事業の場合には，①事故発生日が平成19年3月31日以前の場合については，一般の損害賠償の場合のような厳格な過失相殺が行われる。政府保障事業について，本来加害者が被害者に支払うべき損害賠償額を政府が一時的に立替払いをするものと捉え，過失相殺についても一般の損害賠償の場合と同様に取り扱うのが相当と解せられたからである。これに対し，②事故発生日が平成19年4月1日以降の場合については，被害者救済の趣旨を重視して，自賠責保険の場合と同様の運用によることになった。

（e） 親族間の事故の場合

自賠責保険の場合は，賠償義務者（加害者）と被害者が同一の家族の場合であっても保険金が支払われる。

しかし，政府保障事業の場合には，親族間の事故の場合には，原則として政府保障事業からのてん補は行われない。これは，政府保障事業においては，政府が一時的に立替払いをし賠償義務者（加害者）に対し求償することになるが，家族内や親族間でそのような求償をすることは相当でないため，政府保障事業によるてん補を行わないとされているからである。

（f） 好意同乗の場合

自賠責保険においては，好意同乗の場合も，被害者に対する支払額は減額されない。

しかし，政府保障事業の場合には，①事故発生日が平成19年3月31日以前の場合には，一定の減額がされる。これに対し，②事故発生日が平成19年4月1日以降の場合には，被害者救済の趣旨を重視して，自賠責保険の場合と同様に減額されないことになった。

（g） 共同不法行為の場合

交通事故が複数の自動車によってもたらされた場合，自賠責保険においては，被害者は，各加害車両の自賠責保険に対し損害賠償金を請求することができる。その結果，被害者は，自賠責保険の限度額の複数倍（加害車両の数）の範囲内で自賠責保険からの支払を受けることができる。

これに対し，複数の加害車両の中に自賠責保険加入車両と無保険車があった場合に，被害者は自賠責保険加入車両の自賠責保険からの支払を受けることができるが，政府保障事業からのてん補は受けられない。また，複数の加害車両の中に自賠責保険加入車両がなくすべて無保険車であった場合に，政府保障事業からてん補を受けられる額は，1台の無保険車の場合と同じである。これらについては，政府保障事業が，交通事故の被害者に必要最低限度の救済を受けさせようとする制度であることに由来する。

(4) 政府保障事業に対する請求

政府保障事業の業務のうちてん補額の決定以外の支払請求の受理や支払などの業務は，自賠責保険（共済）を取り扱っている保険会社や各共済連合会に委

託されており，したがって，交通事故の被害者が政府保障事業に対して請求するには，それらの保険会社などに請求書や一定の必要書類を提出して行うことになる。

〔3〕 社会保険によるてん補

(1) はじめに

社会保険とは，経済的な弱者に生じた事件や事故について，国家的な保険技術を用いて危険を分散し，その救済をはかろうとする制度[*1]であり，交通事故との関係で問題となるのは労働者災害補償保険（以下「労災保険」という）と健康保険の２つである。

> [*1] 社会保険には，健康保険や国民健康保険などの医療保険，国民年金や厚生年金などの年金保険，介護保険，雇用保険，労災保険などがある。

(2) 労災保険（労働者災害補償保険）

(a) 労災保険とは

労災保険とは，労働者が業務を遂行中に，又は通勤中に負傷や死亡という災害が生じた場合に，そのような災害が業務上又は通勤中に発生したことに基づき，被災者や遺族が保険金の給付を請求できるというものである。そして，交通事故も労災保険における災害に該当する。

(b) 給付を受けるための要件

交通事故により人身傷害を被った場合で，被害者が労災保険からの給付を受けられるのは，①業務遂行中の災害（業務災害）又は通勤中の災害（通勤災害）の場合であり，②自賠責保険からの支払に先行して労災保険からの給付を希望した場合であって，さらに，③労働基準監督署長に第三者行為災害届を提出した場合である。

(c) 労災先行か自賠先行か

上記(b)の②に関して，労災保険からの給付を先に受けるか（労災先行），自賠責保険からの支払を先に受けるか（自賠先行）については，被災者が自由に選べることになっており，被災者の意思が尊重される。

ところで，労災保険と自賠責保険は，通常，択一的な関係にある。そのため，労災先行の場合には，労災保険から給付された保険金のうち，同一事由による

ものについては自賠責保険からの支払を受けることはできない。自賠先行の場合には、自賠責保険から支払われた保険金のうち、同一事由によるものについては労災保険の給付から控除される。そこで、一方から損害のてん補を完全に受けえた場合には、他方からはてん補を受けられない。

　しかし、労災保険と自賠責保険においては、給付限度額や給付事由などに、次のような差異がある。すなわち、①治療費の対象は、労災保険よりも自賠責保険のほうが広範囲である。②慰謝料は、労災保険では認められないが、自賠責保険では認められる。③休業損害は、労災保険では60％（ただし、休業特別支給金を上乗せすれば80％）てん補されるが、自賠責保険では100％（ただし、1日当たり1万9000円が上限となる）てん補される。その一方、④被災者の過失に関し、労災保険における給付においては、その過失を問題にしないが、自賠責保険における給付においては、過失割合が被害者7割以上の過失の場合には一定割合の減額がある（Q1〔2〕(1)(g)参照）。⑤自賠責保険においては、傷害の場合の支給額の上限は120万円であるが、労災保険の場合にはこのような制限は設けられていない。

　労災保険と自賠責保険にはこのような差異があるために、一方からの損害のてん補が不十分な場合には、他方からのてん補を受けることができる。

　(d)　第三者行為災害届の提出

　第三者行為災害とは、労災保険の給付原因である事故が第三者（加害者）[*2]の行為によって生じたものであって、第三者（加害者）が労災保険の受給権者である被災者又は遺族に対して賠償義務を負っている場合をいう。そして、交通事故の場合は、この典型といいうる。

　第三者行為災害に該当する場合に、労災保険による給付を受けるためには、労働基準監督署長宛てに第三者行為災害届を交通事故証明書などの添付書面とともに提出して請求することになる。

　この第三者行為災害届の提出が必要になるのは、次のような理由による。すなわち、第三者行為災害の場合、第三者（加害者）が賠償義務を負っているのに、それを労災保険から給付したのであるから、労災保険が第三者（加害者）の支払うべき費用を立替払いしたことになる。そこで、政府（労働局）が後日第三者（加害者）に対し労災保険から給付した費用を請求することになり、そのた

めに，この届の提出が必要になるのである。

> *2　第三者とは，当該災害に関係する労災保険の保険関係の当事者（政府，事業主及び労災保険の受給権者）以外の者をいう。

(3) 健康保険
(a) 健康保険とは

健康保険とは，被保険者の業務外の事由によって負傷などの保険事故が生じた場合*3に，被保険者やその遺族に対して傷病給付や死亡給付などの給付が行われるものである。例えば，傷病給付の場合，被害者の負傷についての治療費につき，自己負担部分以外の部分を政府と健康保険組合が負担することになる。

そして，交通事故によって生じた負傷の治療についても，健康保険の利用が可能である。この交通事故の場合，時に，病院側から健康保険を利用できないなどと言われることがあるようであるが，これは誤った理解による説明である。交通事故の場合であっても，被害者が希望すれば健康保険を利用することができ，被害者は健康保険を用い自己の自己負担部分だけを支払って治療を受けることができる。

> *3　業務上の事由又は通勤中の事由によって負傷などの保険事故が生じた場合には，労災保険が用いられる。

(b) 給付を受けるための要件

交通事故により人身傷害を被った場合で，被害者が健康保険からの給付を受けられるのは，①健康保険を利用して治療を受けることを希望した場合であり，かつ，②第三者の行為による傷病届を提出する場合である。

(c) 第三者の行為による傷病届の提出

この届の提出先は，全国健康保険協会（協会けんぽ）の都道府県支部宛て（ただし，健康保険組合に加入している場合には，同組合宛て）である。交通事故証明書などの書面を添付して提出することになる。

この届についても，第三者（加害者）の行為によって負傷したときの治療費は，本来，第三者（加害者）が負担するべきであるのに，被害者は健康保険を使ったので，健康保険が第三者（加害者）の支払うべき治療費を立替払いしたことになって，そのため，協会けんぽが後日第三者（加害者）に対し求償すること

になり，このような届の提出が必要になるのである。

[井手　良彦]

第 2 章

交通事故における責任原因

Q 4 │民法に基づく不法行為責任

交通事故に関して，民法の一般不法行為責任及び特殊不法行為責任について説明しなさい。

〔1〕 はじめに

(1) 総　　説

　交通事故を起こした者（加害者）は，その被害者に対して，不法行為責任を負い，損害賠償をしなければならないことになる。そのことを定めた一般的な規定が，民法709条である。

　もっとも，自動車事故によって人的損害（損害の種類については後述する）を被った被害者は，自動車損害賠償保障法（以下「自賠法」という）3条本文の運行供用者責任に基づき，加害者側（運行供用者。必ずしも車両の運転者とは限らない。Q5参照）に対し，損害賠償請求をすることもできる。

　被害者が加害者に対し，民法709条に基づいて損害賠償請求をするには，次述するとおり，被害者は，その成立要件を証明する必要があるところ，その要件には，民法が採る過失責任の原則（過失責任主義ともいう）に即し，加害者の

故意，過失の存在が含まれている。しかし，故意，過失の存在を証明するのは容易ではないため，被害者救済の見地から，自賠法において，立証責任を加害者側に転換するなどした，いわゆる運行供用者責任が設けられたのである（運行供用者は，①自己及び運転者が自動車の運行に関し注意を怠らなかったこと，②被害者又は運転者以外の第三者に故意又は過失があったこと，③自動車に構造上の欠陥又は機能の障害がなかったことのすべてを主張・立証しない限り，免責を受けることができない（自賠3条ただし書）。そのため，自賠法3条は，事実上，無過失責任を定めたものといわれている）。民法709条に基づく不法行為責任を，一般不法行為責任というのに対して，運行供用者責任は，特殊不法行為責任の1つとされている。

このように運行供用者責任は，民法の不法行為責任と要件ないし証明責任の所在が異なっているため，民法の不法行為責任と運行供用者責任は，請求権競合の関係に立ち，被害者は，加害者に対して，どちらの法律に基づく損害賠償請求をしてもよいと解されているが，人身損害の場合，立証の容易な運行供用者責任だけで請求をするか，民法の不法行為責任と運行供用者責任とを選択的に主張するのが，一般的である。

ただし，物的損害については，基本的に，自賠法の適用がなく（自賠1条・3条本文参照），一般法である民法だけが責任の根拠となる（メガネや補聴器，松葉杖等の身体に密着し，身体の一部の機能を代行している物には，自賠法の適用が認められている）。また，自転車は，道路交通法上，車両の一種である「軽車両」とされている（道交2条1項8号・11号）が，自転車による人身事故には，自賠法の適用がない（自賠2条1項参照）。

他方，民法にも，民法709条の要件等を修正している特殊不法行為責任が規定されている。

(2) 解説の方針

本問では，主として，民法上の一般不法行為責任及び特殊不法行為責任（交通事故訴訟において問題となりうるものに限る）について説明をしていくこととする。

なお，本書は実務書であるから，責任の法的性質論その他の理論的説明や要件の解釈を巡る学説等の紹介は，最小限に止めて，詳細は研究者や専門家の著書，論稿に譲ることとし，以下の説明は，訴訟実務の観点から行うものとする。一方，訴訟提起をする場合，抗弁（被告側が証明責任を負う事実）の存在を視野に

入れながら，検討をすることが有益であるから，責任論に密接的な代表的抗弁についても，付言することとする。

〔2〕 一般不法行為責任（民709条）

(1) 要件事実

不法行為責任（損害賠償請求権）が発生するための要件事実（請求原因）は，次のとおりである。被害者は，損害賠償請求訴訟において，これを主張・立証する必要がある。
① 被害者の権利又は法律上保護される利益に対する加害者の加害行為
② 加害行為について，加害者に故意又は過失があったこと
③ 損害の発生及びその額
④ ①と③との間に因果関係があること

例えば，加害者が車両を運転し，被害者をはねたというのが①，加害者が脇見運転をしていた（前方注視義務を怠った）というのが②（そのうちの過失），被害者が怪我をし，治療費○万円の損害を被ったというのが③，加害者が被害者をはねた結果，被害者が怪我をしたというのが④，ということになる（訴状における記載例については，Q41を参照されたい）。

なお，④の因果関係については，「あれなくばこれなし」という条件関係のみならず，民法416条を類推適用し，その行為から当該損害が通常生じうるという相当性を加えた相当因果関係が必要であるというのが，判例（最判昭48・6・7民集27巻6号681頁），通説の立場である。

(2) 責任能力について

民法712条は，未成年者であって加害行為の際に自己の行為の責任を弁識するに足りる知能を備えていなかった場合には，賠償責任を負わない旨規定し，また，民法713条本文も，精神上の障害により自己の行為の責任を弁識する能力を欠く状態にある間に加害行為をした場合には，賠償責任を負わない旨規定している。

ここで，自己の行為の責任を弁識する能力のことを，責任能力という。責任能力の有無は，加害者の年齢，不法行為の性質及び態様等によって判断するものとされており，未成年者に関しては，中学生になれば責任能力を認めている

裁判例が多いが，13歳で責任能力を否定した裁判例もある（例えば，中学校における事故に関するものであるが，東京地判平13・11・26判タ1123号228頁。なお，未成年者が自転車事故を起こした場合の裁判例について検討したものとして，村主隆行「責任能力の有無が微妙な年齢の未成年者が自転車事故を起こした場合の親権者の損害賠償責任」『赤い本』（下）〔2015年版〕7頁以下，同「未成年者が交通事故を起こした場合における親権者の民法に基づく損害賠償責任」森冨義明＝村主隆行編『交通関係訴訟の実務』70頁以下がある）。

　民法709条に基づく損害賠償請求との関係においては，責任能力がない者は責任を免れる（責任阻却事由とされる）ので，訴訟上，責任能力の不存在が抗弁となる。

(3) 過失について

(a) 過失の内容等

　過失は，実務上，結果（事故）発生の予見可能性を前提とした結果回避義務違反のことと解されている。過失は，抽象的な概念である（規範的要件といわれる要件の1つである）ため，被害者としては，加害者の過失を基礎づける具体的な事実（評価根拠事実という）を主張・立証する必要がある。

　もっとも，過失は，簡単にいってしまえば，注意義務違反ということになるところ，道路交通法が，想定される事故を予防するために運転者に様々な注意義務を課し，もって，道路交通の安全と円滑を図ろうとしている（同法1条）ので，交通事故における加害者の過失についての主張・立証は，道路交通法は行政法規であって，私法法規ではないものの，道路交通法所定の注意義務の違反（前方不注視，一時停止義務違反，速度超過，車間距離不保持その他）を念頭において行われている。道路とは認められない駐車場（なお，駐車場若しくはその通路部分も，不特定多数の車両や人が通行する場所であれば，道路交通法上の道路と解しうる）における事故についても，道路交通法所定の注意義務を参考にすればよい。

　そして，道路交通法上の注意義務は，想定される事故に応じて規定されているわけであるから，被害者は，事故状況につき，具体的に主張することを要する。

(b) 信頼の原則

　相手方が道路交通法規に従って適切な行動に出ることを信頼することができる場合には，過失（特に，予見可能性）が否定されるという考えのことを信頼の

原則という。この考えは，刑事法において説かれ始めたものである（最判昭41・12・20刑集20巻10号1212頁でも採用されている）が，民事法においても，採用されている（最判昭45・10・9交民集3巻5号1343頁等）。例えば，最判平3・11・19（判時1407号64頁）は，「道路交通法37条は，交差点で右折する車両等は，当該交差点において直進しようとする車両等の進行妨害をしてはならない旨を規定しており，車両の運転者は，他の車両の運転者も右規定の趣旨に従って，行動するものと想定して自車を運転するのが通常であるから，右折しようとする車両が交差点内で停止している場合に，当該右折車の後続車の運転者が右停止車両（筆者注・上記右折車のこと）の側方から前方に出て右折進行を続けるという違法かつ危険な運転行為をすることなど，車両の運転者にとって通常予想することができないところである」としている。

　評価根拠事実の証明による積極評価（本問に即していうと，過失の存在）を妨げる事実を評価障害事実といい，評価障害事実は，被告が証明責任を負う抗弁に属するところ，信頼の原則の適用を基礎づける事実は，加害者である被告の抗弁として機能しうる。

　ただし，信頼の原則は，幼児や高齢者等のいわゆる交通弱者が相手方の場合には適用されないと解されており，そもそも歩行者には適用されないという見解も有力である。また，被害者である原告としては，ひとまず，事故状況を主張・立証することによって，定型的に加害者の注意義務違反を証明することができるので，被告としては，被害者の道路交通法規違反の行為等の道路交通上の異常な事態があった（よって，事故発生という結果を予見し，これを回避することができなかった）という事実を主張・立証し，自分こそ道路交通法規を遵守していたということを明らかにしなければ，信頼の原則の適用は得られない。そのため，車両同士の事故においても，被告から信頼の原則が主張されることはあまりなく，被害者の過失については，過失相殺によって処理されることが一般的であると思われる。

(4) **損害について**

(a) 損害賠償の方法

　民法においては，金銭賠償主義が採られており，損害は，金銭的評価を受け，金銭で賠償されることが原則とされている（民722条1項による民417条の準用）。

なお，一時金による賠償が原則であるが，定期金による賠償が認められる場合もある。

(b) 損害の種類

交通事故における損害には，大別して，人的損害と物的損害がある。

まず，人的損害については，財産的損害と非財産的損害がある。このうち，財産的損害には，事故によって支出することを余儀なくされた損害である積極損害と，事故にあっていなければ得られたはずの利益を失ったことによる損害（逸失利益）である消極損害がある。一方，加害者は，被害者の財産以外の損害（非財産的損害）についても賠償しなければならないものとされており（民710条），被害者が自然人の場合，その損害は精神的損害ということになるところ，精神的損害に対する賠償金のことを，慰謝料という。

例えば，会社勤務をしている被害者が所有する車両と加害車両が衝突し，被害者が，全治1ヵ月の怪我をして入・通院をし，その間仕事を休むことになった場合，被害者には，財産的損害として，治療費や通院交通費，入院雑費のような積極損害と，休業損害のような消極損害（逸失利益）が発生するとともに，被害者は肉体的・精神的苦痛を感じることから，慰謝料請求権も発生する。

一方，物的損害については，もとより財産的損害（例えば，上述の例で，被害者が所有していた車両が損傷した場合の修理費相当額等）が含まれているが，その反面，慰謝料請求権が発生するのかについては，争いがある。物的損害に対する慰謝料については，第3章第2節【概説】〔3〕を参照されたい。

損害額の算出方式は，交通事故訴訟においては，各損害項目ごとに算定し，これを積み上げていくという個別損害積上げ方式が採られている。

(c) 損害の捉え方

損害の捉え方についての代表的な見解として，差額説と労働能力喪失説がある（他にも見解があるが，本書の性格上，それらの紹介は控える）。

差額説は，交通事故に即していうと，事故がなかったならば存在したであろう状態と事故によって惹起されている現実の状態との「差」と捉える見解である。これに対し，労働能力喪失説は，労働能力の喪失自体を財産的損害と捉え，現実に収入の減少があったかどうかは，労働能力喪失の程度を評価するための一資料にすぎないという見解である。

差額説が，判例の基本的立場である（最判昭39・1・28民集18巻1号136頁，最判昭42・11・10民集21巻9号2352頁等）。

ただし，最判昭56・12・22（民集35巻9号1350頁）は，交通事故により後遺障害等級14級の認定を受けた被害者が，収入の減少がなかったものの，逸失利益の賠償請求をした事案において，「かりに交通事故の被害者が事故に起因する後遺症のために身体的機能の一部を喪失したこと自体を損害と観念することができるとしても，その後遺症の程度が比較的軽微であって，しかも被害者が従事する職業の性質からみて現在又は将来における収入の減少も認められないという場合においては，特段の事情のない限り，労働能力の一部喪失を理由とする財産上の損害を認める余地はないというべきである。」として，労働能力喪失説的な措辞を用いつつ，特段の事情があれば，逸失利益を認める余地を肯定した上で，「後遺症に起因する労働能力低下に基づく財産上の損害があるというためには，たとえば，事故の前後を通じて収入に変更がないことが本人において労働能力低下による収入の減少を回復すべく特別の努力をしているなど事故以外の要因に基づくものであって，かかる要因がなければ収入の減少を来たしているものと認められる場合とか，労働能力喪失の程度が軽微であっても，本人が現に従事し又は将来従事すべき職業の性質に照らし，特に昇給，昇任，転職等に際して不利益な取扱を受けるおそれがあるものと認められる場合など，後遺症が被害者にもたらす経済的不利益を肯認するに足りる特段の事情の存在を必要とするというべきである。」と，特段の事情の内容について，例示している。

また，最判平9・1・28（民集51巻1号78頁）は，「財産上の損害としての逸失利益は，事故がなかったら存したであろう利益の喪失分として評価算定されるものであり，その性質上，種々の証拠資料に基づき相当程度の蓋然性をもって推定される当該被害者の将来の収入等の状況を基礎として算定せざるを得ない。損害の填補，すなわち，あるべき状態への回復という損害賠償の目的からして，右算定は，被害者個々人の具体的事情を考慮して行うのが相当である。」としている。

いずれにせよ，判例は，厳格な差額説を採用しているとはいえない。また，下級審の実務においては，後遺障害逸失利益の肯否について，労働能力喪失説

を取り入れているといわれている。

(5) 遅延損害金について

不法行為に基づく損害賠償債務は，発生と同時に，何らの催告を要せず，当然に遅滞に陥ると解されている（最判昭37・9・4民集16巻9号1834頁，最判平7・7・14交民集28巻7号963頁）。つまり，交通事故に基づく損害賠償債務に対する遅延損害金の起算日は，事故発生日である。

利率は，年5分の割合である（民419条1項・404条）。

(6) 過失相殺について

被害者にも過失があったときは，裁判所は，これを考慮して，損害賠償の額を定めることができるものとされている（民722条2項）。被害者の過失を斟酌して損害賠償額を減額することを過失相殺という。過失相殺は，交通事故訴訟において，加害者側の最も代表的な抗弁として機能している。詳細は，第4章【概説】等を参照されたい。

なお，民法722条2項は，損害の公平な分担の理念に基づく規定であることから，本来，被害者の「過失」とはいえないような事情がある場合にも，適用ないし類推適用されている。好意・無償同乗減額や素因減額といわれているものが，その例である。

好意・無償同乗減額については，**Q39**を参照されたい。一方，素因減額とは，被害者の身体的素因や心因的要因が損害の発生や拡大に寄与している場合に，こういった素因を考慮して損害賠償額を減額することをいう。これも，判例によって認められている（心因的要因につき，最判昭63・4・21民集42巻4号243頁，最判平5・9・9判時1477号42頁等，身体の素因につき，最判平4・6・25民集46巻4号400頁，最判平8・10・29交民集29巻5号1272頁等。なお，最判平8・10・29民集50巻9号2474頁は，首が長いという身体的特徴につき，「被害者が平均的な体格ないし通常の体質と異なる身体的特徴を有していたとしても，それが疾患に当たらない場合には，特段の事情の存しない限り，被害者の右身体的特徴を損害賠償の額を定めるに当たり斟酌することはできないと解すべきである。」とした）。素因減額の法的構成については，学説上争いがあるが，判例は，民法722条2項の類推適用という構成を採っている。

(7) 期間制限

(a) 消滅時効の起算点等

不法行為に基づく損害賠償請求権は，被害者又はその法定代理人が損害及び加害者を知った時から3年間で時効により消滅する（民724条前段）。

後遺障害に関する損害賠償請求権の消滅時効は，症状固定日から進行を開始する（最判平16・12・24判タ1174号252頁）。それ以外の損害については，かつて，事故時から消滅時効が進行するという立場が多かったが，近年では，人身損害につき，症状固定時ないし治癒の時から消滅時効が進行するという見解が多数を占めている（詳細は，Q43を参照されたい。なお，症状固定日の概念については，Q14を参照）。

また，不法行為の時から20年という期間制限も設けられている（同条後段）。これについて，判例は，除斥期間としている（最判平元・12・21民集43巻12号2209頁）。

なお，消滅時効は，加害者である被告の抗弁である。また，除斥期間は，一定の期間の経過により権利が消滅するものであるが，民事訴訟が弁論主義を採っていることとの関係上，被告が損害賠償請求権消滅の効果を享受するためには，除斥期間の起算点となるべき事実と20年の期間の経過を主張・立証すべきであるとされている。

ちなみに，現在，国会に提出されている民法（債権法）改正案においては，20年の期間制限を消滅時効とし，また，人身損害につき，時効期間を5年間に延長している。

(b) 時効の中断

不法行為に基づく損害賠償請求権の消滅時効も，民法147条の中断事由があれば，中断する。

なお，被害者は，加害者の加入する自賠責保険の保険会社に対し，直接，損害賠償額の支払請求をすることができる（自賠16条1項。これは，直接請求権とか，被害者請求権とかいわれる。ちなみに，直接請求権の時効期間も3年である。自賠19条）が，被害者が保険会社に支払請求をし，保険会社が損害賠償額を支払ったとしても，加害者に対する損害賠償請求権の時効は中断しないことに注意を要する。被害者の自賠責保険会社に対する直接請求権と加害者に対する損害賠償請求権は，別個の権利であり，両債務は，不真正連帯債務にすぎないと解されているからである。

〔3〕 特殊不法行為責任について

(1) 使用者責任（民715条）

(a) 概　説

　他人を使用する者（使用者）は、被用者（他人に使用されている者）が、事業の執行について第三者に加えた損害を賠償する責任を負う（民715条1項本文）。

　使用者責任の成立要件は、①被用者につき、一般不法行為責任の要件が満たされていること、②使用者と被用者との間に使用関係があること、③被用者の行為が、使用者の事業の執行についてなされたものであることである。

　ここで、使用関係は、雇用契約関係に限定されず、指揮監督関係があればよいと解されている。また、「事業の執行について」の判断基準について、判例は、行為を外形的、客観的に観察して判断するという外形標準説（外形理論）を採っている（最判昭40・11・30民集19巻8号2049頁等）ところ、これは、会社の従業員が、私用で使うことを禁止されていた会社所有の自動車を、会社に無断で私用のために乗って、事故を起こした等といった事実的不法行為の場合にも適用されている（最判昭39・2・4民集18巻2号252頁等）。

　ところで、使用者責任は、被用者の不法行為責任についての代位責任である。使用者に、被用者と同じ責任を負わせている根拠については、報償責任（利益の存するところに損失も帰するという法理）又は危険責任（危険を支配する者が責任を負うという法理）の法理が挙げられている。

　そして、使用者が、被用者の選任及びその事業の監督について相当の注意をしたとき、又は相当の注意をしても損害が生ずべきであったことを証明した場合には、免責される（民715条1項ただし書）が、使用者が免責されることはほとんどなく、使用者責任は、無過失責任に近いといわれている。

　もっとも、使用者責任が成立する場合、被用者にも不法行為責任（民709条）が成立していることから、使用者の責任と被用者の責任は、不真正連帯債務の関係に立つ。そして、被害者に損害賠償をした使用者は、被用者に対し、求償権を行使することができる（民715条3項）。ただし、判例は、損害の公平な分担の見地から、信義則上相当と認められる限度において求償を認めている（最判昭51・7・8民集30巻7号689頁）。

なお，使用者に代わって事業を監督する代理監督者も，使用者と同じ責任を負う（民715条2項）。

(b) 使用者責任が問題となる場面

使用者責任は，実務上，会社の従業員が，仕事の遂行中に事故を起こした場合，特に，タクシー等の事業用車両を運転して業務に従事中，事故を発生させた場合に，従業員ではなく（あるいは，従業員と合わせ），会社に対して損害賠償請求をするために，しばしば用いられる。使用者のほうが，従業員よりも賠償のための資力を有していることが通常であり，また，従業員が，事故後，会社を退職した挙げ句，所在不明になる場合すらある（この場合にも，従業員に対して訴状等の公示送達をすることによって判決を得ることができるものの，現実には，賠償金の支払を受けられない）からである。

ただし，会社の従業員が人身事故を起こした場合，使用者責任を負う者は，同時に，運行供用者責任も負うことが多いものと考えられる（Q5参照）。そのようなとき，被害者としては，あえて使用者責任を主張する実益に乏しいので，運行供用者責任のみを主張することが多いものと思われる。

しかし，被害者に人的損害と物的損害の双方が発生し，被害者が，人的損害と物的損害の双方につき，賠償請求訴訟を提起する場合，物的損害については自賠法が適用されないことに注意を要する（物的損害についても，自賠法3条の適用を主張している訴状が提出されることがあるので，注意していただきたい）。

(2) 監督義務者責任（民714条）

(a) 概　　説

前記〔2〕(2)のとおり，責任無能力者は，他人に損害を加えても，損害賠償責任を負わない（ただし，故意又は過失によって，一時的に，精神障害により責任能力を欠く状態を招いたときは，加害行為時に責任無能力状態であっても，その者が責任を負う。民713条ただし書）。

しかし，加害者が責任能力を欠き，責任を負わない場合，その責任無能力者を監督する法定の義務を負う者（法定監督義務者）が，責任無能力者に代わって，損害賠償責任を負う（民714条1項本文）。監督義務者に代わって責任無能力者を監督する者（代理監督義務者）も，同じ責任を負う（同条2項）。

監督義務者の責任は，交通事故との関係においては，未成年者による自転車

事故について問われることが多い（責任能力を欠く未成年者が自動車を運転することは，現実的にほとんどないので，未成年者については，免許がなくても乗れる自転車の事故の事例が多くなるのであろう）。しかし，高齢化社会を迎えているわが国において，今後，認知症に罹患した高齢者が関与した交通事故により，監督義務者の責任が訴訟上問題となる事案が増えてくる可能性があるのではなかろうか（認知症に罹患した者が自動車を運転する場合だけでなく，そういった者が，赤信号に反して自動車の前を横断し，交通事故を惹起するという場合もありうる）。

(b) 法定監督義務者

未成年者については，親権者（民820条），親権代行者（民833条），未成年後見人（民857条），児童福祉施設の長（児福47条）等が法定監督義務者にあたる。

一方，精神障害者については，従来，成年後見人（民858条）等が，法定監督義務者として挙げられてきた。しかし，認知症に罹患した91歳の男性が駅構内の線路に立ち入り，列車に衝突した鉄道事故につき，鉄道会社が当時85歳の妻と，別居していた長男に対し，損害賠償請求をした事案において，妻に対する請求を一部認容（長男に対する請求は棄却）した原審の上告審として，世間の耳目を集めた最判平28・3・1（自保ジャーナル1963号5頁）は，成年後見人や平成25年改正前の精神保健福祉法における保護者，同居の配偶者（民752条）が法定監督義務者であることを否定した。

この判決は，その上で，法定監督義務者に該当しない者であっても，責任無能力者の監督義務を引き受けたとみるべき特段の事情が認められる場合には，法定監督義務者に準ずる者として，民法714条1項が類推適用されるとしたが，結論的に，妻や長男は，これにあたらないとした。

(c) 責任能力や監督義務違反の立証責任

民法709条に基づく損害賠償請求との関係においては，前述したとおり，責任無能力の主張・立証責任は加害者が負うが，民法714条に基づいて監督義務者の責任を追及する場合には，被害者が，責任無能力の主張・立証責任を負うことになる。

これに対し，監督義務者は，監督義務を怠らなかったこと又は監督義務を怠らなくても損害が生ずべきであったことを主張・立証した場合には，免責される（民714条1項ただし書）。ただし，ここでいう監督義務は，責任無能力者によ

る加害行為についてのものではなく、責任無能力者に対する一般的なものを指すと解されており、過失の不存在の立証は、一般的には、容易でないといわれている。

もっとも、11歳以上の未成年者の自転車事故における民法714条に基づく責任を肯定した裁判例に関し、村主隆行判事は、「裁判例が述べている監督義務は、……基本的な躾を含む一般的な監督義務ではなく、民法709条の監督義務すなわち自転車事故の防止に向けられた具体的な監督義務を意味していると捉えることが可能である。」と分析している（村主・前掲『赤い本』15頁以下）。ただし、事故態様から未成年者の重大な過失が認められる場合、その事実は、親権者の指導監督が不十分であったことを推認させる重要な間接事実になり、事案によっては、親権者は口頭で注意するだけでは足りないと判断されるものがあるとも述べられている（村主・前掲『赤い本』16頁）。

(d) 未成年者が責任無能力者であると認められないとき

(イ) 問題の所在　未成年者が、親権者の保有する自動車を借りて運転し、交通事故を起こした場合において、未成年者が責任無能力者であると認められないとき、監督義務者である親権者は、民法714条に基づく責任を負わない。一方、未成年者には、この場合、民法709条に基づく不法行為責任が成立しうるが、未成年者には賠償資力がないのが通常である。そのため、被害者としては、未成年者に責任能力がないことを立証し、親権者に責任を負わせたいところであるが、その立証は、必ずしも容易でない。

もっとも、この例で、被害者に人的損害が発生している場合、人的損害との関係で、親権者は、自賠法3条本文の運行供用者責任を負うと解される（Q6参照）ので、親権者の民法上の責任を問題としなくてもよい。

しかし、被害者の物的損害の賠償を請求したい場合や自転車事故の場合には、自賠法を適用することができず、しかも、自転車事故といえども、被害者が極めて高額の人的損害を被ることもありうる（11歳の小学生が惹起した自転車事故において、親権者である母親に対し、約9520万円の賠償を命じた神戸地判平25・7・4判時2197号84頁は、記憶に新しい）。このような場合、被害者保護の見地から、親権者等の監督義務者に、損害賠償責任を負わせる必要性が高い。

そこで、未成年者が責任無能力者であると認められないときでも、親権者等

の監督義務者に責任を負わすことができないかが問題となる。

　㈡　実務の立場　　この点，15歳の中学生が強盗殺人を犯した事案において，最判昭49・3・22（民集28巻2号347頁）は，「未成年者が責任能力を有する場合であっても監督義務者の義務違反と当該未成年者の不法行為によって生じた結果との間に相当因果関係を認めうるときは，監督義務者につき民法709条に基づく不法行為が成立するものと解するのが相当であって，民法714条の規定が右解釈の妨げとなるものではない。」とし，これが判例の立場になっている。

　民法709条に基づいて監督義務者に責任追及をする以上，監督義務者において，未成年者による具体的な加害行為の予見可能性が存在し，相当な監督をすることができ，これをしていれば，当該加害行為を防止することができたにもかかわらず，これを怠ったことが，主張・立証される必要がある。民法714条の場合のような一般的な監督義務違反があるというだけでは足りないのである。

　この点に関し，運転技術が未熟である子の運転を制止することは，親権者の監督義務に含まれないとした東京地判平7・11・22（判タ907号226頁）がある。

　これに対し，親が，未成年者である子が無免許運転を繰り返していることを知っていたのに制止をしなかった場合には，監督義務違反が認められる（大阪地判平15・9・22交民集36巻5号1316号等）。また，自転車事故において，親権者に民法709条に基づく責任を肯定した裁判例に関し，事故態様から未成年者が日頃から交通ルールを守らずに自転車を運転していることが推認できる場合には，親権者の監督義務違反が一応推認できるという分析がある（村主・前掲『交通関係訴訟の実務』80頁）。

　(3)　**土地工作物責任**（民717条）――附・営造物責任（国賠2条）
　(a)　概　　説
　土地の工作物の設置又は保存に瑕疵があることにより他人に損害を生じさせたときは，工作物の占有者又は所有者は，これを賠償する責任を負う（民717条1項）。

　占有者の責任は，過失責任であるが，損害の発生を防止するのに必要な注意をしたことを主張・立証することができた場合に，免責される（同項ただし書参照）。一方，所有者の責任は，無過失責任であるが，所有者は，二次的責任負担者にすぎず，占有者が免責事由を証明できないときは，所有者は責任を負わ

(b) 営造物責任との関係

　道路等の公の営造物の設置又は管理に瑕疵があったために他人に損害を生じさせたときは，国又は公共団体は，これを賠償する責任を負う（国賠2条1項）。これを営造物責任という。

　営造物の設置又は管理の瑕疵とは，営造物が通常有すべき安全性を欠いていることをいい（最判昭45・8・20民集24巻9号1268頁），また，それは，当該営造物の構造，用法，場所的環境及び利用状況等諸般の事情を総合考慮して具体的，個別的に判断すべきものとされている（最判昭53・7・4民集32巻5号809頁）。そのため，例えば，道路に穴ぼこがあった場合，高速道路や幹線道路等では瑕疵とされても，山間部や田園地帯の道路では，ある程度の穴でも瑕疵とされないことがあるといわれている。さらに，営造物責任は，無過失責任である（前掲最判昭45・8・20）とされているが，道路管理者において，事故発生の予見可能性がない場合（前掲最判昭53・7・4）や回避可能性がない場合（最判昭50・6・26民集29巻6号851頁）には，瑕疵が否定されると解されている。これに対し，予算不足は，瑕疵を否定する理由にならない（前掲最判昭45・8・20）。

　道路も民法717条1項の「土地の工作物」にあたるが，例えば，道路に穴ぼこがあり，これにより交通事故が発生した場合，道路が公道であれば，被害者は，国家賠償法2条1項により，国又は地方公共団体に対して責任を追及していくことになる。私道については，民法717条1項が適用されるが，交通事故において，土地工作物責任が問題となることは，多くないといえる。

(c) 営造物責任についての補論

　営造物責任は，上述のとおり無過失責任であるが，過失責任との共同不法行為も成立しうる。また，被害者に過失がある場合，過失相殺もなされる（詳細は，Q35参照）。

(4) 動物占有者責任（民718条）

　動物の占有者は，その動物が他人に加えた損害を賠償する責任を負う（民718条1項本文）。占有者は，動物の種類及び性質に従い，相当の注意をもって管理をしたことを主張・立証した場合に，免責される（同項ただし書）。

　例えば，飼犬が道路に飛び出して，オートバイや自転車に衝突し，これが転

倒したといった事故が発生した場合，飼主の動物占有者責任が問われることになる。

(5) 共同不法行為責任（民719条）

(a) 概　説

民法719条1項は，「数人が共同の不法行為によって他人に損害を加えたときは，各自が連帯してその損害を賠償する責任を負う。共同行為者のうちいずれの者がその損害を加えたかを知ることができないときも，同様とする。」と規定している（同項前段の共同不法行為を，狭義の共同不法行為という）。共同不法行為が成立する場合には，各加害者が，全損害についての賠償責任を負うことになるのである。その結果，被害者にとっては，複数の加害車両が関与した交通事故において，各加害行為と損害との因果関係が判然としない場合に，因果関係の立証の負担が軽減されるという利益がある。そこで，複数の加害車両が関与した交通事故が発生した場合，被害者は，各加害者に対し，共同不法行為の成立を主張して，全損害についての賠償請求をすることがある。

なお，交通事故と医療過誤が競合した場合の共同不法行為の成否については，他書で大きく取り上げられているものの，本書では，その性質に鑑み，立ち入った説明を控えるが，結論だけ付言しておくと，最判平13・3・13民集55巻2号328頁は，共同不法行為の成立を認めている。

(b) 狭義の共同不法行為の要件事実

共同不法行為の要件事実について，実務上，概ね考えが固まったと見られる狭義の共同不法行為に関して述べておく。狭義の共同不法行為の要件事実（請求原因）は，次のとおりである。

① 各加害者がそれぞれ加害行為を行ったこと
② 各加害行為についての各加害者の故意，過失
③ 各加害者の加害行為が共同の不法行為にあたること（関連共同性が存在すること）を基礎づける事実
④ 損害の発生及びその額
⑤ 共同の不法行為と損害との因果関係

ここで，関連共同性の内容については，学説上，争いがあるが，判例は，不法行為者間の意思の共通ないし意思の共同は要せず，客観的関連共同性が存在

していることで足りるとしている（最判昭32・3・26民集11巻3号543頁）。

(c) 複数の加害車両が関与した交通事故の類型

この類型としては，大別して，(i)同時事故と(ii)異時事故とがある。

同時事故とは，A運転の車とB運転の車が衝突し，A車に同乗していたCが負傷したときや，A車とB車が衝突し，その反動でA車が歩道に乗り上げて，歩道にいた歩行者Cをはねて，負傷させたときのように事故が1個の場合のことである。これに民法719条1項前段が適用されることは，異論がない。

異時事故とは，複数の事故が発生した場合のことである。これには，①玉突き衝突（多重衝突）や，A車がCをはねて路上に転倒させた後，後続車であるB車がCを轢いたときのように，複数の加害行為が社会通念上の一体性を有している場合，すなわち，各事故が時間的・場所的に近接しており，1個の事故と同視しうる場合（そのため，この場合も同時事故に分類する立場がある）と，②Cが第1事故により傷害を受けた数ヵ月後に，第2事故により同一部位に再度傷害を受けたときのように，各事故に時間的近接性がない場合がある。①の場合には，共同不法行為が成立する（主として，民法719条1項前段が適用される）ことになると思われる。

②の場合については，第1事故による傷害の症状が固定した後に第2事故が発生したときのように，単に不法行為が競合しているにすぎない場合と，第1事故による傷害の症状が固定する前に第2事故が発生した場合がある。後者の場合については，民法719条1項後段の共同不法行為の成否が問題となる。裁判例には，民法719条1項後段の共同不法行為の成立を認めたものもある（浦和地判平4・10・27交民集25巻5号1272頁，東京地判平21・2・5交民集42巻1号110頁等）が，否定裁判例のほうが多い（詳細は，齊藤顕「交通事故訴訟における共同不法行為」『赤い本』（下）〔2008年版〕63頁以下，神谷善英「共同不法行為の諸問題2（交通事故と交通事故の競合2－純粋異時事故)」森冨義明＝村主隆行編『交通関係訴訟の実務』382頁以下等を参照）。

(d) 共同不法行為の効果，求償関係

共同不法行為者は，被害者に対し，連帯して，損害賠償責任を負う（民719条1項前段）。

ここで「連帯して」の意味については，不真正連帯債務であると解されてい

る。したがって，弁済のように債権を満足させる事由は，他の共同不法行為者に対して効力を生じるが，それ以外の事由は，連帯債務の場合と異なり，他の共同不法行為者に影響を及ぼさない。例えば，免除についても，原則として，他の共同不法行為者に対して効力が及ばない（最判平6・11・24判時1514号82頁）。ただし，被害者が，訴訟上の和解に際し，他の共同不法行為者（Y）の残債務をも免除する意思を有していると認められるときは，Yに対しても残債務の免除の効力が及ぶ（最判平10・9・10判時1653号101頁）。

　共同不法行為者の1人が損害賠償をした場合には，他の共同不法行為者に対し，その負担部分（過失割合分）の求償をすることができる（最判昭41・11・18民集20巻9号1886頁）。ただし，共同不法行為者の1人が，損害の一部だけを賠償した場合，それが自己の負担部分を超えて賠償したときに，その超過額に限って，求償が認められる（最判昭63・7・1民集42巻6号451頁）。過失割合が不明のときは，平等と扱われる。

　(e)　そ の 他

　共同不法行為が成立する場合の過失相殺の方法については，加害者が複数おり，しかも，共同不法行為の類型も複数あることから，一筋縄ではいかない問題である。詳細は，Q30を参照されたい。

[小泉　孝博]

Q5 | 運行供用者責任(1)

自賠法3条に基づく損害賠償責任（①運行供用者性，②運行起因性，③他人性）について説明しなさい。

〔1〕 自動車損害賠償保障法の目的，趣旨

(1) 交通事故における被害者救済の制度的確立

モータリーゼーションの進展など自動車等交通の発達に伴い，不可避的に交通事故も増加していく。しかし，交通事故による被害者が民法に基づいてその責任の追及を図ろうとした場合，不法行為の成立を被害者側においてすべて立証しなければならず，また，仮にその立証に成功したとしても加害者側に賠償資力がない場合，被害者側は，何ら実質的な救済を受けられないこととなる。そこで，交通事故による被害者の救済を制度的に確立するために，昭和30年7月29日法律第97号をもって制定されたのが自動車損害賠償保障法（以下「自賠法」という）である。

(2) 自賠法における被害者救済の仕組み

自賠法は，交通事故による被害者の救済を図るという目的を達成するために，以下の仕組みを設けた。

(a) 交通事故による民事責任を負担する主体として「自己のために自動車を運行の用に供する者」（＝運行供用者）を創設し，その者が自動車の「運行によつて他人の生命又は身体を害したときは，これによつて生じた損害を賠償する責に任ずる。」として，交通事故による民事賠償責任を運行供用者に集中させた（自賠3条本文）。

それとともに，運行供用者がこの賠償責任を免れるためには，

①　自動車の運行につき，自己及び運転者に過失のなかったこと
②　被害者又は運転者以外の第三者に故意又は過失のあったこと
③　自動車に構造上の欠陥又は機能の障害がなかったこと
のすべてを立証しなければならないとして，立証責任の転換を図り，運行供用者にいわゆる相対的無過失責任を負わせた（同法3条ただし書）。

(b)　運行供用者の負担する民事賠償責任の履行確保の手段として自動車損害賠償責任保険（以下「自賠責保険」という）を用意し，自賠責保険と自動車検査制度とのリンクシステムを採用した上で，自賠責保険の締結されていない自動車（自賠法10条規定の適用除外車は除く）は運行の用に供してはならない旨を刑罰法規をもって強制して，自動車保有者に自賠責保険契約の締結を義務づけた（自賠5条・9条・86条の3等）。

(c)　無保険車による交通事故あるいはひき逃げ事故等による被害者を救済するために，政府保障事業制度を用意した（自賠法第4章）。

すなわち，自賠法の趣旨は，端的にいうと，運行供用者という責任主体に責任を集中させた上で，自賠責保険によって賠償義務者の無資力という危険を分散させたものということができる。

〔2〕　自賠責保険の支払条件と被保険者

(1)　支払条件

自賠法11条1項は，「責任保険の契約は，第3条の規定による保有者の損害賠償の責任が発生した場合において，これによる保有者の損害及び運転者もその被害者に対して損害賠償の責任を負うべきときのこれによる運転者の損害を保険会社がてん補することを約し，保険契約者が保険会社に保険料を支払うことを約することによつて，その効力を生ずる。」と規定する。したがって，同条項によれば，自賠責保険の被保険者は，保有者及び運転者であり，自賠責保険の支払には，「第3条の規定による保有者の損害賠償の責任が発生」することが前提となる。

(2)　運行供用者と運転者

(a)　運行供用者の種類

運行供用者を大別すると，保有者である運行供用者と，保有者でない運行供

用者とに分けることができる。

　ここで保有者とは、「自動車の所有者その他自動車を使用する権利を有する者で、自己のために自動車を運行の用に供するもの」をいう（自賠2条3項）。例えば、自動車の所有者、賃借人、使用借人等が保有者に該当する。保有者は、自動車を使用する正当な権利を有すればよいわけであるから、自動車の所有者から自動車の使用を許された者も含まれることになる。

　他方、保有者でない運行供用者として、無断運転者、泥棒運転者等があげられる。

　(b)　運行供用者と保有者との関係

　泥棒運転者及び無断運転者以外の者で、当該自動車につき正当な権原に基づく使用権を有する者が「自己のために自動車を運行の用に供」したものと認められるときは、「第3条の規定による保有者の損害賠償責任が発生」する場合にあたりうるので、被害者に対して自賠責保険金が支払われることになるが、そうでない場合は、自賠責保険の被保険者ではない運行供用者が、自賠法3条に基づく損害賠償責任を負うにすぎないので、被害者に対して自賠責保険金は支払われず、政府の自動車保障事業から損害のてん補がされるにとどまる（自賠72条1項）。

　このように、自賠法が、運行供用者のうち、保有者のみを被保険者としたのは、保有者は、運行供用者に該当することを定型的に確認することが容易であり、このことが、迅速処理を要する大量の保険事故を取り扱う自賠責保険制度として必要な技術的要請であり、かつ保有者が運行供用者のほとんど大部分を占めているからである。

　(c)　自賠法と自賠責保険制度の法的構造——責任主体、責任行為、他人

　なお、「第3条の規定による保有者の損害賠償責任が発生」するためには、前述のように、①保有者たる運行供用者が責任を負担すること（責任主体、すなわち運行供用性の問題）のほか、②その責任が運行によって発生したこと（責任行為、すなわち運行起因性の問題）、及び③被害者が他人であること（他人性の問題）が必要となり、これらのうちいずれかが欠けたときも、被害者に対し、自賠責保険金は支払われない。

　以上、自動車事故の被害者に対し、自賠責保険金の支払われる場合と支払わ

図表1　自賠責保険金の支払要件

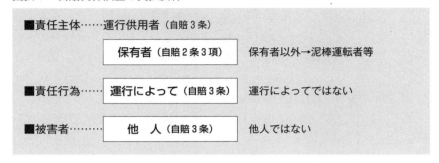

れない場合を簡単に図示したのが**図表1**である（平野良一「共同運行供用者と他人性の問題について」判タ934号64頁参照）。

上記の四角で囲った条件がすべて満たされた場合に，自賠責保険金が被害者に支払われる。

〔3〕 運行供用者性

(1) 自賠法3条の「運行供用者」の意義

(a) 運行供用者に関する伝統的見解及び判例の動向

(イ) はじめに　自賠法が，被害者救済のために責任主体として「運行供用者」を創設したことは，前述のとおりであるが，自賠法では，「運行供用者」につき，同法3条で「自己のために自動車を運行の用に供する者」と抽象的に定義されるにとどまったので，今日に至るまでその概念・内容を巡って議論が止まない状況にある。

(ロ) 自賠法の立法関与者の考え方　自賠法の立法関与者は，自賠法3条の責任は，民法709条・715条の特則であるとし，かつ，わが国が自賠法の立法に際してならったとされているドイツ道路交通法の7条に保有者（Halter）の責任が規定されていたことから，これを巡る解釈論に影響を受けてか，運行供用者とは，自動車についての支配と，それによる利益が帰属する者と考えていたようである。

(b) 民法715条の使用者責任，外形標準説の適用

最高裁は，運行供用者責任についての初めての判断に際し，使用者の運転手

が無断でその所有車を私用で運転した事案において，運行供用者責任が民法715条の使用者責任と連続性をもつこと，及び使用者責任において形成されてきた外形標準説を運行供用者責任を判断するにあたっても適用すべきことを明らかにした（最判昭39・2・11民集18巻2号315頁）。

(c) 二 元 説

(イ) はじめに　次いで，最高裁は，所有者である子が父に自動車を貸し，父がそれを常時その営業の用に供していた事案について，結論としては所有者たる子の運行供用者責任を否定したが，運行供用者責任の判断にあたって運行支配と運行利益の帰属の有無という新たな判断基準を提示し（最〔3小〕判昭43・9・24判時539号40頁），その後も，同趣旨の判断を示す判例が相次いだ（最〔2小〕判昭44・1・31判時553号45頁，最〔1小〕判昭44・9・18民集23巻9号1699頁，最〔3小〕判昭46・1・26民集25巻1号126頁）。

運行支配は危険責任と，運行利益は報償責任と結びつくものであり，この2つの要素を運行供用者責任の判断基準とする考え方は，二元説と呼ばれ，前述の立法関与者の意思にも沿い，今日に至るまで通説的地位を占めている。

(ロ) 二元説の判断基準の変動　しかし，一見固まったかに見えた運行供用者概念も，自動車の普及に従ってその利用形態が複雑多様化してきたため，これに対応する必要が生じ，また激増する交通事故被害者を救済する目的もあって，この運行支配及び運行利益の実質内容は判例によって拡大され続け，その意味内容は希薄化していった。

(ⅰ) 運行支配の意味内容の変動　すなわち，運行支配にあっては，当初は運行そのものに対する直接的・現実的支配と考えられていた（最判昭39・12・4民集18巻10号2043頁）が，間接的支配でも足りるとされるようになり（最判昭46・11・9民集25巻8号1160頁），そして，事実上自動車の運行を支配管理しうる地位（管理可能性，最判昭43・10・18判時540号36頁），自動車の運行について指示・制御をなしうべき地位（支配可能性，最判昭45・7・16交民集3巻4号1003頁）及び自動車の運行を指示・制御すべき立場（支配責務，最判昭47・10・5民集26巻8号1367頁，最判昭48・12・20民集27巻11号1611頁）まで含まれるようになり，さらに従来の定義から一歩進めて「自動車の運行を事実上支配，管理することができ，社会通念上自動車の運行が社会に害悪をもたらさないよう監視，監督すべき立

場」（監視・監督責務，最判昭50・11・28民集29巻10号1818頁）まで含まれるに至っている。

　(ⅱ)　運行利益の意味内容の変動　　また，運行利益にあっては，「運行を全体として客観的に観察するとき，本件自動車の運行が所有者のためになされていたものと認めることができる。」（最〔1小〕判昭46・7・1民集25巻5号727頁）とされており，その内容は客観化，抽象化されている。

　(d)　一　元　説

　以上の二元説に対して，運行供用者責任は，自動車という危険物を使うことの責任であり，報償責任の契機に支えられた運行利益は責任判断の主要なものではなく，危険責任の1つの徴表にすぎず，運行支配こそが責任判断のメルクマールとして機能されるべきであるとの有力説も主張されている。

(2)　**運行供用者に関する，近時の学説**

　以上の伝統的な見解に対し，運行供用者性の判断にあたって，「運行支配・運行利益」の基準を用いない新しい判断基準を提唱する学説も危険性関連説，保有者管理地位説，人的物的管理責任説，等々多数存在する。

(3)　**運行供用者性の訴訟上の主張・立証責任**

　(a)　請求原因説

　交通事故の被害者が，加害者の運行供用者責任を追及して裁判を起こす場合，被害者（原告）は，①自動車所有者と運転者との間に密接な関係があること，②自動車の日常の運行状況，③自動車の日常の管理状況の3点を主張・立証しなければならないという考え方（請求原因説。最判昭39・2・11民集18巻2号315頁・判時363号22頁）が，以前は，有力であった。

　(b)　抗　弁　説

しかし，被害者がこれらの点をすべて調べた上で，裁判上主張・立証することは，必ずしも容易ではないことから，現在では，被害者は，加害者が自動車の運行支配と運行利益を有する法的地位を取得していることを主張・立証すれば足りるとする考え方（抗弁説）が現状では一般的である。

　この抗弁説は，東京地裁交通部で合議体判決として打ち出されたもの（東京地判昭40・12・22判タ185号168頁，東京地判昭41・2・22判時436号30頁）で，主張・立証責任の分配が明確妥当であるため，被害者にとって極めて有利でありながら，

加害者に不当な不利益を与えるわけでもなく、しかも裁判所にとっても審理上便宜で手続の簡明化に役立つものとして、東京地裁交通部の昭和40年代前半の裁判実務で踏襲され（東京地判昭41・4・18判タ193号168頁、東京地判昭42・10・11判タ214号232頁等）、他の地裁でも同様の判決が見られ（大阪地判昭42・2・17判タ205号177頁、松山地判昭43・1・25判タ223号222頁、仙台地判昭43・2・7判時521号74頁等）、学説からも多くの賛同が得られており、一般化している。

(4) まとめ

自動車事故による損害に対する責任として重視されるべきは、自動車という危険物に対する危険責任である。そして、自動車の運行を支配し又は支配しうべき立場にある者は、通常の場合その自動車の運行により何らかの利益を得ているはずであるから、基本的には二元説によりつつ、個々具体的な事故類型において、運行支配・運行利益の有無を決定づける具体的な要素は何であったのかを類型化することによって、要件の明確化を図る作業が重要になってくると思われる。

〔4〕 運行起因性

(1) 運行の意義

自賠法は、自動車事故による被害者を救済するための特別法であり、責任の発生時が限定されている。具体的には、自賠法3条により「その運行によって」発生したことが要件となっている。「運行」とは、自賠法2条2項により、「人又は物を運送するとしないとにかかわらず、自動車を当該装置の用い方に従い用いることをいう。」と定義されているが、ここにいう「自動車を当該装置の用い方に従い用いること」の解釈の在り方についても学説の対立があり、原動機の作用により自動車を移動させることをいうとする説（原動機説）、原動機装置のほか、ハンドル装置・ブレーキ装置等の走行装置も含まれ、自力で走行する必要はないが、前記装置を操作しながら走行することをいうとする説（走行装置説）、走行装置だけでなく、クレーン車におけるクレーン等特殊自動車等に固有の装置をその目的に従って使用することをいうとする説（固有装置説）等がある。現在では、固有装置説が通説である。

最判昭52・11・24民集31巻6号918頁も、「自動車をエンジンその他の走行

装置により位置の移動を伴う走行状態におく場合だけでなく，特殊自動車であるクレーン車を走行停止の状態におき，操縦者において，固有の装置であるクレーンをその目的に従って操作する場合をも含む」として固有装置説を採用している。

なお，問題とされる事態が運行に該当しないとされ，運行供用者責任の成立が認められない場合であっても，個別具体的事情によっては，民法709条の規定に基づく不法行為責任が成立する場合がある。

(2) 運行「によって」（運行起因性）

次に，運行「によって」（運行起因性）の解釈については，①運行に際して事故が発生すればよく，運行と生命又は身体の侵害（事故）との間に時間的・場所的近接があればよいとする説，②運行と事故との間に事実的な因果関係があれば足りるとする説，③運行と事故との間に相当因果関係の存在を要するとする説があり，通説・判例（最判昭43・10・8民集22巻10号2125頁，最判昭52・11・24民集31巻6号918頁，最判昭54・7・24裁判集民事127号287頁）は，③相当因果関係説に立っている

なお，前記のような相当因果関係が存在することの主張・立証責任は損害賠償請求をする原告（被害者）側にある（東京地判昭46・9・30判タ271号348頁）。

〔5〕 他 人 性

(1) 自賠法3条の他人の定義

自賠法3条は「（自己のために自動車を運行の用に供する者は，）その運行によつて他人の生命又は身体を害したときは」と規定するが，自賠法では他人については定義されていない。

(2) 運行供用者と他人性を巡る学説

運行供用者と他人性を巡る学説は様々である。以下，代表的な学説を，古いものから新しいものまで列挙する。

① 責任肯定説は，自賠法には無償同乗の規定がないことから，原則として無償同乗の被害者に対する運行供用者責任を肯定した上で，慰謝料の減額，過失相殺事由といった方法で損害論の分野で問題を解決する説である。

② 他人性阻却説は，賠償権者たるべき他人の意義をも広く解すべく，他人

にあたらないとすべき場合をできるだけ具体的にその者が被告以上に加害者側に立つべき立場に限るのが妥当とし，他人とは，被告とされた賠償義務者以外のすべての者をいう，ただし，当該事故の原因となった運行により直接に関与した者を除くとするもので，被害者の原告適格いかんを考えようとする説である。

③　責任相対説は，運行供用者性を相対的に把握し，他の者（例えば歩行者）に対する関係では当然運行供用者でありながら，ある者（例えば無償同乗者）に対する関係では運行供用者性を失うこともありうるとする説である。

④　割合的責任説は，運行供用者は，本来自賠法上の責任を誰に負わせるかの問題であり，また，他人というのは自賠法上の保護をどの範囲まで認めるかの問題であって，両者は相互に排斥しあうわけではなく，好意同乗者には他人性と運行供用者性が同時に存在しえ，被害者の取得した運行供用者性の程度に応じて他人性が失われそれだけ保護が失われるとして，割合的に他人性を認めようとする説である。

⑤　修正責任相対説は，賠償義務者の運行供用者性を割合的に把握し，これをそのまま損害判断に平行移動し，技術的には過失相殺の類推適用によって，相対的な責任の量的処理を実現しようとする説で，第三者に対しては100％の運行供用者性を有しても，当該被害者に対しては，例えば40％の運行供用者性しかもたないとする点で，割合責任説とは異なる。

⑥　新責任肯定説は，自賠法3条は，被害者に対する責任主体を肯定したにすぎず，被害者の身分による責任制限の趣旨は含んでいないものと解すべきである。「他人」とは，被害を受けた者で，その損害の賠償を請求できる地位にある者であって，それらの間の運行支配，運行利益の有無・程度いかんによって，その地位自体に変化が生じるような性格のものではない。同条でいう運行供用者とは，その運行によって発生した損害につき，現にその責任の有無が問題となっている運行供用者であり任意保険の用語を借りれば，「当該運行供用者」という意味である。「事故を防止すべき」立場の者が，実際に被害を受けたときに，その保護を拒絶すべきであるとする根拠は自賠法には見当たらないとして，責任を肯定する説である。

(3)　**共同運行供用者と他人性に関する判例**

他人とは，自己のために自動車を運行の用に供する者（運行供用者）及び当該自動車の運転者を除く，それ以外の者をいい，当該自動車の同乗者もこれに含まれる（最判昭42・9・29判タ211号152頁・判時497号41頁）。

以下，他人性について争われた，いくつかの判例を紹介する。

①　前記最判昭42・9・29は，「運転者が，酩酊して助手席に乗り込んだ者に対し，結局はその同乗を拒むことなく，そのまま自動車を操縦した場合には，右の者は，単なる好意同乗者であって運行供用者ではないから自賠法3条にいう他人にあたる」とした。

②　最判昭47・5・30民集26巻4号898頁（妻は他人判決）

「他人性は，自賠責保険による損害のてん補を受けうるために必要な資格・身分であるから，例えば，当該自動車の使用形態，保有名義，運行経費の負担者，日常の使用者，運行免許の保持の有無など，具体的な事実関係のもとでその被害者が他人に該当するか否かを判断すべきである。」として，事案では，自動車は夫の所有に属し，夫がもっぱらその運転にあたり，またその維持費をすべて負担しており，妻は運行免許をもたず，事故の際に運転補助の行為をすることもなかったとして，他人に該当するとした。

③　最判昭50・11・4民集29巻10号1501頁（トルコ風呂判決）

会社の取締役が私用のために会社所有の自動車を使用し同乗の従業員に一時運転させている間にその従業員の起こした事故により受傷した事案で，共同運行供用者間の運行支配に着目して，被害を受けた運行供用者の具体的運行に対する支配の程度態様が「直接的，顕在的，具体的」であるときは，その被害者は自賠法3条の「他人」から除外されるとした。

④　最判平3・2・5交民集24巻1号1頁

父親の車を仮免許しかもっていない娘が借りて，娘の友人が運転中に，助手席に同乗していた娘が受傷した事案について，その娘の他人性を認めた大阪高判平2・7・20交民集23巻4号827頁を支持した。原審の大阪高裁判決は「娘も，運転していた友人と共に共同運行供用者と認めることができるかもしれない。しかしながら，事故当時，娘は仮免許を取得していたに過ぎず，事故車の運転を委ねられて借り主となったのは友人であったというべきであり，ひいては，事故車の運行を支配制御してその危険を回避すべき責任を負う者も友人で

あったと評価することができる。そして，本件の運行の目的が娘と友人のドライブであったことから，仮に娘にある程度の共同運行供用者性を認め得るとしても，その程度が高いとは考えられず，娘が自動車の所有者に対し，自賠法3条の他人であることを主張して損害賠償を求めることは許されると解するのが相当である。」としている。

⑤　最判平6・11・22判時1515号76頁

被害者の父の所有自動車を友人である会社の同僚が借り受け，被害者が同乗中に友人の居眠り運転事故により死亡した事案について，「被害者は，友人が自動車を借り受けるについて口添えをしたにすぎず，友人と共同で借り受けたものとはいえないのみならず，友人より年少であって，友人に対して従属的な立場にあり，当時17歳で普通免許取得資格がなく，本件自動車を運転したこともなかったものであるから，本件自動車の運行を支配・管理することができる地位になく，自賠法3条に規定する運行供用者とはいえず，同条にいう『他人』に当たるものと解するのが相当である。」と判示して，被害者の他人性を認めた。

以上のように，判例は，共同運行供用者の他人性の認定には，当初，厳しい立場を採ってきたが，最近ではやや緩やかな認定を行おうとする傾向が窺われる。

(4) 自賠責保険実務での取扱い——まとめに代えて

他人性の認定について，自賠責保険実務では，基本的には判例の考え方に従っているが，例えば，事故形態別に，以下のとおり，区分して取り扱われているようである。

(a) 被害者が同乗中の場合

(イ)　被害者が所有者（又は実質上の所有者）の場合や所有者（又は実質上の所有者）の承諾（又は暗黙の承諾）を得て借り受けている場合　　原則として被害者は保有者（運行供用者）に該当するとして免責とされる。

(ロ)　夫婦間（どちらか一方が運転）　　一方のみしか運転免許証をもっていない等の格段の事由のある場合以外は，両者とも運行供用者に該当することが多いとされる。

(ハ)　加害者が所有者（又は実質上の所有者）から借り受けている場合　　原則

として，被害者が運転者・運転補助者に該当しない限りは他人として有責とされる。ただし，車の借受け，持ち出し目的が加害者・被害者の共同目的，交替運転によるドライブ等の場合には，被害者の他人性が否定されることがある。また，加害者が勤務先の車を借り受けドライブ等に使用している場合などでは，一般的に加害者のみが保有者（運行供用者）となるが，同僚同士で会社の車を借り受けて私用に供しているときで，被害者のほうが運行支配権が強いという状況では他人性が否定される。さらに，共同でレンタカーを借り受け，借受人間で運行支配権の帰属に強弱がない場合は，全員が共同保有者となり，原則として被害者の他人性は否定され，自賠責保険では免責とされる。したがって，レンタカーを共同で借りて乗っている人は，ハンドルを握っていなくとも共同保有者としてすべて他人性が否定され，自賠責保険金も支払われないことになる。

(b) 保有者（運行供用者）が車外にいる場合

(イ) 保有者（運行供用者）が運転を誤り脱輪し，他の人の加勢を得て脱出作業中に自分が負傷したり，故障修理中に修理工の操作ミスなどにより自分が負傷した場合は，保有者がその車に対して運行支配権を有していると解され，他人には該当せず，免責とされる。

(ロ) 所有者（保有者）が第三者に車を貸し，第三者が運行中，たまたま歩行中の所有者と衝突し，所有者が負傷した場合など，運行支配権が離れていた特別の事情がある場合は，他人と認められる余地がある。

(c) 加害者が無断運転

被害者が勤務先若しくは友人の車を無断で持ち出し私用に供している場合は，被害者が助手席に同乗していただけであっても，原則として被害者の他人性は否定され，自賠責保険では免責とされる。つまり，無断で車を持ち出した被害者は，ハンドルを握っていなくとも他人性は否定される。

以上のように，自賠責保険では判例を形態別に詳細に分類した結果に基づいて取り扱われているようであるが，結果的には，他人性が否定される場合がかなり多いと思われる。

[堀田　隆]

Q6 運行供用者責任(2)

事故車がレンタカーやリース車両の場合，レンタカー会社やリース会社は，運行供用者責任を負うことになるか，また，子供が親の自動車を運転して事故を起こした場合，親が運行供用者責任を負うことになるかについて説明しなさい。

〔1〕 はじめに——貸主の運行供用者責任

運転者が賃貸借（レンタカー，カーリース）中，あるいは使用貸借（子が親の車を使用）中の自動車で事故を起こした場合，当該運転者が運行供用者にあたること，また，運転者は使用権限に基づいて当該自動車を運行させていたのであるから，保有者にあたることは異論がないところであろう（運行供用者と保有者について，Q5〔2〕(2)(a)(b)参照）。したがって，当該運転者以外の保有者に運行供用者責任が認められないと被害者に対して自賠責保険金が支払われないという切実な問題は生じない。しかし，それでも自賠責保険の限度額を超える損害が生じた場合で，運転者に十分な資力がない場合（任意保険が掛けられていない等）は，貸主に運行供用者責任が認められるかどうかが重要な問題となってくる。

〔2〕 レンタカー会社の運行供用者責任

(1) はじめに

レンタカー会社（業者）は，借主（客）に対し，通常は営利目的で短期間に限り，利用条件を定めた上で，自動車を貸している。会社は，契約に基づいて自動車を借主に賃貸し，借主が自動車の利用を終了次第，その返還を受けることを当初から予定しているのであるから，当該自動車の運行を管理する地位・可能性が認められ，運行支配を有すると考えられる。また，会社は，借主に対し

て自動車を賃貸することによって賃料を受け取ることができるから，運行利益もまた帰属するといえる。

(2) 最高裁判決

かつて最高裁は，いわゆるドライブクラブ方式による自動車賃貸業者（ここでいうドライブクラブとは，自動車を短時日間賃貸して賃料を取得することを業とするものであり，現在のレンタカー業者に相当する）から自動車を借り受けた者がこれを運転使用している場合には，自動車賃貸業者としては，借受人の運転使用について何ら支配力を及ぼすことができないとして，自動車賃貸業者の運行供用者責任を否定していた（最判昭39・12・4民集18巻10号2043頁）。

しかし，その後，最判昭46・11・9民集25巻8号1160頁は，自動車の有料貸渡業者（レンタカー会社）が，自動車貸渡契約を締結するに際し，①自動車の利用申込者につき，運転免許その他の一定の利用資格の有無を審査し，②利用者は，借受に際し届け出た予定利用時間，予定走行区域の遵守及び走行中生じた不測の事故について連絡することを義務づけられていること，③契約上使用時間はおおむね短期で，料金も相当高額になること等の事実関係から，同業者は，自動車に対する運行支配・運行利益を有していたものとして，その運行供用者責任を認めた。

さらに，最判昭50・5・29判時783号107頁は，レンタカー会社は，①賃貸にあたり借主の免許証の有無を確認していること，②借主は，その指定した走行距離，使用時間に応じて預り金名目で賃料を前払いしていること，③借主は，使用中，使用時間，行先を変更する場合には，返還予定時刻の3時間前に，レンタカー会社の指示を受けるため連絡しなければならず，これを怠った場合，倍額の追加賃料が徴収されること，④車両の整備は常にレンタカー会社の手で責任をもって行われ，賃貸中の故障の修理も原則としてレンタカー会社の負担であることといった事実関係から，レンタカー会社は，自動車に対する運行支配・運行利益を有していたものとして，その運行供用者責任を認めた。

この2つの最高裁判決は，実質的には，前掲最判昭39・12・4を変更し，レンタカー会社に対し，運行供用者責任を認めたものであるが，どのような場合に運行供用者責任が認められるのかは，これらの最高裁判決のみからは，必ずしも明らかではない。少なくとも，これらの最高裁判決を限定的に解し，レ

ンタカー会社が，個々具体的な契約関係において，借主の自動車に対する，運転使用について一定の制約を加えたときに限って，運行支配・運行利益が認められるとすると，レンタカー会社が，恣意的に免許の確認等の措置を採らなかったり，正規の手続によらない貸出しが行われた場合に，これが否定される結果を招きかねず不合理である。また，前記最高裁判決が指摘したような事情が認められなくても，レンタカー会社に運行供用者責任を認めた下級審判決も存する（東京地判昭45・10・19判タ256号161頁，水戸地土浦支判昭50・12・9交民集8巻6号1735頁）。むしろ，レンタカービジネスについては，その業者の規模，契約の形態などにおいて若干の多様性があることは当然の前提として，レンタカー会社は，一般的に，借主による自動車の運行について支配し，利益を有し，あるいは有しうるものとして，レンタカー会社の側で当該事故車両について，具体的な運行支配と運行利益を有していなかったことを主張・立証しない限り，運行供用者責任を負うことになる，と解される。

(3) **下級審判決**

(a) 肯定した判決

レンタカービジネスについては，その業者の規模，契約の形態などにおいて若干の多様性があることは当然の前提として，レンタカー会社は，一般に，借主による自動車の運行について契約内容や貸出手続等を通じて支配し，利益を有し，あるいは有しうるものとして，レンタカー会社の側で当該事故車両について，具体的な運行支配と運行利益を有していなかったことを主張・立証しない限り，自動車損害賠償保障法（以下「自賠法」という）3条本文の規定による運行供用者責任を負うことになると解すべきである（同旨，那覇地判昭52・12・15交民集10巻6号1769頁）。

他に肯定した判決としては，東京地判平19・7・5判時1999号83頁，神戸地判平3・11・27交民集24巻6号1488頁，大阪地判平5・9・27交民集26巻5号135頁，和歌山地判平6・12・20交民集27巻6号1858頁，神戸地判平10・3・19交民集31巻2号377頁等が存する。これらは，いずれも，契約上の返還期間を徒過した後に事故が発生した事案であったのにもかかわらず，レンタカー会社の運行供用者責任が肯定されている。

(b) 否定した判決

次に、例外的ではあるが、レンタカー業者の管理可能性が失われたと認められる特段の事情がある場合、すなわち、自動車が利用者側の事情によってレンタカー業者の支配から離脱した場合にはもはやレンタカー会社の運行供用者責任を追及することはできないと解される。

大阪地判昭62・5・29判タ60号203頁は、①事故が返還予定日から25日経過した後に発生していること、②運転者は、借受人から無断転貸した者であったこと、③返還予定日経過後から事故発生までの間に、借受人に連絡を度々とろうとし、警察にも相談に行く等自動車の回収のために適切な努力をしていることから、レンタカー会社の運行供用者責任を否定した。

〔3〕 リース会社の運行供用者責任

事故車がリース車両の場合、リース会社は、運行供用者責任を負うのか。

(1) リース契約の法形式

リース契約は、サプライヤー（販売会社）がリース会社に物件を売り渡し、リース会社がその物件をユーザー（借主）に貸し渡し、ユーザー（借主）がリース期間中リース会社にリース料を支払う旨の、法形式としては、所有者＝リース会社、ユーザー（借主）＝賃借人という賃貸借契約である。そして、カーリースには、リース会社が自動車を提供するだけのファイナンスリースと、これにメンテナンスサービス（車の修繕・整備その他の保守・管理）を付加したメンテナンスリースとがある。

(2) 運行供用者責任

自動車の所有権は、リース会社に存し、法形式上は、リース会社が賃貸人、ユーザーが賃借人となることから、前述したレンタカー会社、すなわち、使用貸借における使用貸主の場合と同様、リース会社の側で、運行支配・運行利益を喪失していると認めうるような特段の事情を主張・立証しない限り、運行供用者責任が認められることになるのかどうか問題となる。

リース契約の経済的価値は、ユーザーにとってみれば、リース料を支払うことによって物件の使用価値をすべて手に入れることができ、リース会社にとっては、物件の使用には関心をもたないまま、担保的に所有権を留保したうえで、サプライヤーに支払った物件の購入代金と利潤をリース料という形で、ユーザ

ーから回収することができるという点にある。そして，これは，経済的実質に着目すれば，ユーザーがリース会社から金融を受けて，サプライヤーから物件を購入し，その物件をリース会社に担保に差し入れたり，リース会社がユーザーに，物件を所有権留保付割賦販売で販売した場合と異ならない。

したがって，カーリースの場合，リース会社の有する自動車の所有権は，自動車の使用を一切予定していない，リース料の担保としての意味しかないことになる。そして，レンタカー会社の場合と異なり，リース会社はユーザーの運転免許の有無等の確認をせずに自動車をリースし，その契約条項中には，リース会社がユーザーの自動車の運行態様等に制限を付けてその運行を管理しうるような条項はなく，専らリース料金の支払に関するものに尽きることが通常である。結局，リース会社には，管理義務はなく，自動車の使用に伴う危険性に対する管理可能性も自動車の運行支配も，通常，有していないというべきである。また，リース料も，賃料というよりは，割賦販売における割賦金に近い実質，すなわち，金融利益であることからすれば，リース会社は自動車の運行利益を有しているともいい難い。

以上より，カーリースの場合のリース会社の運行供用者責任は，後述するような特段の事情を被害者側で主張・立証しない限り，認められないと解され，カーリースに自動車の保守点検というメンテナンスサービスが付加されても，リース会社が運行支配を有することにはならないので，メンテナンスリースの場合もリース会社の運行供用者責任は同様に否定されるものと考えられる。

(3) 最高裁判決

リース会社の運行供用者責任について判断した最高裁判決は見当たらないが，最判昭46・1・26民集25巻1号126頁は，所有権留保付割賦販売の売主について，「自動車を代金月賦払いにより売り渡す者は，特段の事情のないかぎり販売代金債権の確保のためにだけ所有権を留保するにすぎないものと解すべきであり，該自動車を買主に引渡し，その使用に委ねたものである以上，自動車の使用についての支配権を有し，かつ，その使用により享受する利益が自己に帰属する者ではな」いとして，その運行供用者責任を否定した。前述したように，リース契約も，その経済的実質は，リース会社がユーザーに自動車を所有権留保付割賦販売で販売した場合と異ならないことからすれば，最高裁は，リース

会社の運行供用者責任についても同様の判断をするものと考えられる。

(4) 否定した下級審判決

リース会社の運行供用者責任を否定した下級審裁判例として，神戸地判平3・9・4判タ791号209頁が存する。同判決は，リース会社が，福利厚生を目的として，会社の従業員に会社所有の自動車をリースしたところ，その従業員が，その自動車の使用を禁じられている通勤の際に，交通事故を起こしたという事案について，リース会社は，自ら使用収益するためではなく，専ら，利用者の使用収益に供するために自動車を購入し，その代金に金利・手数料等を加えた金額をリース料の形で回収するもので，加害者の所有とその使用収益が完全に分離しているなどと判示して，リース会社の運行供用者責任を否定した。

(5) 肯定した下級審判決

これに対し，特段の事情が存在したとして，リース会社の運行供用者責任を肯定したものとして，東京地判昭58・12・23交民集16巻6号1734頁が存する。

同判決は，リース業者がその所有するクレーン車を運送業を営む親会社にリースし，親会社が運転手付きで同車を賃貸中に発生した事故について，貸主たる親会社の運行供用者責任のみならず，リース会社にも運行供用者責任を認めている。この事案において，運行供用者責任が認められたリース会社は，親会社のリース部門を独立させた会社であって，会社所在地，代表取締役，その他の役員もすべて同一であったため，かかる事実を前提にすれば，当該リース契約には，リース会社とユーザー（親会社）との間に一体性があるという特段の事情が存在したことを考慮したものと考えられる。

(6) リース会社の運行供用者責任と主張・立証責任

以上を，訴訟においてリース会社の運行供用者責任が問題になった場合の主張・立証責任の観点から整理すると，被害者が当該リース会社が加害車両の所有権を有することを主張・立証しても，リース会社側で，加害車両がリース契約に基づいてリースしたものであることを主張・立証しさえすれば，被害者側で，さらに，①リース会社とユーザーとの間に一体性があること，②当該リース契約においては，通常のリース契約と異なり，リース会社がユーザーの自動車の運行を管理しうるような条項が含まれていること（前述したとおり，メンテナンス条項はこれにはあたらない）等の特段の事情を主張・立証しない限り，運行供

用者責任を負うことはないと考えられる。

〔4〕 子供が親の自動車を運転して事故を起こした場合の親の運行供用者責任

(1) 問題の所在

子供が，交通事故を起こして被害者を死傷させた場合，被害者は，子供の親を相手として運行供用者責任を追及できるか。

自動車を運転して事故を起こした者は，たとえ子供（未成年者等）であっても，その行為の法律上の責任を弁識する能力，すなわち責任能力を有するかぎり，自賠法3条本文又は民法709条に基づく賠償責任を免れることはできない（民712条）。

したがって，事故を起こした加害車について，被害者の損害を賠償するのに十分な額の保険が付けられており，かつ，その保険の適用を受けることができるのであれば，当該子供の責任のほかに，他の者の責任を問題とする実際上の必要性はあまりない。しかし，実際，子供には賠償能力がないことが多いので，被害者は，子供の親を相手として損害賠償責任を追及する必要が生じる。

(2) 親の運行供用者責任

(a) 運行供用者

自賠法3条は，「自己のために自動車を運行の用に供する者（運行供用者）」は，「その運行によつて他人の生命又は身体を害したとき」は，「これによつて生じた損害を賠償する責に任ずる」と規定している。この運行供用者は，通常，自動車の保有者，すなわち，「自動車の所有者その他自動車を使用する権利を有する者で，自己のために自動車を運行の用に供するもの」をいう（自賠2条3項）。自動車の所有者，賃借人，使用借人等が保有者に該当する。

(b) 運行支配と運行利益の帰属

親の運行供用者責任は，親自身にも加害車の運行支配と運行利益が帰属していたと認められる場合に肯定されており，運行支配の帰属については，「加害車の運行について指示・制御をなし得べき地位」があれば足りる（最判昭50・11・28民集29巻10号1818頁）と考えられている。そして，加害車を所有している

者には，特段の事情（例えば当該車を第三者に盗まれて運転された等の事情）のないかぎり，この運行支配と運行利益とが帰属するものと考えられている。これは，所有者である以上，一般的に加害車を自己の意思に従って利用することができ，その運行について指示・制御をなしうるとともに，その運行の利益に与っていると考えられるからである。

(c) 事実関係の程度

それでは，どのような事実関係があれば，子の運転する加害車につき，親に前記のような意味での運行支配と運行利益とが帰属していたと認められるかであるが，この点について，これまでの裁判例が示してきたところを集約すると，親自身が加害車を所有している場合には，親自身が加害車を所有している上に，これを運転していた子との間には親子という人的関係が存するわけであるから，事故時の運転につき親の承諾がなかったとしても，一般的にはなお，加害車の運行につき利益を得，指示・制御をなしうべき地位にあったものとして，親の責任が肯定されている（同旨，岡山地判昭56・9・3交民集14巻5号1040頁，大阪高判昭59・6・1・18判時1127号108頁等）。

(3) まとめ

子供が，親の所有する自動車を運転して交通事故を起こした場合，親は，自動車の所有者として，子供が当該自動車を利用することを本来予定しているものであり，特段の事情がない限り，運行支配・運行利益が帰属しているので，運行供用者になり，人身事故の被害者に対し，自賠法3条の運行供用者責任を負うものである。

〔堀田　隆〕

7 | 不法行為責任と債務不履行責任

> タクシーに乗車中に運転手の過失によって負傷した乗客は、いかなる法条を根拠にして、タクシー会社に損害賠償を請求できるか、説明しなさい。

〔1〕 損害賠償請求とその根拠

タクシーに乗車中に運転手の過失によって負傷した乗客は、タクシー会社に対し、(1)民法715条に定める使用者責任、(2)自動車損害賠償保障法（以下、「自賠法」という）3条に定める運行供用者責任、(3)商法590条に定める旅客運送契約の債務不履行責任に基づき、それぞれ損害賠償を請求することができると考えられる。

〔2〕 使用者責任

(1) 民法715条

ある事業のために他人を使用する者は、被用者がその事業の執行について第三者に加えた損害を賠償する責任を負う（民715条1項）。

(2) 事業の執行について

使用者に対して、使用者責任を追及する場合には、被用者の行為が、使用者の「事業の執行について」行われたことを主張する必要があり、請求者において、①当該行為が使用者の事業の範囲に属すること、②当該行為が被用者の職務の範囲に属することについて立証責任を負う（最判平22・3・30裁判集民事233号373頁）。

ただし、設問のような場合には、タクシー会社が、タクシー事業のためにタクシー運転手を使用していたこと、それが事業の執行の範囲内であることにつ

いては，ほとんどの場合問題とはならないと考えられる。

(3) 故意・過失

他方で，使用者責任については，一般の不法行為責任に基づく損害賠償請求と同様に，被用者であるタクシー運転手の故意・過失について，損害賠償を請求をする側に立証責任がある。そのため，後述の運行供用者責任に基づく損害賠償請求の場合に比して請求者の負担に大きく差があり，実務上，使用者責任に基づく損害賠償請求を（少なくとも運行供用者責任に基づく損害賠償請求を行わずに）行う必要性は少ないと考えられる。

(4) 時　　効

使用者責任に関する消滅時効は，民法724条に基づき損害及び加害者を知った時から3年間，不法行為時から20年となる。

「加害者を知った時」について，被害者が，使用者ならびに使用者と不法行為者との間に使用関係がある事実に加えて，一般人が当該不法行為が使用者の事業の執行につきなされたものであると判断するに足りる事実をも認識することをいうとされている（最判昭44・11・27民集23巻11号2265頁）。もっとも設問のような場合においては，乗客としてタクシーに乗車している時点で，すでに被害者において当該事実に関する認識はなされていると考えられるため，やはり大きな差異が生じることはないと考えられる。

〔3〕 運行供用者責任

(1) 自賠法3条

自己のために自動車を運行の用に供する者は，その運行によって他人の生命又は身体を害したときは，これによって生じた損害を賠償する責めを負う（自賠3条）。

自賠法は，不法行為責任の特別法であり，〔2〕で述べたような不法行為責任を追及する者における立証責任の重い負担を転換し，運行供用者に事実上の無過失責任を負わせていると解されている。

(2) 運行供用者

自賠法3条における「自己のために自動車を運行の用に供する者」（いわゆる運行供用者）とは，自動車の使用についての支配権を有し，かつ，その使用に

より享受する利益が自己に帰属する者を意味するとされている（最判昭43・9・24裁判集民事92号369頁）。

事故当事者以外の者に対して、運行供用者責任を追及する場合には、事故時において、その者が運行供用者であったことについて立証する必要がある。

設問のような場合において、タクシーがタクシー会社の所有であること、タクシー会社がタクシーの運転を使用して利益を得ていることからいって、タクシー会社が運行供用者に該当することについてはほぼ争いの余地がないと考えられる。

(3) 運行によって

他方で、自賠法3条に基づく損害賠償請求を行う場合には、当該事故が「運行によつて」生じたことも要件となる。

この「運行によつて」の要件について、判例・通説は運行に「因って」と解釈をし、運行と事故発生との間に相当因果関係が存在することが必要であるとしている（最判昭54・7・24裁判集民事127号287頁）。

設問においては、「タクシーに乗車中」の事故とだけあるが、仮に駐停車中に生じた事故や、タクシーへの乗降車中に発生した事故であった場合には、「運行によつて」の要件について、争いが生じる余地が存在しており、請求する者においてその立証責任を負うこととなる（タクシーから降車した直後に転倒した事故について争われたものとして、大阪高判平23・7・20自保ジャーナル1880号3頁）。

(4) 立証責任の転換

これらの要件のほかには、運行供用者責任を請求する者は、事故及び損害の存在を立証することで足り、運行供用者においてその責任を免れるためには、①自己及び運転者に過失がなく、②被害者又は運転者以外の第三者に故意又は過失があったこと、③自動車に構造上の欠陥又は機能の障害がなかったことについて、運行供用者側で主張・立証を行う必要がある。

したがって、上述の使用者責任に基づく損害賠償請求を行う場合に比して、請求する側における立証の負担は大きく軽減されているといえる。

(5) 時　　効

消滅時効については、民法の例によることになり（自賠4条）、不法行為の場合と同様、民法724条に基づき損害及び加害者を知った時から3年間、不法行

為時から20年となる。

なお，自賠法の適用のある損害は，原則として，生命又は身体に関する損害（いわゆる人損）のみであり，物損については，運行供用者責任に基づく損害賠償請求はできないことには注意が必要である。

〔4〕 債務不履行責任

(1) 商法590条

タクシー会社とそのタクシーを利用する乗客との間では，運送人が旅客を運送することを約し，相手方がこれに対してその運送賃を支払うことを約する内容の旅客運送契約が締結されていると考えられる。

商法590条は旅客運送契約に関し，「旅客ノ運送人ハ自己又ハ其使用人カ運送ニ関シ注意ヲ怠ラサリシコトヲ証明スルニ非サレハ旅客カ運送ノ為メニ受ケタル損害ヲ賠償スル責ヲ免ルルコトヲ得ス」と規定しており，運送人が旅客を運送するに際して，旅客に損害を与えてしまった場合には，その損害を賠償する責任を負うとしている。

これは旅客運送契約の不履行による債務不履行責任であり，〔2〕及び〔3〕で述べた不法行為責任とはその性質を異にする。

(2) 安全配慮義務違反

先に述べたように，旅客運送契約の不履行に基づく損害賠償請求は，旅客運送契約の存在から生じる債務不履行責任に関する請求である。旅客運送契約の締結に伴い，運送人は旅客を安全に運送する義務を負うのであり，旅客が運送の過程において損害を被った場合には，債務不履行責任の一般原則にならい，運送人がその損害を賠償することが原則となり，運送人は運送に関して注意を怠らなかったことを立証しない限りは，その責任を免れることはできない。

したがって，旅客運送契約の債務不履行に基づく損害賠償を請求する者は，旅客契約の存在に加え，旅客運送契約に基づく安全配慮義務違反の事実及びそれによって生じた損害の存在を立証することとなり，他方で，運送人においては，運送に関して自己又はその使用人が注意を怠らなかったことについて主張・立証を行う必要がある（なお，タクシーに関する当該責任については，一般乗用旅客自動車運送事業標準運送約款により具体化され規定がなされている）。

設問のような場合においては，タクシーに乗客として乗車をしていた事実に加え，事故の事実及び事故の態様等からタクシー運転手における安全配慮義務違反を主張・立証することになると考えられる。

(3) 損害賠償の範囲

また，旅客運送契約の不履行に基づく損害賠償の対象については，物品運送（商580条1項）の場合と異なり，条文上，損害の内容及び範囲に制限は存在していない。したがって，旅客に生じた生命，身体上の損害のみならず，身体衣服の損害，延着による損害等財産的損害のほか，精神的損害も含むと解されており，被害者が現に被った損害のみならず逸失利益も含まれるとされている（大判大2・10・20民録19輯910頁）。

さらに，商法590条2項は「損害賠償ノ額ヲ定ムルニ付テハ裁判所ハ被害者及ヒ其家族ノ情況ヲ斟酌スルコトヲ要ス」と規定しており，損害賠償額の算定にあたっては，被害者の地位や家族の生活情況を斟酌して決めるとされている。これは，特別損害に対する予見可能性を問わないという意味で，民法416条2項の特則であり，債務不履行責任としては重い賠償責任を課しているといえる。

(4) 時　効

なお，旅客運送契約の不履行に基づく損害賠償請求の消滅時効は，商法522条の規定により5年となる。

〔5〕 各請求の関係

(1) 使用者責任と運行供用者責任について

最後に，各法条に基づく請求権の関係について述べる。

まず，民法715条に基づく使用者責任と自賠法3条に基づく運行供用者責任の関係については，先に述べたように，後者が前者の特別法にあたり，立証責任の観点からいって，運行供用者責任に基づく損害賠償請求のほうが被害者側において有利である。

また，同じ不法行為責任に関する請求である以上，消滅時効の期間についても，基本的に差異は生じない。そのため，運行供用者責任に基づく損害賠償請求をとらず，使用者責任に基づく損害賠償請求を単独で行うことは考え難い。

他方で，先に述べたように，自賠法3条に根拠を求める以上，運行供用者責

任に基づく損害賠償請求については，事故の対象範囲が原則として「人損」に限られる。したがって，「物損」に関する請求については使用者責任に基づく請求によるよりほかないと考えられる。

(2) 不法行為責任と債務不履行責任について

次に，これら不法行為責任と旅客運送契約の不履行に基づく債務不履行責任との関係については，対象とする損害が重複しうることからその関係性について問題が存在する。

この点については，いわゆる「法条競合説」と「請求権競合説」とに見解が分かれるところではあるが，裁判実務及び通説は，「請求権競合説」をとっており（最判昭38・11・5民集17巻11号1510頁），ある損害について，損害を受けた者は，相手方の不法行為責任と債務不履行責任のどちらを選択して主張を行ってもよいとされている。

この場合，どちらか一方だけの要件が充足されていれば，その責任を追及することができることは当然であるが，両方の要件が充足されていれば，両方の請求を同時に主張することも許されることになる。ただし，一方の責任により損害が賠償されれば，賠償されるべき損害について共通する部分については，他方においては認められないこととなる。

実際の請求においては，不法行為責任を追及するに際しての運転者の過失の有無と，旅客運送契約に基づく安全配慮義務違反の主張はほぼ同じ事実関係に関する主張になると考えられるため，立証責任の観点からいって，運行供用者責任に関する請求を措き，旅客運送契約の不履行に基づく債務不履行責任の請求のみを行う必要性は乏しいといえる。

ただし，事故の対象が「物損」に限られる場合にはその限りでないと考えられることは，先に検討をしたとおりである。また，消滅時効の期間については，不法行為責任が原則として3年である一方，債務不履行責任が5年であるので，請求を行う時期によっては，債務不履行責任に基づく損害賠償請求を行わざるを得ない場合もあると考えられる。

〔太田　和範〕

第3章

損　害

第1節　人的損害

〔1〕人的損害における損害の分類（項目）

　交通事故による損害賠償額の算定にあたっての損害の分類（項目）としては，被害者が負傷又は死亡した場合の損害である「人的損害（人身損害）」と車両等の損害である「物的損害（物件損害）」に大別される。人的損害は，「財産的損害」と「精神的損害（慰謝料）」に分けられ，財産的損害は，被害者が交通事故のために出捐を余儀なくされたために生じる「積極的損害」と，被害者が交通事故にあわなければ得られたであろうと考えられる「消極的損害」に分けられる。積極的損害は，「治療関係費」，「付添費用」，「入院雑費」，「交通費」，「装具・器具等購入費」，「家屋・自動車等改造費」，「葬儀関係費」，「弁護士費用」等の被害者側が交通事故のために支出した損害であり，消極的損害は，受傷による治療のために休業したことにより得べかりし収入を失ったことによる損害である「休業損害」と，後遺障害や死亡によって労働能力を一部又は全部失ったために将来の得べかりし収入を失ったことによる損害である「逸失利益（後遺障害逸失利益，死亡逸失利益）」とに分けられる。精神的損害は，慰謝料として「入通院慰謝料（傷害慰謝料）」，「後遺障害慰謝料」，「死亡慰謝料」に分けられる（図表1参照）。

　人的損害における損害の項目には様々なものがあるが，時的な範囲を画する概念として，治療を続けてもこれ以上症状の改善が認められない状態になった時をいう「症状固定」が用いられており，症状固定までの損害を治療関係費，

90　第3章　損　　害

図表1　損害の分類（項目）

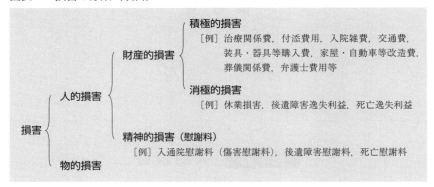

休業損害，入通院慰謝料（傷害慰謝料）とし，症状固定後の損害は後遺障害逸失利益，後遺障害慰謝料として理解される（**図表2参照**）。

　裁判実務においては，被害者は個々の損害項目について損害額を主張・立証し，裁判所は損害項目ごとに認定・算出し，損害を積み上げていくという「個別損害項目積上げ方式」が取られている。なお，交通事故損害賠償の実務においては，適正・迅速かつ公平な解決の要請等から損害額算定の基準が設けられており（損害の定額化，定型化），主なものとして次のものがある。

　①　自動車損害賠償責任保険の保険金等及び自動車損害賠償責任共済の共済金等の支払基準

　自動車損害賠償保障法16条の3に基づく自動車賠償責任保険において損害額を算定する際の基準であり，平成14年4月1日以後に発生した交通事故に関して適用される。

　②　自動車対人賠償保険支払基準

　任意保険各社が決めている任意自動車保険における対人事故（人身事故）についての基準であるが，各社独自の社内基準として公表はされていない。

　③　日弁連交通事故相談センター東京支部編『民事交通事故訴訟・損害賠償額算定基準』

　表紙が赤色を基調としていることから『赤い本』といわれ，毎年，刊行されており，平成28年（2016年）2月刊行の第45版〔2016年版〕（上巻／基準編），下巻／

第1節　人的損害　　　　　　　　　　　　　　　　　　　【概　説】　　91

図表2　時的範囲による損害項目

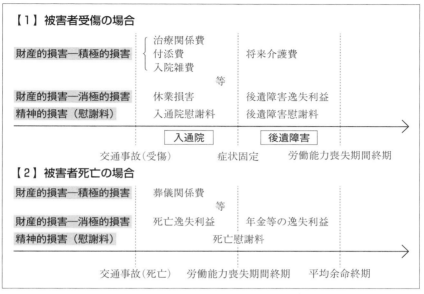

〔参考〕藤村和夫＝山野嘉朗『概説交通事故賠償法』〔第3版〕188頁

講演録編））が最新版である。

　④　日弁連交通事故相談センター『交通事故損害賠償額算定基準』
　表紙が青色を基調としていることから『青本』といわれており，平成28年2月刊行の25訂版が最新版である。
　⑤　大阪地裁民事交通訴訟研究会編著『大阪地裁における交通損害賠償の算定基準』〔第3版〕
　大阪地方裁判所において民事交通事件を担当する裁判官で組織された大阪地裁民事交通訴訟研究会によるものである（以下，『大阪基準』として引用するのは，〔第3版〕である）。
　⑥　大阪弁護士会交通事故委員会編『交通事故損害賠償額算定のしおり』
　表紙が緑色を基調としていることから『緑の本』又は『緑のしおり』といわれており，平成28年7月刊行の19訂版が最新版である。

〔2〕 積 極 損 害

(1) 治療関係費
(a) 治療関係費

　治療関係費には，診察料，検査料，入院料，投薬料，手術料，処置料等の基本的には西洋医学におけるものが含まれる。どの範囲で損害と認められるかは，症状の内容・程度に照らして個別具体的に検討されるが，治療のために必要かつ相当であれば，原則として，実費の全額が認められる。積極的損害として認められる治療関係費は，原則として，症状固定までの各費用に限られるが，症状固定後は治療が不要になることを意味するわけではなく，症状固定時の状態を維持するために治療が必要となる場合等必要性と相当性が立証されれば，治療関係費として認められる。

(b) 東洋医学等による施術費用

　治療には，医師による医業（医師法17条）以外に，あん摩マッサージ指圧師，はり師，きゅう師等に関する法律や柔道整復師法で許可されている手技，温熱，刺激等の法律に基づく医療類似行為による治療，カイロプラクティック，整体，中国整体等の法律に基づかない医療類似行為等が含まれる余地があるが，これら東洋医学等による施術費用は，医師の指示があった場合又は症状により有効かつ相当な場合は，相当額が治療費として認められる傾向にある。

(2) 付添費用

　付添費用としては，入院付添費，通院付添費，症状固定時までの自宅付添費，将来介護費に区分するのが通常である。

(a) 入院付添費

　入院付添費は，医師の指示があった場合又は症状の内容・程度，被害者の年齢等から必要性が認められる場合は，被害者本人の損害として算定される。職業付添人を付した場合は，必要かつ相当な実費全額（現実に支払った額，交通費，食費，紹介料等が含まれる）が被害者本人の損害として認められる。近親者が付き添った場合は，1日あたりの金額（日額）を基準として付添いをした日数を乗じた額が被害者本人の損害として算定される。基準額（日額）については，『大阪基準』3頁・27頁は6000円とし（平成14年1月1日以降の交通事故），『赤い本』

（上）〔2016年版〕11頁は6500円とする。近親者の付添費は，原則として，付添人に生じた交通費，雑費，その他付添いに必要な諸経費を含むものとし，特別の事情のない限り，基準額に加えて，それらの費用は損害として認められない。なお，近親者の付添費は，近親者が付き添ったことによる損害を金銭で評価したものであり，現実に近親者に報酬を支払う必要はない（最〔3小〕判昭46・6・29（民集25巻4号650頁））。

　(b)　通院付添費

　被害者が通院するに際して近親者が付き添った場合，症状の内容・程度，被害者の年齢等から必要性が認められるときは，1日あたりの金額（日額）を基準として付添いをした日数を乗じた額が被害者本人の損害として算定される。基準額（日額）については，『大阪基準』3頁・27頁は3000円とし（平成14年1月1日以降の交通事故），『赤い本』（上）〔2016年版〕17頁は3300円とする。

　(c)　将来介護費

　被害者に対する症状固定後に必要となるであろう介護費用をいい，医師の指示又は症状の程度により必要性が認められる場合は，被害者本人の損害として算定される。損害の算定については，1日あたりの金額（日額）を基準として通常平均余命までの金額が算定されるが，基準額（日額）は，『大阪基準』28頁は，職業付添人の場合は必要かつ相当な実費，近親者付添人の場合は8000円とし，『赤い本』（上）〔2016年版〕21頁は，職業付添人は実費全額，近親者付添人は8000円とする。この金額は，常時介護を必要とする場合の金額であり，随時介護（入浴，食事，更衣，排泄，外出等の一部の行動について介護を要する状態）を要する場合は，介護の必要性の程度・内容に応じて適宜減額して算出する。一時金による損害額を算出する場合は，基準額（日額）を年額に換算し，介護の期間に対応するライプニッツ係数を乗じて中間利息を控除する。

　(3)　入院雑費

　入院中に必要となる日用品雑貨（寝具，衣類，洗面具，食器購入費），栄養補給費（栄養剤等），通信費（電話代，切手代等），文化費（新聞雑誌代，ラジオ・テレビ賃借料等），家族通院交通費等の入院することによって生じた諸々の費用をいう。この場合も，必要性と相当性の観点から判断されなければならないが，個別に立証することは煩雑であり，金額も大きくないことから，一般的に要すると考え

られる1日あたりの金額（日額）を基準として，入院期間に応じた金額を入院雑費として算出する定額化がされており，入院の事実のみに基づいて一定額を損害として認定するのが実務の取扱いである。基準額（日額）については，『大阪基準』2頁・25頁，『赤い本』（上）〔2016年版〕37頁ともに1500円とする。

(4) 交通費

被害者の入院，転院，退院，通院のために要した交通費は，原則として損害として認められるが，公共交通機関（電車，バス）を利用したとしての金額となる。タクシー等を利用した場合は，傷害の内容・程度，交通の便等からみて相当性が認められないときは，公共交通機関によった場合の金額が限度となる。自家用車を利用した場合は，ガソリン代の他，必要に応じて高速道路料金，駐車場代等が損害となる。ガソリン代については，『大阪基準』2頁・25頁は，距離に応じて1kmあたり15円程度を認めるとする。近親者の付添い又は見舞いのための交通費は，原則として損害としては認められないが，近親者が遠隔地に居住し，その付添い又は見舞いが必要で社会通念上相当な場合は，被害者本人の損害として認められる（最〔1小〕判昭49・4・25（民集28巻3号447頁））。

(5) 装具・器具等購入費

交通事故による受傷や後遺障害によって生じた不自由な身体の機能を補うための器具が必要な場合の購入費は，相当な範囲で損害として認められる。具体的には，歩行補助器具，義足，義手，義眼，義歯，頚椎装具，電動ベッド等である。一定期間での交換の必要があるものは，装具・器具が必要な期間の範囲内で，将来の費用も認められるが，将来の装具・器具等購入費は，取得価額相当額を基準に，使用開始時及び交換必要時期に対応するライプニッツ係数を乗じて中間利息を控除する。

(6) 家屋・自動車等改造費

交通事故による受傷や後遺障害のために生じた日常生活の支障を取り除く又は緩和するために家屋や自動車を改造するための費用については，症状の内容・程度に応じて，必要かつ相当な範囲で損害と認められる。

(7) 葬儀関係費

葬儀関係費については，社会通念上不相当なものでない限り，人の死亡事故によって生じた必要的出費であるとして，損害と認められる（最〔1小〕判昭

第1節　人的損害　　　　　　　　　　　　　　　　　　　　【概　説】　95

43・10・3（裁判集民事92号459頁））。葬儀関係費としては，葬儀費用のほかに，供養料，墓碑建立費，仏壇購入費，仏具購入費等の諸経費が含まれるが，定額化されており，『大阪基準』4頁・31頁は150万円とし（平成14年1月1日以降の交通事故），『赤い本』（上）〔2016年版〕57頁も150万円とする。墓碑建立費，仏壇購入費を別途認めた裁判例もあるが（最〔2小〕判昭44・2・28（民集23巻2号525頁）），葬儀関係費に含めて一定額を認定する裁判例もある。

(8)　弁護士費用

　一般の債務不履行による損害賠償請求とは異なり，不法行為による損害賠償請求の場合には，被害者が訴訟提起のために要した弁護士費用は，事案の難易，請求額，認容された額その他諸般の事情を斟酌して相当と認められる範囲内のものに限り，不法行為と相当因果関係に立つ損害として認められており（最〔1小〕判昭44・2・27（民集23巻2号441頁）），裁判実務においては，認容額の10％程度という基準が示されている（『大阪基準』11頁・67頁，『赤い本』（上）〔2016年版〕63頁）。弁護士費用についての損害賠償債務も，不法行為の時に発生し，かつ，遅滞に陥る（最〔3小〕判昭58・9・6（民集37巻7号901頁））。弁護士費用は，過失相殺後の認容額に前記の基準をあてはめる等して算定するため，認定した弁護士費用についてさらに過失相殺をすることはしない（最〔2小〕判昭49・4・5（裁判集民事111号521頁），最〔1小〕判昭52・10・20（裁判集民事122号55頁））。保険会社による加害者や共同不法行為者に対する代位請求，求償請求については，不法行為による被害者でない者の請求であるから，弁護士費用は通常損害として認められない。

　被害者が自動車保険契約の弁護士費用特約を利用している場合においては，弁護士費用は保険会社が負担することから，弁護士費用の損害が生じていないとして争われる事案もあるが，弁護士費用相当額の保険金は被害者の負担した保険料の対価として支払われるものであるとして，損害として認められている（東京地判平24・1・27（交民集45巻1号85頁），大阪地判平21・3・24（交民集42巻2号418頁））。

(9)　遅延損害金

　不法行為による損害賠償債務は，損害の発生と同時に，何らの催告を要することなく遅滞に陥るので（最〔3小〕判昭37・9・4（民集16巻9号1834頁），最〔2

小〕判平7・7・14（交民集28巻4号963頁）），交通事故時から起算する。裁判実務においても，損害額全額について交通事故日から民事法定利率（民404条）である遅延損害金を認めるのがほとんどである。なお，平成27年3月31日に閣議決定され，第189回国会（常会）に提出された「民法の一部を改正する法律案」における法定利率の規定については，後記〔3〕(2)(d)における記載のとおりである。

〔3〕 消極損害

(1) 休業損害

(a) 算定方法

休業損害とは，被害者が交通事故による受傷によって治療又は療養のために休業又は不十分な就業を余儀なくされ，得べかりし収入を失ったことによる損害をいう。休業損害は傷害の症状が固定するまでのものをいい，症状固定後の後遺障害にかかるものは後遺障害逸失利益とされる。

休業損害は，現実に休業により失った額がわかる場合はその額が損害として認められ，それが判明しない場合は，基礎収入に休業期間を乗じて算出する。基礎収入とは，基本的には，交通事故の当時に現に得ていた収入額を算出の基礎とし，損害の対象となる休業期間は，交通事故日から症状固定日までの期間において現実に休業した日数である。

休業損害＝基礎収入×休業期間

(b) 基礎収入

(イ) 給与所得者　交通事故前の実収入額を基礎収入とし，受傷によって休業したことによる現実の収入額が損害となる。裁判実務においては，交通事故前3ヵ月の支給金額（本給のほか住宅手当，超過勤務手当，通勤手当等の付加給を含む）をもとに90日で除した額を1日あたりの基礎収入とするのが一般的である。休業期間中に有給休暇を使用した場合は，現実の収入減は生じていないが，損害として認めるのが一般的である（『大阪基準』5頁・34頁，『赤い本』（上）〔2016年版〕67頁）。

第1節 人的損害　　　　　　　　　　　　　　　　　　　　【概　説】　97

> 休業損害＝交通事故前3ヵ月の支給金額÷90×休業期間

　(ロ)　事業所得者　　事業所得者とは，個人事業主（商工業者，農林水産業者等），自営業者，自由業者（弁護士，芸能人，著述業者等）等であるが，受傷のために現実に収入減があった場合に休業損害が認められ，原則として，交通事故前の申告所得額を基礎とする。事業を継続する上で休業中も支出を余儀なくされる固定経費（地代家賃，従業員の給料，電気代等）も損害として認められる。

> 休業損害＝（交通事故前の申告所得額－固定経費以外の経費）×休業期間

　(ハ)　家事従事者　　家事従事者とは，家事労働に従事している者をいい，女性に限らず，男性も含み，家事従事者が受傷のために家事に従事できなかった場合，休業損害が認められる（最〔2小〕判昭49・7・19（民集28巻5号872頁），最〔3小〕判昭50・7・8（裁判集民事115号257頁））。基礎収入としては，女性労働者の平均賃金に相当する財産上の収益を挙げるものと推定するのが相当であり（前掲最〔2小〕判昭49・7・19），賃金センサス第1巻第1表の産業計・企業規模計の女性・学歴計・全年齢平均賃金が用いられる。

> 休業損害＝女性・学歴計・全年齢平均賃金×休業期間

　(ニ)　幼児・生徒・学生等　　失業者や幼児，生徒，学生等の交通事故前に現実に労働の対価である収入を得ていない者については，原則として，休業損害は認められない。例外的に，失業者にあって，治療が長期にわたる場合で，治療期間中に就職する蓋然性の立証がされたときは，失業前の実収入額や賃金センサス第1巻第1表の産業計・企業規模計の被害者の属する性の学歴計・全年齢平均賃金又は学歴別・全年齢平均賃金を参照するなどして，蓋然性の高い基礎収入の金額を基に休業損害が認められる可能性がある。生徒，学生においては，就職遅れによる損害（治療が長期にわたり学校の卒業ないし就職の時期が遅延した場合に，就職すれば得られたはずの給与等）は認められる（『赤い本』（上）〔2016年版〕85頁）。

(2) 逸失利益

(a) 後遺障害逸失利益（後遺障害による逸失利益）

(イ) 算定方法　後遺障害逸失利益とは，被害者が，交通事故による受傷による治療を行い症状は固定したが，後遺障害が残り労働能力が減少したことにより将来の得べかりし収入を失ったことによる損害をいい，基礎収入に，後遺障害による被害者の労働能力の喪失の程度（労働能力喪失率）と，その状態が継続する期間（労働能力喪失期間）を乗じた上で，中間利息を控除して算出する。死亡逸失利益の場合と異なり生活費控除は行わない。

後遺障害逸失利益＝基礎収入×労働能力喪失率×労働能力喪失期間－中間利息

(ロ) 基礎収入　基礎収入については，基本的には，休業損害の場合と同じであるが，休業損害が比較的短期間についての得べかりし収入を失ったことによる損害のてん補であるのに対し，後遺障害逸失利益は，将来の長期間にわたる稼働可能期間を通じての得べかりし収入の減少を想定しての損害のてん補であるから，必ずしも交通事故前の実収入額によるのが相当でない場合もある。裁判実務上の後遺障害逸失利益の算定における基本的な考え方は，平成11年11月22日の東京・大阪・名古屋の各地方裁判所による「三庁共同提言」において示されている（東京地方裁判所民事第27部総括判事井上繁規・大阪地方裁判所第15民事部総括判事中路義彦・名古屋地方裁判所民事第３部総括判事北澤章功「交通事故による逸失利益の算定方式についての共同提言」平成11年11月22日（判タ1014号62頁・判時1962号162頁・ジュリ1171号124頁））。

(b) 労働能力喪失率（労働能力喪失割合）

労働能力喪失率（労働能力喪失割合）については，被害者に残存した後遺障害が自動車損害賠償保障法施行令の別表第１又は第２の後遺障害等級表のいずれに該当するかを判断し，後遺障害等級について，労災補償のための通達である労働省労働基準局長通牒（昭和32年７月２日基発第551号）の労働能力喪失率の数値を参考とし，障害の部位・程度，被害者の性別・年齢・職業，交通事故前後の就労状況，減収の程度等を総合的に判断して定められる。

(c) 労働能力喪失期間

第1節　人的損害　【概　説】

労働能力喪失期間の始期は，症状固定日である（それ以前は休業損害となる）。労働能力喪失期間の終期は，就労可能年限をもって終期とし，原則として67歳とされている。

(d)　中間利息控除

後遺障害逸失利益は，将来の長期間にわたる得べかりし収入を現在の一時金で支給するものであるため，中間利息（現在から将来受領するときまでの間に付されるであろう利息分）を控除して算定する。将来にわたる逸失利益総額を現在価額に換算する必要があるからである。計算方式については，「三庁共同提言」を受け，一般的な事案ではほぼ全国的にライプニッツ方式が採用されており（『大阪基準』7頁・44頁，『赤い本』（上）〔2016年版〕87頁），中間利息の控除率（控除割合）は，民事法定利率（民404条）である年5％の割合によっている（最〔3小〕判平17・6・14（民集59巻5号983頁））。したがって，前記の計算式は次のようになる。

後遺障害逸失利益
＝基礎収入×労働能力喪失率×労働能力喪失期間に対応するライプニッツ係数

平成27年3月31日に閣議決定され，第189回国会（常会）に提出され，第190回国会（常会）への継続案件とされた「民法の一部を改正する法律案」は，法定利率につき，404条において，第1項で，別段の意思表示がないときは，利息が生じた最初の時点における法定利率によるとし，第2項で，法定利率を年3％とした上で，第3項で，法定利率は，法務省令で定めるところにより，3年ごとに，3年を1期として変動するとし，第4項で，変動ルールとして，各期における法定利率は，直近変動期（法定利率に変動があった期のうち直近のもの）における基準割合と当期における基準割合との差に相当する割合（その割合に1％未満の端数があるときは，切り捨てる）を直近変動期における法定利率に加算し，又は減算した割合とすることを規定し，3年ごとに見直しを行う変動利率性を採用する。なお，適用される利率は，当該利息が生じた最初の時点（不法行為の場合には不法行為の日）における法定利率となり，途中で変動するわけではない。また，404条による変動制による法定利率の採用に伴い，417条の2第1項及び2項において，中間利息控除を行う場合は，損害賠償の請求権が生じた時点

における法定利率によるとして，固定制を採用する。この417条の2は不法行為による損害賠償に準用される（民722条）。

中間利息控除の基準時（控除すべき中間利息の計算期間の開始時点）としては，①交通事故時，②症状固定時，③紛争解決時の見解があるが，「三庁共同提言」においては，症状固定時による取扱いを採用しており，『大阪基準』7頁・45頁及び『赤い本』（上）〔2016年版〕88頁ともに，症状固定時とする扱いが多い（実務の大勢）としている。

(e) 死亡逸失利益（死亡による逸失利益）

(イ) 算定方法　死亡逸失利益とは，被害者が交通事故により死亡しなければその後の就労可能な期間における得べかりし収入を失ったことによる損害をいい，得ることができたと認められる収入の金額（基礎収入）から，支出されたであろう被害者本人の生活費を控除し，就労可能な期間の中間利息を控除して算出する。

> 死亡逸失利益＝基礎収入－生活費控除－中間利息

(ロ) 基礎収入，就労可能年数　基礎収入については，後遺障害逸失利益の場合に準じる。

就労可能年数についても，後遺障害逸失利益の場合に準じ，原則として，死亡時から67歳までとされている。

(ハ) 生活費控除　被害者が死亡した場合，存命であれば必要であった生活費の支出を免れることから，損益相殺の考え方に基づき，死亡逸失利益の算定については，被害者本人の死亡後の生活費相当分を控除することになるが（最〔2小〕判平8・5・31（民集50巻6号1323頁）），実務上は，原則として，被害者の家族構成，属性により一定割合（生活費控除率）での控除が行われているので，前記の計算式における「生活費控除」の部分は，「1－生活費控除率」と書き換えられる。

(ニ) 中間利息控除　中間利息控除についても，後遺障害逸失利益の場合に準じ，民事法定利率である年5％の割合で控除し，計算方式はライプニッツ方式が採用されているので（『大阪基準』8頁・45頁及び『赤い本』（上）〔2016年版〕160

頁），前記の死亡逸失利益の計算式における「中間利息」の部分は「就労可能年数に対応するライプニッツ係数」と書き換えられ，次のようになる。

> **死亡逸失利益**
> ＝基礎収入×（１－生活費控除率）×就労可能年数に対応するライプニッツ係数

〔4〕 精神的損害（慰謝料）

慰謝料（民710条・711条）は，精神的損害に対する賠償であるところ，交通事故に関しては，入通院慰謝料（傷害慰謝料），後遺障害慰謝料，死亡慰謝料に分けられる。慰謝料の額については，弁論主義の適用がなく，また，擬制自白（民訴159条１項）は成立せず（竹下守夫＝伊藤眞編『注釈民事訴訟法(3)』296頁〔坂原正夫〕），裁判官が，口頭弁論に現れた諸般の事情を総合考慮して，自由心証に基づいて，裁量により定めるものであるが（最〔１小〕判昭32・2・7（裁判集民事25号383頁）），裁判実務においては，慰謝料額についても，法的安定性や迅速処理の要請等，損害額の基準が定められ（損害の定額化，定型化），それを基礎として算定されている。

(1) **入通院慰謝料（傷害慰謝料）**

入通院慰謝料（傷害慰謝料）とは，被害者が交通事故による受傷により入院や通院を余儀なくされたことによる精神的苦痛に対するものであり，傷害の症状固定までのものが入通院慰謝料（傷害慰謝料）とされ，症状固定後の後遺障害にかかるものが後遺障害慰謝料とされる。入通院慰謝料（傷害慰謝料）は，裁判実務では，入院期間と通院期間の相関によって慰謝料額が基準化されている。

(2) **後遺障害慰謝料**

自動車損害賠償保障法施行令の別表第１又は第２の後遺障害等級表を基礎として，裁判実務では，一定の基準額が定められている。

(3) **死亡慰謝料**

死亡慰謝料は，被害者が交通事故によって死亡した場合に，被害者本人について算定されるものであるが，裁判実務では，本人分及び近親者分を含んだものとして，一定の基準額が定められている。

〔増田　輝夫〕

8 | 死亡による逸失利益の算定方法

死亡による逸失利益の算定方法について説明しなさい。

〔1〕 死亡による逸失利益

(1) 死亡による逸失利益（死亡逸失利益）

死亡逸失利益とは，被害者が交通事故により死亡しなければその後の就労可能な期間において得ることができた経済的利益相当額をいう。生命侵害によって生じた財産的損害の賠償を認める方式としては，死亡した被害者の逸失利益を相続人が承継するという理論構成（相続構成）と遺族に直接生じた扶養喪失の損害とするという理論構成（扶養構成）とが考えられるが，実務は相続構成によっており，死亡逸失利益についての上記の理解も相続構成から導かれるものであるが，扶養構成を排除するものではなく，2種の請求権が併存する場合には，現実に扶養を受けていた者の請求権が優先することになる（最〔3小〕判平5・4・6（民集47巻6号4505頁），最〔1小〕判平12・9・7（裁判集民事199号477頁））。死亡逸失利益においては，被害者はすでに死亡しており，その後の収入の減少ということはないので，後遺障害逸失利益における差額説か労働能力喪失説かという議論は生じない。

(2) 算定方法

死亡逸失利益は，被害者が交通事故により死亡しなければその後の就労可能な期間（年数）において得ることができたと認められる収入の金額（基礎収入）から，支出されたであろう被害者本人の生活費を控除し（計算には，被害者の家族構成や属性により一定割合（生活費控除率）を用いる），次いで，就労可能な期間（年

数)の中間利息を控除して（計算には，就労可能期間の年数に対応する中間利息控除係数を乗じる方法による）算出する。

死亡逸失利益
＝基礎収入×（１－生活費控除率）×就労可能年数に対応する中間利息控除係数

〔２〕 基 礎 収 入

　逸失利益の算定方法において最も重要な要素は基礎収入の認定であるところ，基礎収入の認定についての基本的な考え方は，平成11年11月22日の東京・大阪・名古屋の各地方裁判所による「三庁共同提言」において示されている（東京地方裁判所民事第27部総括判事井上繁規・大阪地方裁判所第15民事部総括判事中路義彦・名古屋地方裁判所民事第３部総括判事北澤章功「交通事故による逸失利益の算定方式についての共同提言」平成11年11月22日（判タ1014号62頁・判時1962号162頁・ジュリ1171号124頁))。

(1) **給与所得者**
(a) 原則として，交通事故前の実収入額による（三庁共同提言）。
(b) 就業期間が比較的短期であり，おおむね30歳未満の者については，生涯を通じて賃金センサス[*1]第１巻第１表の産業計・企業規模計の被害者の属する性の学歴計・全年齢平均賃金又は学歴別・全年齢平均賃金程度の収入を得られる蓋然性が認められる場合には，原則として，死亡した年の賃金センサスに基づき，被害者の属する性の上記全年齢平均賃金を基礎収入とする（三庁共同提言）。

　　＊１　賃金センサスとは，統計法に基づき実施されている賃金構造基本統計調査の報告書である。賃金構造基本統計調査は，主要産業に雇用される常用労働者について，賃金の実態を労働者の雇用形態，就業形態，職種，性，年齢，学歴，勤続年数，経験年数別等を明らかにすることを目的として，厚生労働省大臣官房統計情報部の企画の下に，都道府県労働局及び労働基準監督署の職員並びに統計調査員による実施自計調査として行われ，昭和23年以来，毎年７月に実施され，毎年２月に前年度のものが「独立行政法人統計センター」のホームページの「政府統計の総合窓口」(http://www.e-stat.go.jp/SG1/estat/eStatTopPortal.do)において公表され（トップページ＞統計データを探す＞主要な統計から探す＞賃金構造基本統計調査)，

6月に書籍（厚生労働省統計情報部編，財団法人労働法令協会発行）として発行される。調査報告書は，平成18年から5分冊となっており，第1巻から第3巻及び第5巻は全国集計，第4巻は都道府県別集計が収録されているが，逸失利益の算定において最もよく利用される平均賃金は，第1巻（全国大分類）の第1表（産業計）の企業規模計の平均賃金である。調査結果には年収額は付されていないが，後掲の『大阪基準』や『赤い本』では，調査結果から年収額を計算したものが掲載されているものの，最新の賃金センサスが必要な場合は，調査結果の表の中の「決まって支給する現金給与額」を12倍し，それに「年間賞与その他特別給与額」を加算して，年収額を計算する必要がある。

(2) 事業所得者

(a) 原則として，交通事故前の申告所得額による（三庁共同提言）。申告所得額を上回る実収入額の立証があった場合には，実収入額による。個人事業者の場合において家族等が事業を手伝っているなど，事業所得が被害者本人の労働だけでなく家族の労働等も含む総体として形成されているときは，被害者本人の寄与部分（寄与率）に相当する金額が基礎収入となる（労務価値説。最〔2小〕判昭43・8・2（民集22巻8号1525頁））。

(b) 交通事故前の申告所得額が賃金センサス第1巻第1表の産業計・企業規模計の被害者の属する性の学歴計・年齢別平均賃金又は学歴別・年齢別平均賃金より相当に低額であっても，被害者が若年者（おおむね30歳未満の者）については，生涯を通じて被害者の属する性の学歴計・全年齢平均賃金程度の収入を得られる蓋然性が認められる場合には，原則として，死亡した年の賃金センサスに基づき，被害者の属する性の学歴計・全年齢平均賃金を基礎収入とすることができる（三庁共同提言）。

(3) 家事従事者

(a) 専 業 者

家事従事者がする家事労働も女性労働者の平均賃金に相当する財産上の収益を挙げるものと推定するのが相当であり（最〔2小〕判昭49・7・19（民集28巻5号872頁）），基礎収入の認定については，死亡した年の賃金センサス第1巻第1表の産業計・企業規模計の女性・学歴計・全年齢平均賃金によるが，それに相当する労働を行いうる蓋然性が認められないなど特段の事情が存在する場合には，

女性・学歴計・年齢別平均賃金を参照して，適宜減額する（三庁共同提言）。家事従事者には，女性に限らず，家事労働に従事していると認められる男性（いわゆる「主夫」）も含む。

(b) 兼業者（共稼ぎ，パートタイマー，内職等）

交通事故前の実収入額と死亡した年の賃金センサス第1巻第1表の産業計・企業規模計の女性・学歴計・全年齢平均賃金を比較して，いずれか高いほうを基礎収入とする（三庁共同提言）。

(4) **幼児，学生，生徒等**

(a) 原則として，死亡した年の被害者の属する性の賃金センサス第1巻第1表の産業計・企業規模計の全年齢平均賃金によるが，生涯を通じて産業計・企業規模計の全年齢平均賃金の収入を得られる蓋然性の認められない特段の事情が存在する場合には，被害者の属する性の年齢別平均賃金又は学歴別平均賃金の採用も考慮する（三庁共同提言）。大学生及び大学への進学の蓋然性が立証された場合には，被害者の属する性の大学・大学院卒・全年齢平均賃金の採用も考慮されるが（三庁共同提言），中間利息の控除にあたっては，就労の始期を大学卒業予定時期として計算することになる。

(b) 年少女子については，将来の多様な就労可能性を考慮し，男女差をできるだけなくす観点から，大阪地裁民事交通訴訟研究会編著『大阪地裁における交通損害賠償の算定基準』〔第3版〕（以下『大阪基準』という）は，年少女子については，原則として男女を含む学歴計・全年齢平均賃金を用いることとする（同書45頁・39頁）とし，『赤い本』（下）〔2016年版〕も，女子年少者の逸失利益については，女性・学歴計・全年齢平均賃金ではなく，男女を含む男女計・学歴計・全年齢平均賃金で算定するのが一般的であるとする（同書99頁）。年少女子の範囲については，中学卒業時までとする見解や高等学校卒業時までとする見解等がある。

〔3〕 **就労可能年数**

原則として，死亡時から67歳までが就労可能年数とされている。

〔4〕 生活費控除

　死亡逸失利益の算定においては，基礎収入から，支出することがなくなった被害者本人の死亡後の生活費相当分を，損益相殺の法理により控除することになる（最〔2小〕判平8・5・31（民集50巻6号1323頁））。控除される生活費相当分は，稼働期間中のものであり，被害者本人分のみが想定されている。実際に支出を免れた生活費相当分の金額を個々に認定することは困難であることから，実務においては，原則として，被害者の所得，生活状況，被扶養者の有無・人数，性別等を勘案し，一定割合（生活費控除率）での控除が行われている。

〔5〕 中間利息控除

　将来にわたる逸失利益総額を現在価額に換算する必要があるため，中間利息（現在から将来受領するときまでの間に付されるであろう利息分）を控除して算定する。計算方式については，「三庁共同提言」を受け，ライプニッツ方式が採用されており（『大阪基準』8頁・45頁，『赤い本』（下）〔2016年版〕161頁），中間利息の控除率（控除割合）は，民事法定利率（民404条）である年5％の割合による（最〔3小〕判平17・6・14（民集59巻5号983頁））。

　したがって，前記の死亡逸失利益の計算式は次のように書き換えられることになる。

死亡逸失利益
＝基礎収入×（1－生活費控除率）×就労可能年数に対応するライプニッツ係数

　中間利息控除を行うとして，現在価額の現在をいつに設定するのか，すなわち，中間利息控除の基準時（控除すべき中間利息の計算期間の開始時点）につき，後遺障害逸失利益の場合は，①交通事故時，②症状固定時，③紛争解決時の見解の対立があるが，死亡逸失利益の場合においては，交通事故時を基準として計算されている。

　平成27年3月31日に閣議決定され，第189回国会（常会）に提出された「民法の一部を改正する法律案」における法定利率及び中間利息控除の規定について

は，本節【概説】の〔3〕(2)(d)における記載を参照されたい。

[増田　輝夫]

Q9 | 給与所得者の死亡による逸失利益

交通事故によって給与所得者が死亡した場合の逸失利益について説明しなさい。

〔1〕 算定方法

死亡逸失利益は，被害者が交通事故により死亡しなければその後の就労可能な期間（年数）において得ることができたと認められる収入の金額（基礎収入）から，支出されたであろう被害者本人の生活費を控除（計算においては，一定割合（生活費控除率）での控除）し，さらに，就労可能な期間の中間利息を控除して算出する。

> 死亡逸失利益
> ＝基礎収入×（1－生活費控除率）－就労可能年数に対応する中間利息

〔2〕 基 礎 収 入

(1) 通常の場合

給与所得者の場合は，原則として，交通事故前に現実に得ていた所得額（実収入額）を基礎とする（東京地方裁判所民事第27部総括判事井上繁規・大阪地方裁判所第15民事部総括判事中路義彦・名古屋地方裁判所民事第3部総括判事北澤章功「交通事故による逸失利益の算定方式についての共同提言」平成11年11月22日（判タ1014号62頁・判時1962号162頁・ジュリ1171号124頁）。以下「三庁共同提言」という）。給与所得については，源泉徴収票（給与の支払者が作成したもの）等によって立証されるが，記載内容の

信用性が十分でない場合等には，さらに納税証明書や課税証明書の提出が必要である（佐久間邦夫＝八木一洋編『交通損害関係訴訟（リーガル・プログレッシブ・シリーズ５）』〔補訂版〕76頁〔中辻雄一朗〕）。税金は控除しないので（最〔２小〕判昭45・7・24（民集24巻７号1177頁）。税法上，人身損害賠償金は非課税とされている（所得税法９条１項17号）），税込みの額面給与を基礎とする。

(a) 各種手当，賞与

給与額には，本給のほかに扶養手当，住宅手当等の各種手当も含まれる。通勤手当は，労働の対価ではなく，また，交通事故によって支出を免れる性質のものであるから損益相殺として，損害とは認められない。賞与については，賃金支払方法として賞与の形式で支払う部分が多いのであり，本給と同様に賃金としてその全額を所得として評価すべきであるとされる。ただ，賞与は，その時々の経済情勢や企業の好不況に左右され，将来の支給額が変動することがあるため，この点が争われたときは，最近の数年間の支給状況を勘案して，妥当な額を算定しなければならない。

(b) 将来の昇給，ベースアップ

将来の昇給等による収入の増加については，昇給規定等がなくても，証拠に基づいて相当の確かさをもって確定できる場合には，昇給等の回数，金額等を予測しうる範囲で控えめに見積もって，将来の得べかりし収入額を算出することが認められる（最〔３小〕判昭43・8・27（民集22巻８号1704頁））。ベースアップについては，ベースアップによる昇給を考慮すべきでないという理論的根拠は存在しないから，それを認めるか否かは，結局立証の問題に帰着し，口頭弁論終結時までの分については立証ができるから認めることができるが，将来の分は立証ができないとして否定しているものが多いのではなかろうかとされる。

(c) 退職金

被害者の勤務先に定年退職制が設けられ，退職金規定が存在する場合であっても，67歳までの期間を通じて同一額とし，定年退職を考慮しない代わりに，退職金も考慮しないことが多いが，給与収入が相当高額で，定年後はそれだけの収入を維持することが難しいと認められる場合は，定年後の期間は，賃金センサス第１巻第１表の産業計・企業規模計の被害者の属する性の学歴計・年齢別（60～64歳）平均賃金の平均賃金又は実収入額の一定割合を基礎収入とする

こともある。退職金を考慮する場合は，正規の退職時に支給される退職金について中間利息控除をして現価に引き直した金額と死亡時に実際に支給された退職金との差額が逸失利益となる（最〔3小〕判昭43・8・27（民集22巻8号1704頁）参照）。

〔例〕 死亡時50歳の被害者が500万円の死亡退職金を受領したが，60歳定年まで勤務すれば1000万円の退職金が得られた場合の退職金差額
→ 1000万円×0.6139*1－500万円＝113万9000円

*1 0.6139は，50歳から60歳までの10年目のライプニッツ係数による中間利息控除係数。

要は，退職金を考慮する場合は，中間利息控除をするほか，定年退職後の所得を退職前よりも少なく見積もらなければならないので，退職金を考慮せずに就労可能年数（67歳）まで退職前の所得額を前提に算定するのと，いずれが高額となるかということである。退職金差額から生活費控除をすべきかについては，退職金が就労中の生活費の不足分を補てんしたり，退職後の生活費として費消されてることから生活費控除をする裁判例と，特に生活費控除をしない裁判例がある。

(2) 就業期間が短期の場合

被害者が交通事故前に現実に得ていた所得額（実収入額）を基礎とすることが不合理と認められる場合，例えば，年功序列型の賃金体系のもとでは，将来的に年収額が増加していくのが一般的であるから，就労間もない若年者の場合のように，就業期間が比較的短期であり，かつ，交通事故前の実収入額が賃金センサス第1巻第1表の産業計・企業規模計の被害者の属する性の学歴計・年齢別平均賃金又は学歴別・年齢別平均賃金より相当に低額であっても，おおむね30歳未満の者については，交通事故前の職業，職歴と稼働状況，現実収入の金額と上記年齢別平均賃金との乖離の程度及び乖離の原因等を総合的に考慮して，将来的に生涯を通じて被害者の属する性の学歴計・全年齢平均賃金又は学歴別・全年齢平均賃金程度の収入を得られる蓋然性が立証されるときは，原則として，死亡した年の賃金センサスに基づき，被害者の属する性の学歴計・全年齢別平均賃金又は学歴別・全年齢別平均賃金を基礎収入とする。ただ，実収入額と上記年齢別平均賃金との乖離の程度が大きく，生涯を通じて全年齢平

均賃金程度の収入を得られる蓋然性が立証されない場合には，被害者の属する性の学歴計・年齢別平均賃金又は学歴別・年齢別平均賃金の採用も考慮する（三庁共同提言）。

(3) **会社役員**

会社役員の報酬額の中に，労働能力の対価部分（労務対価部分）以外に労務対価性を有しない利益配当部分等（利益配当の実質を有する部分（利益配当的部分）のほか，情誼的に交付される部分（情誼的交付部分。例えば，若年の親族取締役の生活保障的部分等），法人税軽減のための加算部分（節税目的部分）等）が含まれる場合には，基礎収入は労務対価部分に限られる（労務価値説。最〔２小〕判昭43・8・2（民集22巻8号1525頁））。労務対価部分が役員報酬の何割にあたるかの認定は，会社の規模（及び同族会社か否か等）・利益状況，被害者役員の地位・職務内容，年齢，役員報酬の額，他の役員・従業員の職務内容と報酬・給料の額（親族役員と非親族役員の報酬額の差異），事故後の被害者役員及び他の役員の報酬額の推移，類似法人の役員報酬の支給状況等の判断要素を総合考慮して，事案ごとに個別具体的に判断されることになる。なお，被害者役員の相続人が利益配当部分等を承継できなかった場合には，相続人が利益配当部分等を喪失することになるため，例外的に，利益配当部分等を含めて算定することになる。

〔３〕 就労可能年数

就労可能年数は，原則として，死亡時から67歳までとされている。年長者の被害者については，大阪地裁民事交通訴訟研究会編著『大阪地裁における交通損害賠償の算定基準』〔第３版〕（以下『大阪基準』という）40頁は，67歳までの年数と簡易生命表の平均余命の２分の１のいずれか長いほうとすることを原則としつつ，被害者の性別・年齢・職業・健康状態等を総合的に判断して定めるとし，『赤い本』（下）〔2016年版〕160頁は，67歳を超える者については，簡易生命表の平均余命の２分の１とし，67歳までの年数が簡易生命表の平均余命の２分の１より短くなる者については，平均余命の２分の１とするが，職種，地位，健康状態，能力等により上記原則と異なった判断がされる場合があるとする。

〔4〕 生活費控除

　死亡逸失利益の算定においては，損益相殺の法理に基づいて，基礎収入から一定割合（生活費控除率）での生活費控除が行われる（最〔2小〕判平8・5・31（民集50巻6号1323頁））。具体的な生活費控除率は，『大阪基準』8頁・46頁は，一家の支柱（被害者の世帯が主として被害者の収入によって生計を維持していた場合）及び女性は30％から40％，その他は50％とするが，年少女子につき基礎収入として賃金センサス第1巻第1表の産業計・企業規模計の男女を含む男女計・学歴計・全年齢平均賃金を採用する場合は45％とし，『赤い本』（下）〔2016年版〕156頁以下は，一家の支柱の場合は，被扶養者が1人のときは40％，被扶養者が2人以上のときは30％，女性（主婦，独身，幼児等を含む）の場合は30％，男性（独身，幼児等を含む）は50％とするが，女子年少者の逸失利益につき，賃金センサス第1巻第1表の産業計・企業規模計の男女を含む男女計・学歴計・全年齢平均賃金を基礎収入とする場合には，40％から45％とするものが多いとする。

　生活費控除率には，調整機能的な役割が担わされており，一家の支柱の生活費控除率が低く定められているのは，残された遺族の生活保障の観点が重視されているからであり，また，女性の生活費控除率が低く定められているのは，基礎収入が男性より低額であることが考慮されているから，相当高額な収入を得ている場合は，男性と同程度の生活費控除を行うのが相当であることもありうるとされている。

〔5〕 中間利息控除

　損害の賠償の際には，将来にわたって得るものを現在受領することになるため，ライプニッツ方式による算定方法により中間利息を控除する。中間利息の控除率（控除割合）は，民事法定利率（民404条）である年5％の割合による（最〔3小〕判平17・6・14（民集59巻5号983頁））。前記の死亡逸失利益の計算式における「就労可能年数に対応する中間利息」は「就労可能年数に対応するライプニッツ係数」と書き換えられ，次のようになる。

> **死亡逸失利益**
> **＝基礎収入×（１－生活費控除率）×就労可能年数に対応するライプニッツ係数**

　平成27年３月31日に閣議決定され，第189回国会（常会）に提出された「民法の一部を改正する法律案」における法定利率及び中間利息控除の規定については，本節【概説】の〔３〕(2)(d)における記載を参照されたい。

〔6〕 参 考 事 例

　交通事故によって給与所得者が死亡した場合の逸失利益についての参考事例とその場合の算定方法を以下に掲げる。

(1)　家族（妻と中学生の男児）の生計を支える年収700万円の40歳のサラリーマンの死亡による逸失利益（死亡事故日は平成26年３月）

> 700万円×（１－0.3）×14.6430＝7175万0700円

［説明］
１．基礎収入は，年収（実収入額）の700万円となる。
２．0.3は，一家の支柱の場合の生活費控除率30％。
　　14.6430は，40歳から67歳までの就労可能年数27年のライプニッツ係数による中間利息控除係数。
３．将来の昇給等を考慮しない代わりに，定年退職や定年後の減収をも考慮しない場合の計算式であり，退職金は考慮しないから，死亡事故の場合の退職時に支給された退職金も考慮しない。

(2)　大学を卒業して民間企業に就職した年収290万円の24歳の男性（独身）の死亡による逸失利益[*2]（死亡事故日は平成26年６月）

> 648万7100円×(1－0.5)×17.5459＝5691万1003円

[説明]
1. 基礎収入は，死亡時の平成26年賃金センサス第1巻第1表の産業計・企業規模計の男性・学歴別（大学・大学院卒）・全年齢平均賃金である648万7100円[*3]とする。

[理由]
1. 被害者男性の死亡事故前の年収290万円は，平成26年の賃金センサス第1巻第1表の産業計・企業規模計の男性・学歴別（大学・大学院卒）・年齢別（20歳～24歳）平均賃金である321万4500円[*4]とそれほど差異はなく，生涯を通じて全年齢平均賃金程度の収入を得られる蓋然性が認められるので，基礎収入は，平成26年の賃金センサス第1巻第1表の産業計・企業規模計の男性・学歴別（大学・大学院卒）・全年齢平均賃金である648万7100円とする。
2. 0.5は，一家の支柱以外の場合の生活費控除率50％。
    17.5459は，24歳から67歳までの就労可能年数43年のライプニッツ係数による中間利息控除係数。
    * 2 「三庁共同提言」【逸失利益の算定についての具体的な適用例】②参照
    * 3 現金給与額（42万8500円×12＝514万2000円）＋特別給与額（134万5100円）＝648万7100円
    * 4 現金給与額（24万3500円×12＝292万2000円）＋特別給与額（29万2500円）＝321万4500円

[増田　輝夫]

事業所得者の死亡による逸失利益

交通事故によって事業所得者が死亡した場合の逸失利益について説明しなさい。

〔1〕 算定方法

死亡逸失利益の算定は、基礎収入から、支出されたであろう被害者本人の生活費を控除し、さらに就労可能年数に係る中間利息を控除して算出する。

死亡逸失利益＝基礎収入－生活費控除－中間利息

〔2〕 基礎収入

(1) 通常の場合

事業所得者とは、個人事業主（商工業者、農林水産業者等）、自営業者、自由業者（弁護士、開業医、著述業、プロスポーツ選手、芸能人等）等、有職者のうち給与所得者以外の自己の経済活動によって収益を得ている者をいう。事業所得者については、所得額（実収入額）が源泉徴収票等によって立証が容易な給与所得者と比較して、所得額（実収入額）が不明であることが多く、逸失利益の算定の基礎となる基礎収入の把握が容易ではないが、原則として、交通事故前の所得税確定申告所得額による（東京地方裁判所民事第27部総括判事井上繁規・大阪地方裁判所第15民事部総括判事中路義彦・名古屋地方裁判所民事第3部総括判事北澤章功「交通事故による逸失利益の算定方式についての共同提言」平成11年11月22日（判タ1014号62頁・判時1962号162頁・ジュリ1171号124頁）。以下「三庁共同提言」という）。年によって申告所

得額の差が大きい場合は，交通事故前数年の平均の金額を採用することが一般である。交通事故前の申告所得額は，一般に，確定申告書や添付書類の控えによって立証されるが，提出された証拠の信用性が十分でない場合等には，さらに納税証明書や課税証明書の提出が必要である（佐久間邦夫＝八木一洋編『交通損害関係訴訟（リーガル・プログレッシブ・シリーズ5）』〔補訂版〕76頁〔中辻雄一朗〕）。

(2) 申告外所得（過少申告，無申告）

現実の収入よりも少なく確定申告を行っており，申告以外にも所得があった（過少申告）旨の主張に対し，信義則違反や税法違反であるとの反対意見が出されることがあるが，所得自体が犯罪等の違法収益でない以上，主張がまったく許されないわけではない。しかし，自己矛盾の主張であるから，認定は厳格に行われざるを得ず，収入（売上高）や諸経費について，信用性の高い証拠による合理的な疑いを入れない程度の立証が必要であり，会計帳簿，伝票類，日記帳，レジ控え等の原資料（一次資料）につき，文書の体裁，記載内容，作成経緯等や過去の業績，経費率等に関する統計と対比しての検討について厳格に信用性を判断することとなる。その結果，申告所得額を上回る実収入額の立証があったと認められる場合には，実収入額による。交通事故後に修正申告がされることがあるが，申告所得が実際の所得と合致しているかの疑問が残るから，所得を裏づける預貯金通帳，伝票，領収書等の原資料（一次資料）に基づき，信用性についての厳格な判断が必要である。

事業所得者で収入があるにもかかわらず確定申告を行っていない場合（無申告）における実収入額の認定についても同様であるが，相当の収入があると認められるときは，賃金センサス第1巻第1表の産業計・企業規模計の被害者の属する性の学歴計・年齢別平均賃金又は学歴別・年齢別平均賃金などを参考にして基礎収入を認定することもある。

(3) 事業所得者の寄与部分（寄与率）

個人事業者の場合において家族等が事業を手伝っているなど，事業所得が被害者本人の労働だけでなく家族の労働等も含む総体として形成されているときは，被害者本人の寄与部分（寄与率）に相当する金額が基礎収入となる（労務価値説。最〔2小〕判昭43・8・2（民集22巻8号1525頁））。寄与部分（寄与率）の認定に際しては，交通事故前後の事業や収入の状況，事業の業種・業態，被害者の

特殊な技能の有無や担当職務の内容・稼働状況，家族その他の従業員の関与の程度やその給与等の金額等が考慮されることになる。

> **死亡逸失利益＝基礎収入×寄与部分（寄与率）**

(4) **実収入・寄与部分（寄与率）の確定ができない場合**

交通事故前の申告所得額が賃金センサス第1巻第1表の産業計・企業規模計の被害者の属する性の学歴計・年齢別平均賃金又は学歴別・年齢別平均賃金より相当に低額であっても，被害者が若年者（おおむね30歳未満の者）であれば，交通事故前の職業，職歴と稼働状況，現実収入の金額と上記年齢別平均賃金との乖離の程度及び乖離の原因等を総合的に考慮して，生涯を通じて被害者の属する性の学歴計・全年齢平均賃金程度の収入を得られる蓋然性が認められる場合には，原則として，死亡した年の賃金センサスに基づき，被害者の属する性の学歴計・全年齢平均賃金を基礎収入とすることができる。ただ，実収入額と上記年齢別平均賃金との乖離の程度が大きく，生涯を通じて学歴計・全年齢平均賃金程度の収入を得られる蓋然性が認められないような場合には，被害者の属する性の学歴計・年齢別平均賃金又は学歴別・年齢別平均賃金の採用も考慮する（三庁共同提言）。

(5) **違法な事業**

所得自体が犯罪等公序良俗に反する違法収益ではないが，無許可，無資格であるために行政法規に違反するような事業者の逸失利益をどう考えるかの問題がある。自動車運送事業者の債務不履行による損害賠償請求事件において，「買主が運送事業の免許を受けるべきであるにかかわらずこれを受けていないときでも，民法416条1項により債務不履行により得べかりし営業利益の喪失の損害を被ったものとして，売主に対しその損害を賠償することができる。」とする最〔1小〕判昭39・10・29（民集18巻8号1823頁）によれば，不法行為による損害賠償請求においても，被害者の逸失利益の算定においては当該事業による現実の収入を考慮すべきことになるが，将来の得べかりし利益である逸失利益は就労可能期間が長期に及ぶため，無許可，無資格の違法事業を継続して遂行する蓋然性を検討しなければならず，事業の継続性，収益の確実性，永続性

等の不確実要素を吟味し，交通事故前の収益を割合的に評価したり，期間を限定して評価したり，賃金センサス第1巻第1表の産業計・企業規模計の被害者の属する性の学歴計・年齢別平均賃金又は学歴別・年齢別平均賃金を基礎収入としたりすることになる。

〔3〕 就労可能年数

就労可能年数は，原則として，死亡時から67歳までとされている。年長者の被害者についての取扱いは，Q9に記載したとおりである。

〔4〕 生活費控除

死亡逸失利益の算定においては，損益相殺の法理に基づいて，基礎収入から，支出されたであろう被害者本人の生活費を控除するが（最〔2小〕判平8・5・31（民集50巻6号1323頁）），計算には，被害者の家族構成や属性により一定割合（生活費控除率）を用いる。具体的な生活費控除率は，大阪地裁民事交通訴訟研究会編著『大阪地裁における交通損害賠償の算定基準』〔第3版〕（いわゆる『大阪基準』）8頁・46頁は，一家の支柱（被害者の世帯が主として被害者の収入によって生計を維持していた場合）及び女性は30％から40％，その他は50％とし，『赤い本』（下）〔2016年版〕156頁以下は，一家の支柱の場合は，被扶養者が1人のときは40％，被扶養者が2人以上のときは30％，女性（主婦，独身を含む）の場合は30％，男性（独身を含む）は50％とする。したがって，前記の死亡逸失利益の計算式における「生活費控除」の部分は「1－生活費控除率」と書き換えられることになる。

〔5〕 中間利息控除

生活費控除を行った上で，民事法定利率（民404条）である年5％の割合により（最〔3小〕判平17・6・14（民集59巻5号983頁））ライプニッツ方式による中間利息控除を行う。したがって，死亡逸失利益の算出方法は，最終的には，次の計算式によることになる。

> 死亡逸失利益
> ＝基礎収入×（1－生活費控除率）×就労可能年数に対応するライプニッツ係数

　平成27年3月31日に閣議決定され，第189回国会（常会）に提出された「民法の一部を改正する法律案」における法定利率及び中間利息控除の規定については，本節【概説】の〔3〕(2)(d)において記載したとおりである。

〔6〕 参 考 事 例

　交通事故によって事業所得者が死亡した場合の逸失利益についての参考事例とその場合の算定方法を以下に掲げる。

(1)　高校卒業後いろいろな職業を経た後，40歳頃から個人で貨物運送業を営んでおり，年々売上げを伸ばし，死亡事故前2年間の申告所得額の平均年収900万円の47歳の男性の死亡による逸失利益[*1]（死亡事故日は平成26年4月）

> 900万円×（1－0.3）×12.4622＝7851万1860円

[説明]
1．基礎収入は，年齢，職業，実績からみて，原則どおり，死亡事故前の申告所得額である900万円とする。
2．0.3は，一家の支柱の場合の生活費控除率30％。
　12.4622は，47歳から67歳までの就労可能年数20年のライプニッツ係数による中間利息控除係数。
　＊1　「三庁共同提言」【逸失利益の算定についての具体的な適用例】⑥参照

(2)　高校を卒業後，工務店に勤務して大工の修行をし，25歳の時に独立した年収240万円の27歳の大工（男性独身）の死亡による逸失利益[*2]（死亡事故日は平成26年7月）

> 466万3500円×(1−0.5)×17.1591＝4001万0731円

[説明]

1．基礎収入は，死亡時の平成26年賃金センサス第1巻第1表の産業計・企業規模計の男性・学歴別（高校卒）・全年齢平均賃金である466万3500円[*3]とする。

[理由]

1．男性の死亡事故前の年収240万円は，平成26年の賃金センサス第1巻第1表の産業計・企業規模計の男性・学歴別（高校卒）・年齢別（25歳〜29歳）平均賃金である363万5700円[*4]と比較して低いが，独立してまだ2年であること，大工という自営業であっても経験年数につれて収入の増加が見込まれることからみて，生涯を通じて全年齢平均賃金程度の収入を得られる蓋然性が認められるので，基礎収入を平成26年の賃金センサス第1巻第1表の産業計・企業規模計の男性・学歴別（高校卒）・全年齢平均賃金である466万3500円とすることができる。

2．0.5は，一家の支柱以外の場合の生活費控除率50％。

17.1591は，27歳から67歳までの就労可能年数40年のライプニッツ係数による中間利息控除係数。

* 2 「三庁共同提言」【逸失利益の算定についての具体的な適用例】⑦参照
* 3 現金給与額（32万7000円×12＝392万4000円）＋特別給与額（73万9500円）＝466万3500円
* 4 現金給与額（26万1400円×12＝313万6800円）＋特別給与額（49万8900円）＝363万5700円

[増田　輝夫]

Q11 家事従事者の死亡逸失利益

交通事故によって家事従事者が死亡した場合の逸失利益について説明しなさい。

〔1〕 算定方法

死亡逸失利益の算定は、基礎収入から、被害者本人の生活費を控除した（被害者の家族構成や属性による生活費控除率を用いる）上で、さらに、就労可能な期間（年数）の中間利息を控除して（就労可能年数に対応する中間利息控除係数を乗じる方法による）算出する。

> 死亡逸失利益
> ＝基礎収入×（1－生活費控除率）×就労可能年数に対応する中間利息控除係数

〔2〕 基礎収入

(1) 専業者

家事従事者とは、男女の性別（主婦、主夫）や年齢を問うことなく、家事労働に従事する者をいい、現実収入を得ていないとしても、その労働は財産的価値を有するものとして、逸失利益が認められているが（最〔2小〕判昭49・7・19（民集28巻5号872頁）、最〔3小〕判昭50・7・8（裁判集民事115号257頁））、具体的に従事する家事労働の内容によって個別に金銭的評価を行うことは困難であることから、基礎収入の認定については、原則として、死亡した年の賃金センサス第1巻第1表の産業計・企業規模計の女性・学歴計・全年齢平均賃金による

(東京地方裁判所民事第27部総括判事井上繁規・大阪地方裁判所第15民事部総括判事中路義彦・名古屋地方裁判所民事第3部総括判事北澤篤功「交通事故による逸失利益の算定方式についての共同提言」平成11年11月22日（判タ1014号62頁・判時1962号162頁・ジュリ1171号124頁）。以下「三庁共同提言」という）。ただし，被害者の年齢，家族構成，身体状況及び家事労働の内容等に照らし，生涯を通じて女性・学歴計・全年齢平均賃金に相当する労働を行いうる蓋然性が認められないなど，特段の事情がある場合には，死亡した年の賃金センサス第1巻第1表の産業計・企業規模計の女性・学歴計・年齢別平均賃金を参照して，適宜減額する（三庁共同提言）。また，60歳を超えた比較的高齢者の場合は，女性・学歴計・全年齢平均賃金ではなく，女性・学歴計・全年齢平均賃金女性・学歴計・年齢別平均賃金が用いられるのが一般的である。

(2) **兼業者**（共稼ぎ，パートタイマー，内職等）

家事兼業者が，別途，現実収入を得ている場合における基礎収入は，交通事故前の実収入額が死亡した年の賃金センサス第1巻第1表の産業計・企業規模計の女性・学歴計・全年齢平均賃金を上回っているときは，実収入額により，下回っているときは，上記(1)の基準による（三庁共同提言）。実収入額と家事労働分の加算をしない（最〔2小〕判昭62・1・19（民集41巻1号1頁））のは，兼業家事従事者の収入は，基本的に，家事労働にあてる時間をそれ以外の労働に振り向けることにより得られるものと考えられ，家事労働分に兼業収入分を加算することは，将来労働によって取得しうる利益を二重に評価計算することになるからである。

(3) **独居者**（独り暮らしの無職家事従事者）

独居者が自己のための家事労働を行っていた場合は，逸失利益の発生は認められないのが一般である。家事労働に従事することが，財産上の利益を挙げていると評価されるのは（家事労働の財産的価値），他人（家族）のために行う労働であり（他人性の存在），「これを他人に依頼すれば当然相当の対価を支払わなければならない」からであり（前掲最〔2小〕判昭49・7・19），自分自身の身の回りのことを行うことはこれにあたらないからである。独居者であっても，近所に住む老親や孫の介護をしているような者については，労働の実態に応じて，他人のための家事労働を行っていると評価できる場合には，逸失利益が肯定さ

れる場合もある（ただし，基礎収入としては，賃金センサス第1巻第1表の産業計・企業規模計の女性・学歴計・年齢別平均賃金を参照して，適宜減額する場合が多いであろう）。なお，家事労働の逸失利益が認められないとしても，将来何らかの収入を得られる蓋然性があれば，稼働収入の逸失利益が認められるのは当然である。

(4) 男性の家事従事者

現代の家族形態の多様化の下で，女性が就労して家庭の経済的基礎を支え，男性がいわゆる「専業主夫」として家事労働に従事することもあるが，女性の行う家事労働と男性の行う家事労働の内容に質的・量的な差異が存在しないということであれば，「主夫」についても，基礎収入の認定については，原則として，死亡した年の賃金センサス第1巻第1表の産業計・企業規模計の女性・学歴計・全年齢平均賃金によることになる。

〔3〕 就労可能年数

就労可能年数は，原則として，死亡時から67歳までとされているが，年長者の被害者については，大阪地裁民事交通訴訟研究会編著『大阪地裁における交通損害賠償の算定基準』〔第3版〕（以下『大阪基準』という）7頁・43頁は，67歳までの年数と簡易生命表の平均余命の2分の1のいずれか長いほうとすることを原則としつつ，被害者の性別・年齢・職業・健康状態等を総合的に判断して定めるとし，『赤い本』（下）〔2016年版〕160頁は，67歳を超える者については，簡易生命表の平均余命の2分の1とし，67歳までの年数が簡易生命表の平均余命の2分の1より短くなる者については，平均余命の2分の1とするが，職種，地位，健康状態，能力等により上記原則と異なった判断がされる場合があるとする。

〔4〕 生活費控除

死亡逸失利益の算定においては，損益相殺の法理に基づいて，基礎収入から一定割合（生活費控除率）での生活費控除が行われる（最〔2小〕判平8・5・31（民集50巻6号1323頁））。具体的な生活費控除率は，『大阪基準』8頁・46頁は，女性の場合は30％から40％とし，『赤い本』（下）〔2016年版〕156頁以下は，女性（主婦，独身，幼児等を含む）の場合は30％とする。

〔5〕 中間利息控除

生活費控除を行った上で，民事法定利率（民404条）である年5％の割合によった（最〔3小〕判平17・6・14（民集59巻5号983頁））ライプニッツ方式による中間利息控除を行う。死亡逸失利益の算出方法は，最終的には，次の計算式による。

> 死亡逸失利益
> ＝基礎収入×（1－生活費控除率）×就労可能年数に対応するライプニッツ係数

平成27年3月31日に閣議決定され，第189回国会（常会）に提出された「民法の一部を改正する法律案」における法定利率及び中間利息控除の規定については，本節【概説】の〔3〕(2)(d)の記載を参照されたい。

〔6〕 参 考 事 例

交通事故によって家事従事者が死亡した場合の逸失利益についての参考事例とその場合の算定方法を以下に掲げる。

(1) ［専業者］夫と中学生の男児，小学生の女児と生活をする45歳の専業主婦の死亡による逸失利益*1（死亡事故日は平成26年5月）

> 364万1200円×（1－0.3）×13.1630＝3355万0380円

［説明］
1. 基礎収入は，死亡時の平成26年賃金センサス第1巻第1表の産業計・企業規模計の女性・学歴計・全年齢平均賃金である364万1200円*2とする。
2. 0.3は，女性の場合の生活費控除率30％。
   13.1630は，45歳から67歳までの就労可能年数22年のライプニッツ係数による中間利息控除係数。

第1節　人的損害　　　　　　　　Q11　家事従事者の死亡逸失利益

＊1　「三庁共同提言」【逸失利益の算定についての具体的な適用例】⑫参照
＊2　現金給与額（25万5600円×12＝306万7200円）＋特別給与額（57万4000円）＝364万1200円

(2)　[専業者] 夫の年金によって2人で生活をする74歳の専業主婦の死亡による逸失利益*3（死亡事故日は平成26年8月）

$$223万4330円×(1－0.3)×6.4632＝1010万8645円$$

[説明]
1．74歳の女性の平成26年における平均余命は16.42年であるので、少なくとも8年間は家事労働を行うことができ、これを金銭評価するのが相当であり、年齢と生活状況を併せ考えると、その間の家事労働を平均して金銭評価すれば、平成26年の賃金センサス第1巻第1表の産業計・企業規模計の女性・学歴計・年齢別（70歳～）平均賃金が319万1900円*4であることに照らし、基礎収入は、その7割に相当する223万4330円*5とする。
2．なお、平成26年の賃金センサス第1巻第1表の産業計・企業規模計の女性・学歴計・年齢別平均賃金については、「65歳～69歳」が292万3000円、「70歳～」が319万1900円というように、「70歳～」の平均賃金が「65歳～69歳」のそれよりも高いという一種の逆転現象が生じている。
3．0.3は、女性の場合の生活費控除率30％。
　6.4632は、74歳の女性の平成26年における平均余命16.42年の2分の1である8年のライプニッツ係数による中間利息控除係数。
　＊3　「三庁共同提言」【逸失利益の算定についての具体的な適用例】⑭参照
　＊4　現金給与額（23万6700円×12＝284万400円）＋特別給与額（35万1500円）＝319万1900円
　＊5　319万1900円×0.7＝223万4330円

(3)　[兼業者] 薬剤師である年収500万円の35歳の大卒の主婦（家族は夫と小学生の女児）の死亡による逸失利益*6（死亡事故日は平成26年11月）

> 500万円×(1−0.3)×15.8027＝5530万9450円

［説明］
1．年収（実収入額）500万円が，平成26年の賃金センサス第1巻第1表の産業計・企業規模計の女性・学歴計・全年齢平均賃金の364万1200円を上回っているので，基礎収入は，年収（実収入額）の500万円とする。
2．0.3は，女性の場合の生活費控除率30％。
　15.8027は，35歳から67歳までの就労可能年数32年のライプニッツ係数による中間利息控除係数。
　＊6　「三庁共同提言」【逸失利益の算定についての具体的な適用例】⑮参照

［増田　輝夫］

12 | 年金受給者の死亡による逸失利益

交通事故によって年金受給者が死亡した場合の逸失利益について説明しなさい。

〔1〕 年金と逸失利益

(1) 問題の所在

公的年金の受給者が他人の不法行為によって死亡したとき、死亡によって被害者の受給権は消滅するが、受給者が平均余命までの間に取得しえたであろう年金が逸失利益にあたるかどうか（年金の逸失利益性）という問題は、逸失利益の性質論（所得の喪失・減少と見る（差額説）か、労働能力の喪失・減少と見る（労働能力喪失説）か）や年金の目的・機能などの問題と関連して議論があり、判断が分かれていたが、最高裁判所は各種公的年金の逸失利益性について判断を示すに至っている。

(2) 公的年金制度

昭和61年4月の年金改革によって基礎年金制度が導入され、公的年金制度は2階建ての構造をとることになった。すなわち、20歳以上60歳未満の国民は、すべて国民年金に加入することとされ、基礎年金として国民年金を受給し、サラリーマン及び公務員等（国家公務員、地方公務員、私立学校教職員）は、基礎年金に上乗せして（上乗せ年金、被用者年金）、それぞれ厚生年金、共済年金を受給するという「2階建ての年金制度」とされた。その結果、公的年金は、国民年金を基礎とし、①老齢退職年金（年金の保険料を納付してきた本人が老齢になり又は退職した場合に支給される給付）、②障害年金（本人が負傷し所定の後遺障害等級に該当する場合に支給される給付）、③遺族年金（本人が死亡した場合に遺族に支給される給付）を

図表 1　平成27年 9 月までの公的年金制度

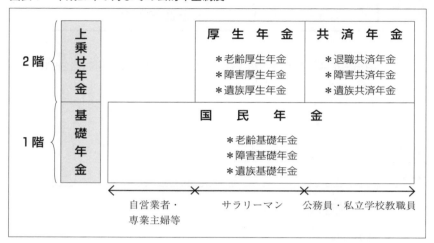

上乗せ年金とし，この種別に従い，国民年金については老齢基礎年金，障害基礎年金，遺族基礎年金が，厚生年金については老齢厚生年金，障害厚生年金，遺族厚生年金が，共済年金については退職共済年金，障害共済年金，遺族共済年金の9つが設けられている（**図表 1** 参照）。

その後，平成27年10月から，公務員及び私立学校教職員も厚生年金に加入することとされ，2階部分の上乗せ年金は，厚生年金に統一されている（被用者年金の一元化）（**図表 2** 参照）。

〔2〕 年金受給者が死亡した場合

(1) 年金の逸失利益性に関する最高裁判例

(a) 逸失利益性が肯定される年金

(イ) 昭和61年4月の新年金制度実施前の老齢基礎年金　最〔3小〕判平5・9・21（裁判集民事169号793頁）は，国民年金法（昭和60年法律第34号による改正前のもの）に基づいて支給される国民年金（老齢年金）もまた，趣旨・目的は普通恩給と同様であるとの理由（注：後掲最〔1小〕判昭41・4・7参照）で，逸失利益性を肯定した。新年金制度実施後の老齢基礎年金については最高裁判例はないが，前掲最〔3小〕判平5・9・21や後掲最〔大〕判平5・3・24の判断枠組みから

図表2　平成27年10月からの公的年金制度

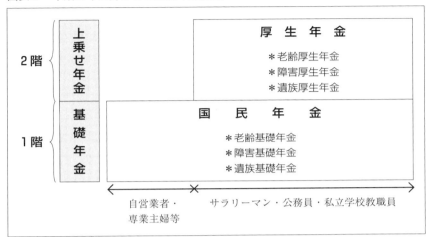

すれば，逸失利益性は肯定されることになるであろう（後掲最〔2小〕判平11・10・22調査官解説（河邉義典・最判解説民事篇平成11年度（下）608頁））。

(ロ)　障害基礎年金　　最〔2小〕判平11・10・22（民集53巻7号1211頁）は，「国民年金法に基づく障害基礎年金も厚生年金保険法に基づく障害厚生年金も，原則として，保険料を納付している被保険者が所定の障害等級に該当する障害の状態になったときに支給されるものであって，程度の差はあるものの，いずれも保険料が拠出されたことに基づく給付としての性格を有している。したがって，障害年金を受給していた者が不法行為により死亡した場合には，その相続人は，加害者に対し，障害年金の受給権者が生存していれば受給することができたと認められる障害年金の現在額を同人の損害として，その賠償を求めることができるものと解するのが相当である。」として，逸失利益性を肯定した。

(ハ)　老齢厚生年金　　新年金制度実施後の老齢厚生年金については最高裁判例はないが，後掲最〔3小〕判平5・9・21や後掲最〔大〕判平5・3・24の判断枠組みからすれば，逸失利益性は肯定されることになろう（前掲最〔2小〕判平11・10・22調査官解説（河邉義典・前掲書608頁））。

(ニ)　障害厚生年金　　前掲最〔2小〕判平11・10・22は，「保険料が拠出されたことに基づく給付としての性格を有している。」として，逸失利益性を肯定

した。

(ホ) 共済組合制度発足前の普通恩給　最〔1小〕判昭41・4・7（民集20巻4号499頁）は，普通恩給の受給者が死亡した場合に，遺族に支給される扶助料額を損害賠償額から控除することが許されるかどうかが争いになった事案において，前提問題として，「国の公務員であった者が一定期間勤務した後退職したことを要件として支給を受ける普通恩給は，当該恩給権者に対して損失補償ないし生活保障を与えることを目的とするものであるとともに，その者の収入に生計を依存している家族に対する関係においても，同一の機能を営むものと認められる。」として，逸失利益性を肯定し，最〔3小〕判昭59・10・9（裁判集民事143号49頁）は，普通恩給の逸失利益性が正面から争点となった事案で，「公務員であった者が支給を受ける普通恩給は，当該恩給権者に対して損失補償ないし生活保障を与えることを目的とするものであるとともに，その者の収入に生計を依存している家族に対する関係においても，同一の機能を営むものと認められるから（前掲最〔1小〕判昭41・4・7参照），他人の不法行為により死亡した者の得べかりし普通恩給は，その逸失利益として相続人が相続によりこれを取得するものと解するのが相当である。」として，逸失利益性を肯定した。前掲最〔3小〕判平5・9・21は，「公務員であった者が支給を受ける普通恩給は，当該恩給権者に対して損失補償ないし生活保障を与えることを目的とするものであるとともに，その者の収入に生計を依存している家族に対する関係においても，同一の機能を営むものと認められるから」として，前掲最〔1小〕判昭41・4・7及び前掲最〔3小〕判昭59・10・9を引用して，逸失利益性を肯定した。

(ヘ) 昭和61年4月の新年金制度実施前の退職年金　国家公務員共済組合法に基づく退職年金について，最〔2小〕判昭50・10・24（民集29巻9号1379頁）は，特に理由を示すことなく，逸失利益性を肯定した。また，地方公務員共済組合法に基づく退職年金について，最〔3小〕判昭50・10・21（裁判集民事116号307頁）は，普通恩給と趣旨・目的を同じくするものであることを理由として，逸失利益性を肯定し，最〔大〕判平5・3・24（民集47巻4号3039頁）は，差額説に立った上で，逸失利益性を肯定した。

(ト) 障害共済年金　新年金制度実施後の障害共済年金については最高裁判

例はないが，障害厚生年金と同性質の年金であり，逸失利益性を肯定した前掲最〔２小〕判平11・10・22の判断枠組みからすれば，逸失利益性は肯定されることになるであろう（来司直美「遺族年金の逸失利益性－最高裁第三小法廷平成12年11月14日判決をめぐって」判タ1057号67頁）。

(ｂ) 逸失利益性が否定された年金

(ｲ) 障害基礎年金についての子及び妻の加給分　　前掲最〔２小〕判平11・10・22は，「国民年金法33条の２に基づく子の加給分及び厚生年金保険法50条の２に基づく配偶者の加給分は，いずれも受給権者によって生計を維持している者がある場合に生活保障のために基本となる障害年金（国民年金法に基づく障害基礎年金及び厚生年金保険法に基づく障害厚生年金）に加算されるものであって，受給権者と一定の関係がある者の存否により支給の有無が決まるという意味において，拠出された保険料とのけん連関係があるものとはいえず，社会保障的性格の強い給付である。加えて，加給分については，国民年金法及び厚生年金保険法の規定上，子の婚姻，養子縁組，配偶者の離婚など，本人の意思により決定し得る事由により加算の終了することが予定されていて，基本となる障害年金（国民年金法に基づく障害基礎年金及び厚生年金保険法に基づく障害厚生年金）自体と同じ程度に存続が確実なものということもできない。これらの点にかんがみると，右各加給分については，年金としての逸失利益性を認めるのは相当でないというべきである。」として，逸失利益性を否定した。

(ﾛ) 遺族基礎年金　　遺族基礎年金については最高裁判例はないが，後掲最〔３小〕判平12・11・14の判旨からすれば，逸失利益性は否定されることになろう（前掲最〔２小〕判平11・10・22調査官解説（河邉義典・前掲書609頁））。

(ﾊ) 障害厚生年金についての子及び妻の加給分　　前掲最〔２小〕判平11・10・22は，前記のように判示して，逸失利益性を否定した。

(ﾆ) 遺族厚生年金　　最〔３小〕判平12・11・14（民集54巻９号2683頁）は，「遺族厚生年金は，厚生年金保険の被保険者又は被保険者であった者が死亡した場合に，その遺族のうち一定の者に支給されるものであるところ，受給権者が被保険者又は被保険者であった者の死亡当時その者によって生計を維持した者に限られており，妻以外の受給権者については一定の年齢や障害の状態にあることなどが必要とされていること，受給権者の婚姻，養子縁組といった一般

的に生活状況の変更を生ずることが予想される事由の発生により受給権が消滅するとされていることなどからすると，これは，専ら受給権者自身の生計の維持を目的とした給付という性格を有するものと解される。また，遺族厚生年金は，受給権者自身が保険料を拠出しておらず，給付と保険料とのけん連性が間接的であるところからして，社会保障的性格の強い給付ということができる。加えて，遺族厚生年金は，受給権者の婚姻，養子縁組など本人の意思により決定し得る事由により受給権が消滅するとされていて，その存続が必ずしも確実なものということもできない。これらの点にかんがみると，遺族厚生年金は，受給権者自身の生存中その生活を安定させる必要を考慮して支給するものであるから，他人の不法行為により死亡した者が生存していたならば将来受給し得たであろう遺族厚生年金は，不法行為による損害としての逸失利益には当たらないと解するのが相当である。」として，逸失利益性を否定した。

㈣　遺族共済年金　　前掲〔3小〕判平12・11・14は，「市議会議員共済会の共済給付金としての遺族年金は，市議会議員又は市議会議員であった者が死亡した場合に，その遺族のうち一定の者に支給されるものであるが，受給権者の範囲，失権事由等の定めにおいて，遺族厚生年金と類似しており，受給権者自身は掛金及び特別掛金を拠出していないことからすると，遺族厚生年金とその目的，性格を同じくするものと解される。」として，逸失利益性を否定した。

(2)　年金の逸失利益性についての判断要素

(a)　年金の逸失利益性については，逸失利益の性質論についての差額説と労働能力喪失説の対立との関連で議論がされてきた。すなわち，差額説に立てば，死亡により年金相当額の所得を失う以上，原則的に年金の逸失利益性が肯定されることになるのに対し，労働能力喪失説に立てば，年金は労働能力の喪失と直接には関係がないことから，必ずしも肯定することにはならないからである。しかし，差額説に立っても，生活保障を目的とした公的扶助（例えば，生活保護法に基づく生活扶助）の受給者が死亡しても，受給しえた扶助分が逸失利益とされるものではなく，差額説に立つことが，直ちにあらゆる年金に逸失利益性が肯定されるわけではなく，また，労働能力喪失説に立てば必然的に年金の逸失利益性を否定することになるわけではなく（前掲最〔大〕判平5・3・24における藤島昭裁判官の反対意見が，労働能力喪失説に立った上で退職年金の逸失利益性を否

第1節　人的損害　　　　　　　Q12　年金受給者の死亡による逸失利益

図表3　年金の種類と最高裁判例

厚　生　年　金	共　済　年　金
＊老齢厚生年金	＊退職共済年金 〔恩給〕 　・最〔1小〕判昭41・4・7［肯定］ 　・最〔3小〕判昭59・10・9［肯定］ 　・最〔3小〕判平5・9・21［肯定］ 〔退職年金〕 　・最〔2小〕判昭50・10・24［肯定］ 　・最〔3小〕判昭50・10・21［肯定］ 　・最〔大〕判平5・3・24［肯定］
＊障害厚生年金 　・最〔2小〕判平11・10・22［肯定］ （妻，子の加給分） 　・最〔2小〕判平11・10・22［否定］	＊障害共済年金
＊遺族厚生年金 　・最〔3小〕判平12・11・14［否定］	＊遺族共済年金 　・最〔3小〕判平12・11・14［否定］
国　民　年　金	
＊老齢基礎年金 　・最〔3小〕判平5・9・21［肯定］ ＊障害基礎年金 　・最〔2小〕判平11・10・22［肯定］ （妻，子の加給分） 　・最〔2小〕判平11・10・22［否定］ ＊遺族基礎年金	

定し，園部逸夫裁判官，佐藤庄市郎裁判官，木崎良平裁判官の反対意見は，同じく労働能力喪失説に立った上で逸失利益性を肯定する），年金の逸失利益性の有無は，逸失利益の性質論（差額説か労働能力喪失説か）によって論理必然的に導くことはできない。なお，公的年金の受給権は受給者の死亡によって消滅するから，年金受給権自体は一身専属的なものであり相続の対象にならないが，年金受給権の一身専属性と，死亡した被害者本人が取得する損害賠償請求権の内容として年金受給権の喪失が逸失利益を認められるかどうかとは，別の問題であり，年金受給権の

一身専属性を根拠として年金の逸失利益性を否定することはできない。

(b) 最高裁判例は，年金の逸失利益性について，①年金給付の目的，②保険料と年金給付との対価性（牽連関係），③年金給付の存続の確実性という要素に基づいて判断をしてきているが，その枠組みには変遷がある。前掲最〔2小〕判平11・10・22までは，年金給付の目的が「損失補償ないし生活保障を与えることを目的とするものである」ことを理由として逸失利益性を肯定してきた。普通恩給の逸失利益性を肯定した前掲最〔1小〕判昭41・4・7が判示した後，前掲最〔3小〕判昭59・10・9及び前掲最〔3小〕判平5・9・21は前掲最〔1小〕判昭41・4・7を引用し，退職年金についての前掲最〔3小〕判昭50・10・21もまた前掲最〔1小〕判昭41・4・7を引用して逸失利益性を肯定した。しかし，年金の生活保障的性格を強調すれば逸失利益性を否定する方向に傾きやすくなり，年金給付の目的が「損失補償ないし生活保障」にあると述べるだけでは，逸失利益性を肯定する理由としては必ずしも十分ではないと批判されていた。

これに対し，障害基礎年金と障害厚生年金及び子及び妻の加給分についての逸失利益性が争われた前掲最〔2小〕判平11・10・22は，それまでの最高裁判例の理由づけとは異なり，保険料と年金給付との対価性（牽連関係）と年金給付の存続の確実性という2つの要素から逸失利益性を判断するという枠組みを採用し，障害基礎年金と障害厚生年金については，「保険料が拠出されたことに基づく給付としての性格を有している」として，保険料と年金給付との対価性（牽連関係）を認めて逸失利益性を肯定し，逆に，子及び妻の加給分については，「拠出された保険料との牽連関係があるものとはいえ」ないこと，「子の婚姻，養子縁組，配偶者の離婚など，本人の意思により決定し得る事由により加算の終了することが予定されていて，基本となる障害年金自体と同じ程度にその存続が確実なものということもできない」として，逸失利益性を否定し，次いで，遺族厚生年金と市議会議員共済会の共済給付金としての遺族年金の逸失利益性が争われた前掲最〔3小〕判平12・11・14も，「受給権者自身が保険料を拠出しておらず，給付と保険料とのけん連性が間接的であ」ること，「受給権者の婚姻，養子縁組など本人の意思により決定し得る事由により受給権が消滅するとされていて，その存続が必ずしも確実なものということもできない」

として，同じく，保険料と年金給付との対価性（牽連関係）と年金給付の存続の確実性という2つの要素から逸失利益性を判断するという枠組みを採用した。ただ，2つの要素のうちの年金給付の存続の確実性の点は，遺族年金の存続が確実であるといえないことを理由として，将来の損益相殺を否定した前掲最〔大〕判平5・3・24との整合性を図るためであろうと指摘されており（前掲最〔3小〕判平12・11・14調査官解説（小野憲一・最判解説民事篇平成12年度（下）905頁）），最高裁判例は，「保険料と年金給付との対価性（牽連関係）」が直接的であるか間接的であるかを年金の逸失利益性についての判断要素としているということができる。なお，公的年金制度の改革に伴い，現行の「社会保険方式（拠出制）」が改められ，いわゆる「税方式」が導入された場合には，「保険料と年金給付との対価性（牽連関係）」という判断要素からすれば，公的年金の逸失利益性を認めることは困難であろうとの指摘がある（前掲最〔2小〕判平11・10・22調査官解説（河邉義典・前掲書618頁・630頁））。

(3) 年金未受給者が死亡した場合（受給開始前の年金の逸失利益性）

年金未受給者（受給資格未取得者）の年金の逸失利益性が問題となるのは，老齢年金である（未受給の障害年金については想定しがたいし，遺族年金の逸失利益性は否定されている）。被害者が死亡時に年金受給資格を取得している場合は，将来の得べかりし収入喪失の蓋然性は高いから，支給予定の年金の逸失利益性は認められることに問題がないのに対し，死亡時に受給資格を取得していない場合には，年金受給資格を取得する（受給開始年齢になる）までの年数も含めて受給の蓋然性を個別具体的に判断し，蓋然性が高い場合に限り将来支給予定の年金の逸失利益性を認めることになる。

受給資格未取得者について年金の逸失利益性が認められた場合には，死亡時から年金受給開始まで納付すべき将来の保険料につき，損益相殺の見地から控除することになる（受給資格取得者であっても，将来納付する保険料に応じた年金額を請求する場合には同様である）。算定方法は，「予想される老齢退職年金額×（1－生活費控除率）×（平均余命に対応するライプニッツ係数による中間利息控除係数－予想される年金受給開始までの年数に対応するライプニッツ係数による中間利息控除係数）－予想される納付保険料の年額×支払を要する年数に対応するライプニッツ係数による中間利息控除係数」という計算方法によることにな

る（本田晃「未受給の公的年金の逸失利益性」判タ1127号22頁で示された数式）。

〔3〕 年金の受給期間

年金の逸失利益の算定にあたっては，実際に支給が受けられたであろうと認められる期間につき積算を行うことになり，受給者が生存している限り受給し得たであろうと認められる場合は，平均余命の年数をもって積算することになる。

〔4〕 生活費控除

収入が年金のみの場合，年金に対する生活費の占める割合は自ずと高まると考えられることから，通常より高い生活費控除率を認定する例が多いが，70～80％という高率な例から，50～60％程度の例もあり，50～80％の範囲内で個別具体的に判断されることになる。年金収入に加えて稼働収入等の他の収入がある場合の生活費控除の方法としては，①年金収入と稼働収入につきそれぞれ別の割合で生活費控除をする例，②年金収入と稼働収入を合算した額について期間を通じて同じ割合で生活費控除をする例，③稼働収入がある期間は両者につき同じ割合で生活費控除をし，年金収入のみとなる期間は通常より高い割合で生活費控除をするものなど，複数の考え方がある。

〔5〕 参 考 事 例

交通事故によって年金受給者が死亡した場合の逸失利益についての参考事例とその場合の算定方法を以下に掲げる。

年金収入（年収は120万円）で生活をする65歳の女性の死亡による逸失利益（死亡事故日は平成26年2月）

$$120万円 \times (1 - 0.6) \times 14.0939 = 676万5072円$$

［説明］
 1．基礎収入は，年金収入の120万円となる。

第1節 人的損害　　　　　Q12　年金受給者の死亡による逸失利益

2．0.6は，年金収入のみの場合の生活費控除率60％（この場合の生活費控除率については争いがあるが，通常（女性の場合は30〜40％）より高く認定することになるので，一応60％と仮定する）。

3．14.0939は，65歳の女性の平成26年における平均余命は24.18年であるので，受給期間25年のライプニッツ係数による中間利息控除係数。

[増田　輝夫]

Q 13 幼児, 生徒, 学生の死亡による逸失利益

交通事故によって幼児, 生徒, 学生が死亡した場合の逸失利益について説明しなさい。

〔1〕 死亡による逸失利益

死亡逸失利益は, 被害者が交通事故により死亡しなければその後の就労可能な期間（年数）において得ることができたと認められる収入の金額（基礎収入）から, 支出されたであろう被害者本人の生活費を控除し（計算には, 被害者の家族構成や属性により一定割合（生活費控除率）を用いる）, 次いで, 就労可能な期間（年数）の中間利息を控除して（計算には, 就労可能期間の年数に対応する中間利息控除係数を乗じる方法による）算出する。

死亡逸失利益
＝基礎収入×（1－生活費控除率）×就労可能年数に対応する中間利息控除係数

〔2〕 基 礎 収 入

(1) 幼児, 学生, 生徒

(a) 原則として, 死亡した年の被害者の属する性の賃金センサス第1巻第1表の産業計・企業規模計の学歴計・全年齢平均賃金による（東京地方裁判所民事第27部総括判事井上繁規・大阪地方裁判所第15民事部総括判事中路義彦・名古屋地方裁判所民事第3部総括判事北澤章功「交通事故による逸失利益の算定方式についての共同提言」平成11年11月22日（判タ1014号62頁・判時1962号162頁・ジュリ1171号124頁）。以下「三庁

第1節　人的損害　　　Q13　幼児，生徒，学生の死亡による逸失利益　　139

共同提言」という）。これらの被害者は，死亡時には現実の収入はないが，特段の事情のない限り，しかるべき時期に就労して収入を得ることができたであろうと見るのが相当だからである（最〔3小〕判昭39・6・24（民集18巻5号874頁））。

　(b)　生涯を通じて学歴計・全年齢平均賃金の収入を得られる蓋然性の認められない特段の事情が存在する場合には，被害者の属する性の学歴計・年齢別平均賃金又は学歴別・年齢別平均賃金の採用も考慮する（三庁共同提言）。

　(c)　大学生や大学への進学の蓋然性が立証された被害者については，死亡した年の被害者の属する性の学歴別（大学・大学院卒）・全年齢平均賃金を用いることもある（三庁共同提言）。この場合には，中間利息の控除にあたっては，就労の始期を大学卒業予定時期（22歳）として計算することになる。

(2) 年少女子

　年少女子の基礎収入については，賃金センサス第1巻第1表の産業計・企業規模計の女性・学歴計・全年齢平均賃金による裁判例と男女を含む学歴計・全年齢平均賃金による裁判例とがあり，最高裁判所は，同日付けの決定において，すなわち，最〔3小〕決平14・7・9（交民集35巻4号917頁）は，11歳の女子小学生の死亡事案について男女を含む学歴計・全年齢平均賃金を基礎収入とし生活費控除率を45％とした原審判決につき上告申立不受理の決定をし，最〔3小〕決平14・7・9（交民集35巻4号921頁）は，11歳の女子小学生の死亡事案について女性・学歴計・全年齢平均賃金を基礎収入とし生活費控除率を30％とした原審判決につき上告棄却，上告申立不受理の決定をし，年少女子の死亡逸失利益の算定に際し，男女を含む学歴計・全年齢平均賃金，女性・学歴計・全年齢平均賃金のいずれを基礎収入としても差し支えないと見られる姿勢を示しているが，大阪地裁民事交通訴訟研究会編著『大阪地裁における交通損害賠償の算定基準』〔第3版〕（以下『大阪基準』という）45頁・39頁は，年少女子については，原則として男女を含む学歴計・全年齢平均賃金を用いることとするとし，『赤い本』（下）〔2016年版〕152頁も，女子年少者の逸失利益については，女性・学歴計・全年齢平均賃金ではなく，男女を含む学歴計・全年齢平均賃金で算定するのが一般的であるとしており，裁判実務は男女を含む学歴計・全年齢平均賃金を基礎収入とする方向にあるといえる。年少女子の基礎収入について男女を含む学歴計・全年齢平均賃金を用いるのは，将来の多様な就労可能性を考慮

し，男女差をできるだけなくす観点からであるが，年少女子の範囲については，高校進学に伴い将来の進路や職業選択についての希望や予定がある程度具体化するであろうこと，あらゆる職種に就く可能性を前提にした男女を含む学歴計・全年齢平均賃金を用いる根拠が薄弱化することや同年齢で就職している者とのバランスを考慮して，原則として義務教育終了時である中学卒業時までとする見解，高校生においては未だ就労についての具体的展望が定まらず多様な就労可能性があるとして，高等学校卒業時までとする見解，高校生であるからといって一律に女性・学歴計・全年齢平均賃金を用いなくてはならないと硬直的に運用する必要はなく，事案に応じて判断すれば足りるとする見解等がある。

〔3〕 就労可能年数

就労可能年数は，原則として，死亡時から67歳までであるが，被害者が未就労者である場合は，就労の始期は，原則として18歳とし，大学生及び大学進学の蓋然性が立証された場合には，大学卒業予定時である22歳とする。

〔4〕 生活費控除

死亡逸失利益の算定においては，損益相殺の法理に基づいて，基礎収入から一定割合（生活費控除率）での生活費控除が行われるが（最〔2小〕判平8・5・31（民集50巻6号1323頁）），具体的な生活費控除率については，『大阪基準』8頁・46頁は，一家の支柱（被害者の世帯が主として被害者の収入によって生計を維持していた場合）及び女性は30％から40％，その他は50％とし，『赤い本』（下）〔2016年版〕156頁以下は，一家の支柱の場合は，被扶養者が1人のときは40％，被扶養者が2人以上のときは30％，女性（主婦，独身，幼児等を含む）の場合は30％，男性（独身，幼児等を含む）は50％とする。年少女子について男女を含む学歴計・全年齢平均賃金を基礎収入とする場合には，生活費控除率は，『大阪基準』8頁，46頁は45％とし，『赤い本』（下）〔2016年版〕157頁は40～45％とするものが多いとする。40％あるいはそれ以下であれば，男性で生活費控除率を50％とした場合よりも逸失利益額が上回ってしまうためである。

〔5〕 中間利息控除

　将来にわたる逸失利益総額を現在価額に換算する必要があるため，中間利息（現在から将来受領するときまでの間に付されるであろう利息分）を控除して算定する。計算方式については，「三庁共同提言」を受け，ライプニッツ方式が採用されており（『大阪基準』8頁・45頁，『赤い本』161頁），中間利息の控除率（控除割合）は，民事法定利率（民404条）である年5％の割合による（最〔3小〕判平17・6・14（民集59巻5号983頁））ので，前記の死亡逸失利益の計算式は次のように書き換えられる。

> 死亡逸失利益
> ＝基礎収入×（1－生活費控除率）×就労可能年数に対応するライプニッツ係数

　被害者が未就労者である場合は，就労の始期は，原則として18歳とし，大学生及び大学進学の蓋然性が立証された場合には，大学卒業時である22歳とされるので，次の計算式によることになる。

> 死亡逸失利益
> ＝基礎収入×（1－生活費控除率）×（就労終期である67歳までの年数に対応するライプニッツ係数－就労始期である18歳又は22歳までの年数に対応するライプニッツ係数）

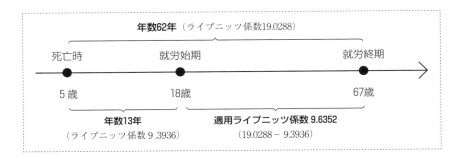

〔例〕死亡時5歳の場合

- 5歳から就労終期67歳までの年数62年のライプニッツ係数19.0288
- 5歳から就労始期18歳までの年数13年のライプニッツ係数9.3936
- したがって、5歳に適用するライプニッツ係数は19.0288－9.3936＝9.6352。

〔6〕参考事例

交通事故によって幼児、生徒、学生及び年少女子が死亡した場合の逸失利益についての参考事例とその場合の算定方法を以下に掲げる。

(1) ［幼児、生徒、学生］年齢8歳の男子の死亡による逸失利益（死亡事故日は平成26年1月）

$$536万400円 \times (1-0.5) \times 11.1541 = 2989万5218円$$

［説明］
1. 基礎収入は、死亡時の平成26年賃金センサス第1巻第1表の産業計・企業規模計の男性・学歴計・全年齢平均賃金である536万400円とする。
2. 0.5は、一家の支柱以外の男性の場合の生活費控除率50％。
   11.1541（18.8758－7.7217）は、8歳に適用するライプニッツ係数による中間利息控除係数。
3. すなわち、18歳未満の者は、就労の始期が18歳となるから、18歳になるまでの中間利息控除係数を差し引く必要がある。
4. 18.8758は、8歳から就労終期67歳までの年数59年のライプニッツ係数による中間利息控除係数。
   7.7217は、8歳から就労始期18歳までの年数10年のライプニッツ係数による中間利息控除係数。

(2) ［大学生や大学への進学の蓋然性が立証された場合］高等学校3年に在学中で、大学進学を希望しており、客観的にもその蓋然性が認められる18歳の女子の死亡による逸失利益[*1]（死亡事故日は平成26年6月）

第1節　人的損害　　　　Q13　幼児，生徒，学生の死亡による逸失利益　　143

$$447万9800円 \times (1-0.3) \times 14.6227 = 4585万4740円$$

［説明］
1．基礎収入は，死亡時の平成26年賃金センサス第1巻第1表の産業計・企業規模計の女性・学歴別（大学・大学院卒）・全年齢平均賃金である447万9800円とする。
2．0.3は，女性の場合の生活費控除率30％（基礎収入として年少女子における男女を含む学歴計・全年齢平均賃金を使用しないので，生活費控除率は通常の場合である30％による）。

　　14.6227（18.1687 − 3.5460）は，大学への進学の蓋然性が立証された場合におけるライプニッツ係数による中間利息控除係数。
3．すなわち，18歳未満の者であって，大学への進学の蓋然性が立証された場合においては，就労の始期は大学卒業予定時期である22歳となるので，22歳になるまでの中間利息控除係数を差し引く必要がある。
4．18.1687は，18歳から就労終期67歳までの年数49年のライプニッツ係数による中間利息控除係数。

　　3.5460は，18歳から就労始期22歳までの年数4年のライプニッツ係数による中間利息控除係数。
　　＊1　「三庁共同提言」【逸失利益の算定についての具体的な適用例】⑱参照

(3)　［年少女子］年齢9歳の女子の死亡による逸失利益（死亡事故日は平成26年12月）

$$479万6800円 \times (1-0.45) \times 11.7117 = 3089万8275円$$

［説明］
1．基礎収入は，死亡時の平成26年賃金センサス第1巻第1表の産業計・企業規模計の男女を含む学歴計・全年齢平均賃金を479万6800円とする。
2．0.45は，年少女子の基礎収入について男女を含む学歴計・全年齢平均賃金を用いたことから，生活費控除率を45％としたものである。

11.7117（18.8195−7.1078）は，9歳に適用するライプニッツ係数による中間利息控除係数。
3．すなわち，18歳未満の者は，就労の始期が18歳となるから，18歳になるまでの中間利息控除係数を差し引く必要がある。
4．18.8195は，9歳から就労終期67歳までの年数58年のライプニッツ係数による中間利息控除係数。
　7.1078は，9歳から就労始期18歳までの年数9年のライプニッツ係数による中間利息控除係数。

[増田　輝夫]

Q14 | 症状固定日

治療費算定と症状固定日との関係について説明しなさい。

〔1〕 損害としての治療費

　不法行為の要件事実である損害の発生及び数額というときの損害とは、通説・判例とされる差額説では、当該不法行為前の状態と当該不法行為が行われた結果による状態との価値の差額であるから、当該不法行為前の状態に服するための費用は損害ということになる。これを交通事故により人身傷害を受けた場合についてみれば、傷害を治癒する（身体を傷害がなかった状態に復する）ための治療費は、損害ということになる。しかし、傷害の状況によっては治療を尽くしても傷害が治癒に至らないこともある。この場合、治癒しないことが明らかであるのに、被害者の希望などから、治療行為が継続されることもあるが、その治療は原状回復のために行うものとはいえず、その治療行為に要する費用は、通常、不法行為による損害と認めることは困難である。治療によっても原状に復しなかった部分は後遺障害として、逸失利益や後遺障害慰謝料で補てんされることになるのが原則である。その基準日が症状固定であるといわれる。

〔2〕 症状固定日の意義

　症状固定について、基本的な概説書である潮見佳男『不法行為』254頁では、交通事故に係る損害論中の「休業損害と逸失利益」の項において「被害者が傷害を負った場合の逸失利益については、休業損害と逸失利益とを分ける分岐点として症状固定という概念を立て、所得の喪失につき、この時点までは休業損

害(積極的損害)として捉え，この時点以降については後遺障害による得べかりし利益(逸失利益)の喪失と捉えている」と記載されている。しかし，症状固定という語は法律学小辞典などの項目にはなく，例えば，労働基準法77条の「治った場合」は症状固定と同旨と解されているが，労働基準法に「治った場合」についての定義規定は存しないなど法律上これを定義する規定等はない。

　前掲潮見の記述や後記〔6〕のように，症状固定の概念は，種々の場面で使われるが，次のように後遺障害の定義を基準にして症状固定の定義を導くのが普通である。すなわち，自動車損害賠償保障法上，後遺障害とは「傷害が治ったとき身体に存する障害をいう」(自賠令2条1項2号柱書)とされる。そして，この「治ったとき」とは，傷病に対して行われる自動車損害賠償責任保険の保険金等及び自動車損害賠償責任共済の共済金等の支払基準(平成13年金融庁国土交通省告示第1号)において等級の認定について準用されている労働者災害補償保険(以下「労災保険」という)における「障害等級認定基準」(昭和50年9月30日基発第565号各都道府県労働基準局長あて労働省労働基準局長通知の別冊)では，「なおったとき」とは，「傷病に対して行われる医学上一般に承認された治療方法(以下『療養』という。)をもってしても，その効果が期待し得ない状態(療養の終了)で，かつ，残存する症状が，自然的経過によって到達すると認められる最終の状態(症状の固定)に達したときをいう。」とされている。これによれば，症状固定とは，医学上一般に承認された治療方法によっても，それ以上の効果が期待しえない状態であって，残存する症状が，自然的経過によって到達すると認められる最終の状態に達したときということになる。これは労災保険における定義であるが，交通事故による人身損害に係る損害賠償請求訴訟においても同様に考えるのが普通である。そして，これを言い換えれば，症状固定とは，治療当時の医学水準から一般に承認された治療方法によれば，さらに治療を継続しても，それ以上症状の改善が期待できない状態を指すものということになる(表現は多少異なっても，概ねこのように解されている。例えば，牧本大介「逸失利益(後遺症)」飯村敏明編『現代裁判法大系(6)』228頁，厚井乃武夫「症状固定後の治療費」小川英明ほか編『交通損害賠償の基礎知識(下巻)』79頁)。

〔3〕 症状固定の認定

　交通事故損害賠償訴訟において問題となる症状固定の時期は，それが医学上の専門的知見を基礎とすることから，医師によって作成される自動車損害賠償責任保険後遺障害診断書中の症状固定日の記載によって認められることが多いが，もとより訴訟においては裁判所が判断するところであるから，この記載により一義的に認定されるものではない。例えば，医師の診断書では症状固定日は平成24年7月31日とされているが，同医師が同年2月24日から8月18日までに作成した数通の診断書には，伸筋腱損傷が疑われたことから固定加療したが，顕著な軽快が見られず，同年1月27日にA大学病院のB医師から手術を要する損傷は否定され，翌28日から再度 follow up 中と一貫して記載されており，同日以降の治療の内容及び効果についての具体的記載がないことから，平成24年1月27日には症状固定したと認定し（東京地判平27・2・27判例秘書L07030443），頸椎捻挫，腰椎椎間板症等の傷害につき，医師作成の診断書では症状固定日は平成22年12月8日とされているが，同年1月20日に同医師が保険会社担当者に対して回答した内容から，その時点で症状固定と判断可能な状態でリハビリテーションのみで投薬治療も終了していたとして，遅くとも債務不存在確認請求の原告が主張する同年3月31日には症状固定に至ったと認定した（東京地判平27・3・27判例秘書L07030319）。また，医師の後遺障害診断書の記載どおりの症状固定日を認定するにしても，交通事故による傷害の内容（心的外傷後ストレス障害等）や治療経緯等を認定した上で「以上の認定事実によれば，原告の症状は，平成24年8月14日時点において，治療をしても症状に改善が認められず，治療の効果が期待しえない状況に至っているから，同日をもって症状固定した」としている（東京地判平27・3・27判例秘書L07030317）。

〔4〕 症状固定後の治療費

　症状固定後は，もはや治療によって症状を改善させることはできないのであるから，症状固定後も治療を継続したとしても，その治療に要する費用（治療費）は，交通事故と相当因果関係のある損害とは認められないことになる。症状固定の概念は，元々，このことを画す基準なのであるから，これが原則とな

る（逆に，症状固定前の治療費だからといってすべて事故と相当因果関係のあるものとされるわけではないが，これは症状固定とは別の過剰診療等の問題である）。

なお，症状固定後の治療費という場合，症状固定時を基準としてそれ以降の治療費をいう場合と，このうち損害賠償請求訴訟等の口頭弁論終結時以降のものに限る場合とがある（これとは別に「将来の治療費」ということがある。これは前記症状固定後の治療費と同旨の場合もあるが，特に損害賠償を受けるべき時点より後の時点で現実化する治療費等のみを指す場合もあるといわれる（浅岡千香子「損害算定における中間利息控除の基準時」『赤い本』〔2007年版〕171頁）。ここでの対象は特に限定したものではない。

(1) 症状固定後の治療費が認められる場合

前記の原則に対し，症状固定後の治療費が交通事故と相当因果関係のある損害と認められる場合がある。次にそのような治療費が認められた判例をいくつか挙げる（『赤い本』（上）〔2016年版〕6頁以下には多数の判例が挙げられている）。

① 右大腿部切断の症状固定後，義足作成のための通院治療費等を認めた（名古屋高判平2・7・25判時1376号69頁）。

② 5歳の男児（併合11級）である被害者につき，乳歯から永久歯への変換にあわせて数次にわたり必要な将来の歯牙の矯正及び補てんのための費用として223万円を認めた（大阪地判平6・4・25交民集27巻2号514頁）。

③ 脳挫傷のためてんかん症状等の後遺症（9級）の被害者につき，症状固定後にも将来にわたりてんかん予防と脳の能力悪化を防止するため，抗けいれん剤の服用と年1回の脳波検査，MRI検査の必要性を認め（将来のマッサージ費用の必要性は認めず），平均余命相当期間につき中間利息を控除して289万円余を認めた（東京地判平7・10・31自保ジャーナル1131号2頁）。

④ 左股関節用廃（8級）の19歳の女性につき，10年ごと6回分の人工骨頭交換手術費を認め，各2ヵ月分の入院費用及び入院雑費を認めた上中間利息を控除した338万円余を認めた（大阪地判平14・3・27自保ジャーナル1466号16頁）。

⑤ 頸髄損傷等による精神神経障害（5級2号），脊柱障害（6級5号，併合3級）の被害者（55歳）につき，日常生活動作を維持するため，理学療法・薬物療法が必要であるとしてその治療費平均年額21万円余を平均余命23年分認めた（東京地判平17・1・17交民集38巻1号57頁）。

⑥　歯科補てつ7歯（12級），顔面醜状（12級，併合11級）の被害者（固定時24歳）につき，インプラントとブリッジの耐用年数を10年間とし，平均余命までの5回分の治療費217万円余を認めた（東京地判平17・12・21自保ジャーナル1637号9頁）。

⑦　5級高次脳機能障害等（併合3級）の女児（固定時13歳）につき，日常生活及び社会生活に支障をきたしており，その治療及びリハビリテーションには臨床心理士等の専門職の介入が必要であるとして，治療費，通院交通費及びカウンセリング費用等を平均余命まで認めた（大阪高判平19・4・26判時1988号16頁。高次脳機能傷害：頭部外傷により意識障害を負った者が治療の結果意識を回復したものの，認知障害（記憶障害，集中力障害，遂行機能障害，判断力低下，病識欠落等）に加え人格変性（感情易変，不機嫌，攻撃性，暴言，暴力，幼稚性，多弁，自発性低下，病的嫉妬，被害妄想等）を生じ，社会復帰が困難となる後遺症で，びまん性軸索損傷等を原因とする。若年者はリハビリにより症状が改善する場合もあるといわれる）。

⑧　遷延性意識障害（別表1の1級1号）の自動車整備等業者である被害者につき，症状固定後約2年間の既払治療費1583万円余全額と将来の治療費につき中間利息を控除した53万円余を認めた（東京地判平22・3・26交民集43巻2号455頁。遷延性意識障害：植物状態ともいわれる。㈠自力移動不可能，㈡自力摂食不可能，㈢尿尿失禁状態にある，㈣意味のある発語は不可能，㈤「目を開け」「手を握れ」等の簡単な命令にはかろうじて応じることもあるが，それ以上の意思疎通は不可能，㈥眼球はかろうじて物を追っても認識はできない状態に陥り改善がみられないまま3ヵ月以上経過したもの）。

⑨　四肢自動運動不能で寝たきり，常時尿便失禁状態で生命維持管理装置管理下での療養が不可欠（1級1号）の被害者につき，食事療養費等の将来の治療費を平均余命までの12年間分合計255万円余を認めた（神戸地判平23・8・29交民集44巻4号1103頁）。

⑩　非器質性精神障害（12級）の被害者につき，医師が症状固定後の通院加療が必要であるとしており，ウォーキングや買物等被害者の行動範囲の拡大が認められた症状固定後約1年半経過ころまでは精神障害の治療の相当性を認め，その時点までの精神障害の治療費23万円余を認めた（東京地判平23・10・24自保ジャーナル1863号50頁）。

⑪　左手関節疼痛（12級13号），左股関節疼痛（12級13号，併合11級）の被害者

(固定時45歳)につき，交通事故の約6年5ヵ月後，症状固定の約3年後，症状固定時の画像解析技術では十分把握できなかった股関節唇損傷及びその原因であるインピンジメントの手術費等につき，治療が遅れたのは専ら医学的知見が追いつかなかったという特殊性にあるとして，その治療費等を認めた（大阪地判平25・3・26自保ジャーナル1905号46頁）。

⑫　左股関節脱臼骨折等により左股関節可動域制限（10級11号）となった被害者につき，症状固定後，立位保持等のため入院してリハビリをする必要を認め，装具装着リハビリ入院費用4万円を認めた（神戸地判平26・9・12自保ジャーナル1938号119頁）。

これらの例によれば，(i)重篤な後遺障害の場合について，それ以上に症状が憎悪しないようにする予防的治療（③，⑩。外傷性のてんかん症状について東京地判昭55・7・25交民集13巻4号970頁の例もある），(ii)後遺障害の現状を維持する治療（⑤，⑧，⑨），(iii)耐用年数のある治療についての更新治療（②，④，⑥）等が認められるようである。①は義足作成が症状固定後に行われるという性質から認められたもののようである。

リハビリテーション（心身障害者が身体的，精神的，社会的能力を取り戻し，社会復帰をするための過程であり，手段である）については，リハビリテーションを受けたことで，放置していれば制限を受けた社会復帰を図ることができる場合，これに要した費用は損害拡大防止のための費用であり，事故と相当因果関係のある損害と認められる（東京地判昭61・5・15交民集19巻3号628頁。前記(i)又は(ii)にあたる場合ともいえよう。⑦，⑫）。

〔5〕　治療の可能性と症状固定

前記⑪は，医学の進歩により新たな治療による症状改善が見込まれることに対応し，その治療費が認められたようである。これに関連して，一般的に認められた治療を受けていったん症状固定とされた後でも，さらに治療を受ければ症状が改善し（以下，最初の治療を「第1次治療」といい，さらなる治療を「第2次治療」という），第1次治療による症状固定時の後遺障害の等級が繰り下がる可能性があるのに，被害者が第2次治療を受けない場合，症状固定の時期等をどう考えるかについて，次のような判例（東京地判平24・7・17交民集45巻4号792頁）

がある。

　原告が，対向右折車の運転者らを被告として，衝突事故により左大腿骨骨折等の傷害を被ったとして損害賠償を求めた事案である。

　争点のうち症状固定の有無につき，被告らは，症状固定とは治療を続けてもそれ以上の改善を望めない状態をいうとして，原告の主張する大腿骨癒合が不十分であるという症状からすれば，髄内釘を抜去して偽関節手術を受けることにより症状が改善する可能性が高いから，現状で原告の右大腿骨骨折後の症状が固定したとはいえない，仮に症状固定と判断されるとしても後遺障害は原告が適切な治療を受けなかった過失により発生又は拡大したものであるから過失相殺されると主張した。原告は，原告の行った髄内釘による固定術等は相当な治療であり，症状固定の診断日である平成20年9月29日をもって症状は固定した。症状固定とは医学上相当な治療期間を経過してもなお残存する傷害については後遺障害として評価することであるとして，特定の時点で賠償の対象とすべき将来の損害の範囲を画するための法律上の概念であり，純粋に医学的見地からは症状改善の可能性がある場合であっても，賠償法上は症状固定と扱われるべき事案があることは当然予想されているし，実際にむち打ち症のケースなどでそのような事案は多く存在する。手術により症状が改善しうる限り症状固定しないとすると，症状改善の可能性がある手術を受けない被害者は損害の範囲を確定することができないことになるが，これは公平を害するばかりでなく保険実務に反する。被告らのいう偽関節手術は身体への侵襲を伴うからこれを受けるか否かは原告の自由な決定によるべきであり，法的に強制すべきものではない等と主張した。

　裁判所は，偽関節手術は，遷延癒合がみられる場合の最も一般的な治療方法ではあるが，身体への侵襲の程度は小さくないこと，原告の偽関節手術の必要性について医師の間でも意見が分かれ，現状で髄内釘が破損する割合が高いとの認定はできず，仮に髄内釘が破損してもその時点での対応もありうるほか，偽関節手術によっても癒合をもたらすとは限らず絶対的な治療法とまではいえないこと，原告がすでに行った髄内釘による固定等は相当な治療であったと認定できることから，髄内釘による固定を維持し偽関節手術を受けないことをもって，医学上通常かつ相当の治療を欠いているとまではいえないし，偽関節手

術を受けないとした原告の判断が，合理性を欠いているものと評価することもできないことから，原告が偽関節手術を受けなかったことを理由に本件事故と本件後遺障害との因果関係を否定したり，その範囲を制限するのは相当でないとしたうえ，原告が偽関節手術を受ける義務を負っていたとかその義務に違反した過失があると判断することはできないとして過失相殺の主張も退けた。

なお，被害者がこれ以上の治療を受けないと判断した場合は，それを前提として症状固定と判断するほかなく，治療内容，侵襲の強度，症状改善の蓋然性の有無・程度，被害者の判断の合理性の有無等を，事故と相当因果関係のある損害の範囲を判断するのに斟酌するのが相当であるとした東京地判平24・3・16自保ジャーナル1871号1頁（判例秘書L06730127）がある。

これらの判例によれば，第2次治療により症状改善の可能性があるのに，被害者がこれを受けることを拒否している場合，①第2次治療による症状改善が確実とはいえず，②第2次治療による被害者の身体への侵襲の程度が小さくないときは，第1次治療による症状固定をもって症状固定を認定することになるから，このような場合の症状固定の要件には被害者の意思に係る要件も加わることになる。そして，被害者が第2次治療を拒否したことから損害が拡大し加害者の賠償義務が不当に加重される可能性に対しては，事実関係により過失相殺をし，又は相当因果関係の割合的認定をして調整するもののようである（割合的相当因果関係論自体議論のあるところであるから断定はできない）。この論点は症状固定の時期と治療費の関係という問題からは少し逸れるのでこの程度とする（髙木健司「症状固定について」『赤い本』（下）〔2013年版〕7頁，大藤敏「治療行為の結果として障害の改善が予想されるため，認定された後遺障害の等級が繰り下がる可能性がある被害者の損害額の算定」交通事故紛争処理センター編『交通事故紛争処理の法理』401頁参照）。

〔6〕 症状固定の概念が用いられる他の場合

本問とは直接関係しないが，他にも症状固定時が問題とされる論点があるので，次にいくつか紹介する。

(1) 中間利息控除の基準時

後遺障害逸失利益や将来の介護費等将来現実化する損害について，これを紛争解決時に一時金として支払う場合，実務上，現在の価値（現価）に引き直し

て金額を決定する。現価への引き直しは中間利息の控除により行われる（中間利息控除の根拠は，被害者が将来具体化する損害の賠償金を現在受領し，これを運用，利殖するとその間の運用益を得ることになり不公平だからである）。中間利息控除の期間の始期については損害の発生時であるが，損害の発生時について，事故時説，症状固定時説，紛争解決時説に分かれる。逸失利益，介護費等の積極損害について，下級審判例の多くは症状固定時説によっているといわれる。利殖の可能性の現実性に対する配慮等があるようである（浅岡・前掲『赤い本』〔2007年版〕171頁）。

(2) 消滅時効の起算点

傷害関係の損害と後遺障害関係の損害に関して，民法724条の不法行為による損害賠償請求権の消滅時効の起算点（損害及び加害者を知ったとき）について，下級審判例は，少なくとも後遺障害が残った場合については，症状固定時説・治癒時説によることで定着しており，予見可能時（事故時）説によっていないといわれる（来司直美「交通事故による損害賠償請求権の消滅時効の起算点について」『赤い本』〔2002年版〕336頁）。また，最判平16・12・24交民集37巻6号1529頁は，被害者が加害者に対する賠償請求をすることが事実上可能な状況の下に，それが可能な程度に損害及び加害者を知った時を意味し，被害者が損害の発生を現実に認識した時をいうから，遅くとも症状固定の診断を受けた時には，後遺障害の存在を現実に認識し，加害者に対する賠償請求をすることが事実上可能な状況の下に，それが可能な程度に損害の発生を知ったものというべきであり，その時点から消滅時効は進行するという（千葉和則「後遺障害と消滅時効・除斥期間について」『赤い本』（下）〔2010年版〕5頁）。

[笹本　昇]

Q 15 | 整骨院等の施術費

整骨院等の施術費が治療費として損害賠償請求が認められる場合及びその範囲について説明しなさい。

〔1〕 序 論

交通事故の発生に伴い，被害者が骨折するなどして人的損害を被った場合，被害者は，主として，この損害を発生させた加害者（運転手）に対し，直接損害賠償請求権を行使することができる（民709条）。身体の傷害の状況は，骨折のみならず打撲，頚椎捻挫など様々だが，医師がこの適切な治療を行うにあたり，被害者が交通事故により自ら出費を要した損害としての治療費が発生するのである。

被害者がいかなる限度で加害者に治療費の支払請求権を有するかは，この治療内容及び治療費について，当該交通事故との間で相当因果関係が認められるかどうかという問題であり，医学的に必要かつ相当な治療内容に関する相当な額の実費が治療費として認定されることになる。

そうすると，どのような治療をするかは医師が選択するにしても，医師の裁量も合理的な範囲を超えてはならず，これを逸脱した過剰診療，検査等により発生する治療費は，医師による治療でも交通事故との間で相当因果関係を欠くものといえる。

身体の傷害に対して，医師による診療行為（業としての診断及び治療行為をいう）が有効であることが確認されており，判例は，治療行為とは，「人の疾病治療を目的とし現時医学の是認する方法により診察，治療（手術，投薬等）をなすこと，換言すれば主観的には疾病治療を目的とし客観的にはその方法が現代医学

に基づくもので診断治療可能なもの」をいうとしている（広島高岡山支判昭29・4・13高刑特報31号87頁）。

しかし、医師による治療行為だけが有効であるとは限らず、今日では、医師によらない整骨院や接骨院等での施術行為（鍼・灸、マッサージ療法等）も怪我の治療に有効と考えられている。これらの施術行為によって症状が軽減するなど、施術による効果が認められ、客観的にみて必要かつ相当な行為であれば、この施術費も治療に要した費用として損害賠償請求の対象になると考えられる。

自賠責保険でも治療関係費として、「免許を有する柔道整復師、あんま、マッサージ、指圧師、はり師、きゅう師が行う施術費用は、必要かつ妥当な実費とする。」として損害による相応な賠償金を支払えることが明記してある（『赤い本』（上）〔2016年版〕資料）。

現実に、交通事故により頸椎捻挫（いわゆるむち打ち症）となった場合など、受傷者は整形外科での治療に満足せず、鍼・灸やマッサージ療法を受けることがあり、民事裁判でも、この施術費を治療費として加害者の負担すべき被害者の損害として認められるか否か、どの範囲で認められるかについて争点となる。

〔2〕 整骨院等の施術

(1) 診療行為と施術行為

医師法17条は、「医師でなければ、医業をなしてはならない。」と規定し、医業とは、医師免許のある医師が業として行う診療行為であり、患者に対して行う診断及び治療のことをいい、医師の独占業務である。

医師ではない国家資格（厚生労働大臣の免許）を有する柔道整復師、あん摩マッサージ指圧師（以下「マッサージ師」という）、はり師、きゅう師は、医師法の例外規定として定められた「あん摩マッサージ指圧師、はり師、きゅう師等に関する法律」（昭和22年法律第217号。以下「マッサージ師等に関する法律」という）に基づき、その定められた範囲内において、業としてマッサージ等の施術（医療でいう治療）を行うことができる（マッサージ師等に関する法律1条）。

マッサージ師等の施術行為は、医師の行う診療行為と区別され、マッサージ師等に関する法律12条には、「何人も、第1条に掲げるものを除く外、医業類似行為を業としてはならない。ただし、柔道整復を業とする場合については、

柔道整復師法（昭和45年法律第19号）の定めるところによる。」と規定し，マッサージ師，はり師，きゅう師の施術をいずれも医業類似行為とした。柔道整復師の施術は，柔道整復師法で定める柔道整復業である（柔道整復師法15条。元々柔道整復師は，マッサージ師等に関する法律の名称に並立して記載され，同法に基づき，業として施術を行うことができたが，昭和45年に柔道整復師法が単独立法され，今日に至っている）。

さらに，法律により，業（医療）として行うことを禁止された医業類似行為というのは，必ずしも身体を治すことを目的とするものに限らず，保健（予防）を目的とするものも含め，わが国においては，整体術，温熱療法など古来から極めて多数存在し，交通事故による受傷者も医師の指導による温泉療法，カイロプラクティック（手技療法）などの民間療法（資格制度なし）を取り入れることもある。

(2) 柔道整復師による施術

柔道整復師とは，厚生労働大臣の免許（国家資格）を有する者であり（柔道整復師法2条1項），医師以外に柔道整復師でなければ，業として柔道整復を行ってはならない（同法15条）。

柔道整復師に許された柔道整復とは，打撲，捻挫，脱臼，骨折などによる損傷に対して，外科手術を行い，又は薬品を投与し，若しくはその指示をする等の方法によらないで，応急的又は医療補助的な方法によりその回復を図ることを目的として行う施術のことをいう（柔道整復師法16条，長野地松本支判昭47・4・3判時682号56頁）。この内で脱臼及び骨折については，応急手当をする場合以外は医師の同意がない限り患部に対する施術をしてはならない（柔道整復師法17条）。エックス線撮影やＭＲＩ検査も行うことができない（エックス線撮影につき，最決平3・2・15刑集45巻2号32頁）。

柔道整復師は，業務の範囲内で自ら負傷の状態を把握し，自らが施術できる負傷であるか否かを判断（診察）して施術を行うことができる。すなわち，問診，視診，触診等は，医行為であるが，これらは柔道整復の施術に必然的に附随するものとして，柔道整復師法で許容されている。また，外科手術を行うことはできないが，前掲の判決（長野地松本支判昭47・4・3）等から考えると，湿布のように柔道整復業に伴い当然に必要とされる行為や柔道整復業に附随してなされる程度のあん摩，マッサージ行為なども許されていると解するが，柔道

整復師は，施術（診断）に一定の責任を負うものである。例えば，交通事故により頸椎捻挫に伴う頭部への影響などがあった場合，予測される影響を見落とさないようにして必要に応じて医師に照会する必要もある。

柔道整復による施術費が治療費として交通事故の損害賠償の対象となるかについては，従前より問題となるところであるが，医師の指示がある場合や明確な指示がなくとも，この施術行為により症状が軽減するなどの効果が認められる場合，施術の必要性を認定するのが相当である。

民事裁判で施術費を（一部）認容した事例は，以下のとおりである（医院名等は判決文によらずに「○○医院」などと表記した。以下同じ）。

(a) 被告は，○○整骨院や□□接骨院における施術については，医師の指示や施術の必要性・相当性を欠くから，本件事故と相当因果関係が認められないと主張する。しかしながら，……①原告は，診療時間が限られている△△整形外科医院には，ほとんど週末しか受診することができなかったことから，早期治療のため，勤務終了後に通院することができる整骨院等に通院することとし，△△整形外科医院の担当医師もこれを承知していたこと，②原告が整骨院等で受けていた施術の内容は，△△整形外科医院で受けていた消炎鎮痛等の処置と概ね同じであり，症状改善に効果的であったことが認められる。以上によれば，○○整骨院や□□接骨院における施術は，本件事故と相当因果関係があると認められる（東京地判平25・8・9自保ジャーナル1910号64頁）。

(b) □□整骨院での施術について，……△△整形外科の医師は，施術を受けることを容認していたものと認められ，また，原告の症状を緩和する効果があったと認められるが，△△整形外科の医師は施術を積極的に指示していたとまでは認められないこと，治療日が△△整形外科と重複していることなどを考慮すれば，平成14年4月（症状固定時期）までの施術費等のうち，50％を本件事故と相当因果関係のある損害と認めるのが相当である（大阪地判平18・12・20自保ジャーナル1707号14頁）。

(c) 被告らは，○○整骨院での施術料については，医師の指示がなく，必要性・相当性を欠き相当因果関係がないと主張する。しかし，□□病院のD医師が医学的必要性から整骨院への通院を指示した旨の意見書を差し入れていること，○○整骨院の詳細な施術録からすれば，同院における施術により，SLR

テストの結果や肩の挙上角度，疼痛が緩和するなど症状が改善していることを考慮すれば，○○整骨院での施術に一定限度の必要性・相当性が認められるというべきである。もっとも，原告は，ほぼ連日にわたり○○整骨院に通院しているところ，医学的に見てそれほどの頻回な施術が必要であったと認めるに足る証拠はなく，原告の症状の程度と上記の改善効果と総合考慮し，○○整骨院における施術料95万6700円の8割について相当因果関係のある損害と認める（京都地判平23・11・18自保ジャーナル1872号80頁）。

(3) **マッサージ師，はり師，きゆう師の施術**

マッサージ師，はり師，きゆう師は，いずれも厚生労働大臣の免許（国家資格）を有するもので，業として医業類似行為（施術行為）をすることができる。

業としての内容は，マッサージ師はあん摩，マッサージ，指圧の各手技（なでる，押す，揉むなどのあらゆる行為・基本は器具を使用しない）で人体の変調等を改善する施術者であり，はり師やきゆう師は，鍼を用いたり，艾を燃焼部位（ツボ）で燃焼させる物理療法であって，それぞれの各業務を独占して行う。はり師ときゆう師の両方の資格を有する者を鍼灸師という。

骨折や脱臼に対する施術行為について，マッサージ師は，柔道整復師と同様に医師の同意があれば，その患部を継続して施術を行うことができるが（マッサージ師等に関する法律5条），はり師やきゆう師については，法令による規定はない。この事実は，マッサージ師の施術は医師のもとにおける現代医学の体系に属しているが，鍼灸術は現行医療の範疇に入らない東洋医学の体系にある施術であり，専門職種として鍼灸術の範囲でその独立性が保持されてはいるが，科学レベルで治療的な技法などが完全に解明されているものではないといえる。

マッサージ師，はり師，きゆう師は，業として施術行為を行うのであり，医師の診療行為である診断をすることはできない。万人と同様に診断行為を繰り返すことは違法行為であり，診断書を作成することはできない。マッサージ師等が作成できる法的書類としては，自己が行った業務内での施術証明書，施術費支払明細書（領収書）がある。

加害者に対するマッサージ師等の施術費の支払請求についても，特にその必要性や相当性が問題となる。

(a) 医師の指示によらないマッサージ治療を認めた裁判例

第1節　人的損害　　　　　　　　　　　　Q15　整骨院等の施術費　　159

（△△医大附属病院に通院したが主治医Aから治癒したとの認定を受けた）原告は，……週1回ないし3回の割合で指圧師の許へ通ってマッサージ治療を受けた。この間，原告は胸部痛が治まっていたが，マッサージをやめてから胸部痛が再現し，同年12月から……頃まで○○医院に通院した。○○医院の医師は，電気マッサージ，湿布等の治療を施した。……△△医大附属病院で原告の主治医であったAは，原告の症状にマッサージが良いという指示はしていないというのであるが，……原告は，右マッサージによってその期間中本件事故に起因する胸部痛を免れていたのであるから，これに要した費用は被告に負担させるのが相当である（札幌地判昭56・7・10交民集14巻4号836頁）。

(b)　交通事故とマッサージ・鍼治療費との相当因果関係を否定した裁判例

　原告は，……○○マッサージにおいて，マッサージ，鍼治療を受け，施術費を支出した旨主張し，病院の医師が原告からマッサージ・鍼治療を受けている旨報告を受けたことは認められるけれども，右治療につき，医師が指示あるいは同意した事実は認めることができず，また，原告の症状が固定する前の時期におけるマッサージ鍼治療の医学的な必要性，合理性についてはこれを認めるに足る証拠がなく，本件事故とマッサージ，鍼の治療費との間に相当因果関係を認めることはできないといわざるを得ない（大阪地判平9・9・5交民集30巻5号1341頁）。

(c)　鍼灸治療は，法的な免許制度に基づく施術が行われたものとして事故との相当因果関係を認めた裁判例

　原告は，……マッサージを利用しているところ，ほぐし屋Gの利用については，施術内容が「ほぐし」とされており，法的な免許制度に基づく施術とは認めがたい。そうすると，マッサージについて加療を諒とする旨の医師の診断書をもっても，施術内容および有効性にはなお疑問があるといわざるを得ない。よって，ほぐし屋Gの利用費用14万円について，本件事故と相当因果関係のある損害と認めるには足りない。他方，○○鍼灸院の利用については，施術内容は鍼灸治療であって，法的な免許制度に基づく施術が行われたものと認められ，上記医師の診断を踏まえると，同鍼灸院の施術については必要性および相当性が認められるというべきであり，同鍼灸院の施術費1万円については本件事故と相当因果関係のある損害と認めるのが相当である（東京地判平26・11・28

判例秘書登載)。

(4) 整体，カイロプラクティックの施術等

前記の(2)及び(3)以外の整体術やカイロプラクティック（手技療法）等は，国家資格のない医業類似行為であり，業としての施術行為が禁止されている（マッサージ師等に関する法律12条)。

最高裁は，業としてHS無熱高周波療法を利用した施術にかかる判断において，当該医業類似行為である施術をしたところで直ちに処罰されるのではなく，処罰するためには，当該医業類似行為が人の健康に害を及ぼすおそれのあることの認定が必要であるとした（最判昭35・1・27刑集14巻1号33頁）。この見解に基づき，整体，カイロプラクティック，足のツボ療法，リラクゼーションなどの名称でマッサージ業類似行為を行う店（保健医療，サービス業）が多く存在しているのが現状である。このような民間療法において，施術証明書が発行されても，これが法的な証明書類とはならないであろう。前記(3)(c)の裁判例にあるマッサージ業の施術のように，施術の必要性，有効性などに疑問が生じ，それを証明することが困難といえる。

古来から，受傷部位の治療を施すのに温泉療法が有効ともいわれるが，この療法についても，医学的な見地からの判断は医師しかできないのであり，治療費として認定するためには，原則，医師の指示や積極的な指導に基づく温泉療法であることが必要である。

(a) 整体料を治療費として認めなかった裁判例

原告は，整体院における整体料を請求するので，検討するに，対象疾患に対する治療と疲労回復等のための整体術との境界は明確ではないこと，患者の受傷の内容と程度に関し医学的見地から行う総合的判断は医師しかできないところ，整体術は整形外科の治療法と比較したときに限界があり，整体によりかえって筋組織の硬直を招く問題点もあること，整体においても，整骨院における施術と同様に，施術の手段・方式や成績判定基準が明確ではないため施術の客観的な治療効果の判定が困難であることや施術費算定についても診療報酬算定基準のような明確な基準がないという事情があることを考慮すると施術の必要性・有効性，施術内容の合理性，施術期間の相当性及び施術費用の相当性の各要件を満たす証拠が認められない本件において，整体料を整形外科病院の治療

費と同様に，加害者の負担すべき損害とするのは相当ではない（東京地判平16・2・27交民集37巻1号239頁）。

(b) カイロプラクティック費用が肯定された裁判例

証拠及び弁論の全趣旨によれば，原告は，……まで○○カイロプラクティッククリニックに通院して電気治療を受け，87万5000円を支出したこと，右治療は医師の勧めによるもので，腕の運動障害や知覚障害を改善する効果があったことが認められる。右によれば，同治療は，症状固定後の分も含めて，前記認定の症状の内容，程度に照らし，必要かつ相当なものであり，これに要した右費用は本件事故と相当因果関係があると認められる（大阪地判平6・9・29交民集27巻5号1339頁）。

(c) 温泉療法の費用について，医師による積極的指導があった場合にこれを肯定した裁判例

原告は，……本件事故を契機に低血圧が憎悪したり，低血圧により頚椎捻挫症状が慢性化する可能性があり，(○○病院整形外科からの紹介による同病院心療内科の)医師は，積極的なリハビリテーションや温泉療法，転地療法を行う必要があると判断し，原告に△△温泉病院への入院を勧めた……（本件事故との因果関係を認めた上で△△温泉病院における治療費として85万2361円を認める）……原告は，上記治療費のほか……までの間，「□□□□」という名称の温泉施設に通って，風呂に入ったり，マッサージを受けるなどして，合計14万7600円を支払ったことを……認めることができる。……原告は，(この)温泉施設における治療につき，医師から身体を温めるように指示を受けたため，温泉施設に通って体を温めたり，軽くマッサージを受けていた旨を供述するが（原告本人），これを医師の指示に基づく治療行為ということはできず，その治療効果も明らかではない。したがって，(これを)本件事故と因果関係のある損害として認めることはできず，原告の上記主張は理由がない（静岡地浜松支判平19・12・3判タ1273号260頁）。

〔3〕 損害賠償の対象とその範囲及び立証方法

(1) 認定される施術費とその範囲

治療費は交通事故における財産的損害（交通事故により支出があった，あるいは債

務を負担したことの損害）であり，原則として，症状固定時までの期間の治療費が当該事故との間に相当因果関係のある損害として認められる。施術費も身体の損傷を治す目的をもって発生するのであるから，認められる施術費の範囲も上記治療費と同様に認めることができる。もっとも，前記〔2〕(4)(b)の裁判例のように症状固定後のかかる費用がまったく認められないわけではない。

　前記〔2〕で述べてきたとおり，医学的な見地から行う患者の受傷にかかる診断は医師しかできないこと，施術には整形外科等の医師の治療と比べて限界があること，施術者によって技術レベルが異なること，施術の方法や程度も多種多様であることなどから，施術を受けるには，原則として，医師の指示が必要であり，また，医師の指示の有無にかかわらず，施術の必要性・有効性，施術の合理性，施術期間の相当性及び施術費用の相当性の各要件を満たすことが必要である。

　柔道整復師の施術行為については，医師の指示がある場合や明確な指示がなくとも，この施術行為により症状が軽減するなどの効果が認められるならば，施術の必要性が認定されるのが相当であるが（前記〔2〕(2)），身体の回復を促進する目的等で施術部位が多方面にわたっている場合や施術期間が不必要に長期であったり，施術費が高額過ぎたりする問題もある。この場合，病院での診療結果などで施術内容の合理性を検討し，必要性がなかったとされる施術内容にかかる施術費を認めなかったり，一部減額したりして相当額が認定される場合もある（前記〔2〕(2)(b)(c)）。

　マッサージ師等の施術行為についても，原則として，医師の指示があることが求められ，医師のように症状に応じた診断をすることが認められないし，結果において，施術が保健（健康保持）を目的として他部に及ぶ場合もあり，特にその必要性や相当性が問題となるところである。これらの施術行為は，柔道整復師の施術と比較しても，治療費として証拠により認定されるのは，より制限的になると考えられ，特に，整体やカイロプラクティックなどの民間療法や温泉療法などは，整形外科の医師の指示，病院の紹介などがあり，その施術が受傷部位の治療に必要・有益であるとの積極的な証明がなされないと，原則として，交通事故との間の相当因果関係が否定されることになろう（前記〔2〕(3)(b)(c)，同(4)(a)(c)）。

(2) 立証方法等

交通事故における損害賠償請求（民709条）において，原告（被害者）は，損害の事実や損害額の立証をする必要があるが，損害の発生についての証拠書面として整骨院などの領収書（支払明細書）だけでは足りない。施術の必要性・有益性や施術内容の合理性を証明するため，当該治療を受けた医師の診断書，診療録に加え，①医師の同意書若しくはこれに代わる書面，②施術証明書，③施術費支払明細書，④自動車損害賠償責任保険・共済診療報酬明細書，⑤民間医療機関での施術日数証明書などが必要と考えられる。

損害（損害額）の認定は，裁判所の裁量事項であるから，原告は，被告の認否・反論を待つまでもなく，訴えの提起とともに，上記①以下の書面を書証として提出すべきである。

施術費の算定では，医師の診療報酬算定基準のような明確な基準があるわけでもないが，施術費が高額過ぎると思える事案など，書証として健康保険や労災保険における柔道整復師施術料金算定基準表などがあれば，この基準と比較等してみて，社会一般の水準とみることもでき妥当と判断するための証拠となりうる。

被害者が自賠責保険から保険金として，施術費の支払を受けている場合は，支払を受けた限度で損害が填補されているので，この支払額を差し引いた額が被告（加害者）に対する請求額となる（自賠責保険の支払基準額は，民法709条に基づく損害賠償請求額（現実の支出額）を下回ることがある）。この場合，原告は，自賠責保険からの保険金支払明細書若しくは支払を受けた事実を証明できる書類を書証として提出すべきである。

［中林　清則］

Q16 慰謝料

慰謝料の算定基準について説明しなさい。

〔1〕 はじめに

(1) 慰謝料の定義・法的性質

　慰謝料とは，被害者が受けた精神的損害（被害者の感じる苦痛とか不快感）に対する賠償のことである。民法710条は財産以外についての損害に対しても賠償責任が生ずることを規定しているが，精神的損害は財産以外についての損害の典型といいうる。

　ところで，現行法における不法行為に基づく損害賠償制度について，判例は，懲罰的損害賠償制度を採用していない。すなわち，「不法行為に基づく損害賠償制度は，被害者に生じた現実の損害を金銭的に評価し，加害者にこれを賠償させることにより，被害者が被った不利益を補てんして，不法行為がなかったときの状態に回復させることを目的とするものである」（最判平5・3・24民集47巻4号3039頁）と判示している。そのため，慰謝料についても懲罰的な慰謝料を認めておらず，したがって，慰謝料の本質については，「私的制裁」（私的制裁説）ではなく，被害者の損害（精神的損害）をてん補するための賠償であると解すべきである（損害てん補説）。

(2) 慰謝料請求権の取得主体

　交通事故についても，その被害者が負傷したり，死亡したりした場合につき，慰謝料請求権を取得するのはだれかについて，以下のような問題がある。

(a) 交通事故の被害者が負傷した場合

第1節　人的損害　　　　　　　　　　　　　　　　Q16　慰謝料

　㈠　被害者が負傷した場合，被害者本人が慰謝料請求権を取得する（民709条・710条）。この点は，当然に認められ，特に問題はない。
　㈡　被害者が負傷した場合，被害者の近親者が慰謝料請求権を取得するか。
　被害者が負傷した場合については，民法711条（被害者が死亡した場合について規定）のような規定がないために問題となる。
　この点につき，判例は肯定説を採る。すなわち，「民法709条，710条の各規定と対比してみると，所論民法711条が生命を害された者の近親者の慰籍料請求につき明文をもって規定しているとの一事をもって，直ちに生命侵害以外の場合はいかなる事情があってもその近親者の慰籍料請求権がすべて否定されていると解しなければならないものではなく，むしろ，前記のような原審認定のような事実関係によれば，被上告人はその子の死亡したときにも比肩しうべき精神上の苦痛を受けたと認められるのであって，かかる民法711条所定の場合に類する本件においては，同被上告人は，同法709条，710条に基いて自己の権利として慰籍料を請求しうるものと解するのが相当である。」と判示している（最判昭33・8・5民集12巻12号1901頁）。
　(b)　交通事故の被害者が死亡した場合
　㈠　被害者が死亡した場合，被害者本人が慰謝料請求権を取得し，その慰謝料請求権が相続人に相続されるかという問題がある。
　被害者が死亡した場合，特に即死の場合には，被害者本人が慰謝料請求権を取得する余地はなく，よって，その慰謝料請求権が相続人に相続されるということもありえないという見解もある（相続否定説）。また，被害者が慰謝料を請求する意思表示を行った場合には，被害者本人が慰謝料請求権を取得し，相続人に相続されるという見解もある（意思表明相続説）。
　しかし，判例は当然相続説を採っている。すなわち，「ある者が他人の故意過失によって財産以外の損害を被った場合には，その者は，財産上の損害を被った場合と同様，損害の発生と同時にその賠償を請求する権利すなわち慰籍料請求権を取得し，右請求権を放棄したものと解しうる特別の事情がないかぎり，これを行使することができ，その損害の賠償を請求する意思を表明するなど格別の行為をすることを必要とするものではない。そして，当該被害者が死亡したときは，その相続人は当然に慰籍料請求権を相続するものと解するのが相当

である。」と判示している（最判昭42・11・1民集21巻9号2249頁）。

　この当然相続説に対しては，学説から，①即死の場合，被害者本人は苦痛を感じることはなく，慰謝料請求権は発生しないのではないかとか，②たとえ苦痛を感じ慰謝料請求権が発生するとしても，その慰謝料請求権は被害者の一身専属権と解すべきではないかとか（一身専属権であるとすると相続性は認められない。民896条ただし書），③この当然相続説では，被害者（死亡）の父母・配偶者・子に固有の慰謝料請求権を認めた民法711条が無意味な規定になってしまうといった批判がなされている。しかし，少なくとも裁判実務においては，当然相続説による運用が定着している。

　(ロ)　被害者が死亡した場合，被害者の父母・配偶者・子が慰謝料請求権を取得する（民711条）。

　この点については，民法711条で認められており，特に問題はない。

　(ハ)　被害者が死亡した場合，被害者の父母・配偶者・子以外の近親者が慰謝料請求権を取得するか。

　この点も，判例は肯定説を採っている。すなわち，「文言上同条（民法711条）に該当しない者であっても，被害者との間に同条所定の者と実質的に同視しうべき身分関係が存し，被害者の死亡により甚大な精神的苦痛を受けた者は，同条の類推適用により，加害者に対し直接に固有の慰藉料を請求しうる」と判示し，被害者の夫の妹であり，身体障害者であるため，被害者と長年同居し，被害者の庇護のもとに生活を維持し，将来もその継続を期待していた者に固有の慰謝料請求権を認めた（最判昭49・12・17民集28巻10号2040頁）。

(3)　慰謝料の斟酌事由

　慰謝料，すなわち被害者が受けた精神的損害に対する賠償額を算定する際に，どのような事情を，どのように斟酌するかについては，裁判所が「各場合ニ於ケル事情ヲ斟酌シ自由ナル心証ヲ以テ之ヲ量定スヘキモノ」とされており（大判明43・4・5民録16輯273頁），さらに，何を斟酌事由としたか，また斟酌した度合なども含めて，その理由を判決理由中に記載する必要はないとされている（最判昭47・6・22裁判集民事106号335頁参照）。

　また，慰謝料の算定の際に，被害者の事情のみならず，加害者の事情も考慮してよく（大判昭8・7・7民集12巻18号1805頁参照），この点は「当事者双方の社

会的地位，職業，資産，加害の動機および態様，被害者の年令，学歴等諸般の事情を参酌すべきであることは，むしろ当然の事柄」とされている（最判昭40・2・5裁判集民事77号321頁）。

なお，慰謝料の算定にあたっては，不法行為（交通事故）時の事情のみならず，口頭弁論終結時までの事情を斟酌することができる。

(4) 慰謝料の調整機能

(a) 慰謝料には調整機能があるといわれている。これは，慰謝料の額を算定する際に，慰謝料をもって財産的損害のてん補不足分を補い調整しようとする機能である。

例えば，①財産上の損害が生じているとは確認できるが，証拠が十分でなく，財産上の損害がいくらであるかを明確に認定できない場合，②受傷による将来の減収を明確に認定できないなどのため，逸失利益による損害の算出に困難をともなう場合，また，将来的には逸出利益の発生がありうるのに，現在においては逸失利益の発生を認定できない場合，③将来の手術費の算定に困難をともない，現在においては将来の手術費を損害と認定できない場合，④通常支出すべき費用を節約したなどによって，一般的には当然に生じる損害を認定できない場合，⑤男女の賃金格差を埋める必要がある場合などに，この慰謝料の調整機能が働くとされている。

この慰謝料の調整機能は，同一事故により生じた同一の身体傷害を理由とする財産上の損害と精神上の損害につき賠償を請求する場合の訴訟物ないし不法行為に基づく損害賠償請求権は1個であること（最判昭48・4・5民集27巻3号419頁）を前提にし，財産上の損害につきその賠償額の認定判断に困難がともなう場合に，実務上のやむを得ない調整として行われてきたもので，実務的には，上記の①ないし⑤のような事情もあって，慰謝料の算定の際に，被告の防御権に配慮をした上で，この慰謝料の補完的機能を活用せざるを得ないことも少なくないとされている。

(b) しかしながら，この慰謝料の調整機能に対しては，①財産上の損害の金額を認定するのが困難な場合とはいえ，慰謝料の調整機能の名の下に，慰謝料に財産上の損害の代用的役割を与えるもので，その結果，慰謝料を財産上の損害に対し二次的にとらえ，慰謝料を低く抑える傾向をもたらす可能性がある

とか，②このような場合には，民事訴訟法248条の規定を適用して対応することも可能であるとか，あるいは，本来逸失利益の損害を積極的に認定すべき場合であるのに，それをしないで，安易に慰謝料で調整しているとか，③慰謝料の調整機能を用いると，原告の主張を超えて慰謝料を認定する場合も生じうるが，このような場合には被告に対する不意打ちの問題も生じるとかの批判もあって，財産上の損害の金額を認定するのが困難であることを，安易に慰謝料の金額の算定事由として斟酌することは慎むべきであるといった見解も有力である。

〔2〕 死亡慰謝料

(1) 死亡慰謝料の算定

被害者が交通事故により死亡した場合の死亡慰謝料について，いくらが相当かについては，最終的には裁判所が裁量によって決定することになる。死亡慰謝料についても，定額化の傾向が定着しているとされる。そして，裁判所は，そのような定着化の傾向の中で，①下記(2)(b)における被害者の家庭における地位を基本要素とした基準額を基礎にし，その上に，②被害者の年齢や職業，③事故態様などの諸般の事情も考慮した上で相当な額を決定することになる。

なお，被害者が死亡した場合について，被害者の父母・配偶者・子は，民法711条によって自ら固有の慰謝料請求権を取得し，そこで，この慰謝料請求権を行使する場合もある。その一方，これらの者は被害者の相続人でもありえ，そのため，被害者自身の慰謝料請求権を相続したとしてこれを行使する場合もある。実務においては，被害者の父母・配偶者・子が自ら固有の慰謝料請求権を行使する場合と被害者から相続した慰謝料請求権を行使する場合とで，それらの慰謝料の総額に差が生じることはないとされている。

(2) 算定基準

(a) 東京地方裁判所においては，原則として『赤い本』（上）〔2016年版〕における基準に準拠している[*1]。

> [*1] 佐久間邦夫ほか編『交通損害関係訴訟』〔補訂版〕（青林書院）91頁以下参照。ところで，簡易裁判所においては，訴訟の目的の価額（訴額）が140万円を超えない請求を取り扱うとされており（裁33条1項1号），このような事物管轄の関係で，

第1節　人的損害　　　　　　　　　　　　　　Q16　慰謝料

東京簡易裁判所における民事交通事故訴訟において，被害者が死亡した場合を取り扱うことは少ない。しかし，取り扱うことになった場合には，東京地方裁判所と同様に『赤い本』の基準に準拠することになろう。また，東京簡易裁判所における民事調停事件において，被害者が死亡した交通事件を取り扱う場合には，やはり『赤い本』の基準に準拠することになろう。

(b)　前掲『赤い本』には，被害者の死亡慰謝料について，
「一家の支柱　　　2800万円
　母親，配偶者　　2500万円
　その他　　　　　2000万円〜2500万円
本基準は具体的な斟酌事由により，増減されるべきで，一応の目安を示したものである。
　　（注1）　『その他』とは，独身の男女，子供，幼児等をいう。
　　（注2）　本基準は死亡慰謝料の総額であり，民法711条所定の者とそれに準ずる者の分も含まれている。
　　（注3）　死亡慰謝料の配分については，遺族間の内部の事情を斟酌して決められるが，ここでは基準化しない。」
と記載されている（163頁）。

ところで，「一家の支柱」の意義については，『赤い本』には記載がない。しかし，『青本』〔24訂版〕に，「当該被害者の世帯が，主として被害者の収入によって生計を維持している場合をいう」とあり（165頁），同様に解すべきである。この「一家の支柱」についての死亡慰謝料が，他の場合と比べて高額になっているのは，一家の支柱が死亡した場合には，残された遺族は，経済的支柱を失うことになって，将来に対する不安は他の場合よりも大きく，その点で，精神的苦痛は大きいものと考えられ，しかも，死亡した本人も，経済的に独立した家族を残して死亡する場合に比べて，その無念さやくやしさは一層大きく，その点で，精神的苦痛も大きいものと解せられる。このように，残された遺族も死亡した本人も，他の場合よりも精神的苦痛は一層大きいものと考えられるからである。

また，「母親，配偶者」の基準を設けたのは，これらの者は「一家の支柱」と並ぶ重要な地位を占めるので，「その他」の場合よりも特別扱いするべきだ

からである。

(c) 高齢者の場合の死亡慰謝料については，人生を享受している度合や余命期間の少ないことなどを考慮し，少し低めの認定になることが多いとされる。しかし，それでも，上記(b)の基準における「その他」の基準額の下限を割り込むことは少ないようである。

〔3〕 傷害慰謝料

(1) 傷害慰謝料の算定

被害者が交通事故により傷害を被った場合[*2]の傷害慰謝料についても，いくらが相当かについては，最終的には裁判所が裁量によって決定することになる。この傷害慰謝料についても，入通院期間を基礎とした定額化の傾向が定着している。そして，裁判所は，そのような定着化の傾向の中で，①下記(2)(b)における入通院期間に応じた金額（基準額）を基礎にし，その上に，②傷害の部位や内容，その程度，③治療経過，④被害者の生活や仕事における不都合の内容，期間，その程度，さらには⑤事故態様などを総合的に考慮して相当な額を決定することになる。

> [*2] 被害者が交通事故により傷害を被った場合につき，その場合の慰謝料については，実務上は，被害者の傷害の症状が固定するまでのもの（傷害慰謝料）とその後の後遺障害に係るもの（後遺障害慰謝料）に分けて論じるのが一般である。

(2) 算定基準

(a) 被害者が交通事故により傷害を被った場合の傷害慰謝料についても，東京地方裁判所や東京簡易裁判所においては，原則として，前掲『赤い本』における基準に準拠している。

(b) 前掲『赤い本』には，被害者の傷害慰謝料について，

「(1) 傷害慰謝料については，原則として入通院期間を基礎として別表Ⅰを使用する。

　　通院が長期にわたる場合は，症状，治療内容，通院頻度をふまえ実通院日数の3.5倍程度を慰謝料算定のための通院期間の目安とすることもある。

　　被害者が幼児を持つ母親であったり，仕事等の都合など被害者側の事情により特に入通院期間を短縮したと認められる場合には，上記金額を増額

第1節　人的損害　　　　　　　　　　　　　　　　Q16　慰謝料

することがある。なお，入院待機中の期間及びギプス固定中等安静を要する自宅療養期間は，入院期間とみることがある。
(2)　傷害の部位，程度によっては，別表Ⅰの金額を20％～30％程度増額する。
(3)　生死が危ぶまれる状態が継続したとき，麻酔なしでの手術等極度の苦痛を被ったとき，手術を繰返したときなどは，入通院期間の長短にかかわらず別途増額を考慮する。
(4)　むち打ち症で他覚所見がない場合等（注）は入通院期間を基礎として別表Ⅱを使用する。通院が長期にわたる場合は，症状，治療内容，通院頻度をふまえ実通院日数の3倍程度を慰謝料算定のための通院期間の目安とすることもある。
　　　（注）『等』は軽い打撲・軽い挫創（傷）の場合を意味する。」
と記載されている（170頁）。
　（c）入通院期間に応じた傷害慰謝料
　上記のように傷害慰謝料については，原則として，入通院期間に応じた金額が基準とされ，入通院期間を基礎にして傷害慰謝料の目安が決められることになる[*3, *4]。
　このように入通院期間に応じた金額が基準とされ，入通院期間を基礎にして傷害慰謝料の目安が決められるのは，次のような理由による。まず，本来であれば，被った傷害の結果が重大であると精神的苦痛も大きく，その分傷害慰謝料の額も増額されると考えるべきである。しかし，それを「結果が重大⇒その分，入通院期間が長くなる。⇒その分，精神的苦痛も増大する。⇒慰謝料の額が増大する。」という考えの下に，客観的に把握の容易な入通院期間の長さを基準にして，傷害の場合の慰謝料を決定しようとするものであり，そのような考え方に一定の合理性が認められる。次に，交通事故に基づく人身傷害の場合にも，その事故態様は実に様々であるところ，大量の事件を迅速，適正に処理するためには，傷害につき，結果の重大性を入通院期間という客観的に明確な要素によって把握し，それに応じた慰謝料を算出し，慰謝料の定額化を図ろうとするものであり，そのような方向性に合理性が認められるだけでなく，このような基準を用いることによって，慰謝料についての衡平性と統一性を実現することが可能になる。さらに，前掲『赤い本』における別表Ⅰや別表Ⅱにおけ

る慰謝料の額は，そもそも編集者が裁判例の傾向を十分に斟酌し，交通事故における傷害慰謝料の算定基準として公表したものであり，すでに膨大な数の交通事件の処理において，参考にすべき基準として用いられており，交通事故に基づく傷害の程度とそれに対応する慰謝料を決める基準として一定のコンセンサスを得ており，これらの基準を，参考基準として用いることに一定の合理性が認められるからである。

例えば，交通事故により受傷し，3ヵ月入院し，その後4ヵ月目から9ヵ月目にかけて6ヵ月通院して治癒した場合の傷害慰謝料は，下記の【計算】のとおり，211万円となり，この211万円が傷害慰謝料の目安となる（ただし，この場合は前掲『赤い本』の別表Ⅰを使う場合であると想定している）。

【計算】

- 前掲『赤い本』の別表Ⅰにおける3ヵ月間の「入院」についての慰謝料（基準額） ⇒145万円
- 同別表Ⅰにおける9ヵ月間の「通院」についての慰謝料（基準額） ⇒139万円
- 同別表Ⅰにおける3ヵ月間の「通院」についての慰謝料（基準額） ⇒73万円
- よって，145万円＋（139万円－73万円）＝211万円
    ※ 上記の6ヵ月間通院した分の慰謝料については，通院のみ6ヵ月分の慰謝料がこれにあたるのではなく，通院の初めの時点である3ヵ月目から通院の終わりの時点である9ヵ月目までの6ヵ月間の慰謝料（基準額）の増加額がこれにあたることに注意。

なお，前掲『赤い本』の別表Ⅰにおいては，当初入院しその後通院して治癒した場合の慰謝料については，入院期間として該当する月数（上記の例であれば3ヵ月）と通院期間として該当する月数（上記の例であれば6ヵ月）の交差するところの額をみれば，容易にわかるようになっている。

* 3 　上記のように，傷害慰謝料については，入通院期間を基礎にしてその金額の目安が決められることから，入通院慰謝料ともいわれる。

* 4 　前掲『青本』においても，傷害慰謝料について，「入・通院慰謝料表を基準として，上限額と下限額を算出し，その範囲内において妥当な金額を決定する。」とされており（153頁），入通院期間を基礎にして傷害慰謝料の金額の目安を決めることになっている。

第1節 人的損害　　　　　　　　　　　　　　　Q16　慰謝料

(d) 入通院期間が長期間で，不規則な場合の修正

　被害者の仕事などの都合，その一方，被害者の不定愁訴によって，さらには，病院側の過剰診療・濃厚診療などによっても入通院期間が左右されることがあり，そのため，入通院期間を基準にするのは客観性に乏しいとの指摘もある。そこで，通院頻度などを基礎にして慰謝料の額を妥当なものに修正できるようにするため，前掲『赤い本』では，上記のように，①通院が長期にわたる場合は，症状，治療内容，通院頻度をふまえ実通院日数の3.5倍程度を慰謝料算定のための通院期間の目安とすることもあるとされている[*5]。さらに，②被害者が幼児を持つ母親であるとか，仕事等の都合など被害者側の事情によって入通院期間を短縮したと認められる場合には，慰謝料の金額を増額することがあるとされ，また，③入院待機中の期間とかギブス固定中等安静を要する自宅療養期間は，入院期間とみることがあるとされている[*6]。

　　＊5　このような修正がなされる場合は，通院頻度がただ少ないだけでなく，通院頻度が少ないために治療経過を反映していないのではないかとして，治療の必要性に疑問がもたれる場合を想定している。

　　＊6　前掲『青本』においても，「通院が長期化し，1年以上にわたりかつ通院頻度が極めて低く1ケ月に2～3回程度の割合にも達しない場合，あるいは通院は続けているものの治療というよりむしろ検査や治癒経過の観察的色彩が強い場合など」には，修正通院期間（通院実日数の3.5倍）を求め妥当な金額を定めればよいとされている（154～155頁）。

(e) 傷害の部位，程度に応じた増減

　入通院期間の長さを基準に傷害慰謝料の額を決定することを修正し，慰謝料の額を妥当なものにするため，前掲『赤い本』では，上記のように，①傷害の部位，程度によっては，別表Ⅰの金額を20％～30％程度増額するとされ，さらに，②生死が危ぶまれる状態が継続したとき，麻酔なしでの手術等極度の苦痛を被ったとき，手術を繰り返したときなどは，入通院期間の長短にかかわらず別途増額を考慮するとされている[*7]。

　　＊7　前掲『青本』においても，「程度の軽い神経症状（被害者の自覚症状によってしか傷害の存在を判別できない程度のむちうち症など），軽い打撲・挫創（傷）のみの場合は下限とし，大腿骨の複雑骨折又は粉砕骨折，脊髄損傷を伴う脊柱の骨折等，

苦痛や身体の拘束が強い症状の場合は上限を基準とする。その他の通常の傷害については、上限の7〜8割程度の額を目安とすればよい」「脳・脊髄の損傷や多数の箇所にわたる骨折、内臓破裂を伴う傷害の場合は、通常生命の危険があることが多く、これらの症例の場合で絶対安静を必要とする期間が比較的長く継続したとき、あるいは症状の回復が思わしくなく重度の後遺障害が残り、あるいは長期にわたって苦痛の大きい状態が継続したときなどは、特に症状が重いものとして上限の金額の2割増程度まで基準額を増額してもよいと思われる。」とされている（154頁）。

(f) 他覚所見のないむち打ち症等についての慰謝料

むち打ち症で他覚所見のない場合、また軽い打撲や軽い挫創（傷）の場合の慰謝料については、通常よりも低い慰謝料が相当とされ、そこで、前掲『赤い本』では、上記のように、別表Ｉの3分の2程度の慰謝料が規定されている「別表Ⅱを使用する」とされている*8。

特に、他覚所見のないむち打ち症においては、被害者本人の気質、年齢的要因、被害者意識の強さなどを原因として、被害者が自覚症状を強く訴える場合もあり、他方、病院側も被害者が何らかの痛みを訴えて通院してくる以上これを拒めない場合もあって、通院期間が長期化し慰謝料の額が高額なものになるおそれもある。そのため、「通院が長期にわたる場合は、症状、治療内容、通院頻度をふまえ実通院日数の3倍程度を慰謝料算定のための通院期間の目安とすることもある。」と、通院頻度で修正しうるようにされている。

＊8　前掲『青本』においては、「下限」を基準とする旨が記載されている（154頁）。

(g) 被害者が相当期間治療を受け、その後に死亡した場合の慰謝料

交通事故の被害者が相当期間治療を受け、その後に死亡した場合には、死亡慰謝料とは別個に、傷害慰謝料を算定する。しかし、被害者が交通事故の数日後に死亡した場合は、治療における慰謝料については、死亡慰謝料を算定する際の一事情として考慮するのが一般である。

〔4〕 後遺障害慰謝料

(1) 後遺障害慰謝料の算定

後遺障害とは、傷害が治ったとき身体に残存する障害のこととされている

（自動車損害賠償保障法施行令（以下「自賠法施行令」という）2条1項2号）。そして，この場合の「治った」とは，傷病に対し一般に承認された治療方法を用いても，もはやその治療効果を期待しえない状態に至り（療養の終了），かつ，残存する障害が，自然的経過によって到達する最終の状態（症状の固定）に達した場合をいう。このように「治った」状態において身体に残存する障害につき，その苦痛，外見の悪さ，生活への不都合・悪影響などに対し，後遺障害慰謝料が支払われることになる。

　この後遺障害慰謝料についても，いくらが相当かについては，最終的には裁判所が裁量によって決定することになる。そして，後遺障害慰謝料についても，定額化の傾向が定着している。裁判所は，そのような定着化の傾向の中で，①基本的に，自賠法施行令別表第1又は第2のいずれかの等級に相当する場合に，後遺障害慰謝料が支払われることとなっているので，そのいずれの等級に相当するかの認定判断が行われることを前提に，下記(2)(b)における当該等級に応じた金額を基礎にして，その上に，②残存した障害の部位や内容，その程度，③治療経過，④被害者の生活や仕事における不都合・悪影響の内容，その程度，⑤介護の要否，さらには⑥事故態様などを総合的に考慮して相当な額を決定することになる。

(2) 算定基準

(a)　交通事故の被害者に後遺障害が残った場合に，東京地方裁判所においては，後遺障害慰謝料について，原則として前掲『赤い本』における基準に準拠している[*9]。

> ＊9　前掲『交通損害関係訴訟』〔補訂版〕204頁以下参照。簡易裁判所の事物管轄（裁33条1項1号。訴訟の目的の価額（訴額）が140万円を超えない請求を取り扱う）の関係で，東京簡易裁判所における民事交通事故訴訟において，被害者に後遺障害が残った場合を取り扱うことは少ない。しかし，取り扱うことになった場合には，東京地方裁判所と同様に，前掲『赤い本』の基準に準拠することになろう。また，東京簡易裁判所における民事調停事件において，被害者に後遺障害が残るような交通事件を取り扱う場合には，やはり同『赤い本』の基準に準拠することになろう（上記＊1参照）。

(b)　交通事故の被害者の後遺障害が自賠法施行令別表第1又は第2のいず

れの等級に相当するかの認定判断が行われることを前提に，前掲『赤い本』には，被害者の後遺障害慰謝料について，

「第1級－2800万円，第2級－2370万円，第3級－1990万円，第4級－1670万円，第5級－1400万円，第6級－1180万円，第7級－1000万円，第8級－830万円，第9級－690万円，第10級－550万円，第11級－420万円，第12級－290万円，第13級－180万円，第14級－110万円」

と記載されている（174頁）*10。

> *10 前掲『青本』においては，「1等級－2700万円〜3100万円，2等級－2300万円〜2700万円，3等級－1800万円〜2200万円，4等級－1500万円〜1800万円，5等級－1300万円〜1500万円，6等級－1100万円〜1300万円，7等級－900万円〜1100万円，8等級－750万円〜870万円，9等級－600万円〜700万円，10等級－480万円〜570万円，11等級－360万円〜430万円，12等級－250万円〜300万円，13等級－160万円〜190万円，14等級－90万円〜120万円」とされている（157頁）。

(c) 重大な後遺障害が残った場合の近親者の慰謝料請求権

交通事故の被害者に重大な後遺障害が残った場合には，その被害者の近親者に対し，民法711条の類推適用により，その者固有の慰謝料請求権が認められる（前掲最判昭33・8・5参照）。

ただし，前掲『赤い本』にも前掲『青本』にも，近親者固有の慰謝料額の認定について，認定基準は設けられていない。

そして，近親者固有の慰謝料が認められる場合には，その慰謝料と被害者本人の後遺障害慰謝料との合計額が上記(b)の基準額を超える場合もある。

(d) 上記(b)の14級に該当するとはいえないが，後遺障害が残った場合

交通事故の被害者に残った後遺障害が上記(b)の14級に該当しない場合（無等級の場合）であっても，後遺障害慰謝料が認められる場合もある。例えば，歯科補綴を3歯以上に行った場合は14級であるが，2歯に行ったにすぎない場合は14級に該当しない（無等級となる）。しかし，この場合にも，後遺障害慰謝料を認めるような場合である（前掲『赤い本』190頁参照）。

(e) より上級の等級に至らない場合

特定の後遺障害等級の認定がなされ，より上級の等級に至らない場合であっても，症状によっては認定等級の慰謝料に相当額を増額することがある。例え

ば，「外貌に醜状を残す」場合は「12級」であるところ，被害者はこの場合に該当するとして後遺障害等級「12級」の認定がなされた（すなわち，「外貌に相当程度の醜状を残す」場合は「9級」であるが，「9級」にまでは至っていないとされ，「12級」とされた）。しかし，このような場合であっても，症状などを考慮し，「12級」に相当する慰謝料に相当額の増額をする場合である（前掲『赤い本』193頁参照）。

（f）交通事故の負傷による後遺障害が確定した後に，被害者が上記の負傷によって死亡した場合

この場合には，交通事故から死亡までの期間の長さ，またその間の被害者の生活状況などを総合的に考慮し，死亡慰謝料に相当額の増額をするのが一般的な取扱いであり，後遺障害慰謝料と死亡慰謝料を当然に合算するものではない（前掲『交通損害関係訴訟』〔補訂版〕205頁参照）。

　　　　　　　　　　　　　　　　　　　　　　　　　　［井手　良彦］

Q 17 慰謝料の増額

慰謝料の増額事由について説明しなさい。

〔1〕 はじめに

　慰謝料の増額事由については，慰謝料を請求する被害者において，その存在を主張・立証しなければならない。すなわち，慰謝料の増額請求を行う被害者側に，増額事由の存在についての主張・立証責任がある。

　そして，慰謝料の増額事由については，死亡慰謝料，傷害慰謝料及び後遺障害慰謝料の3者に共通する事由と傷害慰謝料と後遺障害慰謝料に共通する事由がある。以下，それぞれについて検討する。

〔2〕 死亡慰謝料，傷害慰謝料及び後遺障害慰謝料の3者に共通する増額事由

(1) 事故態様が悪質な場合

　加害者に故意があるとか，また，加害者の過失が重大であるとかなど，事故態様が悪質である場合には，それらの事情は慰謝料の増額事由になりうる。

　(a) このような場合に，被害者に過失がないときには，交通事故訴訟において，「加害者の過失が一方的なものであり」とか「被害者には何の過失もない」として，慰謝料を増額する傾向が強いとされており，他方で，被害者にも過失があるときには，加害者の過失が一方的なものとはいえないとの理由により，慰謝料を増額するほどではないということに向かいやすいといわれている。ただし，被害者にも過失があり過失相殺される場合において，慰謝料の増額が

一切行われないというものでもなく，このような場合であっても，加害者の過失のほうが重大であって事故態様が悪質であれば，慰謝料の増額が認められることはある。

(b) 事故態様が悪質な場合の具体例としては，①飲酒運転・酒気帯び運転の場合，②ひき逃げ（救護義務違反，報告義務違反）の場合，③著しいスピード違反の場合，④信号無視の場合，⑤無免許運転の場合，⑥居眠り運転の場合，⑦脇見運転の場合などが考えられる。

このような場合には，事故態様の違法性の程度なども考慮し（例えば，①の場合であっても，酒気帯びにすぎない場合と飲酒により酩酊状態に陥っていた場合とでは違法性の程度がまったく異なる，また，②のひき逃げの場合であっても，現場を離れたが，短時間で現場に戻ってきた場合とそのまま逃走してしまった場合とでは違法性の程度が異なってくる），被害者の慰謝料を増額する傾向が強くなる。

(2) 加害者の事故後の態度が著しく不誠実な場合

(a) 慰謝料の算定にあたっては，不法行為（交通事故）時の事情のみならず，口頭弁論終結時までの事情を斟酌することができる。

(b) したがって，加害者の事故後の態度についても，慰謝料の算定にあたっての斟酌事由となしえ，この点から，加害者の事故後の態度が不誠実な場合には，一般的に，そのような不誠実な態度を慰謝料の増額事由となしうる。ただし，この場合にも，加害者の態度が不誠実というだけでは足りず，加害者の不誠実な態度が被害者の精神的苦痛を増加させている場合に限定して慰謝料の増額事由になるものと考えるべきである。

(c) 具体的には，加害者が証拠を隠滅した場合，謝罪がない場合，さらに自らの責任を否定した場合などが不誠実な態度になりうる。このうち証拠を隠滅した場合が，不誠実な態度に該当し慰謝料の増額事由になることに問題はないであろう。

他方，謝罪がない場合，また自らの責任を否定した場合に不誠実な態度になるかどうかについては，その判定が困難な場合がある。

このうち謝罪がない場合については，一方的な加害者でありながら，格別の理由もないのに，被害者との接触を初めからもとうとせず謝罪しない場合，例えば，傷害を負った被害者に対し見舞いを一切しないとか遺族に対し慰謝の措

置をまったくしないような場合には，一般的に，不誠実な態度との評価は免れないものと考えられる。

次に，自らの責任を否定した場合のうち，加害者の一方的，かつ重大な過失であることが明らかであるのに，それを無用に争って被害者やその遺族の賠償の機会を遅らせたという場合には，一般的に，不誠実な態度と評価すべきものと解すべきである。しかし，自らの責任を否定した場合であっても，被害者にも過失がある場合に，刑事手続において加害者が自らの過失を否認したり，より少ない過失を主張したりしたという場合には，そのような行為をしたというだけでは不誠実な態度とは評価できないものと解せられる。なぜならば，そのような主張をすることは，加害者にとり刑事手続における正当な防御権の行使ともいえるもので，そのような防御権の行使をしたために民事上の責任を加重するというのは相当でないからである。そのため，刑事手続において加害者が自らの責任を否定したような場合であっても，そのような加害者の行為が著しく不相当な場合に限って，不誠実な態度と評価すべきものと考えるべきである。

(3) 増額の程度

上記の(1)及び(2)のような事情がある場合に，慰謝料の額をどの程度増額するべきかという問題である。

しかし，この点については，実務上においても基準になるようなものはなく，事案に応じて弾力的に増額がなされている。

〔3〕 傷害慰謝料・後遺障害慰謝料の増額事由

(1) 死亡慰謝料と共通の増額事由

傷害慰謝料や後遺障害慰謝料についても，上記〔2〕の(1)及び(2)において論じた場合と同様の事由が増額事由になりうる。

すなわち，加害者に故意があるとか，また，加害者の過失が重大であるとかなどの事故態様が悪質である場合，また，加害者の事故後の態度が著しく不誠実な場合には，傷害慰謝料や後遺障害慰謝料においても慰謝料の増額事由になる。

(2) 傷害慰謝料や後遺障害慰謝料に特有の増額事由

(a) 慰謝料の調整機能によって増額される場合

第1節　人的損害　　　　　　　　　　　　Q17　慰謝料の増額

　慰謝料の調整機能とは，慰謝料の額を算定する際に，慰謝料をもって財産的損害のてん補不足分を補い調整しようとする機能であるとされる。そして，例えば，①財産上の損害が生じているとは確認できるが，証拠が十分でなく，財産上の損害がいくらであるかを明確に認定できない場合，②受傷による将来の減収を明確に認定できないなどのため，逸失利益による損害の算出に困難をともなう場合，また，将来的には逸出利益の発生がありうるのに，現在においては逸失利益の発生を認定できない場合，③将来の手術費の算定に困難をともない，現在においては将来の手術費を損害と認定できない場合，④通常支出すべき費用を節約したなどによって，一般的には当然に生じる損害を認定できない場合，⑤男女の賃金格差を埋める必要がある場合などに，この慰謝料の調整機能を使って，慰謝料を増額しようとする場合である（Q16〔1〕(4)参照）。

　(b)　後遺障害において，より上級の等級に至らないが増額される場合
　『赤い本』（上）〔2016年版〕によれば，特定の後遺障害等級の認定がなされ，より上級の等級に至らない場合であっても，症状によっては認定等級の慰謝料に相当額を増額することがあるとされている（前掲『赤い本』193頁参照）。例えば，「外貌に醜状を残す」場合は「12級」であるところ，被害者はこの場合に該当するとして後遺障害等級「12級」の認定がなされた（すなわち，「外貌に相当程度の醜状を残す」場合は「9級」であるが，「9級」にまでは至っていないとされ，「12級」とされた）。しかし，このような場合であっても，症状などを考慮し，「12級」に相当する慰謝料に相当額の増額をする場合である（Q16〔4〕(2)(e)参照）。

　(c)　その他の増額事由
　被害者が受傷により後遺障害とまではいえない障害が生じていたり，後遺障害等級に顕れないような障害が生じていたりした場合，女性が流産や中絶を余儀なくされたり，受胎能力に影響を受けたりした場合，学生の場合の学業への悪影響があった場合，趣味や生活上の享楽を受けられなくなった場合，職業選択の制約や転職・転業を余儀なくされたとか，昇進が遅れたなどの事由があった場合には，それらの事由についても，慰謝料の増額事由であるとされている（前掲『赤い本』41頁参照）。

〔井手　良彦〕

Q18 休業損害

休業損害の算定方法について説明しなさい。

〔1〕 休業損害の意義と算定方法

(1) 休業損害の意義

　休業損害とは，消極損害としての逸失利益の一種であり，被害者が，交通事故による傷害が治癒し，又は症状固定に至るまでの療養期間中に治療等のために仕事ができなくなって休業を余儀なくされ，又は十分に稼働することができなかったことによる損害（現実の収入減少）である。休業損害は，自動車損害賠償保障法16条に基づく被害者請求の場合に関する「自動車損害賠償責任保険の保険金等及び自動車損害賠償責任共済の共済金等の支払基準」（平成13年金融庁・国土交通省告示第１号）においては，同法16条の２及び同法施行令３条の２で定められている「療養のため労働することができないことによる損害」と同義と理解されている。現実の収入減少分が損害の内容であり，傷害の内容・程度がその認定に影響しない点において，後遺障害による逸失利益とは異なる。

　なお，症状固定とは，医学上一般に承認された治療方法（療養）をもってしてもその効果が期待できない状況で，かつ，残存する症状が自然的経過によって到達すると認められる最終の状態を指すとされている（前掲平成13年金融庁・国土交通省告示第１号によって準用される，労災保険制度に関する昭和50年９月30日付旧労働省労働基準局長通達（基発第565号）別冊「障害等級認定基準」参照。『赤い本』（上）〔2016年版〕401頁以下）。治癒日ないし症状固定日以降の逸失利益は，後遺障害逸失利益として算定されることになる。

(2) 算定方法の原則

算定方法は、一般的に、（事故前の収入（基礎収入）の日額）×（事故日から症状固定日までの休業日数）－（休業中の賃金等の支払分）の計算式で算定される。このうち、基礎収入の認定が最も問題となるが、基礎収入は、被害者の職業ないし収入の態様に応じて、以下のように分類整理して検討するのが一般である。

〔2〕 給与所得者

(1) 算定方法

事故前の給与額を基礎収入として療養等のための欠勤により喪失した給与額を算定するが、実務では、事故前3ヵ月間の平均給与（基本給及び超過勤務手当、住宅手当、通勤手当、扶養手当等の付加給付を含む）を90日で除して1日あたりの基礎収入を算定することになる（労働基準法26条における休業手当算定の基礎となる同法12条1項の平均賃金算出方法と同様である）。損害賠償金は非課税であるから、所得税、住民税、社会保険料は控除しないで算定する。

(2) 休業期間中の有給休暇使用

現実の収入減はないので否定する見解もあるが、有給休暇は労働者の権利として財産的価値があり、自賠責保険でも有給休暇使用を休業損害と認めており（前掲平成13年金融庁・国土交通省告示第1号の第2の2(1)参照）、実務では、有給休暇の費消は財産的損害として賠償請求しうるとして有給休暇使用期間も休業期間として算定するのが一般である。自宅療養のため13日間の有給休暇を利用した事案につき、前年給与所得を365日で除した金額を基礎として13日分を認めた事例（東京地判平14・8・30交民集35巻4号1193頁）、有給休暇1日あたりの金額に争いがある事案につき、賞与を除く年収を稼働日数（365日から所定の休日数を控除した日数）で除した金額を基礎日額として認めた事例がある（東京地判平18・10・11交民集39巻5号1419頁）。

(3) 休業期間中の昇級・昇格ないしその遅延、賞与減額

休業中に昇級・昇格があった場合はその収入を基礎として算定する。また、休業による昇級・昇格の遅延、賞与の減額・不支給があった場合は、それも損害と認められる（福岡地小倉支判昭62・7・3交民集20巻4号913頁）。損害額は、勤務先からの賞与等の減額証明書により認定することになろう。

(4) 症状固定前の退職

退職に至った経緯について事故と相当因果関係がある限り，症状固定前の退職の場合でも休業損害が認められる。その休業期間は，症状固定時まではもちろん，退職後治癒した場合でも治癒時までには限定されず，合理的な求職期間については休業損害と認められる。事故による欠勤を理由に解雇された場合に，昨今の雇用情勢等に鑑みれば原告のような新卒者以外の再就職は容易ではないとして，治癒後3ヵ月間について従前の給与を基礎として休業損害を認めた事例（東京地判平14・5・28交民集35巻3号706頁），受傷後当分の間出社の見込みが立たないため10日後に自主退社した調理師見習いアルバイトについて，治療が実質的に終了した時から2ヵ月間の休業損害を認めた事例（東京地判平18・3・28自保ジャーナル1650号）がある。

〔3〕 事業所得者（自営業者，自由業者，農林水産業者）

(1) 事業所得者の意義

おおむね小規模の個人事業主（商工業者，農林水産業者）が多く，中規模以上の企業については後記の会社役員として問題になることが多いと思われる。自由業者は，開業医，弁護士，著述業，プロスポーツ選手，芸能人，ホステスなど報酬等によって生計を営む者である。

(2) 算定方法

原則として，（(事故前年の確定申告額を基本とした) 収入額－固定経費以外の経費）の日額×休業日数の計算式で算出される。申告外所得の主張は自己矛盾の主張であるから，その認定は信用性の高い証拠に基づいて厳格に行われるべきである（塩崎勤編『専門訴訟講座①交通事故訴訟』413頁）。しかし，事業運営の主体である被害者が休業せざるを得なくなったことによって事業がどのような影響を受けたかを判断するのは，個別事情など複雑な要因があって容易ではなく，現実の収入減少をどのように把握するかが問題となる。

(a) 確定申告による場合

被害者の事故前の収入額は，原則として，前年の所得税確定申告所得額によって認定することになる。被害者が療養のためまったく事業をすることができなかった期間があれば，前年の所得税確定申告所得額を基礎収入としてその日

額に休業期間を乗じて損害額を算出することになる。しかし，もともと事業自体の経営効率が悪く収益性が低い状況にあったような場合は，休業と収入減少との相当因果関係に疑問が生じることから，100％の相当因果関係を認めるのではなく，割合的に判断される事例もある。また，赤字事業を営む個人事業者のように，申告所得額がマイナスである場合は，前年の所得額に休業日数等を乗じる方法によることはできず，損失（赤字）の拡大額をもって休業損害と捉えることになる。開業から大幅な赤字傾向が続いていたトリマー業者につき，休業期間中の所得減少は，経営効率の悪さ，社会経済状況の変化及び同業者との競合による受注減少の可能性も否定できないとして，事故年については事故前2年度の平均損失と事故年損失との差額の7割を基礎に282日間，事故翌年については事故前2年度の平均損失と事故年損失との差額の7割を基礎に症状固定まで99日間を認めた事例がある（横浜地判平26・12・26自保ジャーナル1943号）。

(b) 申告所得を超える場合

申告所得を超える基礎収入を認めた例も少なくない。建設業者につき，事故前3年間の申告所得額が収入に比して低額にすぎ現実の生活水準を維持できないとして，賃金センサス男性50歳から54歳平均額687万5000円を基礎収入として減収額を認定した事例（大阪地判平20・3・11交民集41巻2号283頁），個人タクシー男性運転手につき，妻作成のノートに記載された売上金額は組合が作成したチケット換金証明書と照合して正確であり，確定申告書の売上額は2割ほど過少申告であるとして，妻作成のノートの事故前3ヵ月分の売上額から燃料費等の経費を控除した額を基礎として日額収入を算定した事例（横浜地判平20・9・4交民集41巻5号1202頁）がある。

(3) **固定経費**

休業中の事業の維持・存続のために必要な固定経費（地代家賃，従業員給与，電気料金等の公共料金）の支出は，事故による休業によって負担のみを余儀なくされたものであるから，事故と相当因果関係がある休業損害と認められる。固定経費には，事業に必要な機器のリース料，損害保険料，接待交際費も認められた例がある（保険外交員の男性につき，接待交際費として冠婚葬祭費，慶弔費，お見舞い金，お歳暮・お中元の贈り物合計200万円を固定経費と認めた東京地判平23・1・26自保ジャーナル1850号）。

〔4〕会社役員

(1) 会社役員の特殊性

　会社役員は，会社との委任関係（会330条）に基づき会社経営のための労務を提供し報酬を受けるという側面と，会社の実質的な経営支配に関与することに伴ってその利益の分配を受けるという側面を併有しており，一般の従業員とは異なる。したがって，会社役員が受ける報酬には，労務提供の対価としての部分と，利益配当の実質をもつ部分が含まれていると解されるが，後者は休業してもその金額に影響しないと解される。そうすると，労務対価部分は休業損害として認められるが，利益配当の実質をもつ部分は休業損害としては認められないことになる。この点について判例は，「企業主が生命または身体を侵害されたため企業に従事することができなくなつたことによつて生ずる財産上の損害額は，特段の事情のないかぎり，企業収益中に占める企業主の労務その他企業に対する個人的寄与に基づく収益部分の割合によつて算定すべきである。」としている（最判昭43・8・2民集22巻8号1525頁・判夕227号131頁）。

　会社役員の会社からの収入は，名目上は役員報酬と給与に分けて処理されていることも多いが，大企業の場合以外は必ずしも実態を反映していないことが多く，支給の名目のみから労務対価性を判断することは困難である。多くの裁判例も，後記のような要素を総合的に考慮して労務対価性を判断している。

(2) 労務対価部分算定の判断要素

　労務対価部分の算定方法は，一般的には，会社の規模（及び同族会社か否か）・利益状況，当該役員の地位・職務内容，年齢，役員報酬の額，他の役員・従業員の職務内容と報酬・給与額（親族役員と非親族役員との報酬額の差異），事故後の当該役員及び他の役員の報酬額の推移等を総合的に検討して行うことになる。

(a) 会社の規模・利益状況

　大企業のいわゆるサラリーマン重役の場合は，役員報酬の全額が労務対価部分と評価できる場合が多いとされている。会社は一部上場企業の子会社で相当の規模であるが，いわゆる雇われ社長であって，その収入は役員報酬ではなく労働の対価である給与と認定された事例がある（東京地判平15・3・27交民集36巻2号439頁）。また，個人企業が法人成りして間がないようないわゆる実質的個

人会社の場合も、役員報酬の全額が労務対価部分と評価できる場合があり、建物解体工事等を目的とする会社の代表者につき、個人会社でその職務内容も肉体労働が多いこと等から、月額100万円の役員報酬全額を労務の対価と認めた事例がある（千葉地判平6・2・22交民集46巻4号915頁）。

いわゆる同族会社などのように小規模会社で当該役員がオーナーである場合やその親族がオーナーである場合は、役員報酬中に実質的な利益配当部分や節税目的の加算部分が含まれている可能性があり、経営者の親族である役員は経営者と親族関係のない従業員から役員になった者より役員報酬が相当高額であることが多く、役員報酬中に利益配当部分が含まれていることが多いと考えられる。被害者が代表取締役、妻が取締役、娘と息子のほか8名の従業員がいるという会社の規模、経営状況を考慮して、被害者も複数いる重機オペレーターの1人として稼働していたことを踏まえ報酬50万円の70％を労務対価部分と認めた事例（東京地判平14・1・16交民集35巻1号9頁）、夫が代表取締役である専務取締役の妻について、2名のパート従業員と肉体労働に従事していたが、休業中も人員の増員はなく、売上・利益とも横ばいないし増加する一方で、他の役員報酬が増加したり、復職後軽作業にもかかわらず月額報酬45万円が支払われていることを総合的に考慮して、実質的な利益配当部分を40％とし、年収の60％を基礎収入として認めた事例がある（大阪地判平15・4・30自保ジャーナル1546号）。他方で、父親が経営する印刷会社の監査役（30歳）につき、会社の中心的な働き手として稼働していることから、会社から得る収入はその労務の対価として不相当なものとはいえないとして事故前年の年収全額を基礎収入として認めた事例がある（東京地判平13・2・16交民集34巻1号237頁）。

(b) 当該役員の地位・職務内容

当該役員が名目的な取締役等であって実際には何ら取締役等として稼働していない場合は、その役員報酬に労務対価部分があるとはいえないことになる。息子が経営する会社の監査役である78歳女性について、監査役報酬を労務の対価とは認めなかった事例がある（東京地判平12・5・24自保ジャーナル1374号）。他方で、被害者（症状固定時41歳）が名目取締役にすぎず従業員として労働に従事していたこと、事故後報酬の全額が支給されていないことから、役員報酬部分（月額4万5000円）についても労務の対価と認めた事例がある（東京地判平11・

6・24判タ1003号322頁)。

(c) 役員報酬の額

代表取締役の子である取締役が，若年で経験が浅いにもかかわらず高額の役員報酬を得ているような場合は，その役員報酬中には相当の利益配当部分が含まれ，労務対価部分の割合は比較的低いとみることになる。年齢，経歴から見て役員報酬額が高額であるかどうかを見極める方法として，賃金センサスを参照する裁判例も多い。勤務先の専務取締役かつ株主でもある被害者（代表取締役の娘婿）が，月額55万円の給料を得ていたが，休業期間は給料が支払われず，復職後も力仕事ができないことから給料が半減し，その後月額50万円が支払われるようになったが生活補償の意味合いであると認められること，会社は同族会社であり利益配当をしたことがないこと，賃金センサスと比較しても事故前の収入は高額とはいえないことなどから，全額を労務の対価であると認めた事例がある（神戸地判平12・2・17交民集33巻1号257頁）。

(d) 他の役員・従業員の職務内容と報酬・給与の額

当該役員と他の役員・従業員との職務内容にほとんど差異がないにもかかわらず，当該役員の報酬額が他の役員・従業員の報酬や給与より相当高額である場合は，その差額のうち相当部分は労務対価性がないと判断される可能性がある。貴金属の卸売販売を業とする会社の代表取締役の報酬が月額153万円（年間1836万円），専務取締役の報酬が月額53万円，従業員の給与が月額43万円である場合について，他の役員の報酬や従業員の給与と比較すると突出しているとして，賃金センサスも考慮して60％の1101万円余りの限度で労務対価性を認めた事例がある（東京地判平12・8・31交民集33巻4号1425頁）。

(e) 事故後の役員報酬額の減少・変化

事故後に稼働できなかった期間に応じて役員報酬が支払われず，又は減額された場合は，不支給又は減額された額の全額ないし相当部分は労務対価性を有すると考えることになると思われる。月額30万円の報酬を受けていた代表取締役が事故後3ヵ月間は報酬支払を受けていなかった場合についてこれをすべて労務対価性を有すると認めた事例がある（名古屋地判平15・1・17交民集36巻1号49頁）。また，事故後役員報酬が支払われなかった時期はあるが，事故後の当該役員の稼働困難により営業損失を計上した決算期においても770万円の役員

報酬が支給されていたとして，役員報酬2040万円からこの770万円を控除した額につき労務対価性ありと認めた事例がある（東京地判平13・5・30交民集34巻3号694頁）。

〔5〕 家事従事者

　家事従事者とは，家庭においてもっぱら主婦的な業務に従事している者をいうが，事故による傷害のため家事に従事できなかった場合には休業損害が認められる（最判昭50・7・8交民集8巻4号905頁）。家事従事者は女性に限らず男性の場合も含むが，その場合でも休業損害額は賃金センサスの女性平均賃金を基礎に算定するのが一般である。また，家事労働に対する評価は，現実の収入減少に対するものではないから，必ずしも通院日数を基本として休業期間を判断する必要はなく，治療期間全体について平均賃金センサスに対する一定の割合で損害額を認定する例も多いと思われる。

　家事労働には様々な要因があり，個別的な事案について，被害者の年齢，家族構成，身体状況，家事従事時間，家事労働の内容等の具体的な事情を考慮して基礎とすべき収入額を判断する必要がある。

　(a) 専業者

　女性労働者の全年齢平均賃金センサスを基礎とするか，年齢別の平均賃金センサスを基礎とするかについては，裁判例は必ずしも統一されていないようである。年齢層によって家族構成の違い（夫と幼児2人の家族である30歳代と，夫との2人暮らしの家族である60歳代など）があり，その違いによって家事労働の負担の軽重が異なる（前者は重く後者は軽いと解される）ことからすれば，年齢別の平均賃金センサスを基礎とすることが合理的な場合もあるのではないかと思われる。

　(b) 兼業者

　パートタイマー，内職等の兼業をしている主婦については，現実の収入額と女性労働者の平均賃金額のいずれか高いほうを基礎として算定するのが一般である。86歳の母，35歳の二男と同居し，自己の日額4528円のパート収入と二男，長男からの支出で生活し同居家族の家事労働をしていた60歳主婦について，60〜64歳女子平均賃金を基礎に算定した事例（大阪地判平10・7・24交民集31巻4号1098頁），清掃業務による月収10万円を有する60歳主婦について，60〜64歳女

子平均賃金を基礎に算定した事例（東京地判平12・9・27交民集33巻5号1573頁），パートによる月収8万5000円を有する4人の子供を養育中の37歳主婦について，事故後家事労働ができず実母に家事を手伝ってもらい，パート勤務もできなくなった場合について，全年齢女子平均賃金にパート収入を加えた金額が35～39歳女子平均賃金とほぼ等しいとして，これを基礎に算定した事例がある（神戸地判平12・9・26交民集33巻5号1555頁）。また，育児休業中に事故にあった36歳の会社員兼主婦につき，職場復帰予定日に復帰できなかった場合に，育児休業中は賃金センサス女性・学歴計を基礎とし，復帰予定日から実際に復帰できた日までは育児休業前の年収642万円を基礎として算定した事例がある（大阪高判平16・9・17自保ジャーナル1588号）。

(c) 男性の場合

入退院を繰り返していた妻及び娘と同居し，妻に代わって家事の多くを分担していた81歳男性につき，家事労働を月額18万円と評価し，事故日から76日間は100％，それ以降症状固定日まで1008日間は75％を認めた事例（大阪地判平11・2・18交民集32巻1号296頁），パーキンソン病で寝たきりの状態となった妻の介護をしていた71歳男性につき，妻の介護を行っていたことを家事労働と認め，賃金センサス女性・学歴計65歳以上平均の80％を基礎に，事故日から妻が死亡した日まで1850日間，1211万円を認めた事例（東京地判平14・7・22交民集35巻4号1013頁），妻が正社員として働き専業主夫として掃除，洗濯，料理等の家事労働を行っていた52歳男性につき，賃金センサス女性・学歴計・全年齢平均を基礎に，入院46日間は100％，通院3年340日間は25％で，合計380万円余を認めた事例がある（横浜地判平24・7・30交民集45巻4号922頁）。

(d) 家事代替労働のための支出（家政婦費用）

独り暮らしの女性が受傷により家事労働ができなくなり，家政婦を雇って費用を支出した場合については，その必要性・相当性があれば事故と相当因果関係のある損害と認められる。主婦が受傷により家事労働ができなくなり，家政婦費用を支出した場合については，裁判例は分かれている。24歳の主婦が受傷により家事労働ができなかった期間について家政婦費用を認めた事例があるが（横浜地判平7・9・29交民集28巻5号1443頁），他方で，59歳の主婦が受傷により家事労働ができなかった場合について，全年齢平均賃金を基礎に休業損害を

算定し，家政婦費用はこの休業損害に含まれているとして否定した事例がある（東京地判平 9・11・11 交民集 30 巻 6 号 1638 頁）。

〔6〕 無 職 者

　無職者であっても，労働能力及び労働意欲があり，就労の蓋然性がある者については休業損害が認められるが，賃金センサスの平均賃金よりは下回る水準になるのが一般である。アルバイトを退職して求職中の26歳女性につき，退職の翌日に事故にあったことなどの事情から，退職前のアルバイト収入月額16万円を基礎として算定した事例（大阪地判平 10・1・23 交民集 31 巻 1 号 57 頁），定年退職後，雇用保険受給中の60歳男性につき，雇用保険受給期間満了後は退職会社に再雇用される可能性があったとして，期間満了後から症状固定日まで297日間，賃金センサス男性・学歴計・60〜64歳平均の80％を基礎に算定した事例（京都地判平 12・4・13 自保ジャーナル 1356 号），約1年半前に運送業を廃業後無職であった62歳男性につき，具体的な就職話があり健康で就業意欲もあったこと，求職期間等を考慮して，事故から3ヵ月後には運転手の仕事に就く蓋然性が高かったとして，症状固定日まで570日間，賃金センサス男性・学歴計・60〜64歳平均の70％を基礎に算定し493万円を認めた事例がある（名古屋地判平 18・3・17 自保ジャーナル 1650 号）。

〔7〕 学生・生徒・幼児等

　原則として休業損害は認められないが，収入がある場合は認められる。また，事故による受傷のために就職が遅れたことによる損害は認められる。20歳男子大学生につき，事故時は3年生になったばかりで就職活動のために直ちにアルバイトを自粛しなければならない状況ではなかったとして，事故前日まで102日間の実収入を基礎として症状固定日まで384日間199万円余を認めた事例がある（名古屋地判平 23・2・18 交民集 44 巻 1 号 230 頁）。また，就職が内定していた27歳修士課程後期在学生の男性につき，事故により内定が取り消され症状固定まで就業できなかった場合に，就職予定日から症状固定日まで2年6ヵ月間，就職内定先からの回答による給与推定額を基礎として955万円を認めた事例（名古屋地判平 14・9・20 交民集 35 巻 5 号 1225 頁），18歳男子専門学校生につき，事故が

なければ翌々年4月から就労予定であったとして、賃金センサス男性・高専短大卒・20〜24歳の平均賃金を基礎として、就労開始時から症状固定の前である月まで約40ヵ月分989万円を認めた事例がある（大阪地判平24・7・30交民集45巻4号933頁）。

〔8〕 高齢者・年金受給者等

　高齢者・年金受給者等については、一般に就労の蓋然性がなく、休業損害は認められないのが原則である。しかし、妻が寝たきりの夫を介護していたような場合には、通常の家事労働よりも過重な労働に従事していたと評価することができ、賃金センサスの平均賃金を参照するなどして基礎収入を認定することも可能ではないかと考えられるし、従前の介護を継続するために家政婦を雇って費用を支出した場合については、その必要性・相当性を吟味した上で、事故と相当因果関係のある損害と認める余地があるのではないかと解される。68歳の主婦（症状固定時70歳）について、高齢でありその家事労働は通常の主婦の労働量より少ないことは明らかであるとして、全年齢女子平均賃金の70％を基礎に算定した事例がある（神戸地判平13・4・20交民集34巻2号544頁）。

〔藤岡　謙三〕

Q 19 損益相殺

損益相殺について説明しなさい。

〔1〕 損益相殺の意義

(1) 概　説

損益相殺とは，代表的な民法の概説書によれば，不法行為の被害者が，損害を被ったのと同一の原因によって利益を受けた場合に，その利益の額を賠償額から控除する法理であるとされる（内田貴『民法Ⅱ債権各論』〔第3版〕447頁）。民法には明文の規定がないが，公平の原理から当然に導かれる。日本で最初に損益相殺の概念を紹介したのは石坂音四郎であるとされ，その著書である『日本民法第三編債権第一巻』（明治44年）に記載がある。後に判例もこれを認めるに至った（大判昭3・3・10民集7巻152頁。石坂も判例も，「損得相殺」の語を用いる）。損益相殺に関する議論が盛んになり，判例にも順次現れるようになったのは，各種社会保険制度が整備されたことによる。そのため損害賠償請求訴訟において社会保険制度と損害賠償制度の制度間調整を行う必要が生じ，裁判所がその調整のためのテクニックとして損益相殺を使用してきたのであるといわれる（松浦以津子「損益相殺」星野英一編『民法講座第6巻』681頁）。

賠償されるべき損害額から，損益相殺によって控除される具体的な利益の範囲を画する基準について，通説は，不法行為と「相当因果関係の範囲内」にある利益であるとしている（加藤一郎『不法行為』245頁）。他方，保険金の受領の場合は，保険者の代位により損害賠償請求権が保険者に移転され，その限度で保険金受領者が損害賠償請求権を失うものであり，社会保険給付を控除するのは，

代位の規定があり，その補償が損失の填補という損害賠償と共通の目的に仕えるものだからであり，損益相殺と似て非なるものであるという議論もある（我妻栄ほか『判例コンメンタールⅣ事務管理・不等利得・不法行為』236頁）。そのほか，論者により損益相殺の意義や控除の基準は異なる場合も多い。

(2) **損益相殺的な調整**

損益相殺についての議論が重ねられる中，最高裁大法廷は，次のような判決を行った。

「被害者が不法行為によって損害を被ると同時に，同一の原因によって利益を受ける場合には，損害と利益との間に同質性がある限り，公平の見地から，その利益の額を被害者が加害者に対して賠償を求める損害額から控除することによって損益相殺的な調整を図る必要があり，また，被害者が不法行為によって死亡し，その損害賠償請求権を取得した相続人が不法行為と同一の原因によって利益を受ける場合にも，右の損益相殺的な調整を図ることが必要なときがあり得る。このような調整は，前記の不法行為に基づく損害賠償制度の目的から考えると，被害者又はその相続人の受ける利益によって被害者に生じた損害が現実に補てんされたということができる範囲に限られるべきである」（最大判平5・3・24民集47巻4号3039頁）。

これは損益相殺的な調整が控除の理論的根拠となることを示したものである。損益相殺ではなく損益相殺的な調整というのは，損益相殺は損害を被った主体と利益を受けた主体とが一致することを要件とするはずであるとの批判をかわすためといわれるが（滝澤孝臣「判解」最判解説民事篇平成5年度（上）478頁・481頁），これにより，被害者死亡の場合の相続人が受けた利益の控除にも妥当な根拠が与えられたことになる。また，少なくともこの判決以降の社会保険給付との調整は，代位の規定が適用されるか否かを問わず，損益相殺的な調整を根拠とすることになったものとも解される（綿引真理子ほか「判解」最判解説民事篇平成22年度（上）553頁，特に562頁，583頁注3・注4参照）。なお，被害者を被保険者とする人傷保険（自動車総合保険の人身傷害補償条項）の保険金など既に払い込んだ保険料の対価たる性質を有する給付は，前掲最大判平5・3・24のいう損益相殺的な調整の対象となる給付にはあたらず，その保険給付等がされた場合に，保険金請求権者が加害者に対して請求することができる損害が減額されるのは，

第1節　人的損害　　　　　　　　　　　　　　Q19　損益相殺　　195

保険金請求権者の加害者に対する損害賠償請求権を保険会社が代位取得する旨の保険契約約款の定めによるものである（最判平24・2・20民集66巻2号742頁参照）ことは留意が必要である（綿引ほか・前掲583頁注3，注4。以下「代位による減額」という。この場合も損害に対する塡補の面に着目すれば損益相殺的な調整により説明することが誤りとまではいえないものと解される）。

　損益相殺的な調整の概念により多くの控除について統一的な説明が可能となったといえるものの，実際の控除の可否，範囲の確定は，実務の運用や判例の集積によって行われている。そこで，最近の判例に現れたものを中心に概観することとする（ここでは，損益相殺又は損益相殺的な調整による控除若しくは保険代位による減額をまとめて「控除」という）。なお，損益相殺の主張・立証責任については，加害者側の抗弁であり，加害者に立証責任があるとするのが，一般的である（大江忠『要件事実民法(4)』〔第3版〕672頁等。村上博巳『証明責任の研究』〔新版〕303頁は，損益相殺のうち将来の損失を免れたことによる利益の事実は，これを控除した後の損害が真の損害であるから被害者側に立証責任があるとするが，立証不十分のときに賠償すべき損害額が減額されないことは加害者側の不利益であるから，この場合も加害者側に立証責任があるというべきものと考える）。

〔2〕　社会保険給付等

(1)　控除される主な給付

(a)　労働者災害補償保険法（以下「労災保険法」という）に基づく休業補償給付金・療養補償給付金（大阪地判平12・2・21交民集23巻1号292頁），障害（補償）一時金（名古屋地判平11・9・27交民集32巻5号1475頁），遺族補償年金（前掲最大判平5・3・24），葬祭給付・遺族年金前払一時金（大阪地判平14・1・25交民集35巻1号113頁）。

(b)　厚生年金保険法に基づく遺族厚生年金（最判平16・12・20裁判集民事215号987頁），障害厚生年金（最判平11・10・22民集53巻7号1211頁）。

(c)　健康保険法及び国民健康保険法に基づく療養の給付（健保63条，国保36条。最判平10・9・10集民189号819頁），高額医療費還付金（東京高判平15・7・29判時1838号69頁），健康保険法に基づく傷病手当金（名古屋地判平15・3・24判時1838号69頁）。

(d)　地方公務員災害補償法による療養費・葬儀費・遺族補償年金（名古屋地

判平22・2・5交民集43巻1号106頁)。

(2) 控除されない給付(特別支給金)

労災保険法に基づく休業特別支給金,障害特別支給金等の特別支給金については,労働福祉事業の一環として被災労働者の療養生活の援護等その福祉の増進をはかる目的のものであり,労災保険法に基づく保険給付の場合のような損害賠償義務の履行との間の調整規定もないから,これを損害額から控除することはできない(最判平8・2・22民集50巻2号249頁)。これは雇用主に対する賠償請求の事案であるが,交通事故損害賠償請求の実務でも同様の扱いが確立している。なお,地方公務員災害補償基金からの休業援護金も控除されない(名古屋地判平19・6・22交民集40巻3号782頁)。

(3) 損害の項目

労災保険法,厚生年金保険法,国民年金法等に基づく一時金や年金の給付が行われたことにより控除を認める場合も,その給付の趣旨から,控除の対象となる損害の項目が同性質のものに限られることがある。例えば,労災保険法に基づく給付では,療養補償給付,休業補償給付,障害補償給付,遺族補償給付,葬祭料,傷病補償給付,介護補償給付等があるが,葬祭料は葬儀関係費用を,介護補償給付は介護費用を塡補するものと考えられるから控除の対象もこの範囲に限られるものと解されることはわかりやすい。次のような判例がある。

労災保険法に基づく障害補償一時金・休業補償給付は財産上の損害を塡補するためのものであるから,慰謝料から控除することはできない(最判昭58・4・19民集37巻3号321頁)。労災保険法に基づく休業補償給付・傷病補償年金,厚生年金保険法に基づく障害年金の控除の対象は財産的損害のうちの消極損害(逸失利益等)のみであり,積極損害,慰謝料から控除することは許されない(最判昭62・7・10民集41巻5号1202頁)。

国民年金法に基づく遺族基礎年金,厚生年金法に基づく遺族厚生年金の控除の対象は財産的損害のうちの逸失利益に限られる(最判平11・10・22民集53巻7号1211頁)。死亡した被害者の相続人が支給を受ける遺族厚生年金は,被害者の給与収入等を含めた逸失利益全般との関係で控除される(最判平16・12・20裁判集民事215号987頁)。

(4) 将来の給付

社会保険給付について，年金方式等将来にわたり継続的に給付されることが予定されるものについて，控除されるのが既払分に限るべきか，将来の給付を含めた分とするかについて議論があった。最高裁は，地方公務員等共済組合法に基づく退職年金受給者である被害者が死亡したことによりその相続人が受給することになった遺族年金について「当該債権が現実に履行されたとき又はこれと同視し得る程度にその存続及び履行が確実であるときに限り，これを加害者の賠償すべき損害額から控除すべきである」（前掲最大判平5・3・24）とし，既払分のほか支給が確定した分について控除するとした。遺族年金も受給権者の婚姻，死亡等により受給権の喪失が予定される。そこで，支給が確定したとは，口頭弁論終結時において支給額が決定され支払手続が行われる場合であり，支給通知が発行される予定の分ということもできる。この理論は，その後の同種の判例にも引き継がれている（例えば，後掲最大判平27・3・4）。

(5) **主観的範囲**（控除の対象者）

社会保険給付の受給権者についてのみ，その者の損害額から控除する。例えば，（旧）国家公務員等退職手当法に基づく退職手当の場合，死亡した国家公務員の妻と子が遺族である場合には死亡した者の収入により生計を維持していた妻のみが受給権者とされるから（同法11条2項・1項1号），退職手当給付相当額は，妻の加害者に対する損害賠償債権の額のみから控除され，子のそれから控除することはできない（最判昭50・10・24民集29巻9号1379頁）。

(6) **遅延損害金**（損益相殺的な調整の対象，塡補の時期）

被害者が死亡した場合の労災保険法に基づく遺族補償年金の損益相殺的な調整について，最高裁は次のようにいう。遺族補償年金は，その塡補の対象となる被扶養利益の喪失による損害と同性質であり，かつ，相互補完性を有する逸失利益等の消極的損害の元本との間で損益相殺的な調整を行うべきである。これに対し，損害の元本に対する遅延損害金は，履行が遅れたことによる損害を塡補する目的のものであるから，遺族の被扶養利益の喪失の塡補という遺族補償年金の目的とは明らかに異なり，遺族補償年金による塡補の対象となる損害が，遅延損害金と同性質であるということも，相互補完性があるということもできないから，遅延損害金は塡補の対象とならない。また，損害の塡補の時期について，それぞれの制度の予定するところと異なって支給が著しく遅滞する

などの特段の事情のない限り，塡補の対象となる損害は，不法行為の時に塡補されたものと法的に評価して損益相殺的調整を行うべきであるとしたうえ，上記特段の事情もうかがわれないから，その塡補の対象となる損害（上記のとおり損害の元本）は不法行為の時に塡補されたものと法的に評価して損益相殺的な調整をすべきである。そして，保険金（遺族補償年金，遺族厚生年金を含む）は事故の日から保険金支払日までの遅延損害金にまず充当されるとした最判平16・12・20裁判集民事215号987頁は判例変更がなされた（最判平27・3・4民集69巻2号178頁）。被害者死亡ではなく傷害による後遺障害の場合の同種の事案については既に，これと同旨の最判平22・9・13民集64巻6号1626頁（国民年金法に基づく障害基礎年金，厚生年金法に基づく傷害厚生年金，労災保険法に基づく障害年金）及び最判平22・10・15裁判集民事235号65頁（労災保険法に基づく休業給付）があったが，これらの判例と前掲最判平16・12・20との整合性が議論されていたことからこれを統一したものである。これにより，損益相殺的調整の対象は，損害の元本のみであり，その性質上，遅延損害金は対象とされず，遅延損害金請求の可否については，通常の場合は遅延損害金が発生しないから，請求権はないということとなった。さらに，この理からすれば，遺族厚生年金や労災保険法に基づく葬祭料についても同様に遅延損害金は塡補の対象とならず，かつ，通常は，遅延損害金の発生自体がないものと解されている（前掲同判決を紹介する金判1474号8頁の無記名コメント参照）。

(7) **生活保護法に基づく扶助費**

控除の対象とならない。ただし，生活保護法63条により，資力を現実に活用できる状態になったときは，受給者には返還義務が生じる（最判昭46・6・29民集25巻4号650頁）。

〔3〕 自賠責保険等

(1) **自賠責保険金**

自動車損害賠償保障法（以下「自賠法」という）に基づく保険金（以下「自賠責保険金」という）は，損害の塡補を目的としたものであり，加害者の賠償と同視しうる給付である。自賠法の規定上，保険会社が被害者に自賠責保険金を支払ったときは，被害者の加害者に対する損害賠償債権の額からこれを控除すること

に異論はない。自賠責保険金の填補の対象は人損に限られ，物損を填補しない。他方，労災保険給付とは異なり，事故による身体傷害から生じた損害賠償請求権全体を対象としており，保険金の支払にあたって算定した損害の内訳は支払額を算出するために示した便宜上の計算根拠にすぎず，何の拘束力もない。すなわち，損害の項目による拘束はない（最判平10・9・10裁判集民事189号819頁，最判平11・10・26交民集32巻5号1331頁，最判平16・12・20裁判集民事215号987頁はこのことを当然の前提とする）。

(2) 遅延損害金

自賠責保険金の額が損害の元本及びこれに対する遅延損害金の全部を消滅させるに足りないときは遅延損害金の支払債務にまず充当される（前掲最判平16・12・20。前掲最判平11・10・26を踏襲した部分）。この扱いは，自賠責保険の支払が加害者の損害賠償の肩代わりという性質を有することと整合性があり，著しく煩雑な計算を要する事態を招くこともないから実務的にも妥当であり，特段の異論はない。もっとも，充当方法について特段の主張がないときは，元本に充当する裁判例が多いようである。また，自賠責保険金を損害元本に充当し，その保険金額に相当する金額に対する事故発生日から保険金支払日までの確定遅延損害金を請求することも認められる（前掲最判平11・10・26）。

(3) 政府の自動車損害賠償保障事業てん補金（自賠72条）

政府の自動車損害賠償保障事業（政府保障事業）は，自賠責保険金を補充するものであり，自賠責保険金と同様の性質を有する。支払われた自動車損害賠償保障事業てん補金（以下「填補金」という）は，損害額から控除される（東京地判平21・8・26交民集42巻4号1060頁）。支払った政府が被害者に代位して加害者に求償することになる（自賠76条1項）。この填補金の額と過失相殺の関係については，填補金の額は，被害者に生じた現実の損害の額から過失割合による減額をした残額であるとされている（最判平17・6・2民集59巻5号901頁）。

填補金は他法令給付による損害の填補に対して補完的，補充的なものであるから，被害者が他法令給付にあたる障害補償年金の受給権を有する場合には，自賠法73条1項により被害者が当該受給権に基づき支給を受けることになる将来の給付分も含めて，その給付に相当する限度で填補金を減額することとなる（最判平21・12・17民集63巻10号2566頁）。

〔4〕 各種の保険

(1) 任意保険金

　対人賠償責任保険は，自動車の所有，使用，管理に起因して他人の生命又は身体を害した結果，被保険者が法律上損害賠償責任を負担することにより被る損害を塡補する責任保険であり，自賠責保険で支払われる金額を超過する部分を塡補するものであり，被害者からの直接請求も認められている。加害者が加入していた任意保険からの保険金の支払は加害者の支払と同視できるから，加害者免責型の給付であり，控除の対象となる（東京地判平15・5・27交民集36巻3号774頁，東京地判平15・6・26判時1828号50頁）。自賠責保険と同様，人損中の項目による拘束はない。充当順序については，「支払時における損害金の元本及び遅延損害金の全部を消滅させるに足りないときは，遅延損害金の支払債務にまず充当される」（前掲最判平16・12・20。この点は変更されていない）。これを前提としながら，任意保険は賠償を求める費用を記載した請求書を提出して，これに対応した支払がなされる実務から，保険会社と被害者の間において，充当関係につき元本充当の（少なくとも黙示の）合意が認められるとして，支払われた任意保険金が損害金の元本に充当されるとも考えられている（綿引ほか・前掲「判解」570頁）。前掲最判平22・9・13の事案では，任意保険金の各支払にあたり，支払を受けた保険金を損害金の元本に充当し，これによって消滅する損害金の元本に対する遅延損害金の支払債務を免除する旨の黙示の合意があったことが原審認定事実として挙げられている。

(2) 損害保険

　保険金を支払った保険者（保険会社）は，約款の規定等により支払った保険金の限度で第三者に対する損害賠償請求権を取得（保険代位）する結果，これが被害者の損害額から控除される（最判昭50・1・31民集29巻1号68頁〔火災保険の事案〕）。

(3) 生命保険

　生命保険契約に基づいて給付される保険金は，既に払い込んだ保険料の対価の性質を有し，たまたま交通事故により被保険者が死亡したためその相続人に保険金の給付がなされたとしても，これを不法行為による損害賠償額から控除

すべきものではない（最判昭39・9・25民集18巻7号1528頁）。生命保険契約に付加された特約に基づく傷害給付金又は入院給付金についても上記と同様であり，また，これらの給付金については保険法25条（平成20年改正前の商法662条）の保険者の代位の適用はないと解されるから，保険者から支払を受けた限度で被保険者の第三者に対する損害賠償請求権を失うという関係にもない（最判昭55・5・1裁判集民事129号591頁）。

(4) 傷害保険

控除の対象とならない（京都地判昭56・3・18交民集14巻2号408頁。生命保険の傷害給付金について最判昭55・5・1判時971号102頁）。

(5) 搭乗者傷害保険

被保険自動車に搭乗中の者を被保険者とし，被保険者が事故により死亡し，又は傷害を被った場合に支払われる搭乗者傷害保険では，保険会社が保険金を支払った場合でも被保険者又はその相続人が加害者に対して有する損害賠償請求権を代位しない旨の約款があり，その目的も搭乗者やその相続人の保護ということにあるから，支払われた保険金は控除の対象とならない（最判平7・1・30民集49巻1号21頁）。ただし，加害者が保険料を負担している場合，慰謝料の考慮事由とするか否か下級審判例は分かれる（大阪地判平10・1・27交民集23巻1号87頁，名古屋地判平13・9・7交民集34巻5号1244頁。慰謝料の考慮事由とする例が多いようである）。

(6) 所得補償保険

被保険者が傷害又は疾病のため就業不能となった場合に，被保険者が喪失した所得を補てんすることを目的とした所得補償保険は，傷害又は疾病そのものではなく，傷害又は疾病のために発生した就業不能という保険事故により被った実際の損害を保険証券記載の金額を限度として塡補することを目的とした損害保険の一種というべきであり，保険者は保険法25条（平成20年改正前の商法662条）により，その支払った保険金の限度において被保険者が第三者に対して有する休業損害の賠償請求権を取得する結果，被保険者はその限度でその損害賠償請求権を喪失する。すなわち控除の対象となる（最判平元・1・19裁判集民事156号55頁）。

(7) 無保険車傷害保険

無保険車傷害保険金とは，自動車保険契約の無保険車傷害条項に基づくものであり，法律上損害賠償の請求権があるが，相手車が無保険であって，十分な損害の塡補を受けられないおそれがある場合に支払われるものである（最判平18・3・28民集60巻3号875頁）。控除されると解されている。なお，約款によれば，無保険車傷害保険金は損害の元本を塡補するものであり，損害の元本に対する遅延損害金を塡補するものではないとされる（最判平24・4・27裁判集民事240号223頁・判時2151号112頁）。このことから，被害者等に支払われるべき保険金の額の算定の際，損害の元本から控除されるのは，被害者等に支払われた自賠責保険金等の全額であり，自賠責保険金等のうち損害の元本に対する遅延損害金に充当された額を控除した残額ではないとされる。

(8) 人傷保険
(a) 人傷保険について
　自動車総合保険契約中の人身傷害条項（人身傷害補償条項との名称もあるが，内容に差異はないようである）を人傷保険という。自動車事故により被保険者が死傷した場合に，被保険者の過失の有無，割合を考慮することなく，約款所定の基準により積算された損害額を基準にして保険金が支払われる，被害者側が加入する傷害保険である。

(b) 控除と過失相殺
　約款上，人傷保険金を支払った保険会社は被害者に代位して加害者に求償できるから，被害者が加害者に対して請求できる賠償額が減額されることについて争いはないが，被害者に過失がある場合の，保険会社の代位の範囲及び被害者が加害者に請求できる賠償額については，いくつかの説があり，下級審判例も分かれていた。しかし，最高裁は，この場合，人傷保険契約に基づき「被害者が被った損害に対して保険金を支払った保険会社は，上記保険金の額と被害者の加害者に対する過失相殺後の損害賠償請求権の額との合計額が民法上認められるべき過失相殺前の損害額を上回る場合に限り，その上回る部分に相当する額の範囲で保険金請求権者の加害者に対する損害賠償請求権を代位取得する」として裁判基準差額説をとることを明らかにした（最判平24・2・20民集66巻2号742頁）（Q2〔4〕(5)参照）。

　裁判基準差額説によれば，人傷保険金が先に支払われた場合，例えば，裁判

所の認定した損害額が1億円，人傷保険の基準による損害額8000万円，支払われた保険金額4000万円，被害者の過失割合30％（代位前の損害賠償請求権の額7000万円）とすると，被害者は1億円の回収を確保するために，加害者に対し，6000万円（1億円－4000万円）の損害賠償請求ができ，他方，保険会社は，加害者に対し1000万円（4000万円＋7000万円－1億円）を求償できるという関係になる。この結論は被害者に損害額全額の回収を確保させるという人傷保険の趣旨目的に沿うものである。もっとも，裁判基準差額説では，（そのような例は少ないかもしれないが）加害者からの賠償金が先に支払われた場合は，約款上，人傷保険算定基準に基づいて算出した額から，賠償金支払額等を控除した額を保険金として支払うとされていることから，保険金の額は1000万円（8000万円－7000万円）となり，被害者の回収額は合計8000万円にとどまり，いずれを先に取得したかで結論に差が生じることになる。これは，約款の問題であり，前掲最判平24・2・20と同旨の平成24年5月29日裁判集民事240号261頁（前掲判決は第一小法廷でこちらは第三小法廷）の田原裁判官の補足意見が指摘するように約款の見直しにより解決されるべき問題である。そして，実際に多くの約款が，例えば，判決又は裁判上の和解において賠償義務者が負担すべき損害賠償額が人身傷害補償保険の算定基準と異なる基準により算出された場合であって，その基準が社会通念上妥当であると認められるときには，その基準により算定された額を損害額とするなどの規定を設けて前記の不都合を回避しようとしている。

(c) 遅延損害金

被害者が被る損害の元本に対する遅延損害金を支払う旨の定めがない人傷保険に基づき保険金を支払った保険会社は，その保険金に相当する額の保険金請求権者の加害者に対する損害金元本の支払請求を代位取得するのであり，損害金元本に対する遅延損害金の支払請求権を代位取得するものではない（前掲最判平24・2・20）。その結果，事故の日から人傷保険金支払日までの遅延損害金請求権は被害者に留保され，被害者はこれを加害者に請求できる。

(d) 代位の単位

裁判基準差額説では，訴訟で認定された被害者の過失割合に対応する損害額を上回る保険金額を支払った場合に，その上回る額について代位するというものであるところ，この「上回る」か否かを，損害項目ごとに考えるべきか，損

害総額によるべきかという問題がある。標準的な約款の解釈からは後説が妥当であると解される（三木素子「人身傷害補償保険金の支払による保険代位をめぐる諸問題」『赤い本』〔2012年版〕57頁）。東京高判平20・3・13判時2004号143頁は前説に立つとされるが，多くの下級審判例は後説によっているようであり，前掲最判平24・2・20は，損害総額で比較した原審の認定判断を前提としているから，後説によっていることを明らかにしたという解説もある（能見善久ほか編『論点大系判例民法(7)・不法行為Ⅰ』〔第2版〕138頁）。

(9) 自損事故保険

控除の対象とならない（東京高判昭59・5・31交民集17巻3号603頁）。払い込んだ保険料の対価で不法行為の原因と無関係に定額が支払われる，保険会社が代位取得しないとの規定がある等を理由とする。

〔5〕 見舞金等

社会儀礼上相当額の香典，見舞金は控除されない。金額が社会儀礼上相当額の範囲を超える場合は控除される（大阪地判平5・2・22交民集26巻1号233頁。損益相殺。加害者から被害者への支払なら賠償債務の弁済というべきか）。

〔6〕 租　　税

被害者の得べかりし利益を喪失したことによる損害額を算定するにあたっては，得べかりし利益に課せられるべき所得税その他の租税等を控除すべきではない（最判昭45・7・24民集24巻7号1177頁）。

〔7〕 養 育 費

交通事故により幼児が死亡した場合，その損害賠償請求権を相続した者が他方で幼児の養育費の支出を必要としなくなった場合も，養育費と幼児の将来得べかりし利益との間には同質性がないから，控除すべきではないとされる（最判昭39・6・24民集18巻5号874頁）。

〔8〕 過失相殺との先後関係

被害者に過失があり過失相殺により損害額が減額される場合で，損益相殺的

第1節　人的損害　　　　　　　　　　　　　　Q19　損益相殺

な調整等による控除がされる場合，過失相殺が先に行われると損害額が減額された上で控除が行われるから，その逆の場合に比べ，被害者の加害者に対する損害賠償請求権の額が低額になる。そこで，どちらが先かが問題となる。

(1) **自賠責保険**（政府保障事業によるてん補金），**任意保険**

これらの給付は加害者による支払と同視できるから，過失相殺後に控除することになる。

(2) **労災保険**

過失相殺後に労災保険法に基づく給付額を控除する（最判昭55・12・18民集34巻7号888頁）。

(3) **健康保険**

健康保険法，国民健康保険法に基づく給付について，これらを控除した後に過失相殺するのが実務である（能見ほか・前掲131頁）。

[笹本　昇]

第2節　物的損害

〔1〕　総　　説

　交通事故による損害については，大別して，被害者の治療費や傷害慰謝料等の人的損害と，被害車両の修理費や買替差額等の物的損害とがあるところ，第2節においては，そのうちの物的損害について扱う。
　ところで，交通事故に基づく物的損害の損害賠償請求をする場合，それは不法行為に基づく損害賠償請求ということになる（Q4参照）ので，賠償請求しうる損害は，交通事故と相当因果関係のあるものということになる。そのため，賠償請求しうる損害は，例示した交通事故と直結している車両の修理費等に限られず，実務上，多種多様なものが認められている反面，交通事故と条件関係のある損害といえども，相当因果関係が認められなければ，全部又は一部の賠償請求が認められない。
　以下，典型的な損害のほか，実際の訴訟で問題となったことがある主要な各種損害について，概説をする。

〔2〕　車両自体の損害

(1)　修 理 費
(a)　はじめに
　事故により被害車両が損傷した場合，修理が可能なときには，修理費相当額が損害ということになり，被害車両の所有者は，修理費の請求をすることができる（ただし，後述するいわゆる経済的全損になっている場合を除く）。
　損害賠償制度は，不法行為により，被害者の財産価値が目減りしたり，被害者が余計な支出，負担をすることになったりした場合，公平の見地から，加害者にその差額を穴埋めさせ，被害者の財産を不法行為前の原状に回復させるものであるから，被害車両が損傷し，修理が可能な場合には，原則として，修理費が損害になるというべきであるということになる。
　この点，被害車両（特に新車）につき，修理が可能であるにもかかわらず，

第2節 物的損害　【概　説】

被害者が，事故車となったことへの嫌悪感等を理由として新車への買替えを希望し，新車購入代金相当額の賠償請求をしてくることがあるが，被害車両が新車であったとしても，基本的に，このような請求は認められていない。例えば，東京地判昭51・11・12（判時860号132頁）は，購入の2ヵ月後の事故の場合について，また，東京地判昭61・4・25（判タ605号96頁）は，新車登録後約20日しか経過していない場合について，さらには，大阪地判昭62・1・30（判タ654号226頁）は，新車納車約30分後の事故の場合ですら，いずれも修理可能であるとして，新車購入価格を基礎とした賠償請求を認めていない。一方，被害車両の納車から6日後の事故（走行距離550km余）に関し，修理費用を上回る新車購入価格を基礎とした賠償請求を認めた札幌高判昭60・2・13（交民集18巻1号27頁）があるが，これは，後記(2)(c)の買替えをすることが社会通念上相当とされたケースであった。なお，学説には，車両の買替えが認められる場合において，走行距離が1000km，購入日から1年以内が，同型の新車購入価格を基礎とした損害賠償が認められる限界であるとする見解がある（田上富信「車両損害の賠償をめぐる諸問題（下）」判評338号27頁）。さらに，前掲大阪地判昭62・1・30は，新車購入価格を基礎とした請求こそ認めなかったものの，修理費ではなく，被害車両の事故発生当時の価格から本件事故後の未修理状態における価格を控除した額を損害額と認めているが，こういった裁判例は，一般的なものではないことに注意を要する。

(b)　修理費の範囲

請求可能な修理費は，必要かつ相当な修理費に限られるのはいうまでもない。この点，改造車の改造部分の修理費の相当性が問題になる場合があるが，これについては，Q21を参照されたい。また，塗装費用についても，全部塗装の場合，塗装費用の相当性が問題になりうるが，これについては，Q26を参照されたい。

(c)　修理未了の場合

被害車両が損傷している以上，すでに損害が発生していることになるので，修理未了でも，修理費の賠償請求をすることが可能である（大阪地判平10・2・24自保ジャーナル1261号2頁）。修理が可能なのに，修理をせずに，廃車にしたり，車両を買い替えたりしても，修理費の限度で，損害賠償請求をすることが可能

というわけである。この場合の修理費を仮定的修理費ということがある。
　(d)　請求権者
　自動車販売会社から被害車両を所有権留保付きで購入し，まだ代金を完済していない場合でも，裁判例では，購入者による修理費の賠償請求が認められている（理由づけについては，買主の利用権の侵害があったというものと，留保所有権の実体は担保権であって，実質的な所有権は買主にあるというものに分かれる）。
　一方，リース物件については，現実に修理費を支出していない時点における修理費の請求を否定した裁判例があるものの，リース会社とユーザーとの間で，修理費はユーザーが負担するとされていることが一般的であるので，ユーザーによる修理費の請求を認める裁判例のほうが多いようである。リース物件について，修理費に係る損害賠償請求権の帰属が争点になった場合，リース契約書又はリース会社が損害賠償請求権を行使しない旨若しくは賠償請求権がユーザーに帰属していることを確認する旨記載した書面を，書証として提出する必要がある。もとより，使用者が修理費を全額支払い，それを領収証等で証明するといった方法でもよい。
　この点，実務上，原告の訴訟代理人（弁護士）は，被害車両の所有権を有していない使用者（そのことは，車検証を見れば一目瞭然である）を，当然のように原告にしてくることが多いが，そのようなことは，必ずしも問題がないわけではないことを意識しておく必要がある。また，原告が，車検証の写しを添付しないまま，訴状を提出してくる場合があるが，車検証は基本的な書証であり，原告の当事者適格にも関わってくるものであるから，その場合，裁判所から，口頭弁論期日指定前に，車検証の提出を求められることになるということにも，注意が必要である。
　(2)　**買替差額**
　(a)　買替差額の請求が認められる場合
　前述のとおり，被害車両が損傷したが，修理可能な場合には，被害者は，原則として修理費を請求するべきである。その反面，修理不能な場合には，事故当時の被害車両の価格（時価額）から被害車両の下取価格（スクラップ代を含む）を控除した残額（買替差額という）を，事故と相当因果関係のある損害として賠償請求することができるということになる。

第2節　物的損害　　　　　　　　　　　　　　　　　　　　【概　説】

　修理不能な場合には，①物理的に修理が不能なとき（物理的全損），②経済的に修理が不能なとき（経済的全損）がある。

　また，上記①，②に加えて，③フレーム等車体の本質的構造部分に重大な損傷が生じたことが客観的に認められ，買替えをすることが社会通念上相当と認められるときにも，買替差額の請求が認められる（最判昭49・4・15民集28巻3号385頁）。これも，修理不能（全損）の1つとして紹介されることがある。

　なお，少なくとも物理的全損の場合，自動車販売会社から被害車両を所有権留保付きで購入し，まだ代金を完済していないときや，被害車両がリース物件のときは，購入者ないしユーザーは，全損に係る損害賠償請求をすることができないという見解が有力とされている。

　(b)　経済的全損について

　被害車両が物理的に修理可能であっても，修理費が被害車両の時価額（これに対する消費税相当額を含む）と後記〔3〕の買替諸費用の合計額を超える場合のことを，経済的全損といい，この場合，被害者は，修理費を請求することができず，被害車両の時価額（ただし，被害車両の下取価格を控除した残額）と買替諸費用の合計額を請求しうるにとどまる。念のため付言しておくと，経済的全損の場合でも，被害車両の修理をするのはかまわないが，あくまでも，請求可能なのは，買替差額及び買替諸費用の限度ということになる。

　被害車両の修理費が，被害車両の時価額等を超える場合に，修理費の請求をすることが認められない理由は，被害車両の時価額等の賠償を認めれば，損害の回復として十分であり，これを超える修理費の請求を認めると，被害車両の価値が上がって，かえって被害者を利するといったことが起こりかねず，公平の理念に反することになるということにある。愛着があるから修理して使い続けたいといったことは修理費請求の理由にならない（大阪高判平9・6・6交民集30巻3号659頁）。

　一方，被害車両の修理費と比較する損害項目に，被害車両の時価のほか，買替諸費用をも含めるのは，被害車両が全損となった場合，車両を買い替えるのが通常であり，そうなると自ずと諸費用がかかるので，原状回復を図るという損害賠償制度の趣旨に適うからである（東京地判平14・9・9交民集35巻6号1780頁参照。なお，修理費と比較する損害項目については，かつての裁判例の傾向はこれと異なっ

ていたが，被害車両の時価及び買替諸費用というのが，現在の裁判例の趨勢である）。そういった理由からすると，買替諸費用は，比較をする際に，現実に支出していなくてもよいということになる。詳細は，**Q20**を参照されたい。

　ところで，経済的全損となった場合，修理が可能であるにもかかわらず，修理費の請求が認められず，かといって，新車への買替えが認められているわけでもないので，特に経済的全損の肯否に関し，被害車両の時価額がいくらなのかが激しく争われることになる。この点につき，前掲昭和49年最高裁判決は，「いわゆる中古車が損傷を受けた場合，当該自動車の事故当時における取引価格は，原則として，これと同一の車種・年式・型，同程度の使用状態・走行距離等の自動車を中古車市場において取得しうるに要する価額によって定めるべきであ」るとしている。つまり，時価は，原則として，中古車市場における再調達価格であるとされている。中古車市場における価格の具体的な立証方法については，**Q26**を参照されたい。また，商業車の時価額算定がどのようになされるのかについては，**Q20**，改造車の時価額算定がどのようになされるのかについては，**Q21**を参照されたい。

　(c)　社会通念上買替え相当な場合について

　これについて，前掲昭和49年最高裁判決は，「被害車輛を買替えたことを社会通念上相当と認めうるがためには，フレーム等車体の本質的構造部分に重大な損傷の生じたことが客観的に認められることを要するものというべきである。」としている。

　本質的構造部分とは，フレームのほか，クロスメンバー，フロントインサイドパネル，ピラー，ダッシュパネル，ルーフパネル，フロアパネル，トランクフロアパネル，エンジン，車軸等を指すといわれている。

　これに関して，「ラジエターグリル及び前部ボンネット右側先端から前部フェンダー右側面にかけた部分が押し潰され，前部バンパー右側部分も曲損後退し，フロントウィンド右側のピラー部分も折れ曲って（ママ）車体の屋根部分が全体にずれたほか，運転席側ドアの取付部等にも歪みを生じ」た被害車両につき，新車購入価格を基礎とした買替差額の請求を認めた前掲札幌高判昭60・2・13が参考になる。

　(d)　補　　論──時価額を超える修理費請求

第2節 物的損害 【概説】 *211*

　前述のとおり，経済的全損の場合，修理費の請求をすることができないが，特段の事情がある場合には，例外的に，時価額を超える修理費の請求が認められる。

　この点，東京高判昭57・6・17（判タ478号129頁）や前掲大阪高判平9・6・6は，特段の事情の例として，①被害車両と同種同等の自動車を中古市場において取得することが至難であること，②被害車両の所有者が，被害車両の代物を取得するに足る価格相当額を超える高額の修理費を投じても被害車両を修理し，これを引き続き使用したいと希望することを社会通念上是認するに足る相当の事由が存すること等を挙げている。これらの裁判例においては，結論的に，特段の事情の存在が否定されたが，観光バスである被害車両につき，同型のバスの時価は，1044万円以上であったとした上で，これを取得し，業務で使用するためには，特別の塗装を要し，営業の用に供するために相当の費用を要すること及び修理費が時価の1.2倍程度のものにとどまっていることを考慮し，修理費を損害と認めた札幌地判平8・11・27（自保ジャーナル1189号2頁）がある。

(3) 消費税

　被害車両が全損となった場合，その時価額に対応した消費税相当額も，事故と相当因果関係のある損害と認められている。

(4) 評価損

(a) 意　義

　事故により損傷した被害車両を修理しても，機能や外観に欠陥が残存した場合，又は，事故歴があることにより，商品価値の低下が見込まれる場合における，事故時の車両価格と修理後の車両価格との差額を評価損という。かつては，格落ち損ともいわれていた。

　なお，自動車販売会社から被害車両を所有権留保付きで購入し，まだ代金を完済していないときや，被害車両がリース物件のときは，購入者ないしユーザーは，評価損の賠償請求をすることができない（損害賠償請求権は，所有者に帰属している）という見解が有力とされている。

(b) 種　類

　機能や外観に欠陥が残存している場合の損害については，技術上の評価損，事故歴があることによる価格低下に関する損害については，取引上の評価損と

還付制度があり，被害者が二重払いの負担をすることもない，あるいは，損害賠償請求をすることにより，損害の回復を図ることができるため，損害として認められないもの（かつて裁判例で認められていたものもあるので，裁判例の傾向の変化に注意が必要である）……再調達車両の自動車税，自動車重量税及び自賠責保険料。

(2) 代車費用

(a) 意　　義

事故により車両が損傷し，修理や買替えをするため車両が使用不能となった期間，レンタカー等の代車を使用した場合の費用を，代車費用という（代車料，代車使用料ともいう）。

(b) 代車費用が認められる要件

代車費用が事故と相当因果関係のある損害として認められるには，①代車使用の事実と，②代車の必要性が必要である。

①については，修理費の場合と異なり，現実に代車を使用したことが必要であり，いわゆる仮定的代車料は，損害として認められていない。代車使用の事実は，見積書では証明不十分であり，代車料を支払った際の領収書等によって証明する必要がある。また，この要件に関し，通常，現実に代車料を支出したことも必要であるといわれている。被害者の努力で友人から自動車を借りる措置を採ったことから代車料を出費しないで済んだとして，代車料を認めた東京地判平10・10・7（交民集31巻5号1482頁）もあるが，この裁判例は，一定限度の代車料が事故と相当因果関係のある損害であることが，当事者間に争いがなかったことが影響しているのではないかといわれている。

②については，被害車両が営業車両の場合には，比較的容易に認められるが，自家用車の場合には，しばしば問題とされる。もっとも，通勤や通学，日常生活の用に供されていたときは，代車の必要性が認められやすい。また，代替公共交通機関があるときでも，直ちに必要性が否定されるものではなく，代車の必要性が否定されたとしても，公共交通機関の利用料金相当額が損害となりうる。一方，タクシーやハイヤーの利用については，バス，電車といった交通機関との兼ね合いで，その必要性のハードルが高いといえる。

なお，被害車両の所有者の家族が，日常的に被害車両を使用していた場合に

第2節　物的損害　　　　　　　　　　　　　　　　　【概説】　215

も，所有者との関係で代車使用の必要性を認めうる（認容例として，大阪地判平14・12・12自保ジャーナル1488号11頁）。また，自動車販売会社から被害車両を所有権留保付きで購入し，まだ代金を完済していない場合でも，裁判例では，代車費用の賠償請求が認められている。

(c)　代車の車種・グレード

被害車両が高級外国車である場合でも，高級国産車の代車料の限度で認める裁判例が多い。

(d)　代車の使用期間の相当性

代車は，修理や買替えに必要であった相当な期間に限り，認められる。この期間は，一般的に，修理の場合には1～2週間，買替えの場合には1ヵ月程度とされている。ただし，被害車両を修理する場合，被害車両が外国車で，部品の取寄せに時間を要するときには，代車使用期間の延長を認めうる。

また，加害者が対物保険を利用する場合，修理業者と保険会社のアジャスター（社団法人日本損害保険協会が行う試験に合格した事故車の修理技法等に関する専門知識を有する者）との間で，修理内容，修理方法について協議がなされ，修理費の額について協定をした後に修理に着工するのが通常であるため，修理内容等の交渉期間中の代車使用も，相当な範囲で認めうる。

ところが，被害者と加害者側の保険会社との間で，買替えの可否や過失割合をめぐって見解が対立し，修理若しくは買替えが行われず，ひいては，代車の使用期間が長期化することが間々起こる。このような場合，保険会社は被害者の理解を得るため真摯に努力をすべきであったとして，代車使用期間の長期化が是認される場合がある。その一方で，被害者にも信義則上，損害拡大防止義務があるので，被害者が理不尽な要求をしている場合には，交渉期間中の相当性が否定される。

代車費用に関する詳細は，Q23を参照されたい。

(3)　**休　車　損**

(a)　意　　義

休車損（休車損害ともいう）とは，事故により営業用車両が損傷し，修理や買替えをするために使用不能になった期間，車両を運行していれば得られたであろう利益の損失のことである。これについても，事故により通常生ずべき損害

と解されている（最判昭33・7・17民集12巻12号1751頁）。

　(b) 要　　件

　対象となる車両は，損害の性質上，営業用車両に限られる。通常は，タクシー，ハイヤー，路線バス，観光バス，事業用トラック等のいわゆる緑ナンバーの車両について休車損が問題となる。許認可の関係上，レンタカー等の代車を使用することができないからである。ただし，営業免許を有していない白ナンバーの車両が営業をしていても，行政法規違反と私法上の問題は別なので，休車損を認めうる。なお，代車費用が認められる場合には，休車損は認められない。

　被害者が，稼働させていない車両（遊休車，代替車両，予備車両という）を保有している場合，被害車両の代わりに，それらを稼働させることにより，損害発生を回避することができるため，遊休車がないことを休車損請求の要件にするべきかが問題となっている。この点，被害者の損害拡大防止義務に着目すると，被害者が遊休車を利用しなかったために発生した休車損は，事故と相当因果関係のある損害とはいえないということになる。

　いずれにせよ，遊休車を保有していても，遠隔地の営業所にある等，遊休車の活用が容易ではない場合には，遊休車の利用を義務づけることは相当でないとされている。なお，遊休車の不存在を要件とする立場からは，その立証責任は，被害者にあるということになる。

　また，営業収入の減少を休車損請求の要件にするべきか否かについても争いがあるが，これらの点については，**Q22**を参照されたい。

　(c) 算定方法

　休車損は，被害車両の1日あたりの営業収入から，支出を免れた経費を控除し，休車日数（相当な期間に限られる）を乗じて算定される。

　固定経費や人件費（支出を免れた手当は除く）は，休車期間中も発生するから，控除することを要しない（控除される経費は，燃料費，有料道路通行料，修繕費等の変動経費ということになる）というのが実務の大勢を占めている。また，1日あたりの営業収入は，事故前3ヵ月ないし1年間の平均値によることが多い。休車期間の相当性については，代車費用の場合と同様に考えられている。算定方法の詳細は，**Q22**を参照されたい。

第2節　物的損害　　　　　　　　　　　　　　　　　　　　【概　説】

(4) 雑　　費

以下の費用は，裁判例において，相当な範囲で損害賠償請求が認められている。

① 被害車両の引揚費用，レッカー代
② 被害車両の保管費用（ただし，修理をするか買替えをするかの判断をするのに必要であったものに限る）
③ 被害車両の設備の新車への乗換費用，装備の移設費用
④ 被害車両の時価査定費用，見積費用
⑤ 加害車両と被害車両が衝突し，その反動で被害車両がガードレール等を損傷した場合の被害者がガードレール等の所有者に立替払いした復旧工事費用
⑥ 事故のため作業員が現場に行けなくなった場合の代替作業員の派遣費用
⑦ 旅行のキャンセル費用（ただし，人身損害も発生していた事案に関するもの）
⑧ 交通事故証明書取得費用
⑨ 被害者から加害者への通信費

(5) 増加保険料

被害者が自己の加入している保険会社の保険を利用した場合，等級が下がるなどして，保険料が増加することがある。しかし，保険を利用するかどうかについては，加入者の自由であるから，実務上，増加保険料は，事故と相当因果関係のある損害とは認められていない。

車両保険を利用した事案について，増加保険料の請求を否定した裁判例として，東京地判平13・12・26（交民集34巻6号1687頁）等がある。

(6) 車両以外の物に関する損害

(a) 被害車両の装備品

事故により，カーナビゲーション等の装備品が損傷した場合，修理が可能であれば，修理費の賠償請求をすることができる。また，修理不能の場合，標準装備されていたときには，その価格は車両価格に組み込まれているので，被害車両の時価と別に判断することは困難であるが，標準装備されていたわけではないときには，時価の賠償請求をすることができる。

もっとも，標準装備されていたわけではないときでも，通常，同等の中古品

の価格をもって，当該装備品の時価を証明することが困難であるから，購入した年月から事故までの期間に応じて，購入価格から減価償却等の方法により，適宜，減額をした額ということになる。そして，購入時期や価格については，被害者が領収書類を保管しておらず，記憶に基づいて，だいたいの時期や額を申告したり，同種の商品の新品価格を書証で提出したりして，証明することが多くなると思われる。

　(b)　被害車両の積載物，積荷

　事故により，ダッシュボード等に置いてあった携帯電話やパソコン等の積載物，積荷が損傷した場合，修理が可能であれば修理費，また，修理不能であれば時価を，賠償請求することができる。事故により，パソコンのハードディスク内のデータが毀損した場合，その修復費用についても，事故と相当因果関係のある損害である。

　購入してから一定期間が経過している物については，時価を，同等の中古品の価格をもって証明することが，通常，困難であるから，経過期間に応じて，その物の状態も踏まえつつ，購入価格から減価償却等の方法により，適宜，減額をした額を時価とすることになる（購入時期や価格の立証については，装備品の場合と同様になろう）。ただし，楽器については，必ずしも，年数の経過によって直ちに価値が減少するものではないので，減額を免れる場合がある。

　積荷の転売利益の賠償請求は，通常，認められない。

　また，極めて高額の積荷が事故により損壊し，ひいては，損害額も著しく高額になった場合，このことが一般人の社会通念から通常予見できないときには，当該損害は特別事情による損害として，これを予見できなかった加害者は，損害賠償責任を負わないことになる。ただし，トラックの荷台に製作費約2億円の精密装置が積載されていた事案において，積載物が超高額品であることもありうる等として，積載物についての損害が，一般人の社会通念から通常予見できないものということはできないとした大阪地判平23・12・7（自保ジャーナル1866号37頁）がある。

　(c)　被害者の着衣類，所持品

　事故により，被害者の着衣類や所持品（ヘルメット，サングラス，コート，シャツ，ズボン，手袋，靴，腕時計，カバン等）が損傷した場合，それについても賠償の対

第2節　物的損害　　　　　　　　　　　　　　　　【概　説】　　219

象となる。特に，被害者がオートバイや自転車に乗っていて事故が発生した場合に多く見られる損害である。

　修理が可能であれば，修理費の賠償請求をすることになるが，着衣類については，通常，全損になっている。修理不能であれば，時価の賠償請求をすることができるが，時価については，通常，同等の中古品の価格をもって証明することが困難であるから，着衣類等を購入してから一定期間が経過している場合，経過期間に応じて，その物の状態も踏まえつつ，購入価格から減価償却等の方法により，適宜，減額をした額となる（購入時期や価格の立証については，装備品の場合と同様となろう）。

(7)　営業損害等
(a)　加害車両が店舗等に飛び込んだことによる損害

　加害車両が店舗等に飛び込んだことにより，当該店舗等が損壊し，休業せざるを得なくなった場合，裁判例では，次の損害について，相当な範囲で賠償請求を認めている（主要なものに限って挙げておく）。

㈠　店舗等の修理費用　　車両が損傷した場合，前述したとおり，修理費が被害車両の時価額等を超えるときには，原則として，買替差額と買替諸費用の限度で請求するしかないが，建物については，その残存価値よりも修理費用が高額であるという場合でも，建物を取り壊して，そこに従前と同価値の建物を建築するといったことは，不可能若しくは著しく困難であるから，車両の場合と同様に解するわけにはいかない。そこで，建物が損壊した場合，基本的に，修理費用全額が損害として認められる。

　もっとも，築26年の店舗につき，修理見積額による修理がなされた場合，耐用年数が10年延長されるので，被害者は，修理見積額のうち19％を不当に利得することになるとして，修理見積額から19％を控除した名古屋地判昭63・3・16（交民集21巻2号293頁）等，減価償却を考慮した裁判例がある。

　これに対し，東京地判平7・12・19（交民集28巻6号1779頁）は，築8年の店舗につき，「相当な範囲の修理を施しただけの場合には，原状回復そのものがなされたにすぎないというべきであるから，これについて，改めて経過年数を考慮し，減価償却をなすのは相当でない。」として，結論的にも，修理費用全額を認めている。ただし，この裁判例においても，「修理により耐用年数が延

長され，あるいは，価値の増加により被害者が不当利得を挙げたような場合であれば格別」という留保をしていることに注意を要する。
　㈡　全損となった商品の時価
　㈢　損害回復にあたった従業員の人件費
　㈣　休業期間における営業損害（逸失利益）　これは，事故の前年や事故前3ヵ月間の利益を基礎として，そこから経費相当額を控除した残額の1日あたりの平均利益に基づいて算定している裁判例が，多いようである。
　㈤　商品仕入のための出張交通費
　㈥　営業再開の宣伝・広告費
　(b)　その他
　名古屋地判平24・6・20（自保ジャーナル1880号156頁）は，依頼を受けて食料品を運送していた被害車両が事故に遭い，積荷を廃棄しなければならなくなった事案において，事故が発生していなければ荷送人に支払われた積荷の運賃につき，事故と相当因果関係のある損害と認めた。
　なお，この裁判例においては，取引先に対する謝罪，被害車両及び運転手の状態確認，事故処理に関する指示をするために支出した担当者の交通費等や，積荷の持ち戻り運賃，再配送運賃等についても，事故と相当因果関係のある損害と認めている。

(8)　物的損害に対する慰謝料

(a)　原　　則

　物的損害に対する慰謝料は，原則として，認められない。
　不法行為により物的損害を被った場合，被侵害利益は財産権であるわけであるから，原状回復としては，財産的損害の塡補で十分と解されているのである。

(b)　特段の事情

　その反面，事故により，財産権だけでなく，それとの別の法益が侵害されたと評価しうる場合には，慰謝料請求が認められる余地があるということになる。これをより具体的に述べると，被害物件が被害者にとって，特別の愛情を抱かせるようなものである場合や，加害行為が害意を伴うなど被害者に精神的苦痛を与えるような仕方でなされた場合等，被害者の愛情利益や精神的平穏を強く害するような特段の事情が存するときには，物損に対する慰謝料請求を認めう

第2節　物的損害　【概　説】

る（東京地判平元・3・24交民集22巻2号420頁。同旨・浅岡千香子「物損に関連する慰謝料」『赤い本』（下）〔2008年版〕47頁）ということになる。そして、愛情利益等が保護に値するかどうかは、被害者個人の特殊な感情ではなく、一般人の常識に照らして判断されることになる。

　この点、裁判例においては、就寝中に家屋にトラックが飛び込んだ場合、店舗に車両が突入し、人命の危険もあった場合、墓石等に車両が乗り上げて、墓石が倒壊し、骨壺が露出した場合、家族同然に飼っていた愛犬が死亡した場合等において、慰謝料請求が認められている。

　これに対し、車両の損傷についての慰謝料請求は、基本的に、認められておらず、被害車両がクラッシックカーで、被害者の愛着のある物であったとしても、同様である。京都地判平15・2・28（自保ジャーナル1499号2頁）は、物損事故につき、慰謝料10万円を認めているが、これは、「被告は、飲酒運転をして本件事故を発生させた後、そのまま事故現場から逃走したこと、そのため、原告が事故現場付近を探索したところ、数百メートル離れた駐車場に損傷した被告車両を発見し、本件事故の加害者が被告であることを突き止めたことが認められるところ、以上のような本件事故発生前後の被告の態度の悪質性及びこれにより原告が一定程度の心痛を受けたであろうと推認されること」が理由となっている。

　いわゆる本人訴訟において、加害者から謝罪がない、保険会社の示談交渉態度がよくないとして、被害者が、慰謝料を請求すると主張することもあるが、この程度では、慰謝料は認められない。

　なお、物損事故において慰謝料を認めた異色の裁判例として、岐阜地多治見支判昭54・4・27（交民集12巻2号599頁）がある。これは、被害者が、被害車両の修理が完了するまでの間、バス通勤を余儀なくされ1日あたり約1時間通勤時間を余計に要し、残業ができなくなり、また、生活上の不便を蒙ったことで、精神的苦痛を受けたとして、このほか、事故態様や部分塗装による被害車両の価格の低下（本裁判例は、被害車両の破損部分＝塗装部分が小さいこと、色合いの差も肉眼ではほとんど判別できなかったことを理由に、全塗装の必要性を否定した）等を考慮し、慰謝料10万円を認めたものである（被害者が代車を借りず、バス代を請求していたこと、しかも、バス通勤により出費を免れたガソリン代を控除した残額の限度でバス代を認めたこ

とも総合考慮した可能性がある)。いわゆる慰謝料の補完的機能を重視したものといえよう。

(c) 慰謝料の額

慰謝料が認められる場合，認容額は，50万円以下，特に数十万円から5万円という裁判例が多いようである。

(9) 弁護士費用

弁護士費用相当額も，事故と相当因果関係のある損害とされている。弁護士費用の認容額については，過失相殺後の認容損害額の1割程度を基本としつつ，事案の難易，認容額その他諸般の事情を考慮して，加減するというのが，裁判例の傾向である。そのため，改めて過失相殺をされることはない（最判昭49・4・5交民集7巻2号263頁，最判昭52・10・20判時871号29頁）。

自動車保険における弁護士費用特約を利用して弁護士に訴訟代理を委任している場合については，弁護士費用が損害となるのか争いがあるが，裁判例の多くは，弁護士費用相当額の損害性を認めている。一方，保険会社が被害者に保険金を支払って，被害者に代位して訴訟を提起する場合には，一般的に，弁護士費用が認められていない。

なお，弁護士費用についても，他の損害と同様，交通事故の日からの遅延損害金を請求しうる（最判昭58・9・6民集37巻7号901頁）。

[小泉　孝博]

第2節 物的損害　　　　　　　　　　Q20 全　　損

Q 20 ｜ 全　　損

物理的全損と経済的全損の異同について説明しなさい。

A

〔1〕 はじめに

　民法においては，損害賠償の方法は金銭賠償が原則である（民722条1項・417条）。物が滅失毀損した場合の損害は事故当時の交換価値によって定めるとされているところ（最判昭32・1・31民集11巻1号170頁），事故で自動車を破損させられた被害者が，加害者に対して損害賠償を請求する場面では，修理が相当な場合は適正修理費相当額が損害として認められ，修理不能な場合は被害車両の事故当時の車両価格と売却代金との差額（買替差額）が損害として認められるのが一般である。もっとも，被害車両と同種同等の車両を中古車市場において取得することが困難であるなどの特段の事情がある場合には，被害車両の交換価値を上回る修理費が損害として認められる余地もあるが，被害者の車両に対する愛着などの個人的，主観的なものは，特段の事情にはあたらない（東京高判平4・7・20交民集25巻4号787頁，大阪高判平9・6・6交民集30巻3号659頁）。

　最高裁判例（最判昭49・4・15民集28巻3号385頁）は，買替差額が認められる場合として，①物理的に修理が不能なとき（物理的全損），②経済的に修理が不能なとき（経済的全損），③車体の本質的構造部分に重大な損傷が生じたときの3つをあげる。

　上記③にあたるのは，フレーム，クロスメンバー，車軸等の車体の本質的構造部分が客観的に重大な損傷を受けており，その車両の買替えをすることが社会通念上相当と認められるような場合である。損傷が車両の安全性にかかわる

部分に生じており，これが車両の性能の著しい減損を伴うものであることから，この場合もまた修理不能というべきであって，結局のところ，物理的全損に包含されるものといえる。

〔2〕 物理的全損

(1) 物理的全損とは

　物理的全損とは，損傷が著しく，事故当時の修理技術水準では修理が不可能な場合をいう。スクラップ又はそれに近い状態になった場合といえよう。通常は，上述のとおり，事故当時の車両価格（時価額＝交換価値あるいは再調達価格）と売却代金（通常はスクラップ代金）との差額（買替差額）が損害賠償額になる。ただし，廃車した場合にスクラップ代金を控除するという点については，廃車手続をとるためには経費（廃車費用）の支出を要すること，この経費と比較するとスクラップ代金は低額であることから，廃車費用を請求していない場合には，スクラップ代金を控除するまでもないとの指摘がある（宮川博史「物損の損害賠償額」判タ632号49頁）。

　裁判例には，スクラップ代金を認定するに足る証拠がない場合に，①スクラップ代金が発生することは裁判所に顕著であるとして，弁論の全趣旨によってこれを認定するもの（神戸地判平8・7・19交民集29巻4号1061頁）と，②立証がないとして，これを控除しないもの（大阪高判平9・6・6交民集30巻3号659頁）がある。

　また，車両の買替えにあたっては，買替差額に加えて，買替車両の調達に要する買替諸費用（事故車両と同程度の車両を取得するのに要する費用）の請求も認められる。具体的には，自動車取得税，消費税，自動車重量税（ただし，中古車購入の際には課税されず，また，未経過分のうち，「使用済自動車の再資源化等に関する法律」によって適正に解体され，永久抹消登録されて還付された分は除かれる），検査・登録法定費用，車庫証明法定費用等である。ただし，自動車税や自賠責保険料は，未経過分について還付制度があるので，損害とは認められない。

　なお，買替諸費用については第2節【概説】の論述も参照されたい。

(2) 車両価格の算定方法

　車両が全損となった場合は，車両の事故当時の価格自体が問題となる。車両

価格の算定方法は，中古車市場における販売価格によるのが原則であるが，納車直後のため中古車市場価格が形成されていない場合や，古すぎるため又は特殊な車両のため中古車市場価格が不明な場合などには，①鑑定（クラシックカー等），書証（販売会社や修理業者の評価証明書等），証人等による個別立証，②定率法又は定額法による減価償却といった算定方法がとられることもある。

なお，定率法及び定額法は，いずれも会計学上及び税法上一般に採用されている固定資産の減価償却額の計算方法であって，中古車市場と直接結びついている概念ではない。その資産の耐用年数に応じて，「定率法」は毎年一定率を償却するのに対し，「定額法」は毎年一定額を償却するものである（定率法及び定額法の詳細については，小川昭二郎「中古車の損害」判タ212号96頁参照）。

(a) 中古車（対象車両の一応の目安は，新車登録後1ヵ月を超え，法定耐用年数以内のもの）の場合

最高裁判例（最判昭49・4・15民集28巻3号385頁）は，「いわゆる中古車が損傷を受けた場合，当該自動車の事故当時における取引価格は，原則として，これと同一の車種・年式・型，同程度の使用状態・走行距離等の自動車を中古車市場において取得しうるに要する価額によって定めるべきであり，右価格を課税又は企業会計上の減価償却の方法である定率法又は定額法によって定めることは，加害者及び被害者がこれによることに異議がない等の特段の事情のないかぎり，許されないものというべきである」と判示し，原則としていわゆる市場価格方式をとることを明らかにした。

具体的には，事故車両と同一の車種・年式・型の車両について，オートガイド社発行の『自動車価格月報』（いわゆる『レッドブック』。レッドブックには，下取価格，卸価格及び販売価格が記載されているが，販売価格が時価にあたる），財団法人日本自動車査定協会発行の『中古車価格ガイドブック』（いわゆる『イエローブック』〔小売価格と卸売価格が記載されたもの〕と『シルバーブック』〔小売価格のみが記載されたもの〕）及び全国アジャスター協会発行の「建設車両・特殊車両標準価格表」の価格を踏まえつつ，さらに，中古車の専門雑誌やインターネット上の中古車販売情報の価格（ただし，掲載されているものは，販売店の売買希望価格であって実際の取引価格ではないことが多く，その金額がそのまま再調達価格にはならないこともある）も参考にして時価額を算定することが多い。そして，当該車両の個別的事

情（使用状態，走行距離等）によっては，加算又は減算を行うこともある。

　また，古すぎる車両の場合は，『レッドブック』の掲載期間が10年程度であるためこれに掲載されておらず，中古車市場での流通実績も少ないことから，車両時価額を算定する資料に乏しいことが多い。しかし，自動車には「交換価値」と「使用価値」があるところ，交換価値がなかったとしても，現実に走行していた以上，使用価値はあったというべきであるから，車両の価値を「0」とみるのは相当ではなく，使用価値分の賠償はなされるべきであろう。

　これに関する裁判例には，①一定金額（新車価格の10％程度）で時価額を認定するもの（東京地判平26・3・12交民集47巻2号308頁，東京地判平26・3・27（平25（ワ）第12228号）判例秘書），②減価償却の方法を参考にして時価額を認定するもの（東京地判平13・4・19交民集34巻2号535頁），③事故の翌日から車検期間満了日までの日額を認定して，その間の使用価値を認めるもの（大阪地判平2・12・20自保ジャーナル911号2頁）がある。

　(b)　新しい車両（対象車両の一応の目安は，新車登録後1ヵ月以内のもの）の場合

　被害車両が完全な新車である場合（例えば，店舗に陳列中あるいは車両運搬車で運送中の新車が事故で損傷したような場合）は，その事故時の価格は新車再調達価格によって算定すべきであろう。しかし，被害車両が完全な新車ではないが新車に近いような場合に，これを完全な新車と同様に評価してよいか否かという問題がある。

　これに関する裁判例には，①新品の価格又は購入時の価格そのものの賠償を認めるもの（東京地判昭42・3・31判タ278号353頁，札幌高判昭60・2・13交民集18巻1号27頁）と，②新車価格又は購入価格から適宜減額して賠償額を算定するもの（横浜地小田原支判昭51・10・29交民集9巻5号1491頁，大阪地判昭62・1・30交民集20巻1号169頁，東京地判平7・12・27交民集28巻6号1888頁，東京地判平12・3・29交民集33巻2号633頁）がある。

　思うに，新車であっても一旦販売されて登録されると，いわゆる登録落ち（市場価格の下落の割合は，車両本体価格の1割から2割程度といわれている）によって車両価格の評価が下落し，そのうえ短い期間とはいえ減価償却されるのであるから，新車再調達価格をもって損害と認めるのは相当ではなかろう。

　(c)　特殊車両（商業車等）の場合

商業車等の特殊車両の場合は、『レッドブック』に掲載がなく、中古車市場での流通例も少ないことから、車両時価額の算定には困難を来たすことが多い。

　商業車、特にタクシーの場合は、その時価額を算定するにあたって、現実の交換価値により近くするため、法定耐用年数ではなく一般的な使用期間を考慮して減価償却を行い、これに特殊装備の価値を加算する方法がとられている。

　具体的には、一般的な使用期間を5年（あるいは労働組合との紳士協定から6年）、最終残価率を10％として、定率法によって車両本体価格を算定し、これにタクシー用の特別仕様部分（料金メーター等）の残存価値を加算しているものが多い（裁判例としては、東京地判平24・3・15（平23（レ）第1478号）判例秘書、東京地判平26・2・13（平25（レ）第629号・第829号）判例秘書）。

　他に商業車に関する裁判例には、①観光バスにつき、法定耐用年数ではなく実際の使用可能期間を考慮して減価償却を行うもの（大阪地判平20・12・17交民集41巻6号1655頁）、②郵便物集配業務用車両につき、車両本体の時価額に特別仕様部分の残存価値を加算するもの（大阪地判平21・10・7交民集42巻5号1298頁）などがある。

　改造車の場合も、原則としてベース車の車両価格にその改造費用を含めて算定の基準としている。しかし、改造が道路運送車両法の定める保安基準に反するなど法令に抵触するような場合や、改造内容（具体的には、改造箇所、改造方法、改造程度等）が車両の効用を高めるものではなくかえって低下させる場合など、改造車の交換価値を増加させなかったり、逆に減価させたりするときには、例外的にベース車の車両価格のみを算定基準としたり（同旨の裁判例としては、神戸地判平3・10・30交民集24巻5号1299頁、大阪地判平8・3・22交民集29巻2号467頁）、場合によってはベース車の車両価格を減額したりするのが相当とされている（佐久間邦夫＝八木一洋編『リーガル・プログレッシブ・シリーズ5交通損害関係訴訟』〔補訂版〕230頁）。

〔3〕 経済的全損

(1) 経済的全損とは

　経済的全損とは、物理的全損と違って技術的には修理可能であるが、修理費が事故当時の車両価格及び買替諸費用の合計額を上回る場合をいう。すなわち、

事故当時の車両価格に買替諸費用を加えた合計額が修理費を下回る場合（車両価格＋買替諸費用＜修理費）には前者が損害となり，上回る場合（車両価格＋買替諸費用＞修理費）には後者が損害となる（東京地判平15・8・4交民集36巻4号1028頁）。したがって，経済的全損となった場合には，被害車両の所有者は，修理費を請求することができず，事故当時の車両価格及び買替諸費用の合計額を請求しうるにとどまる。この場合，修理費が事故当時の車両価格及び買替諸費用の合計額を上回る事実は，被告（加害者）において主張・立証すべき事実となる（もっとも，原告（被害車両の所有者・被害者）が経済的全損としての請求をするときは，あらかじめ原告において，修理費，事故当時の車両価格及び買替諸費用を主張することになる）。そのため，修理費の請求の可否をめぐっては，経済的全損か否かが事故当時の車両価格の認定と関係して問題になることがある。

　なお，経済的全損の場合も，車両価格の算定方法は上記〔２〕(2)と同じである。

(2)　**経済的全損判断のために修理費と比較すべきもの**

　経済的全損判断のために修理費と比較すべきは，上述のとおり事故当時の車両価格及び買替諸費用の合計額であるが，これに対しては，さらに買替えに要する期間の「代車費用」も加算した合計額であるとする考え方がある。

　しかし，①被害者の原状回復という損害賠償制度の目的からすると，事故車両の事故当時の車両価格及び買替諸費用が賠償されれば，被害者は同種同等の車両を取得することができ，その結果，被害を受ける前の経済状態が回復されるのであるから，被害者の救済として必要かつ十分であること，②代車費用は専ら車両を使用できなかったことによる損害であるのに対し，車両の全損による損害は車両の価値自体に着目した損害であって，両者はその性質を異にすることから，代車費用まで加算するのは相当ではないと思われる。

〔宇都宮　庫敏〕

Q21 改造車の修理費用等

改造車における修理費用，車両時価額の算定について説明しなさい。

〔1〕 問題の所在

交通事故による車両の修理費用の損害は，事故と相当因果関係にあり，必要かつ相当な範囲に限って認められるが，事故で損傷した車両が改造や装飾（以下「改造等」という）を施した改造車であった場合（本稿では，福祉車両，冷凍庫等の業務用に改造を施したものだけでなく，所有者の趣味のために改造や装飾を施したものも含めて改造車として取り扱う），改造等の部分の修理費用が通常高額にわたることもあって，同部分の修理費用の損害と事故との相当因果関係（事故により通常生じるべき損害額といえるか否か）や損害額について争われることが多い。また，被害車両が経済的全損（修理費用が車両の時価額を上回る場合）又は修理不能（物理的全損）の場合には，車両の事故当時の時価額が損害額の基準になるが，改造車の場合の時価額についてはどのように考えればよいのかという問題もある。

そこで，①改造車の改造等部分についての修理費用は，事故により通常生じうる損害（通常損害）といえるか，それとも特別の損害か，②通常損害として相当因果関係が認められる場合でも，改造等部分の修理費用の全額が認められるのか，③改造車の事故当時の時価額の算出についてはどのように考えればよいのかについて，以下，順に説明する。

〔2〕 改造車の改造等部分の修理費用について

(1) 改造車の改造等部分に係る修理費用は通常損害といえるか

改造や装飾が施されていない通常の車両が事故で損傷した場合の修理費用については、事故により通常生じる損害とすることに争いはない。これは、車両は、事故時の衝突や接触によって損傷するのは通常のことであり、修理費用は、損傷車両の事故前の状態に回復するために生じる費用であると考えられるからである。

　それでは、改造等部分の修理費用についてはどのように考えればよいのであろうか。

　衝突や接触があれば、車両の改造等部分を含めて車両が損傷することも通常のことであり、また、改造等部分が道路運送車両法等の法令違反の問題を生じない限りは、自動車に高額な設備を施すのは本来所有者の自由であることからすると、福祉車両や冷凍車両のように改造等が車両の機能的価値を高めるものであるのか、趣味で改造や装飾を施した車両のように機能的価値を高めることにはならないものかにかかわらず、改造等部分を含めて修理することにより、損傷車両の事故以前の状態に回復することになるのであるから、改造等部分の修理費用等についても、特別損害ではなく、通常損害と考えることが相当であるといえよう。

　これに関する裁判例を紹介すると、追突事故により被害車両の後部が損壊し、その所有者が加害者に対して修理代等の支払を求めたが、当該修理代には、損壊したリアバンパーに施されていた金メッキを同種のものと取り替えるための金メッキ代が含まれていたことから、加害者が当該金メッキ部分については特別損害であると主張して、事故との相当因果関係が争いになった事案において、東京高判平2・8・27判時1387号68頁（以下「裁判例①」という）は、本件事故により金メッキを施したバンパー部分に損傷が生じ、同種のバンパーと取り替えざるを得なかったのであるから、それに要した費用は本件事故と相当因果関係のある損害と認めるのが相当であるとして特別損害であることを否定している。

　また、交差点における出会い頭衝突事故により、車体にデコレーションが施された大型貨物自動車が損壊した事案において、車体のデコレーション部分の修理費用と事故との相当因果関係が争いとなった事案で、東京高判平11・12・27自保ジャーナル1328号2頁（以下「裁判例②」という）も、装飾部分の修

理費用の損害が特別損害にあたるものではないとしている。

(2) 改造等部分の修理費用が認められる範囲

　一般に車両の改造等部分も含めた修理費用が，事故前の原状回復費用として通常損害にあたるとしても，常に全額認められることになるのか，減額されるとすればどのような根拠で減額されるのかが次に問題となる。

　これに関して，前掲の裁判例①は，「交通事故が発生した場合に，自動車本体の損傷及び搭乗者の死傷を防止もしくは軽減させるというバンパーの目的からすれば，バンパーに金メッキを施すことはその効用を増加させるものではなく，かえって，損傷した場合の修復費用を増大させ無用に損害を拡大させるものであることを考慮すると，被害者側も損害の拡大について一つの原因を与えたことは否定し得ないから，過失相殺の法理により損害額を算定するに当たり当該行為を斟酌することができるというべきである。」旨判示して，金メッキ部分の取替え費用の5割を減額するのが相当としている。

　また，同じく裁判例②では，「デコレーション部分は，車両自体の本来の機能とは別個に，通常の方法で製造され通常の運行機能を持つ車両本体の表面に，車両所有者の特異な好みによって特別な『飾り』を取り付けている部分をいうものであり，車両の走行等の機能にプラスの影響を及ぼしてその効用を増加させるものではなく，特にその一部は，車両が損傷した場合にはむしろ損害の発生を増大させるものであって，被害者側にもこれらのデコレーションを装着させたことによって損害の拡大に原因を与えたと評価せざるを得ない，したがって，かかる被害者側の損害拡大に関与している事情をも斟酌して加害者側に負担させるべき損害賠償額を定めるのが公平であると考えられる。」旨判示して，デコレーションの一部の修理費用の5割を減額した。

　上記各裁判例によれば，減額の根拠として，裁判例①においては「過失相殺の法理」が用いられており，裁判例②においては「公平性」を根拠としているが，過失相殺の法理は公平性の法理に基づくものであることや，「デコレーション部分を装着させたことによって損害の拡大に原因を与えた」という判示趣旨からすると，同事件においてもやはり，過失相殺の法理を減額の根拠として用いているものと解される。

　では，改造等部分の修理費用を減額する根拠として，過失相殺の法理が用い

られるのは、どういう理由からであろうか。

　この点、改造や装飾が施されていない通常の車両が事故により損傷した際、損傷車両の所有者が事故と関係のない損傷部分まで修理したような場合に、無関係な修理部分についての費用を減額する場合には、事故による損害の発生後に、上記車両の所有者が事故の損害を必要以上に拡大させたという損害拡大防止義務違反を根拠とするものと考えられる。一方、改造等部分の修理費用について減額すべきかどうかは、事故による損害発生前に、所有車両の改造や装飾を施すことによって損害が拡大したことにどれだけ帰責性があるかという問題であるから、減額する場合の根拠としては、過失相殺の法理によることが相当であるということになろう。

(3) 過失相殺の法理を用いて減額する際の考慮要素

　上記(2)のとおり、改造等部分の修理費用の損害については、過失相殺の法理により減額されることはあるとはいっても、改造車であれば必ず過失相殺の法理により減額されるべきかどうかが問題となる。

　上記(1)で述べたように、改造等部分の修理費用は通常損害と考えられることや、違法な改造等でなければ、社会的に不相当であるとまではいえず、車両の改造等の内容、程度にも多種多様のものがあることから、改造車であることの一事をもって、常に過失相殺の法理を適用して減額することは相当ではなく、損害の拡大に帰責性がある場合のみ、帰責性の程度に応じて減額されるか又は全額認められないということが相当であろう。

　それでは、改造等部分の修理費用を減額する場合の車両所有者の帰責性を判断するについては、どのような点が考慮要素となるのであろうか。

　これについては、①当該改造等部分の内容（例えば、改造等部分が事故の発生に寄与している場合は帰責性が大きいということになるし、改造等が違法であれば保護に値しないから、一方的な過失があるのと同様に考えることができよう）、②改造等により生じた価値（改造等部分が明らかに無価値であり、それによりかえって車両の評価額を低下させるような場合には帰責性が大きいとして大幅な減額又は全額が減額されることになろう）、③改造等に係る金額（改造等費用が著しく高額にわたる場合には、それだけ損害額を拡大させることに帰責性があったといえるであろう）等を総合考慮して、車両所有者に、加害者に改造等部分の修理費用を負担させることが公平を欠くと判断された場

合には，過失相殺の法理を適用して，帰責性の程度により必要な減額が行われることになろう。

〔3〕 改造車の車両時価額の算定について

　事故により改造等が施されていない被害車両が物理的全損又は経済的全損（修理費用が車両時価額等を上回る場合）となった場合には，車両の時価額に車両購入に係る諸経費等を加えた額が，損害額となると考えられている。

　そして，改造車ではない車両の時価額を算出する場合には，算定が困難であるとする特段の事情がない限りは，事故車両と同一の車種・年式・型・同程度の使用状態・走行距離等の車両を中古車市場において取得するのに要する価格によるべきであるとされている（最判昭49・4・15民集28巻3号385頁）。

　では，被害車両が改造車であった場合には，その車両時価額の算定方法についてどのように考えられるのであろうか。

　これについては，前記〔2〕(1)のとおり，改造等部分の修理費用が事故によって通常生じうる損害であるということからすると，車両価格の算定においても，もとの車両価格に改造部分の価値を含めて，上記最高裁判例の基準に基づき，価格算定を行うことになろう。ただ，多くの場合，改造車が中古車市場において出回ること自体予想しがたく，さらに，上記最高裁判例にいう諸要素を比較して，その市場価格を算定することは困難なことも予想されるところである。その場合には，上記最高裁判例の判示する「特段の事情」がある場合に該当するとして，被害車両の改造の内容に応じて，その価格の減価状態を考慮し，課税又は企業会計上の減価償却の方法である定率法又は定額法によって算定すべきであろうと考えられる。

　なお，①改造等が道路運送車両法に反するなど違法にわたる場合や，②改造等により車の効用を低下させたこと等によって，その改造車の交換価値を増加させるどころかかえって減価させるような場合には，例外的に改造等が施される前の車体の時価額をもって算出され，事情によってはさらに減額される場合もあろう。

〔辰巳　晃〕

Q22 | 休 車 損

休車損の意義，要件及びその算定方法について説明しなさい。

〔1〕 意　義

休車損とは，事故によって破損した車両を買い替えあるいは修理する期間，当該車両による稼働ができなかった場合，稼働していたならば得られたであろう営業利益の損失をいう。物損にかかる逸失利益の性格を有する損害である。

通常は，許認可の関係で，タクシー，路線・観光バス，営業用貨物トラック等の緑ナンバーの営業車について発生する。ただし，道路運送法4条1項に違反して無免許のまま白ナンバーで営業していた場合であっても，休車損の認められる場合がある（最判昭39・10・29民集18巻8号1823頁）。

なお，近時のトラック事業においては，業者間の委託業務も進んでおり，本来の休車損より代車費用に近い考え方をとるものが見受けられる。裁判例にも，事故車両に代わる運搬用車両を外注した事案で，外注に要した費用を事故と相当因果関係のある損害と認め，これを基準に通常の修理期間について休車損を算定したものがある（東京地判平10・2・24交民集31巻1号250頁）。

〔2〕 要　件

休車損が認められるためには，事故の被害者において，①被害車両を使用する必要があること，②代車を容易に調達することができないこと，③遊休車が存在しないこと，④被害車両を使用できなかった期間（休車期間），⑤被害車両の利用によって得られていた1日あたりの利益（被害車両を使用できないことによ

って被る1日あたりの損失額）を主張・立証しなければならない（井手良彦「Q37 物損交通事故(2)−評価損，代車損，休車損」梶村太市ほか編『事例解説簡裁民事訴訟Q＆A』278頁，森剛「休車損害の要件及び算定方法」『赤い本』〔2004年版〕472頁）。以下，順次，各要件について説明する。

(1) **要件①（被害車両使用の必要性）について**

これが要件となるのは，被害者が，事故による損傷によって被害車両を使用できなくなった場合でも，そもそも当該車両を使用する必要がなかったというのであれば，休車損を認めるまでもないからである。

(2) **要件②（代車調達の困難性）について**

休車損は車両を使用できなかったことによる損害であるから，代車を調達できて，その代車で被害車両の穴埋めができるのであれば，代車費用を損害に計上すれば足りることになる。つまり，代車費用が認められる場合には，休車損は認められない（両者は表裏の関係に立ち，重複して請求できない）という関係になる。しかし，営業車の場合は，許認可の関係でレンタカー等を代車として利用できない場合が多い。

(3) **要件③（遊休車の不存在）について**

遊休車や予備車がある場合には，当該車両を稼働させて損害の回避ができるのであるから，そもそも休車損は認められないのではないかという問題がある。

路線バスについては，法令上，予備車の保有が事業許可の条件になっているが，タクシー，観光バス，営業用貨物トラック等については，予備車の保有が事業許可の条件になっていない。

信義則上，被害者も，損害の拡大を防止すべき義務を負っていると考えるべきであるから，遊休車があれば，遊休車を積極的に利用して損害の拡大を防止しなければならない。したがって，遊休車や予備車を保有している場合には，これによって支障なく営業を継続することができるのであるから，休車損は認められないことになる。ただし，被害者が遊休車を保有していても，遠隔地の営業所にあるため回送に時間や費用がかかるなど，遊休車の活用が容易でない場合にまで，これを強いることは相当ではない。

遊休車の存在しないことの立証責任は，実務では，証拠への距離等を考慮して，休車損の発生を主張する「被害者」にあると解されている。また，その立

証は，保有車の実働率（保有車の台数に対する稼働車の台数の比率）のほかに，保有台数と運転手の数，運転手の勤務体制，営業所の配置・配車数，仕事の受注体制等から，被害者が保有車をできる限り稼働させていたことを証明すれば足りるとされており，いわゆる悪魔の証明には該当しない。

(4) 要件④（休車期間）について

事故車両の買替え又は修理に要する相当な期間のことである。後記〔3〕(4)のとおり，代車費用の認められる期間に準じて考えることになる。

(5) 要件⑤（1日あたりの利益）について

後記〔3〕(1)のとおりである。

(6) 営業収入の減少について

休車損を認めるための要件として，上記①ないし⑤のほかに「事故後の被害者の営業収入が事故前のそれと比較して減少したこと」も加えるべきか否かという問題がある。裁判例の中には，これを要件に加えるもの（東京地判平8・3・27交民集29巻2号529頁，東京地判平9・1・29交民集30巻1号149頁）と，加えないもの（名古屋地判平4・2・7交民集25巻1号165頁）がある。

思うに，営業収入は，注文の件数，荷物の量，運送距離，営業努力等によって変動するし，営業収入の減少がなくとも，仮に事故車両を稼働させていたならば，より多くの営業収入を得られたであろうと認められる場合もある。そうすると，営業収入が減少しなかった原因を抜きにして，単に営業収入の減少がないことのみをもって休車損を否定するのは相当ではなかろう（佐久間邦夫＝八木一洋編『リーガル・プログレッシブ・シリーズ5交通損害関係訴訟』〔補訂版〕236頁）。

〔3〕 算定方法

休車損は，被害車両の利用によって得られていた1日あたりの利益に休車期間を乗じて，算出される。

休車損＝1日あたりの利益×休車期間

(1) 1日あたりの利益の算定方法

(a) 算定方法

第2節 物的損害　　　　　　　　　　　　　　　Q22　休　車　損

　1日あたりの利益は，一般的に，被害車両が稼働した場合の1日の売上高（運賃収入）から，稼働上必要とされる経費を控除して，算出する。ただし，利益率（又は1から経費率を控除した割合）をもとに算定した裁判例もある（神戸地判平8・7・19交民集29巻4号1061頁，東京地判平10・3・25交民集31巻2号435頁）。

> **1日あたりの利益＝売上高（運賃収入）－経費**

　なお，利益率や経費率をもとに算定する場合の計算式は，1日あたりの利益＝売上高（運賃収入）×利益率又は（1－経費率）となる。

(b)　売上高及び経費の資料

　売上高及び経費の資料としては，「損益明細表」や「輸送実績報告書」を提出してもらうのが望ましい。これらは，監督官庁に提出されるものだけに客観性も担保されているといえるからである。個人の場合も同様に，確定申告書，納税証明書等の公的書類による証明が求められる。一般的な統計資料（国土交通省自動車局編『自動車運送事業経営指標』）を用いることも考えられるが，被害者がこれに記載された営業実績を達成している保証はないので鵜呑みにできない。また，当事者が自ら作成した「休業損害計算書」を提出することもあるが，これも一般的に客観性，正確性に欠けるものといえよう（東京弁護士会法友全期会交通事故実務研究会編『交通事故実務マニュアル民事交通事件処理』204頁）。

(2)　算定の対象となる車両及び期間

(a)　車　　　両

　休車損は事故車の運休によって発生するものであるから，算定の対象となる車両は，原則として当該事故車とすべきである。しかし，事故車を除く保有車（実働車）1台あたりの売上高を算出して，休車損を算定するという考え方もあって，車両の個性があまり問題とならないタクシーの場合には，この考えをとることもできよう。

(b)　期　　　間

　事故前の売上実績について，算定の対象を当該事故車とした場合は，人損における休業損害の場合と同様に考え，事故直前の3ヵ月間の実績とするのが相当である。そして，事故直前の3ヵ月間の実績が出れば，それを3ヵ月の日数

（90日）で除して，当該事故車の「1日あたりの利益」を算出することになる。しかし，事故車を除く保有車（実働車）1台あたりの売上高から休車損を算出する場合は，事故直前の3ヵ月間の実績とする必要はなく，休車期間中の実績を踏まえることも許されよう。

また，事故直前の3ヵ月間が繁忙期にあたり売上げが通常以上に多いときには，事故前年の1年間の売上高を見た上で，適宜修正するのが合理的といえる。ただし，損害の実態に合わせるためには，繁忙期の事故によって休車したときは，繁忙期を反映する損害を認定すべきではないかとの指摘がある（上杉満「損害賠償請求訴訟（交通事故－物損）」岡久幸治ほか編『新・裁判実務大系㉖簡易裁判所民事手続法』369頁）。

(3) 控除すべき経費の範囲

事故車を事業の用に供することができないために営業収入が減少する場合であっても，同時に営業収入を獲得するための経費も減少するのであるから，休車損の算定にあたっては，損益相殺の観点から，減少した経費に相当する金額を控除する必要がある。控除の対象となる経費は，事故車両を運行の用に供していたならば支出を免れた経費に限られる（札幌地判平11・8・23自保ジャーナル1338号2頁，大阪地判平22・7・29自保ジャーナル1860号152頁）。

具体的には，控除の対象となる経費は，被害者の保有する車両の運行量に応じて変動する，燃料費，修繕費，有料道路通行料等のような「変動経費」に限られる。これに対し，運行量にかかわりなく金額が固定している，車両の減価償却費，自動車保険料，駐車場使用料等のような「固定経費」は，休車期間中も発生するものであるから控除できない。また，人件費については，その中にも変動経費に属するものと固定経費に属するものがあり，乗務手当等のように支出を免れる部分は控除されるが，固定給等のように休車期間中も支出を要する部分は控除されないものと解されている。

(4) 休車期間の認定

休車期間は，現実に買替え又は修理に要した期間ではなく，客観的に買替え又は修理に必要な「相当期間」とすべきである。ただし，営業車は，特殊な塗装，設備等を要する場合があるので，通常よりも修理期間を要することがある（この点を考慮した裁判例としては，東京地判平6・8・30交民集27巻4号1142頁）。

また，保険会社との交渉期間についても，交渉の過程や内容からみて，通常予測しうる合理的な期間である限り，休車期間に加味することができるが，被害者の不合理な要求のために交渉期間が長引いたような場合には，その分の休車期間は制限されることになる。

[宇都宮　庫敏]

Q23 代車費用

代車費用請求の要件について説明しなさい。

〔1〕 はじめに

　交通事故によって車両が損傷（必ずしも使用不能のレベルにまで至らなくてもよいと思われる）すると，修理に出すこともあれば場合によっては買替えを余儀なくされることもある。この修理や買替えに要する期間，代わりになる車両つまり代車を使用してこれに費用が生じたとき，この費用を損害として請求するための要件は何か，つまり，請求原因としてどのような事実を主張しなければならないのか，これが本問である。

〔2〕 代車費用請求の要件

　代車費用を損害として請求するためには，代車使用の必要性が求められている（小林邦夫「代車の必要性」『赤い本』（下）〔2006年版〕77頁）。とはいえ，代車費用請求に求められているのは必要性だけではない。現実に代車を使用した対価（使用料）を支払うことにより損害が発生したといえるのであり，また，この使用料が賠償されるべき損害といえるためにはその金額が相当なものであることも求められる。そして，この金額が相当なものというためには，代車を使用した期間及び使用した代車の種類を考慮しなければならないといえよう。その意味で，これらもまた必要性とともに代車費用請求の要件ということができる。そこで，これらの要件を，①現実の代車使用，②代車使用の必要性，③使用期間，④代車の種類，⑤使用料の5つに区分して順次検討し，最後にこれらの要

第2節　物的損害　　　　　　　　　　　　　　　　Q23　代車費用

件を記載した代車費用の請求原因事実の記載例を示すこととしたい。

〔3〕　現実の代車使用

　代車費用は現実に代車を使用して初めて発生するものであるから，代車の使用は代車費用請求の基礎ともいえる要件である。もっとも，実際には，後記の必要性や使用期間の主張において黙示的に主張されていると解される場合も多いと思われる。しかしながら，必要性や使用期間を検討したところで代車使用の事実がなければ，その検討は無意味に帰することから，現実に代車を使用した事実の確認が必要となる。この事実は，代車費用に係る領収証が書証として提出されていれば基本的には認められようが，これが見積書にとどまる場合には現実に代車を使用した事実はなかったという事例もないわけではないので（佐久間邦夫＝八木一洋編『リーガル・プログレッシブ・シリーズ5交通損害関係訴訟』〔補訂版〕232頁〔中園浩一郎〕），このような場合には，他の証拠から，あるいは他の証拠と見積書を総合考慮して現実の使用の有無を判断することになろう。

〔4〕　代車使用の必要性

(1)　必要性を基礎づける事実

　代車を使用してその費用の支出さえあれば，それがただちに因果関係のある損害とするわけにはいかず，前記のとおり代車を使用する必要性が要件の一つとされている。そこで，必要性の主張が必要になるが，単に「必要性があった。」と主張するだけで足りるものではなく，必要性を基礎づける事実の主張が必要になる。

　以下では，必要性を基礎づける事実を一定程度類型化した上で検討していくこととする。

(2)　営業用か自家用か

　必要性の判断は，被害車両の使用目的が営業用か自家用かによって扱いが異なる。

(a)　営業用車両

　営業用車両の場合，必要性は原則として肯定される。また，営業用の範囲も広く解され，営業そのものや営業に本質的に不可欠なものに限らず，例えば顧

客の接待，会社役員等の専用車として用いるものであっても肯定される（中園・前掲232頁）。

　もっとも，その営業が違法なものである場合には，必要性が肯定されたとしても代車使用料は法的保護を加えるに値しないとされた裁判例がある（神戸地判平5・3・23交民集26巻2号392頁）。

　なお，ここでいう営業用車両は，事業用自動車（いわゆる緑ナンバー車）と必ずしも一致しない点には注意を要しよう。

(b)　自家用車両

　自家用といっても，個々の使用目的は，通勤や通学，日常家事や通院あるいは介護といった生活の維持に利用されるものからレジャー・趣味に利用されるものまで広範囲に及ぶ。このうち，生活の維持のための使用の場合には必要性を肯定することに異論は見られないようである。

　これに対して，レジャー・趣味のための使用の場合には見解が分かれている。確かに損害の賠償を原状の回復と把握した場合で，趣味・レジャーを生活の維持ではなく生活に＋αになるものと理解したときには，必要性は否定される方向に傾くであろう。しかしながら，自動車が贅沢品から必需品になり，趣味・レジャーも生活の＋αの面だけではなく，趣味・レジャーを楽しむことで生活の維持が実現するという面があることも否定できず，この面に着目すれば，趣味・レジャーのための使用であることをもってただちに必要性を否定することもないと思われる。例えば，自然現象を観察する趣味があり，その現象がごく限られた場所と時期においてのみ発生し，その場所への到達には車の利用が不可欠であり，かつ，その場所に赴くことがすでに確定した日程として組まれていたような場合にまで必要性を否定する理由はないと思われる。

　このようにみてくれば，必要性については，使用目的にとどまらず，その使用状況，つまり使用の頻度，走行距離，車使用の現実性といった個々の事実を主張して必要性を基礎づけていくことになると思われる。また，必要性といっても，積極的に車を使用する場合だけにとどまらず，公共交通機関の利用が不可能あるいは著しく困難であるからやむなく車を使用するといった消極的な場合も想定されるところである。裁判例としては，乗り物恐怖を伴うパニック障害により公共交通機関による通勤が難しい状態であったという事案において，

通勤等のために代車使用の必要性を認めた例がある（東京地判平26・10・31判例秘書L06930665）。

(3) 他にも使用可能な車両が存在する場合

営業用，自家用を問わず，他にも車両が存在し，その使用が可能な場合には代車の必要性は肯定されない。代替車両を使用すれば足りるからである。

なお，他にも使用可能な車両の存在については，代車使用料を争う側で主張する事実（他に使用可能な自動車が存在すること）と思われる。

(4) 他の代替交通機関との兼ね合い

代車を使用した場合で他に代替交通機関が存在するとき，この存在をもってただちに必要性が否定されるものではない。代車の使用目的，使用状況に加えて，代替交通機関の利便性（本数，目的地到着時刻との兼ね合い等）をも考慮して，代替交通機関の利用が十分に可能であり，かつ，利用するのが相当と認められるときに限って，代車の必要性は否定されるというべきであろう。もっとも，公共交通機関やタクシーを利用しても支障が生じない場合には代車使用料が発生しても損害と認めることはできないとしながら，公共交通機関の利用料金やタクシー代が損害となりうるとする裁判例がある（東京地判平13・8・30交民集34巻4号1141頁）。

なお，他の代替交通機関の利用については，代車使用料を争う側で主張する事実（代車を使用するまでもなく他の交通機関を利用すれば足りたこと）と思われる。

(5) その他

例えば，被害車両が車検を受けていない自動車であった場合，このような車両は運行の用に供してはならないものであるから（道路運送車両法58条1項），そもそも道路を通行することは許されるものではない[1]。そうすると，代車は，当該車両が事故により損傷したかどうかにかかわらず，そもそも必要なものであったといえるのであるから，このような場合，代車使用料が発生しても，当該交通事故との因果関係は否定されるというべきであろう。

[1] 道路運送車両法58条1項に違反（無車検車走行）すると6ヵ月以下の懲役又は30万円以下の罰金を科される（同法108条1号）。

〔5〕 使用期間

(1) 使用料と使用期間

　代車の使用料金が相当であるかどうかを判断する要素として，代車を使用する期間がある。この期間の長短によって使用料の多寡が左右されることが多いからである。

(2) 使用期間の範囲

　使用期間は，修理や買替えに費やした期間のすべてが認められるものではなく，そのうちの相当な期間に限り認められる。この相当な期間は，修理そのものの期間や買替えにおける契約締結から納車までの期間のみを捉えるべきではなく，修理であれ買替えであれ，交渉，見積りを経た上で契約締結に至るのが通常であることから，これらの期間を考慮した上で認められるものといえよう。なお，修理の交渉については，修理業者と交渉するのが被害者自らである場合に限らず，対物賠償保険に加入している場合には保険会社が交渉にあたるのが一般的であり，この交渉期間も含めて相当な修理期間を判断することになろう（大阪地裁民事交通訴訟研究会編著『大阪地裁における交通損害賠償の算定基準』〔第3版〕64頁）。

　なお，修理そのものは概ね2週間，買替えには概ね1ヵ月程度の期間が相当と考えられている。また，代車使用の期間が，これまで述べてきたところを超えて長期化することも見受けられるが，このような場合の長期化した分に係る代車使用料については，長期化した原因が被害者側，加害者側のいずれの側に存するのかを判断して，原因を有する側の負担とするべきであるとされている（中園・前掲232頁）。

　裁判例としては，被害者（原告）側に落ち度のない事案（追突事故）においては，加害者（被告）側（加害者加入の保険会社が被害者と対応した）としては，損害賠償額の算定方法にかかる説明と算定根拠の提示を行って被害者の理解を得ることの必要性は高いとし，通常の被害者が納得して修理又は買替手続に着手するに足りる合理的な期間内の代車料は加害者側が負担する責任を負わなければならないとしたものがある（東京地判平13・12・26交民集34巻6号1687頁）。

〔6〕 代車の種類

　代車の使用料金が相当であるかどうかを判断する要素として，期間とともに代車の種類がある。この種類によっても使用料の多寡が左右されることが多いからである。

(1) 同一車種に限られるか

　代車となる車両の車種は，代車が事故車両の代わりとして使用されるものであることからすると事故車両と同一車種，それが不可能であっても同一グレードのものに限られ，これより上位のものは認められないことになろうが，他方で，代車は，修理や買替えの期間中，いわば応急措置的に使用するものであり，このことからすると，代車使用の用途，目的に相応する車両であれば，同一の車種・グレードと極端にかけ離れている場合は別として，これに固執することなく，要した代車料は認めることができよう。

(2) 国産車と外国車

(a) 国産車

　被害車両が国産車の場合は上記(1)で述べたところがそのままあてはまる。もっとも，国産車にも相当高価な（グレードの高い）車種も存在してきている現在，車種によっては次に述べる高級外車と同じ扱いをすることも十分ありうるものと思われる。

(b) 外国車

　外国車といっても国産車とそれほど変わらないか若干高めの価格・グレードのものもあれば，高嶺の花といったものまで多岐にわたり，その範囲は国産車よりも広いものといえよう。そこで，「高級外車」という語が用いられ，高級外車が被害車両である場合の代車の車種が問題になる場合が生じてくる。

　この点，裁判例としては，被害車両及び代車がいずれもキャデラックのリムジンとして39日間の代車料488万655円を求めた事案で，使用期間に照らしてみると代車は国産高級車でも十分代替できるとして97万5000円としたもの（東京地判平7・3・17交民集28巻2号417頁）がある。また，近時のものとしては，被害車両をBMW750，代車をBMW740として1日あたり2万5000円の代車料を求めた事案で，セルシオ（トヨタ）の使用料が1日あたり2万1000円である

ことを考慮して1日あたり2万2000円としたもの（名古屋地判平23・5・11自保ジャーナル1851号153頁）、被害車両をベンツSクラス（S550）として、代車使用料（車種は明らかになっていない）を使用期間2ヵ月半で148万余円（1日あたり3万1500円とする期間の料金と1ヵ月計算等した料金の合計金額）を求める事案で、同等程度の車種の代車の必要性を認められないとして1日あたり2万円とした（ただし、使用期間は20日が相当であるとして40万円とした）もの（大阪地判平26・3・25判例秘書L06950872）、被害車両をベンツSクラス、代車をジャガーとして1日あたり3万円の代車料を求めた事案で、車両の使用形態から代車にも一定の格式は必要であるとしつつ、使用期間や代車が下位の車種であっても理解は得られるとして、ベンツCクラスの使用料を考慮して1日あたり1万7000余円としたもの（大阪地判平27・5・19判例秘書L07050887）がある。

なお、被害車両及び代車がいずれも高級外車である場合の代車使用料を判断するに際して、一律に国産高級車レベルの金額の限度でしか認めないのは、原状回復という損害賠償の理念からすると問題であるとして、代車の調達あるいは代車料金が著しく高額である場合等は別論として、個別の事案ごとに使用する目的や期間を考慮して判断するのが相当であるといった見解がある（中園・前掲232頁）。

〔7〕 使　用　料

(1) 使用料の相当性

これまで見てきた使用期間、車種・グレードに照らして相当な範囲内で代車使用料が認められることになる。

(2) 知人等からの借用

代車が知人等からの賃借であっても、これまで述べてきたところがそのままあてはまる。ただし、賃借料の取り決めはしていないが無償の合意もないような場合、やはり社会的儀礼の範囲で一定の金額（謝礼等、名目は種々であろう）を支払うというのが通常であろうから、この範囲で使用料は決まることになろう。もっとも、まったくの無償の場合には、そもそも代車使用料としての損害は生じてはいない。

(3) 経　　費

第2節 物的損害　　　　　　　　　　　　　　Q23 代車費用　　247

　ガソリン代，エンジンオイル代等の経費は代車使用の有無にかかわらず生じるものであるから，これら経費は生じた損害とはいえず，支払を求めることはできない。

(4) いわゆる仮定的代車料

　現実に代車は使用しなかったけれども仮に使用していれば支払ったであろう費用，つまり仮定的代車料の請求ができるかという点については，現実に使用していない以上は請求できないという考え方もできるし，他方で，被害者の労苦で不便をしのいだ事実があれば，その事実を評価して，これを埋め合わせる意味の代車使用料相当額を認めてもよいという考え方もある（上杉満「損害賠償請求訴訟（交通事故－物損）」岡久幸治＝横田幸祐＝石崎實＝今岡毅編『新・裁判実務大系㉖簡易裁判所民事手続法』366頁）。

　なお，この「仮定的代車料」の語は，前記のように①そもそも代車を使用しなかった場合に用いられるときと，②代車を使用したけれども無償であった場合に用いられるときがあるように思われる。裁判例としては，①の場合では，代車を使用していないことを被害者が自認しているという事案において，代車料は現実に代車を使用したときに限られるから，仮定的代車料の支払を求めることには理由がない，としている。もっとも，この場合においても，公共交通機関の利用料金相当額は損害として認めることができる，としている（東京地判平13・11・29交民集34巻6号1558頁）。②の場合では，代車の無償提供を受けて使用し，代車料の支払をしないまま修理が完了したという事案において，車両の利用価値の侵害は車両の損傷に引き続いて生じるいわば二次的な損害であることから，代車料を支払う等により現実化したときには損害として認められる余地もあるが，現実化しないことが確定したときには車両の利用価値の侵害は抽象的なものにとどまり損害賠償の対象にならない，としている（東京地判平13・1・25交民集34巻1号56頁）。

〔8〕　請求原因の記載例

　以下に請求原因のうち代車使用料の記載例を以下に示す。

請求の原因
1　交通事故の発生
2　事故態様
3　被告の過失
4　損害
　(1)　修理代
　　　　　　　　　　　　　　　　　　　　｝(略)
　(2)　代車使用料
　　　　30万円
　　　　被害車両（排気量660CC）は福祉車両（助手席回転タイプ）である。
　　　原告は，毎日，同車両を使用して母親宅に赴いて家事を処理し（母親は独居しているが後期高齢者であり，かつ，歩行困難である），また，母親をかかりつけの病院やデイサービスセンターに送り迎えをしたり，買い物に連れて行ったりしていた*1。
　　　被害車両の修理には15日間を要し，その間，原告は，被害車両と同一機能のレンタカー（福祉車両・排気量1300CC）を使用し，その費用は１日２万円であり合計30万円を支払った*2。
(以下，略)

*1　必要性を基礎づける事実の主張である。
*2　現実の使用，車種，期間及び支払った料金の主張である。これらが相当なものであることは黙示に主張されているとみてよい。相当でないというのであれば，被告が反論することになろう。

［神谷　義彦］

Q24 評価損(1)

評価損請求の要件及び算定方法について説明しなさい。

〔1〕 はじめに

(1) 定　義

　評価損の定義について，東京地判昭61・4・25判時1193号116頁・判タ605号96頁は，「損害車両に対して充分な修理がなされた場合であっても，修理後の車両価格は，事故前の価格を下回ることをいう。」と明示している。

　その他，同じ意味ながら表現を変えた定義として，例えば，①「事故後，修理したにもかかわらず原状に回復できない損傷が残る場合，あるいは事故歴がついたことにより評価が下落した場合の損害」，②「破損した被害車両を修理しても，なお，原状回復をなしえない損傷が残り，あるいは事故歴がついたことにより同車両の商品価値の下落が見込まれることがあり，この自動車の価値の低下」，③「事故前の車両価格と修理後の車両価格の差額をいう。」がある。

　評価損を「等式」で表現すると，自動車の価格を構成する各要素との関係が理解しやすい。

```
評価損（格落ち）＝事故直前の車両売却価格－修理後の車両売却価格
修理後の車両売却価格＝未修理車両売却価格＋修理費
よって
評価損（格落ち）＝事故直前の車両売却価格－（未修理車両売却価格＋修理費）
```

この等式から，評価損とは，事故直前の車両売却価格から事故後の未修理車両売却価格と修理費を差し引いた差額（事故前の車両価格と修理後の車両価格の差額）ということがわかる。差し引いた差額が「０」の場合もありうる。このときには，評価損が発生していないことを表している。

ここでの問題は，「事故直前の車両売却価格」が，オートガイド自動車価格月報（レッドブック）等の中古車下取価格欄，その他の資料によって把握しやすいことに比べ，「事故後の未修理車両売却価格」は適切な資料がなく算定が非常に困難なことである。

(2) 発生原因による評価損の分類

評価損には概念的には，技術上の限界から修理によっても回復できない欠陥が残存する場合の技術上の評価損と事故歴があるという理由で交換価値の低下する場合の取引上の評価損の２種類があるとされている。両者を含めて広義の評価損，後者の場合をいわゆる（本来の意味での）評価損という。

なお，発生原因による評価損の類型化基準，及び，技術上の評価損と取引上の評価損については，Q25〔２〕(1)を参照されたい。

〔２〕 評価損請求の要件（その１）

(1) 請求権者

(a) 所有権者

評価損の場合，自動車の所有権侵害に対する損害賠償ということになるから，被害車両の実質的所有者が正当な請求権者となる（大阪地判平12・７・26交民集33巻４号1258頁，名古屋地判平13・10・29交民集34巻５号1455頁）。

(b) 所有権留保付物件，リース物件の評価損請求

(イ) 所有権留保の場合　　割賦販売の場合については，損害賠償請求権者は買主か所有権留保者（販売店・信販会社）かについて見解が分かれている。水戸地判昭43・11・25交民集１巻４号1342頁は，買主は代金の支払によって所有者となることが予定されており，所有権留保の実質は担保であるとして損害賠償請求権者を買主とする。これに対し，東京地判平21・12・24自保ジャーナル1821号104頁，東京地判平15・３・12交民集36巻２号313頁，東京地判平12・８・23交民集33巻４号1312頁は，評価損につき交換価値の侵害として損

第2節　物的損害　　　　　　　　　　　　　Q24　評価損(1)

害賠償請求権者を所有権留保者とする。

　また，大阪地判平25・3・22自保ジャーナル1905号157頁は，所有権留保付売買において，代金を完済すれば，買主は車両の所有権の変形物として売主が取得した第三者に対する損害賠償請求権を取得するところ，立替金完済までローン会社に留保されるオートローン（立替払）契約により車両を購入した場合も，これと同様に考えられるとして，事故後に立替金を完済し所有権を取得した者に評価損の請求を認めた。

　なお，買主が代金を完済したときは，未受領の評価損の賠償請求権を民法536条2項，304条の類推適用により取得し，評価損が販売会社に支払われているときは，買主は，536条2項ただし書の類推適用により評価損相当額の金額を請求しうるとする見解がある（山崎秀尚「リース・割賦販売と損害の範囲」『赤い本』〔2000年版〕279頁）。

　(ロ)　車両リース（賃貸借）のユーザーの場合　　評価損の賠償請求権は，リース業者が貸主として取得する。車両リースの場合，自動車の所有権はリース会社に存し，リース会社が賃貸人，ユーザーが賃借人である。

　なお，神戸地判平3・3・26交民集24巻2号406頁は，リース物件につき，リース期間満了後のユーザーへの売却価格の低下を損害と認めている。

(2)　全損と分損

　(a)　全損と分損の定義

　全損（Total schaden）には，物理的全損と経済的全損の2種類がある。

　物理的全損は，車が事故によってスクラップとなり，修理が不可能な場合をいい，経済的全損は，修理費が当該車両の時価を超える場合をいう。最判昭49・4・15民集28巻3号385頁は，経済的全損について，「①修理のために必要と見込まれる費用（見積修理費），②修理しても技術的不完全さから，顕在的に，車の使用能力，安全性，外観等が，事故前のそれらよりも劣ることによって生ずる価格の下落（技術上の減価。例えば，溶接の痕跡が残った場合，新たに塗装した部分が他の部分と異なった場合等），③完全な修理がなされても隠れた損傷があるかも知れないとの疑念を抱かれるため，中古車の取得に嫌悪感が存し，これが事故車の売買価格を下落させるが，この取引価格の下落価格（評価損），④事故によって車を使えなかったため，他から車両を賃借した場合における賃借料等，

これらの合計額が事故前の事故車の市場価格を遙かに超える場合」と判示している。

(b) 全損と評価損

評価損というとき、全損になった自動車の事故直前の価格と事故後の価格の差額をいう場合もあるが、全損の場合、そもそも評価損を認定する必要がないから、ここで述べる評価損は、あくまでも修理可能な「分損」の場合に発生する評価損についてである。評価落ち、格落ち損とも表現する。

〔3〕 評価損請求の要件 (その2)
── 評価損の判断資料と判断基準

(1) はじめに

裁判実務では、評価損の有無・程度の判断資料として、事故証明書、事故調査報告書、査定協会の事故減価証明書、登録事項等証明書、被害車両の修理見積書、領収書、損傷部位のその状況を含む両当事者車両の写真等々が証拠書類として提出される。

それらから考慮されている要素として、①修理をすれば、初度登録から何年も経過した自動車に、常に評価損が発生するのか (初度登録から事故時までの時間的経過の長短)、②どの程度の大きさの損傷を受け、修理をしたときに、評価損が発生するのか (損傷、修理、修理費の程度)、③大衆車、高級乗用車、あるいは車両の希少性によって評価損の発生に違いがあるのか (高級車、車両の希少性との関連性) 等が挙げられるが、それらによって、評価損は事故と相当因果関係にある損害として認められるか否かの判断基準となる。

(2) 評価損を否定した裁判例

評価損を否定した裁判例の理由としては、①欠陥が認められない、具体的な障害がない、性能、外観の低下がない、②評価損の証拠がない、③損傷程度から評価損は発生していない、④客観的価値減少の立証がない、価値の下落に具体性がない、⑤評価損がないとして売却した車両の下取価格に評価損の影響がない、⑥損害が現実化していない、⑦6年以上経過の車両に評価損がない、⑧個人使用車・特殊な外国車 (非実用車) には評価損がない、⑨修理可能だから、

第2節 物的損害　　　　　　　　　　　　　　　Q24　評価損(1)

⑩その他（合意，示談，理由なしほか）があげられる。

　①の「欠陥が認められない，具体的な障害がない，性能，外観の低下がない」のは，評価損の発生の有無を判断する基本的な要素であるから否認理由の最初にくるのは理解できる。これに次ぐ②の「評価損の証拠がない」とする理由は，訴訟における立証方法の問題も含んでいる。

　裁判例としては，①欠陥が認められない，具体的な障害がない，性能，外観の低下がないとするものとしては，名古屋高判平23・7・14判時2139号12頁，大阪地判平10・12・24交民集31巻6号1971頁，大阪地判平5・12・22交民集26巻6号1586頁等が，②評価損の証拠がないとするものとしては，東京地判平8・10・30交民集29巻5号1582頁等が，③損傷程度から評価損は発生していないとするものとしては，東京地判平23・2・22判例秘書，東京地判平15・8・28交民集36巻4号1142頁，東京地判平7・10・24交民集28巻5号1507頁等が，④客観的価値減少の立証がない，価値の下落に具体性がないとするものとしては，東京地判平24・7・17判例秘書，東京地判平10・3・24交民集31巻2号416頁，東京地判平7・10・17交民集28巻5号1469頁等が，⑥損害が現実化していないとするものとしては，神戸地判平8・6・20交民集29巻3号914頁等が，⑦6年以上経過の車両に評価損がないとするものとしては，（製造後15年近く経過したキャデラックの改造車について）東京地八王子支判平14・3・28交民集35巻2号441頁等があり，いずれも評価損は認められないとしている。

(3)　認容した裁判例

　評価損を認めた裁判例の認容理由は，①修理費・損傷個所から，②事故歴車だから，③フレームに歪み，色むら，色違い，エンジン音に雑音があるから，④加害者が認めているから，⑤高級車だから，⑥売却価格が低下したから，⑦査定協会の査定があるから等々様々である。裁判例が評価損を認容する理由をただ1つだけ掲げることは少なく，大部分はいくつかの理由を併記している。

　(a)　初度登録から事故時までの時間的経過の長短

　修理をすれば，初度登録から何年も経過した自動車に，常に評価損が発生するのか，評価損を認める要素の1つに初度登録日から事故日までの経過期間がある。

これまでの裁判例の傾向からすれば，初度登録から３年以内の自動車には高い率で「認める傾向」にあり，自動車が古くなるにつれて，認容率がガクンと下がっている。４年を過ぎたあたりに境界線があるようである（海道野守『評価損（格落ち）』17頁）。外国車又は国産人気車種で初度登録から５年（走行距離で６万km程度）以上，国産車では３年以上（走行距離で４万km程度）を経過すると，評価損が認められにくい傾向がある（景浦直人「評価損をめぐる問題点」『赤い本』〔2002年版〕299頁）。ただし，初度登録から11年以上経過した自動車でも認められている実態にも注目すべきであり，東京地判平８・７・２交民集29巻４号976頁は，初度登録から28年経過したフォード・マスタング・コンバーチブルの評価損として，修理費の10％（５万円）を認めた事例であり，評価損認定の限界事例として参考になる。

結論として，初度登録から事故日までの期間が短いほど認められる確率は高い。

(b) 損傷，修理，修理費の程度

どの程度の大きさの損傷を受け，修理をしたときに，評価損が発生するのか。一般には，評価損は損傷が大きく修理費が大きいほど発生しやすく認められやすいと考えられる。

簡裁では，比較的小さな損傷，少ない修理費でも評価損の請求がなされている。例えば，修理費約46万円を要した被害車両の評価損15万6000円の請求に対し９万3600円を認めた裁判例（倉敷簡判平21・３・23（平20（ハ）第1114号）公刊物未登載），修理費約27万円を要した被害車両の評価損３万円の請求に対し全額を認めた裁判例（東京簡判平16・８・23（平16（ハ）第4366号）公刊物未登載）がある。裁判例では損傷，修理及び修理費の大小は評価損認否の判断自体には，あまり影響を与えていない傾向にある。

(c) 高級車，車両の希少性との関連性

評価損を認める要素の１つに，被害車両が，高級乗用車か，希少な車両かという問題がある。一般に，高級車は大衆車より，大衆車でも人気車は評価損が認められやすい傾向にあり，希少車両はそれ自体評価損が認められやすい傾向にある。

外国車又は国産高級車だから認めるとする裁判例（フェニックスについて大阪地

判平14・6・25交民集35巻3号888頁，ベンツについて大阪地判平7・6・30交民集28巻3号951頁，トヨタセルシオについて東京地判平10・9・9交民集31巻5号1390頁）と，高級外国車であっても事故車であることのみをもっては認めないとする裁判例（ベンツについて名古屋地判平11・2・3自保ジャーナル1318号2頁）がある。

次に，希少な車両であることをも考慮して評価損を認めた裁判例（フェラーリについて大阪地判平12・9・6交民集33巻5号1453頁）がある。

ただし，個人が使用する車両については，原則として，事故と因果関係がないから評価損は認められない（東京地判平3・4・25交民集24巻2号490頁），特殊な外国車については，実用車とは異なるから評価損が認められない（神戸地判昭63・8・18判タ702号207頁・判時1311号106頁）とする裁判例がある。

〔4〕 評価損の算定方法

(1) 評価損の算出方法

評価損発生を認容した場合，その評価損の金額をいくらと算出するかについての裁判例の傾向は，大まかに，差額基準方式，時価基準方式，総合勘案基準方式，修理費基準方式の4つに分類することができる。

(a) 差額基準方式（減価方式）

事故時の時価から修理後の価値を控除したもの（事故直前の車両売却価格と修理後の車両売却価格の差額）を損害とするものである。

裁判例として，東京高判昭52・3・15交民集10巻2号323頁・神戸地判平8・9・20交民集29巻5号1409頁，神戸地判平13・3・21交民集34巻2号405頁がある。

(b) 時価基準方式

事故後のあるべき時価の割合によるもの（事故時の車両価格の何％，あるいは裁判所が認容した被害車両の事故当時の価格，すなわち時価の何％）を損害と認めるものである。妥当な時価算出が難しく採用する裁判例は少ないが，初度登録から数ヵ月しか経過していない極端に新しい自動車にときどき見られる。

(c) 総合勘案基準方式（金額表示方式）

諸要素を斟酌し金額で示す方式である。すなわち，被害自動車が有する諸々の事情（車種，初度登録からの経過年数，修理金額など）を総合勘案して金額で決定

する方法である。金額は，裁判官の職権によって決定されるから，裁判以外の示談レベルの解決ではやや使いにくい方法である。この方式による裁判例には，東京地判昭52・8・11交民集10巻4号1106頁，大阪地判平14・6・25交民集35巻3号888頁，大阪地判平22・6・14交民集43巻3号770頁等がある。

(d) 修理費基準方式

　修理費の一定割合とするもの（裁判所が容認した修理費の何％）を評価損とする方法である。東京地裁を中心に裁判例の多くはこの方式をとるが，何％とするかはかなりバラつきがあり，修理費の10ないし30％台とするのが最も多い傾向を示している。修理費に対する割合が高くなる要素としては，新車に近いかどうか，高級車かどうか，完全に修理できない不具合があるかどうかという要素が考えられる。裁判例としては，以下のものがある。

（修理費用の50％）
　・東京地判平23・11・25判例秘書（50％）
　・横浜地判平24・10・29自保ジャーナル1887号140頁（50％）

（修理費用の40〜49％）
　・東京地判平12・3・29交民集33巻2号633頁（40％）
　・大阪地判平24・10・16交民集45巻5号1261頁（40％）

（修理費用の30〜39％）
　・神戸地判平9・2・12交民集30巻1号222頁（約33％）
　・大阪地判平14・6・25交民集35巻3号888頁（約30％）
　・東京地判平22・3・30判例秘書（30％）
　・東京地判平23・11・18判例秘書（約30％）

（修理費用の20〜29％）
　・大阪地判平5・8・27交民集26巻4号1089頁（約25％）
　・東京地判平14・1・16交民集35巻1号9頁（約20％）
　・東京地判平23・2・16判例秘書（約20％）
　・東京地判平24・8・31判例秘書（約20％）

（修理費用の10〜19％）
　・神戸地判平4・8・21交民集25巻4号954頁（15％）
　・名古屋地判平22・2・19交民集43巻1号217頁（約10％）

・名古屋地判平22・7・9交民集43巻4号848頁（約10％）
・東京地判平26・12・3自保ジャーナル1939号125頁（約10％）

上記の中では，最近は，(d)の修理費の一定割合で認定するというのが実務の傾向となっている。修理費の何割というのは，多くの裁判例が採用している考え方である。

(2) 事故減価額証明書

(a) 日本自動車査定協会による計算式

評価損による損害賠償を求めた訴訟において，評価損を争われたとき，証拠として，財団法人日本自動車査定協会（以下「査定協会」という）が作成した事故減価額証明書を提出されることがある。査定協会は，旧通産省・運輸省の認可を受けた中古車の価格査定を行う第三者機関で，事故減価額証明書の減価額は次の計算式により計算されている。

$$事故減価額証明書の減価額＝基準価格×修理費÷6.67×0.5～2.3$$

査定協会では，基準価格×修理費を6.67で除したものに0.5～2.3の変数を乗じるという計算式で，事故減価額証明書の金額を出してきている。

この計算式は，昭和40年代に愛知県内で事故車がどれくらい安く販売店で販売されているかを統計的に調べた結果を数値化したものである。

この0.5～2.3という数字は，昭和40年当時は車種も車種ごとのグレードも少なかったのであるが，その後モータリゼーションが進み，自動車市場が拡大するに従って車種・グレードが大幅に増大してきた。そのため1つの計算式だけではとても処理ができなくなり，事故車が高級車かどうか，登録後の年数が少ないかどうか，車としての人気があるかどうかといった要素を勘案して，損傷部位ごとに，このような修正値を出しているようである（園高明「損害の算定」東京弁護士会弁護士研修センター運営委員会編『民事交通事故訴訟の実務－保険実務と損害額の算定－』163頁・188頁）。

(b) 査定協会の査定の証拠価値

査定協会の事故減価額証明書を主な証拠として評価損を認定した裁判例（東京地判平4・8・28交民集25巻4号993頁，大阪地判平12・9・6交民集33巻5号1461頁）

がある。

　これに対し，事故減価額証明書は，評価損認定の一資料とはなるが基準が明確でないことなどから絶対的なものとしては採用せず，査定協会の査定よりも低めの評価損を認定した裁判例（大阪高判平5・4・15交民集26巻2号303頁，名古屋地判平11・1・18交民集32巻1号97頁，神戸地判平13・3・21交民集34巻2号405頁，東京地判平14・5・20交民集35巻3号690頁）がある。

〔5〕 評価損のまとめ

　裁判例，学説から導かれる評価損のまとめとしては，①評価損は，事故と相当因果関係にある損害であり，裁判例，学説の多数は認める方向にある。②評価損は，修理可能な分損の場合に発生するもので，全損の場合には発生しない。③事故によって自動車を修理すれば，必ず評価損が発生するとはいえない。発生する場合もあれば，発生しない場合もある。④どの場合に発生し，どの場合に発生しないか。この判断基準を現段階では，いまだ，明確に示すことはできないが，おおよその基準がある。被害車両を売却して，評価損が「現実化」しないと認めないとか，初度登録3年以内の自動車にしか評価損は発生しないなどとは断定的にいえない。⑤初度登録から事故日までの期間が短いほど認められる確率は高い。外国車又は国産高級車で初度登録から5年（走行距離で6万km程度）以上，国産車では3年以上（走行距離で4万km程度）を経過すると，評価損が認められにくい傾向がある。一方，損傷程度が大きいほど認められやすいと，大まかにはいえる。評価損を認めるとした場合，その損害額の算出方法は，修理費を基準にして修理費の10％ないし30％台とする裁判例が比較的多い。

　結局，評価損をどのように認定するか否かは，個々の事案により判断するものであり，ケース・バイ・ケースである。

［堀田　隆］

Q25 | 評価損(2)

損害が現実化していない場合でも事故歴があるというだけで評価損が認められるか，説明しなさい。

A

〔1〕 問題の所在

(1) **はじめに**

事故前の車両価格と修理後の車両価格の差額を評価損という。この評価損の問題で実務的に一番問題になっているのは，損害が現実化していない場合でも事故歴があるというだけで評価損が認められるかである。

(2) **中古車市場の実情**

(a) 事故歴車の価格評価

交通事故によって損傷した自動車は，中古車市場での公正取引規約により補修歴の表示が補修歴の表示義務という形で要求されている[*1]。その結果，修理しても，当該自動車を販売する際には「事故歴車」，「修復歴車」と呼ばれ，中古車市場に売却する場合や，買替えのため下取りに出す場合に，自動車販売・下取業者によって，売却価格，下取価格が事故にあわない同種の自動車に比べ低く評価される。

> [*1] 中古車販売業者に表示義務のある修復歴は，①フレーム（サイドメンバー），②クロスメンバー，③フロントインサイドパネル，④ピラー（フロント，センター及びリア），⑤ダッシュパネル，⑥ルーフパネル，⑦フロアパネル，⑧トランクフロアパネルの修復（修正・補修）とされている（自動車公正競争規約11条（10），施行規則14条）。

(b) 自動車販売業界の傾向

一般に，新車販売店が新車を売って中古車を下取りするとき，また，中古車買取店が買取りするとき，業者は自動車が事故歴車か否かを徹底的にチェックし，事故歴車であるとわかると事故減点として，本来の買取り価格から減額している。業者には事故査定を行う「事故査定士」資格を有する専門職がいる。中古車販売業者では事故による修復歴車には，自動車公正取引協議会が定めた基準に従って事故修復歴車であることを公表して販売するようにしている。当然，修復歴車には値引きが行われている。

(c) 被害者による評価損の要求

そのため，事故の被害者は修理費だけの賠償では納得せず，必ず評価損を要求するようになってきた。ところが，評価損は目に見えない損害のため，かなり大きな修理をした自動車でも「具体的な障害がないから，評価損が発生していない」，「評価損の証拠がない」と賠償を拒否されたり，また，小さな修理をしたにすぎない自動車にも「事故歴車だから，評価損が発生している」と賠償を要求されたりする。

評価損は発生の決め手がつかめない損害である。損害の発生の事実があいまいなため，いわば，人身事故において治療すれば慰謝料を請求するのと同じ感覚で，自動車を修理すれば評価損を請求するという傾向にある。

(2) 損害保険業界

自動車保険を取り扱う損害保険業界は，非常に制限的にしか評価損を認めようとしていない。示談段階では全面的に認めない会社もあり，認める場合も新車登録後1ヵ月以内の車両に対してだけとする会社もある。損害保険業界が評価損を制限的にしか認めない理由の代表的な見解は，下記のものである。

「機能部品の集合体である自動車については現代の発達した修理技術によって原状回復は十分可能であり，観念的には価値が減少することはあっても，具体的，客観的に損害が生ずるのは極めて例外的なことであると考えておりまして，消極的に認定していく傾向が強いのが実態です。」（安延祥一『報告3　損害調査の保険実務』交通法研究16号75頁）

〔2〕　評価損の分類（発生原因）

(1) 発生原因による評価損の類型化基準

第2節 物的損害　　　　　　　　　　　　　　　　　Q25　評価損(2)

　事故直前の自動車の売却価格と修理後の自動車の売却価格に，なぜ差額が発生するかについて，東京地判昭61・4・25判時1193号116頁・判タ605号96頁は，その原因を次の①～④であると明示し，以来多くの判例・文献に引用されている。
　① 修理技術上の限界から，顕在的に，自動車の性能，外観等が，事故前より低下すること
　② 事故による衝撃のために，車体，各種部品等に負担がかかり，修理後間もなくは不具合がなくとも，経年的に不具合の発生が起こりやすくなること
　③ 修理の後も隠れた損傷があるかもしれないとの懸念が残ること
　④ 事故にあったということで縁起が悪いと嫌われる傾向にあること

(2)　**発生原因の分析**

　この原因を，さらに分析すると，次のとおりとなる。
　上記①～④の原因に対しては，①，②は，使用価値の侵害に対応する技術上の評価損と，③，④は，交換価値の侵害に対応する取引上の評価損という2つの概念上の区別がなされている。
　技術上の評価損は，例えば，事故前に比べてエンジンの調子が悪い，ドアの開閉に難がある，塗装ムラが目立つといった修理された被害車両の機能ないし外観上の障害が残っていることによるものであり，修理によっても技術上の限界等から回復できない欠陥が残っている場合の損害である。客観的評価損（使用価値侵害，技術上の欠陥）と分類し，この欠陥を客観的と名づけるとおり，容易に欠陥がわかり，第三者に証明できる。
　これに対し，取引上の評価損は，被害車両に機能ないし外観上の障害はないが事故車であるということの買主の心理的な不快ないし不安感に基づくもので，事故歴があるという理由で当該車両の交換価値が下落する場合の損害である。主観的評価損（交換価値侵害，取引上の欠陥）といい，この欠陥を主観的と名づけるとおり，第三者に証明しにくい。

(3)　**みなし評価損と明らかになった評価損**

　評価損を要求する際，2種類の評価損があり，そのいずれかで要求されている。それがみなし評価損と明らかになった評価損である。

(a) 明らかになった評価損

被害車両を修理後でも，又は，未修理のままでも，実際に売却して得た売却価格と事故前の売却価格との差額を評価損とするものである。

これによる評価損の算出は，事故による価格の下落を反映するものであり，もっとも正確である。しかし，明らかになった評価損が容易に採用されないのは，事故前の売却価格が誰にでも納得のできるように証明することが非常に困難だからである。

(b) みなし評価損

被害車両を修理したあと，そのまま乗り続ける場合の評価損である。

評価損が発生していることを証明できても，その金額を明確に証明できないため，評価損金額を「みなし」とするものである。

みなす方法には，修理費基準，時価基準などがある。ところが，みなし評価損では，評価損が現実の損害となっていないから損害ではないという現実化理論による批判がある。現実化理論は，みなし評価損に対してだけできる否定理論である。

(c) 上記(a)，(b)の批判

明らかになった評価損に対して，まったく別の立場で批判がある。それは，「中古車市場では，技術上の欠陥が残存していないのに事故歴があるというだけで売買価格を下落させるようである（いわゆる評価損）。しかし，客観的な価値の低下がないのに評価損を認める合理的理由に乏しく，事故後も当該車両を使用し続ける場合はこの損害はなんら現実化しなかったことになり，また，このような場合にも評価損を認めることは，買い替えを正当とする理由がない場合にも買い替えを認めたのと同一の利益を被害者に与えるものであって相当ではないと考えられる。」（岡本岳「東京地裁民事第27部における民事交通事件訴訟の実務について」判タ710号44頁）である。この論文は，損害が修理可能な分損であるから車両の買替えが認められないのに評価損を算出するため車両を売却することは，買替えを認める全損と同じ処理（利益）を被害者に認めるものだというのである。この論文と同趣旨によって評価損を否認した裁判例もある（後記〔4〕(1)参照）。

しかし，損害賠償における全損時の被害車両時価と，分損時の被害車両時価

第2節 物的損害　　　　　　　　　　　　　　Q25　評価損(2)

は根本的に異なっている。それにもかかわらずこれを同一視したため誤った結論となったものと思われる。すなわち，

　①　全損時の被害車両時価＝最判昭49・4・15*2（以下「昭和49年判決」という）の定義により事故前の被害車両と同種，同等の車両の中古車市場での購入価格。

　よって，車両損害は，「事故前の購入価格－下取・スクラップ価格」である。

　②　分損時の被害車両時価＝事故前の被害車両と同種，同等の車両の売却価格。

　よって，評価損は，「事故前の売却価格－事故後の修理済み車両の売却価格」，又は，「事故前の売却価格－未修理車両売却価格－見積修理費」となる。

　被害者に同一の利益を与えるとは，購入価格と売却価格を同じ時価として扱ったため生じた混乱である。被害者が正確な評価損を算出するために修理可能であっても下取りに出すことは認められるものである。その結果，事故後の売却価格と事故前の売却価格の差額を評価損とするのは正しい方法と思われる。

　ここでの問題は，事故前の売却価格と事故後の売却価格が信用できる証拠に基づいて算出されているかどうかである。売手からみた価格か買手からみた価格か，であって，売買が成立すれば一致する価格である。

　　*2　最判昭49・4・15民集28巻3号385頁は，物損事故により買替差額が認められるための要件として，被害車両が物理的又は経済的に修理不能となった場合のほか，フレーム等車体の本質的構造部分に重大な損傷が生じたことが客観的に認められ，被害車両の所有者においてその買替えをすることが社会的に相当な場合であると判示した。評価損の認定に関連して参考となる判決である。

〔3〕　取引上の評価損をめぐる学説

　評価損（格落ち）を制限的に認める学説から積極的に認める学説まである。傾向としては，否定説も見受けられるが，近時，肯定説が多数説となっている。

(1)　肯定説

　評価損は，(イ)技術上の限界から顕在的に性能，外観が低下すること，(ロ)事故による衝撃のために車体，各種部品に負担がかかり，修理後間もなくは不具合がなくとも経年的に不具合が発生しやすくなること，(ハ)修理後も隠れた損傷が

あるかもしれないとの懸念が残ること，㈡事故にあったということで縁起が悪いとして嫌われる傾向にある等の事情により中古車市場の価格が事故にあっていない車両よりも減価することをいうとし，㈠，㈡については実際上の不具合であり，使用価値の減殺がある場合であるから格落ち損（評価損）を認めない理由はなく，㈢，㈣の理由による減価も売買の際，目的物の瑕疵があれば目的物の処分をしたかどうかにかかわらず，代金減額請求ができるのであるから車両の価額が低下しているのに格落ち損を認めないのは失当とする（宮川博史「物損の損害賠償額」判タ632号44頁）。

　実損説としての評価損否定説に対し，交換価値の低下がある以上損害は発生しているとの評価損肯定説の立場である。

　肯定説の理由とするところは，①車両損害は，基本的には車両の事故前と事故後の価値（修理以前の車両価値）の差額と考えられ，この基本的な考えからは取引上の評価損が認められることが合理的である，②下取りに出さなければ現実に損害は発生しないというが，自動車の交換価格の低下を積極損害とみれば，むしろ事故時に交換価値の減少が発生したとみることができる，③修理の後も隠れた損傷があるかもしれないとの懸念が残る，④事故にあったことで縁起が悪いこと等の諸点から中古車市場の価格が事故にあっていない車両よりも減価される。⑤評価損には車両損害を機械的，算数的な計算ではカバーしきれない主観的，非合理的な部分を吸収して損害額を評価できて実際の解決には妥当である，ということである。

(2) 否 定 説

　被害者が中古車販売業者で事故車が商品であるような場合，あるいは事故前から自動車を買い替える予定があり下取価格の合意ができていたような特別の事情が存する場合を除き，前述した技術上の減価がない場合に評価損を認めることはできない。

　自動車が事故によって損傷し，修理しても技術上の限界等から回復できない顕在的又は潜在的な欠陥が残存した場合（機能障害が残存した場合，外観が損なわれた場合，耐用年数が低下した場合など）には，被害者は，修理費のほか技術上の減価等による損害賠償を求めうる（岡本岳・前掲判タ710号44頁）。

　否定説は，肯定説の㈠，㈡の場合は減価による損害賠償を認める（この場合

は用語の混乱を避けるために評価損といっていないが、技術上の評価損のことを指すといってよい)が、(ハ)、(ニ)の理由による事故歴があるというだけで売買価格を下落させる評価損は認めないとの立場である。

その理由とするところは、現実の客観的な価値の低下がないのに評価損を認める合理的理由に乏しい。交換価値は低下したとしても使用していく限り時間の経過により車両価格も減少し損害は現実化しないし、仮にそこで買い替えたと仮定して評価損を認めると買替えを認められない場合に買替えを認めたと同様な利益を与えたことになり相当ではない、ということである。

否定説では、実際に修理した被害車両を売却するなどして、取引上の評価損が顕在化しない限り評価損は損害としては認められないことになる。

(3) **中村説**

修理による特段の欠陥は残存していなくても、現実に中古車市場では、事故歴のある車は価格が低下する傾向にあり、中古車業者は事故歴、修復歴を表示しなければならないことから、交換価値は明らかに低下しているから評価損は認められるべきであるが、事故車の修復歴表示義務が車体の骨格部分に限られていることなどから、骨格部分、エンジンなど、走行性能、安全性能に関わる部分に事故の影響が及んでいる可能性がある場合に限り評価損を認める(中村心「評価損が認められる場合とその算定方法」『赤い本』〔1998年版〕192頁)。

中村説は、取引上の評価損を認めるとしながらも、評価損が肯定されるのは、骨格部分、エンジンなど走行性能、安全性能に関わる部分に事故の影響が及んでいる可能性がある場合に限られるとする見解である。この見解は、機能や外観に欠陥が存在する可能性がないことにより、評価損が発生しないとの主張・立証を許すのであるが、むしろ技術上の評価損がなければならないとする否定説に近いといえる。

(4) **景浦説**

事故歴があるだけで下取価格が低下するという損害が発生することは避けられないから、機能上、外観上の損傷の可能性を評価損発生の絶対的要件とすべきではなく、また、中古車業者の修復歴表示義務がない場合にも下取価格が低下するのは避けられないことから、初度登録からの期間、走行距離、損傷の部位、車種を念頭に評価損の発生を検討すべきである(景浦直人「評価損をめぐる問

題点」『赤い本』〔2002年版〕295頁)。

　中村説の立場より広く，事故車としての査定価格の低下を率直に評価損と認めるが，評価損を認めるには，登録後の年数，走行距離に制限があるとする。この説では，外国車・国産の人気車種では5年（走行距離6万km），国産車では3年（4万km）以上経過すると評価損が認められにくくなる。車種，それに乗っている期間，走行距離，修理の程度等を考慮し，修理費を基準にその30％を上限に評価損を認めているが，購入後間もない車両については50％の評価損を認めることもある。

〔4〕 取引上の評価損（現実化論）が争点となった裁判例

(1) 否定した裁判例

　神戸地判平8・6・20交民集29巻3号914頁，東京地判平3・2・7交民集24巻1号170頁は，「格落ち損は，単に当該車両に事故歴があるというだけでは足りず，修理技術上の限界から，当該車両の性能，外観等が，事故前よりも現実に低下したこと，または，経年的に低下する蓋然性の高いことが立証されてはじめて，これを認めるのが相当である。……本件においては，……未だ立証されていないから，格落ち損を認めることができない。」と判示して，現実には修理を行っていない被害車両の格落ち損を認めなかった。

　東京地判平8・2・14交民集29巻1号219頁は，「被害車両の査定価格の減少は，将来これを売却した際にその価格が減少する可能性があることを意味するに過ぎず，潜在的・抽象的な価格の減少に過ぎない。」としてその賠償を認めなかった。

(2) 肯定した裁判例

　東京地判平13・11・29交民集34巻6号1558頁は，「いわゆる評価損が認められるのは，車両を修理しても技術上の限界等から回復できない顕在的又は潜在的な欠陥が車両に残存した場合を原則とすべきであり，中古市場で問題とされることのある単なる事故歴を理由とする減価をもって賠償の対象とすべきではないと主張するが，このような見解は当裁判所の採るところではない」として評価損を認めた。

　東京地判平8・9・27判時1601号149頁は，「原告会社の損害としては，修

復歴及び修理未了部分の存在する可能性に基づいて評価損を認めるべきであ」るとして評価損を認めた。

横浜地判平7・7・31交民集28巻4号1120頁は,「右修理の内容はフロントバンパー及びヘッドランプ左の脱着,フロントフェンダー左及びエンブレムの交換等であり,車体の本質的構成部分に重大な損傷が生じたものではないから,修理により原状回復がなされ,機能,外観ともに事故前の状態に復したものと認められる。しかし,事故歴ないし修理歴のあることにより商品価値の下落が見込まれることは否定できず,右評価損としては修理費の3割をもって相当と考える。」と判示して評価損を認めた。

〔5〕 学説等の検討

(1) 肯定説の問題点

肯定説は,損害理論についての差額説の見地から,評価損を事故直前と直後の車両の交換価値の差異と捉える。しかし,このように考えると,昭和49年判決により一応の決着をみた買替差額が認められるための要件(被害車両が物理的又は経済的に修理不能となった場合のほか,フレーム等車体の本質的構造部分に重大な損傷が生じたことが客観的に認められ,被害車両の所有者においてその買替えをすることが社会的に相当な場合)を満たさない場合にも買替差額を認めたことと同じことになってしまうという不都合が生じる(岡本岳・前掲判タ710号44頁は,「このような場合にも評価損を認めることは,買い替えを正当とする理由がない場合にも買い替えを認めたのと同一の利益を被害者に与えるものであって相当ではない。」と指摘している)。

(2) 否定説の問題点

一方,否定説は,評価損として取り上げるべき交換価値の下落は,機能上の損傷が少なくとも潜在的に存在する場合に限られるとし,機能上の損傷の可能性がない場合の交換価値の下落は保護しない。しかし,機能上の損傷の可能性がある場合というのは,現代の修理技術の発展からみて,ほぼ技術上の評価損がある場合と同視できるし,また,機能上の損傷がない場合の交換価値の下落を一切保護しないことは社会通念に照らし是認できないと思われる。

(3) 中村説の問題点

以上の両説の欠点を踏まえ,「取引上の評価損を認める(が),評価損が肯定

されるのは，骨格部分，エンジンなど，走行性能，安全性能に関わる部分に事故の影響が及んでいる可能性がある場合に限られる」とする中村説が提唱されたものと思われる。

この見解からは，機能上の損傷がある場合のみならず中古車販売業者に表示義務のある修復歴がある場合（前掲＊1参照）にも評価損が認められるとすることが考えられる。結局，最も多くの裁判例で認定されているように，わが国においては，事故歴があるというだけで，下取価格が低下するという損害が発生することは避けられないから，機能上，外観上の損傷の可能性という要件が絶対的に必要であるとすべきではないと思われる。

(4) 現状の実務と景浦説

しかし，事故があれば，いかなる場合にも評価損が認められるというわけではない。昭和49年判決から，事故後直ちに買い替えた場合の損害について，事故との相当因果関係が否定されていることに鑑み，初度登録からの期間，走行距離，損傷の部位（車両の機能や外観に顕在的又は潜在的な損傷が認められるか），車種（人気，購入時の価格，中古車市場での通常価格）等を念頭に，評価損が発生するか否かを検討するのが相当である。

現状の実務（裁判例）の傾向は，前記〔3〕(1)の肯定説をもとに，同(4)の景浦説の考え方によっているものが多いと思われるが，この見解によれば，外国車又は国産人気車種で初度登録から5年（走行距離で6万km程度）以上，国産車では3年以上（走行距離で4万km程度）を経過すると，評価損が認められにくい傾向があり，これに諸事情を加味して評価損が認められるか否かを検討すべきである。ただし，これは一応の目安であって，前述した損傷の部位，車種や中古車価格等を考慮して，評価損を肯定すべき場合もある。そして，前述したように，事故時の買替差額が直ちに賠償の対象とならないことから，将来の買替差額を考えることになるので，評価損の具体的な額の認定にあたっては，これまでの裁判例のすう勢である修理費の何％という形で認定することになる。ただ，これまでの裁判例は，初度登録から1月程度の事故による損傷についても修理費の20％とするものもある（大阪地判平10・1・27交民集31巻1号101頁）など，運用が硬直化している傾向にあるので，初度登録から間もない事故については，対修理費の割合も50％を超える認定もすべきだと思われる。

また，モノコックボディ構造の車両の特殊性をどのように考えるかという問題がある。モノコックボディ構造とは，フレーム，フロア，ピラー，ルーフ等各構成体を溶接し，一体化したボディ構造を有する車両をいい，ボディとフレームが独立したフレーム式ボディと対比される。モノコックボディ構造は，ボディの一部に加えられた衝撃も，ピラーやルーフを介して，ボディ全体に波及しやすいという特性を有しており，全体に波及した影響を除去して修復することは極めて困難であることから，評価損が認められやすく，また，修理費の割合で評価損を決定する場合には割合を高額にすることが考えられる。

〔堀田　　隆〕

Q 26 | 修理費，時価額の算定

市場価格のなくなった中古車の損害評価について説明しなさい。

〔1〕 はじめに

(1) 問題提起

　市場価格のなくなった中古車が損傷した場合，物理的全損ではなく，修理が可能な状態であったとしても，被害車両は，通常，経済的全損になるので，修理費の請求はできないということになる（本章第2節【概説】〔2〕(2)参照）。そして，被害車両が，全損になった場合，車検を通っており，現に使用されていた以上，市場価格がないからといって，賠償請求がまったくできないというのは，損害賠償制度の趣旨である公平の理念に反する。そこで，市場価格のなくなった中古車の損害評価をどうするのかが問題となる。

(2) 解説の方針

　以下においては，本書の性格を踏まえ，単刀直入に設問に解答するのではなく，訴訟における一般的な主張，立証の流れに即した実戦的な説明をしていくこととする。

〔2〕 修理費請求の場合

(1) 被害者の当面の主張，立証

　被害車両の修理が物理的に可能な場合，被害車両の所有者等の被害者は，修理費相当額の損害賠償請求をするのが，一般的である。本章第2節【概説】〔2〕(1)で述べたように，新車購入代金の請求をするのは容易でないからであ

る。
　ここで，損害の発生及びその額並びに交通事故と損害との相当因果関係の証明責任は，損害賠償請求をする者が負っているので，車両の修理費相当額の損害賠償請求をする場合，被害者としては，ひとまず，被害車両の損傷状態を写した写真（カラー写真が望ましい）と，修理業者の見積書や請求書によって，これらを証明することになる。
　いわゆる本人訴訟において，見積書等を提出しない者がいるが，そのような場合には，他の証拠から，事故により被害車両に損傷が生じていることが明らかであっても，修理費の請求が一切認められないおそれがある。また，修理方法が記載されていない見積書が書証として提出されることがあるが，その場合，証拠力が弱いことを自覚しておくべきである。

(2) 加害者の反論，反証と被害者の立証の補充

　被害者の立証に対し，加害者が，見積書に「交換」とある部分について，板金修理で足りるとか，中古部品と交換すればよいとか主張したり，修理をする必要のない部分が修理箇所に含まれているとの主張をし（過剰修理の主張），また，当該事故と関係のない損傷箇所が修理項目に含まれているとの主張をし（便乗修理の主張），反証として，加害者側が加入している保険会社（共済を含む）若しくはこれと提携している関連会社に所属しているアジャスターが，被害車両の写真や現物の外観等の確認（加害者が対物保険を利用する場合，アジャスターが被害車両の修理工場に赴き，確認をしている場合がある）に基づいて作成した見積書や調査報告書，意見書を提出してくる場合がある（アジャスターとは，社団法人日本損害保険協会が行う試験に合格した事故車の修理技法等に関する専門知識を有する者で，被害車両の損傷内容，修理方法，修理費用の適否を調査する等の仕事をしている）。アジャスターが，修理工場との協議等を経て，修理工場との間で修理費用の協定を結んでいる場合には，加害者が修理費用を積極的に争うことはほとんどないが，稀に，協定が結ばれているのに加害者が修理費用を積極的に争うこともある。
　この場合，被害者としては，専門的な事柄であるので，修理工場の修理担当者に陳述書を作成してもらったり（自動車メーカーが作成した同型車の構造図や修理マニュアルがあれば，必要に応じて，そういったものも提出してもらう），自己の加入している保険会社に依頼し，当該保険会社側のアジャスターに，対抗的に意見書

を作成してもらったりして，証拠の補充をすることになる。

　また，事故が人身事故の場合には，警察官による実況見分が行われている（事故によって誰かが負傷をしても，事故直後には症状を発症していなかったとき等，人身事故として扱われないこともあるところ，人身事故として扱われているかどうかは，交通事故証明書の下部に，人身事故なのか物件事故なのかを表示しているので，これを見ればわかる。被害者本人の中には，警察官が現場に来て事情を聴取した場合，それが実況見分でなくても，実況見分と称している者がいるので，注意を要する）ところ，実況見分の結果を記録した実況見分調書には，加害車両と被害車両の損傷箇所及び損傷内容についての記載をする書式のものもあり（加えて，事故現場や事故車両の写真が添付されているものもある），そこには事故直後の生々しい状態が記録されていることから，実況見分調書が，修理費請求との関係において有益なときもある。そこで，これを，弁護士法23条の2の弁護士会照会，裁判所の文書送付嘱託（民訴226条），刑事訴訟法53条及び刑事確定訴訟記録法に基づく刑事確定記録の謄写申請（ただし，条文上は，「閲覧」とのみ規定されていることに注意を要する）等を利用して入手することができれば（刑事記録を入手することができる時期や入手先，入手方法等については，『赤い本』の上巻に，毎年詳述されている），書証として提出するのがよい。また，物件事故（物損事故のこと）の場合には，実況見分が行われず，警察官によって物件事故報告書（事故の概要や簡単な事故状況図が記載されている）が作成されるだけであるが，これにも，加害車両と被害車両の損傷箇所及び損傷内容を記載する欄を設けていることがあるので，これを，警察署から弁護士会照会や文書送付嘱託を利用して入手することができれば，書証として提出するのが望ましい（ただし，物件事故報告書をどの部分まで開示するのかは，都道府県警察によってまちまちであり，中には，物件事故報告書をまったく開示しない都道府県警察もあり，物件事故報告書を開示するにしても，加害車両と被害車両の損傷箇所及び損傷内容の欄については，開示されないことが多い）。もっとも，これらは，事故状況を証明することができる重要な書証であるから，交通事故紛争の適正，迅速な解決のため，可及的速やかに，願わくは訴訟提起前に入手し，早期に提出するべきである。

　裁判所としては，こういった書証等を踏まえ，事故状況（衝撃の程度を含む）や加害車両の写真から見て取れるその損傷状態との整合性，双方車両の形状等の差異に留意しつつ，適正修理費を認定することになる。

さらに，破損をしていない部分の塗装を含む全部塗装の見積もりがなされている場合，加害者から，部分塗装で足りるという主張がなされ，加えて，反証として，アジャスターが作成した見積書が提出されることがある。

この場合，被害者としては，修理工場の修理担当者に陳述書を作成してもらうなどして，全部塗装の必要性を証明するほかない。しかし，事故によってバッテリー液が自動車の広範囲な部位にわたって飛散し，バッテリー液による塗装と下地の腐食を防ぐために補修塗装の必要があったにもかかわらず，どの範囲でバッテリー液が飛散したのか明確でなかったことを理由に，全部塗装は合理性があるとした東京地判平元・7・11（判タ716号180頁）等があるものの，基本的に，全部塗装の必要性を証明することは難しいといってよい。全部塗装の必要性を認めない理由として，神戸地判平2・1・26（交民集23巻1号56頁）は，部分塗装による「アンバランスは，修理業者のような専門家や車の愛好家の目から見ると識別が可能であるという程度にすぎず」，また，「最近における塗装技術の進歩によって損傷部分のみの部分塗装が，新車の塗装（全塗装）と比べてさほど遜色のないことが認められる」こと，及び原告が主張するような高級外車の外観的価値ないし威厳の保持という観点は，損害賠償制度の埒外というべきであることを挙げ，また，東京地判平7・2・14交民集28巻1号188頁は，部分塗装により，塗装しない部分との光沢の差を生じるのは，既に色褪せ等が生じていたためであることや全塗装する場合に要する費用額を考慮すると，被害車両の「全塗装を認めるのは，過大な費用をかけて被害車両に原状回復以上の利益を得させることになることが明らかであり，修理方法として著しく妥当性を欠く」ことを挙げている（ただし，後者の裁判例においては，部分塗装により色むらが生じうることを，評価損の認定において考慮している）。

例外的に全部塗装の費用を認めることができる場合として，札幌地室蘭支判昭51・11・26（交民集9巻6号1591頁）が，①特殊な塗装技術を施してあるため，破損部分のみを吹付塗装によって再塗装すると，他の部分との相違が明白となって美観を害する場合，②自動車自体が高価なもので，しかもその価値の大きな部分が外観にかかっている場合，③再塗装の範囲が広く，全塗装する場合と比較して費用に大きな差異を生じない場合を挙げているのが参考となる。この点，神戸地判平13・3・21交民集34巻2号405頁は，被害車両が「ベンツの中

でも特に高級車であるといわれているものであること」及び「特殊塗装のため破損箇所だけの部分塗装では色合わせが困難であり，機能的には部分塗装で十分であるとしても，部分塗装であれば部分塗装であること，すなわち事故車であることが時とともに一目瞭然となり，車両価値がそれだけ低下すること」を理由として，全部塗装の必要性を肯定している。

なお，適正修理費の証明方法としては，裁判所選任の鑑定人による鑑定（民訴212条）や私的鑑定をするという方法もありうるが，相当の費用と時間を要することや鑑定人の引受け手を見出すことが容易ではないこと等から，一般的に，鑑定は行われていない。

〔3〕 全損の場合——レッドブックによる場合

(1) 加害者の反証

被害車両が全損になった場合，原則として，修理費を請求することができない（本章第2節【概説】〔2〕参照）ため，被害者の修理費請求に対し，加害者が，被害者主張の修理費の額を認めつつ，若しくは，修理費の額を否認するとともに，（仮に，修理費の額が認められるとしても）被害車両の時価は修理費を下回っているので，被害車両はいわゆる経済的全損になっており，修理費の請求は認められないという主張をすることがよくある（経済的全損については，本章第2節【概説】〔2〕，Q20を参照）。被害車両の初度登録の年月と修理費の額から，経済的全損になっているとの推測ができるのである。

その際，被害車両の時価の根拠として，しばしば用いられるものが，有限会社オートガイド発行のオートガイド自動車価格月報（通称・レッドブック）である。このレッドブックは，赤色を基調とした表紙の小さな手帳のような本で，国産乗用車，輸入自動車，トラック・バス，軽四輪車・二輪車の4種類があり，メーカー，年式，車種及び型式ごとに，下取価格，卸売価格，新車販売当時価格及び小売価格が記載されている（消費税は含まれていない）。事故発生月時点のレッドブック記載の小売価格が，被害車両の時価ということになる。ただし，これに適宜，加減を施すものとされており，国産乗用車についていうと，仕様（装備の有無，種類等），車検の残存月数，ボデーカラー，走行距離によって，基本となる価格に加減を施すものとされている。なお，改造車については，原則

として，まず元になった車両そのものの価格を算出し，これに，改造による加算をして，改造車としての価格を算定することになる（詳細はQ21を参照されたい）。

レッドブックと同種の資料としては，財団法人日本自動車査定協会が発行している中古車価格ガイドブック（通称・シルバーブック）もあるが，レッドブックは，裁判例において，合理的なものという評価を得ており，実務上，一般的に利用されているのは，レッドブックである。

被害者が加害者のレッドブックによる反証に対抗するには，例外的に修理費を請求することができる場合にあたること（本章第2節【概説】〔2〕(2)参照）を主張・立証するという方法がありうるが，これは容易ではない。この方法で対抗するのが困難なときは，時価額が加害者主張の額よりも高い（あわよくば，時価額に買替諸費用を合計すると修理費よりも高くなる）ことを証明するほかない。レッドブックによる証明以外の時価額の証明方法については，〔4〕で後述する（買替諸費用については，見積書等で証明する。損害と認められる買替諸費用については，本章第2節【概説】〔3〕(1)参照）。

(2) **被害者の証明**

レッドブックは，もとより，被害者が被害車両の買替差額等の賠償請求をする場合にも利用しうる。被害車両が物理的全損になっている場合や，修理が可能であるが，加害者が経済的全損になっている旨の反論・反証をしてくることを見越して，当初から買替差額等を請求する場合である。

ただし，レッドブックは，書店で市販されていないため，オートガイド社から直接購入する，又は保険会社に見せてもらう若しくは保険会社から写しを入手するほかない。

〔4〕 レッドブック以外の証明方法

(1) **減価償却定率法による価格算定**

ところで，レッドブックには，当該車両が発売されてから10年分の中古車価格しか載っていない。

レッドブックに記載がない場合，加害者は，一般の自動車に関し，減価償却資産の耐用年数等に関する省令1条1号別表第一により耐用年数が6年とされており，かつて，課税上の減価償却の方法について，定率法により減価償却さ

れた6年後の残存率は10％（それ以降，何年経過しても10％）とされていたことの名残りで，新車価格の10％を被害車両の時価額として主張してくることが多い。加害者は，レッドブックに記載がない場合，従前より，減価償却定率法による価格算定を主張してくることが多かったが，平成19年の税制改正により，耐用年数経過時に残存簿価を1円まで償却しうるようになった後も，新車価格の10％を被害車両の時価額として主張してくる例が多いのである（この場合の新車価格の証拠としては，レッドブックが用いられることが多い）。

とはいえ，この方法による場合，時価が相当低い額になってしまうおそれがある。

(2) **中古車情報による方法**

この点，最判昭49・4・15（民集28巻3号385頁）は，「いわゆる中古車が損傷を受けた場合，当該自動車の事故当時における取引価格は，原則として，これと同一の車種・年式・型，同程度の使用状態・走行距離等の自動車を中古車市場において取得しうるに要する価額によって定めるべきであり，右価格を課税又は企業会計上の減価償却の方法である定率法又は定額法によって定めることは，加害者及び被害者がこれによることに異議がない等の特段の事情のないかぎり，許されないものというべきである。」としており，被害車両の時価額は，あくまでも，市場価格によることが原則とされているのである。

したがって，初度登録から11年以上経過した被害車両につき，被害者が，新車価格の10％が被害車両の時価額であるとの加害者の反論に対抗する場合や買替差額を請求する場合，インターネット上の中古車販売サイトの情報をプリントアウトして書証として提出することによって，被害車両の時価を証明することができるし（もとより，中古車情報誌の抜粋コピーを提出するといった紙ベースの証明方法を用いてもかまわないが，インターネットの普及した現在では，中古車販売サイトの情報をプリントアウトしたものを提出するのが一般的である），むしろ，安易に減価償却の方法によるのではなく，中古車情報により証明をするほうが，上記昭和49年最高裁判決の考えに適っているといえる（この判決は，原審が，被害車両の事故当時の価格を，特段の事情を認定することなく，新車購入代金から定率法による減価償却額等を控除した残額相当であるとした点につき，違法であるとして，原審に差戻しをしている）。

そして，中古車販売サイトに載っている価格は，レッドブックに載っている

価格よりも高い額のものが間々ある。

そこで，レッドブックに載っている車両についても，被害者が当初から買替差額を請求する場合には，レッドブックではなく，この証明方法が用いられることが多い。また，被害者の修理費請求に対する加害者のレッドブックによる反証に対抗して，被害者が，中古車販売サイトの情報を書証として提出することも少なくない。

もっとも，中古車販売サイトの情報を用いる場合，被害車両と同一の車種，年式，型式の車両で，できるだけ被害車両に近い走行距離の車両を，できるだけ多く検索し，その平均値を用いなければならない。1台だけの情報を書証として提出しても，加害者は，必ずといってよいほど被害者主張の時価を争うものであり，場合によっては，他の検索結果が反証として提出されることもあり，被害者主張の時価を裁判所に採用してもらうことは困難である。裁判所としては，複数の中古車販売サイトの情報と被害車両の仕様，走行距離，整備状況等を比較考慮して，被害車両の時価を算定することになる。

〔5〕 市場価格のなくなった中古車の損害評価

では，被害車両と同年式，同種の車両について，レッドブックに載っておらず，かつ，他に市場価格を証明する資料もない場合，どのように損害評価をするのであろうか。

この場合については，かつての課税上の減価償却の方法を参考に，新車価格の10％を被害車両の時価額と認定する裁判例が多いように思われる。ただし，過去のレッドブックに記載されていた被害車両と同年式，同種の車両の価格の変遷から，一定年数に応じた低下率を割り出し，レッドブックに当該車両が最後に載っていた年から事故時点までの経過年数に応じて，低下率を，レッドブックに最後に載っていた小売価格に乗じて時価を算出するという方法も，実務上，散見される。

また，事故の1年前の売買価格と保険契約をした際の所有者による見積価格を勘案して時価額を認定した東京高判昭57・6・17（判時1051号95頁）や，初度登録から10年弱が経過した時点で事故にあったメルセデスベンツの時価につき，装着していたパーツの時価を含め，民事訴訟法248条を適用して，走行距

離等の諸事情を考慮し，被害車両の初度登録した年月の半年後時点における同種車両の新車価格の15％相当額とした京都地判平15・2・28（自保ジャーナル1499号2頁）のように，各種事情を総合考慮し個別具体的に時価額を算定する裁判例もある。

さらに，交換価値があったとは認めがたいが，事故当時の被害車両（法定耐用年数を8年以上経過）の使用価値は1日あたり2000円であったとし，本件事故の翌日から車検満了日までの96日に，これを乗じて得た19万2000円を車両損害と認めた大阪地判平2・12・20（自保ジャーナル911号2頁）もある。1日あたりの使用価値に基づいて損害額を算定する方法は相当古く，近い将来，廃車にする予定の車両に適しているという意見がある。

以上，市場価格のなくなった中古車の損害評価については，いまだ統一的な方法がないといわざるを得ない状況にある。

〔6〕 補　　論——類似の問題

(1) 問題提起

車両は使用することによって，価値が低下していくものである。しかも，新車でも，登録されるとそれだけで価格が10〜15％程度低下するといわれている（いわゆる登録落ち。車検落ち，ナンバー落ちともいわれる）。

ところが，レッドブックには，新車発売の翌年から価格が掲載されるので，新車購入後間がないうちに事故が発生した場合，レッドブックによる価格調査はできない。また，この場合，中古市場価格が形成されておらず，中古車販売サイト等による価格算定ができないときがある。

このようなとき，被害車両の時価算定は，どうするのかについても問題となる。

(2) 実務の傾向等

このようなときは，前掲昭和49年最高裁判決のいう「特段の事情」にあたるケースなので，定率法による減価償却に基づく時価算定が許されると解されている。

ただし，前掲昭和49年最高裁判決の判例解説を執筆した柴田保幸判事は，「新車又は新車同然と評価しうる車が損傷を受けた場合（例えば，新車を買っての

帰途事故にあった場合），被害車の価格は，新車の再調達価格によることが許されるべきであり，この場合，いわゆる登録落ちは斟酌すべきではない。」と述べている（柴田保幸・最判解説民事篇昭和49年度114頁。なお，同頁において，この判決の事案における被害車両については，購入後3ヵ月間使用され，走行距離も約4000mに達していたので，新車同然と評価しえない旨述べている）。このような場合には，被害者は，まだ車両の運行による利益をほとんどえていないから，新車購入価格を基礎とした賠償請求を認めても，被害者にかえって利得が生じるという事態には陥らないという考え方によるものと推測される。

　裁判例の中にも，登録落ちを考慮せず，新車買替差額を損害と認めたものがある（被害車両につき，事故当時，983km走行しただけで馴らし運転中の新車同様の車両であったと認定した長野地判昭41・4・23判時455号56頁，新車購入後約20日目の事故に関する東京地判昭47・3・31判タ278号353頁，納車から6日後の事故で，走行距離550km余の被害車両に関する札幌高判昭60・2・13交民集18巻1号27頁等）一方で，大阪地判昭62・1・30（判タ654号226頁）は，新車の引渡しを受けた約30分後の事故の場合ですら，被害車両につき，15％の登録落ちを認定しており，登録落ちの是非については，裁判所の判断が一様ではない。

　他方，学説には，新車買替差額が損害と認められる限度として，走行距離1000km，購入日から1年以内という基準を提唱する見解がある（田上富信「車両損害の賠償をめぐる諸問題（下）」判評338号27頁。ただし，田上教授は，登録落ち等があることを踏まえ，新車購入の諸経費については，被害者の自己負担とすべきであるとしている）。

[小泉　孝博]

第4章

過失相殺

〔1〕 はじめに

 過失相殺の概要につき，過失相殺の意義，主張責任と立証責任，過失相殺の判断，さらに過失相殺の方法に分けて，順次，説明をしていきたい。

〔2〕 過失相殺の意義

(1) 過失相殺の意義

 民法722条2項は，「被害者に過失があったときは，裁判所は，これを考慮して，損害賠償の額を定めることができる。」と規定している。これは，裁判所が，不法行為に基づく損害賠償額を決定する際に，被害者の過失を考慮して一定の減額をなしうるとするものであり，このような制度を過失相殺という。
 なお，民法418条が「債務の不履行に関して債権者に過失があったときは，裁判所は，これを考慮して，損害賠償の責任及びその額を定める。」と定めるのも，債務不履行の際に上記のような過失相殺を認めようとするものである。しかし，不法行為の過失相殺の場合（民722条2項）には，債務不履行の過失相殺の場合（民418条）と違い，条文の文言に相違があり，そのような相違のために，被害者に過失があっても，過失相殺をするかどうかは，裁判所の裁量に委ねられ，また，加害者の賠償責任を全面的に免責することは許されないと解されている。

(2) 過失相殺の本質

 過失相殺の本質について，判例は，「民法722条2項の過失相殺の問題は，不法行為者に対し積極的に損害賠償責任を負わせる問題とは趣を異にし，不法

行為者が責任を負うべき損害賠償の額を定めるにつき，公平の見地から，損害発生についての被害者の不注意をいかにしんしゃくするかの問題に過ぎないのであるから，……」と判示しており（最判昭39・6・24民集18巻5号854頁），過失相殺の本質が「公平」の理念にあることを明らかにしている。

〔3〕 過失相殺における主張・立証責任

(1) 過失相殺における主張責任

(a) 不法行為による損害賠償額の算定につき，判例は，被害者の過失を斟酌するか否かについては，裁判所の自由裁量に属するとしており（最判昭34・11・26民集13巻12号1562頁），そのため，裁判所は，被害者の過失につき，職権をもって斟酌でき，当事者からの過失相殺の主張を要しないとしている（大判昭3・8・1民集7巻648頁，最判昭41・6・21民集20巻5号1078頁）。すなわち，前掲大判昭3・8・1は，「案スルニ裁判所カ不法行為ニ因ル損害賠償ノ額ヲ定ムルニ付被害者ニ過失アリタルトキハ之ヲ斟酌スルコトヲ得ヘキコトハ民法第722条第2項ノ規定スル所ナリ此ノ規定ニ依レハ被害者ノ過失ハ賠償額ノ範囲ニ影響ヲ及ホスヘキ事実ナルト同時ニ法律ハ之ヲ以テ賠償義務者ノ抗弁権ト為シタルモノニ非サルカ故ニ裁判所ハ訴訟ニ現ハレタル資料ニ基キ被害者ニ過失アリト認ムヘキ場合ニハ賠償額ヲ判定スルニ付職権ヲ以テ之ヲ斟酌シ得ヘク賠償義務者ヨリ此ノ旨ノ主張アルコトヲ必要トスルモノニ非ス（唯此ノ場合ノ立証責任ハ被害者ニ過失アリト主張スル者ニ存スルコト勿論ナリ）」と述べ，また，前掲最判昭41・6・21は，「被害者の過失は賠償額の範囲に影響を及ぼすべき事実であるから，裁判所は訴訟にあらわれた資料にもとづき被害者に過失があると認めるべき場合には，賠償額を判定するについて職権をもってこれをしんしゃくすることができると解すべきであって，賠償義務者から過失相殺の主張のあることを要しないものである（大審院判決昭和2年(オ)第802号・同3年8月1日民集7巻648頁参照）。」と判示している。

上記における当事者からの過失相殺の主張を要しないとする判例の理解について，被害者の過失を基礎づける具体的事実についても当事者の主張は不要である，すなわち，当事者は上記のような具体的事実について主張責任を負わないと解する見解もある。しかし，上記の判例については，被害者に過失ありと

主張する加害者において，被害者の過失を基礎づける具体的事実につき主張することが必要であり（この事実についての主張責任を負う），かつ，それをもって足り，その過失を斟酌すべきであるとの権利主張までは不要であるとするものと考えるのが相当である（倉田卓次「職権による過失相殺」続民事訴訟法判例百選132頁，『増補民事訴訟における要件事実（第１巻）』（司法研修所）16頁参照）*1。

> *1　過失相殺については，一般に，被害者からの損害賠償請求に対して，加害者からの賠償額減額を求めるための抗弁であると理解されているが，権利主張までは不要であるとの意味において，一般の抗弁とは異なるものといえる。

(b) ところで，過失相殺についての主張責任に関して，被害者の加害者に対する損害賠償請求に対し，加害者が自らの責任がない旨を主張して，明示的に過失相殺を主張しなかった場合にも，裁判所は過失相殺をなしうるかという問題がある。

この点については，加害者による責任がない旨の主張の中には予備的に過失相殺の主張が含まれていると解せられ，しかも，この場合には，加害者から被害者の過失を基礎づける具体的事実についても主張されているはずであって，そのため，裁判所は過失相殺をなしうるものと考えるべきである。

(c) なお，「過失相殺における主張責任」についての詳細は，Q27の論述も参考にされたい。

(2) 過失相殺における立証責任

前掲大判昭３・８・１が述べるように，過失相殺における立証責任，すなわち，被害者の過失を基礎づける具体的事実についての立証責任は，被害者による損害賠償請求権に対する一部発生障害事由として，被害者にも過失があると主張する加害者にあるものと解すべきである。

〔4〕 過失相殺の判断

(1) 過失相殺における「過失」

前掲最判昭39・６・24が判示しているように，過失相殺は，「不法行為者が責任を負うべき損害賠償の額を定めるにつき，公平の見地から，損害発生についての被害者の不注意をいかにしんしゃくするかの問題に過ぎないのであるから」，この過失相殺における「過失」については，不法行為責任（民709条）を

追及するために必要とされる過失と同じものでなくてよく，被害者の社会生活上の落度ないし不注意を含む被害者の諸事情をいうものと解されている。そして，この「過失」については，①「事故の原因となった過失」と②「損害の発生・拡大に寄与した過失」とに大別され，①の場合は，例えば，被害者である歩行者が交差点の信号が赤の時に道路を横断したような場合，また，②の場合は，例えば，オートバイの運転者がヘルメットを着用していなかったために頭部に傷害を被ったような場合である。

(2) **過失相殺能力**

過失相殺能力とは，加害者が被害者に対し過失相殺を主張する際に必要とされる被害者の精神的能力のことである。この過失相殺能力について，判例は，上記(1)と同様の趣旨から，被害者に責任能力が具わっている必要はなく，被害者に事理弁識能力があれば足りるとして，被害者に事理弁識能力があれば，その被害者の過失を斟酌しうるとしている（前掲最判昭39・6・24）。すなわち，「民法722条2項の過失相殺の問題は，不法行為者に対し積極的に損害賠償責任を負わせる問題とは趣を異にし，不法行為者が責任を負うべき損害賠償の額を定めるにつき，公平の見地から，損害発生についての被害者の不注意をいかにしんしゃくするかの問題に過ぎないのであるから」と述べ，それに続いて，「被害者たる未成年者の過失をしんしゃくする場合においても，未成年者に事理を弁識するに足る知能が具わっていれば足り，未成年者に対し不法行為責任を負わせる場合のごとく，行為の責任を弁識するに足る知能が具わっていることを要しないものと解するのが相当である。」と判示している。

なお，事理弁識能力とは，自己の行為の結果について弁識しうる能力のことをいい，下級審の裁判例によると，5，6歳でこれが具わると判示するものが多い。これに対して，責任能力とは，自己の行為の責任について弁識しうる能力のことをいい，判例や裁判例によると，11～12歳でこれが具わると解している。

ところで，被害者の過失相殺能力（事理弁識能力）が否定された場合にも，過失相殺が否定されるとは限らない。そのように被害者の過失相殺能力が否定された場合には，被害者の監督責任者の過失が問題にされ，以下の「被害者側の過失」があるとして，過失相殺が認められることもある。

(3) 被害者側の過失

(a) 判例は、被害者自身の過失だけでなく、被害者と一定の関係にある者の過失についても、過失相殺において、「被害者側の過失」として斟酌することを認めている（最判昭34・11・26民集13巻12号1573頁）。通説も同様である。

すなわち、前掲最判昭34・11・26は、「民法722条にいわゆる過失とは単に被害者本人の過失のみでなく、ひろく被害者側の過失をも包含する趣旨と解するを相当とする」と判示し、死亡した幼児の父母の監督上の過失を「被害者側の過失」として、過失相殺において斟酌することを認めた。

(b) 過失相殺において斟酌しうる「被害者側」とはどの範囲の者までをいうのかについて、判例は、前掲最判昭34・11・26と同様に、「民法722条2項に定める被害者の過失とは単に被害者本人の過失のみでなく、ひろく被害者側の過失をも包含する趣旨と解すべき」であると述べた上で、「本件のように被害者本人が幼児である場合において、右にいう被害者側の過失とは、例えば被害者に対する監督者である父母ないしはその被用者である家事使用人などのように、被害者と身分上ないしは生活関係上一体をなすとみられるような関係にある者の過失をいうものと解するを相当とし、所論のように両親より幼児の監護を委託された者の被用者のような被害者と一体をなすとみられない者の過失はこれに含まれないものと解すべきである。」と判示し（最判昭42・6・27民集21巻6号1507頁）、保育園の保母の過失は「被害者側の過失」に含まれないとしている。

(c) なお、「被害者側の過失」についての詳細は、**Q37**、**Q38**の各論述を参考にされたい。

(4) 一部請求の場合の過失相殺の処理

交通事故に基づく損害賠償請求権は金銭給付を目的としたものであり可分であるから、原告は裁判において損害賠償請求の一部請求を行うことができる。

このように不法行為に基づく損害賠償請求の一部請求が行われた場合において、その場合の過失相殺の処理につき、判例は、「一個の損害賠償請求権のうちの一部が訴訟上請求されている場合に、過失相殺をするにあたっては、損害の全額から過失割合による減額をし、その残額が請求額をこえないときは右残額を認容し、残額が請求額をこえるときは請求の全額を認容することができる

ものと解すべきである。」と判示している（最判昭48・4・5民集27巻3号419頁）。

　例えば、交通事故の被害者が、その全損害額500万円のうち400万円の一部請求を求め訴訟を提起して、裁判所が被害者に3割の過失があると認定した場合においては、上記の判例によれば、まず、全損害額500万円について過失相殺による減額分を計算する（500万円×0.3＝150万円）。次に、損害額全額を請求したときに認められるはずの賠償額を導き出す（500万円－150万円＝350万円）。そして、（一部）請求額（400万円）と比較する。その結果、この場合には、導き出された賠償額（350万円）が（一部）請求額（400万円）を超えていないので、原告の請求のうち上記のように導き出された賠償額（350万円）の限度で認容することになる。これに対し、交通事故の被害者が、その全損害額500万円のうち300万円の一部請求を求めて訴訟を提起している場合には、導き出された賠償額（350万円）が（一部）請求額（300万円）を超えているので、原告の請求全額（300万円）を認容することになる。

　判例が、一部請求の場合の過失相殺につきこのような処理を認めるのは、この方法が最も簡便な処理であり、また、当事者の合理的な意思に沿うものと考えているからである。

　なお、「一部請求の場合の過失相殺の処理」についての詳細は、Q40の論述を参考にされたい。

(5) **共同不法行為の場合の過失相殺**

(a) 判例によると、複数の加害者の過失と被害者の過失が競合して1つの交通事故が発生した場合に、その交通事故の原因となったすべての過失の割合（絶対的過失割合）を認定することができるときは、絶対的過失割合に基づく被害者の過失による過失相殺をした損害賠償額について、加害者らは被害者に対し連帯して共同不法行為に基づく損害賠償責任を負うべきものとして、絶対的過失相殺[*2]の方法を採るべきものとしている（最判平15・7・11民集57巻7号815頁）。

　例えば、被害者Aの過失と加害者BとCの各過失が競合して1つの交通事故が発生しており、被害者Aの損害額が300万円であって、当事者の過失割合はA：B：C＝2：5：3の場合であれば、上記の判例の見解によれば、加害者BとCが被害者Aに対し連帯して負担すべき損害賠償額は、240万円（＝300万円×8/10）ということになる（そして、加害者BとCとの間では、両名が負担する損害賠

償額240万円を，B：C＝5：3の割合で按分した額を負担することになる）。

（b） これに対し，交通事故と医療過誤という2つの不法行為が順次競合した共同不法行為の場合において，判例は，各不法行為においては加害者と被害者の各過失の内容も別異の性質を有するものであり，しかも，過失相殺は不法行為により生じた損害について加害者と被害者との間においてそれぞれの過失の割合を基準にして相対的な負担の公平を図る制度であるから，過失相殺について，各不法行為の加害者と被害者との間の過失割合（相対的過失割合）に応じてすべきものであり，よって，他の不法行為者と被害者との間における過失の割合を斟酌して過失相殺をすることは許されないとして，この場合には相対的過失相殺（上記＊2）の方法を採るべきものとしている（最判平13・3・13民集55巻2号328頁）。

例えば，被害者A，交通事故の加害者B，医療過誤の加害者Cであり，AとBの各過失が競合して交通事故が発生し，その後，AとCの各過失が競合して医療過誤が発生しており，そして，被害者Aの全損害額が300万円である場合において，当事者の過失割合は，交通事故ではA：B＝3：7であり，医療過誤ではA：C＝1：9であるとすれば，上記の判例の見解によれば，加害者Bが被害者Aに対し負担すべき損害賠償額は，210万円（＝300万円×7/10）であり，また，加害者Cが被害者Aに対し負担すべき損害賠償額は，270万円（＝300万円×9/10）ということになる。

> ＊2 「絶対的過失相殺」とは，全加害者において共通の割合で過失相殺をする方法であり，一方，「相対的過失相殺」とは，被害者と各加害者との間で過失割合に応じて過失相殺をする方法である。

（c） なお，「共同不法行為の場合の過失相殺」についての詳細は，Q30，Q31の各論述を参考にされたい。

(6) 過失相殺などについての示談の法的拘束力

裁判所は，公平の観念に基づき，具体的な事案における諸般の事情を考慮し，自由な裁量によって被害者の過失を斟酌し損害額を定めればよいとされているが，訴訟外で結ばれた過失相殺などについての合意（示談）に法的拘束力があるかという問題がある。

このような合意（示談）については，被害者と加害者の双方が譲歩する内容

であれば，法的には和解契約（民695条）にあたる。そして，訴訟外でこのような合意が結ばれても，交通事故後の動揺や興奮のさめやまぬ状況のもとで結ばれたようなときには，通説は，一般に，自白や権利自白にもあたらず，法的拘束力はないものと解している。

なお，「過失相殺などの示談の法的拘束力」についての詳細は，Q34の論述を参考にされたい。

(7) 判決書に斟酌すべき「過失」を記載すべきか

ところで，過失相殺についての判断，すなわち，斟酌すべき被害者側の過失の度合いについて，裁判書にいちいち理由として記載する必要はないものとされている。すなわち，判例は，この点につき，「不法行為における過失相殺については，裁判所は，具体的な事案につき公平の観念に基づき諸般の事情を考慮し，自由なる裁量によって被害者の過失をしんしゃくして損害額を定めればよく，所論のごとくしんしゃくすべき過失の度合につき一々その理由を記載する必要がないと解するのが相当である。」と判示している（最判昭39・9・25民集18巻7号1528頁）。

(8) 過失相殺の類推適用，あるいは過失相殺の考え方を類推すべき場合

さらに，過失相殺の規定（民722条2項）を類推適用したり，過失相殺の考え方を類推したりして，被害者の損害賠償額に一定の減額をすべきでないかが問題になるものに，好意同乗・無償同乗減額や素因減額の場合がある。

(a) 好意同乗・無償同乗減額

好意同乗・無償同乗減額とは，自動車の同乗者が好意あるいは無償で同乗させてもらっていた場合において，交通事故に遭遇したときに，好意あるいは無償で同乗させてもらっていたのであるから，同乗者の運転者や運行供用者などに対する損害賠償請求権は何らかの減額がされるべきではないかという問題である。

判例は，運転者が酩酊して助手席に同乗した者に対しその同乗を拒むことなくそのまま自動車を運転した場合において，このような好意・無償同乗者も自動車損害賠償保障法3条における「他人」に含まれる（その結果，このような同乗者は自動車損害賠償責任保険（以下「自賠責保険」という）から保険金の支払を受けうることになる）と判示しており（最判昭42・9・29裁判集民事88号629頁），さらに，現在

の裁判や保険実務においては，同乗者自らが事故発生の危険性を高めたり，あるいは事故発生の危険性が極めて高いという客観的状況があることを知りながら同乗したりしたような場合など，同乗者に事故の発生につき非難すべき事情が存在した場合に減額を検討することにし，単に好意同乗・無償同乗だけでは減額を認めていない。

なお，「好意同乗・無償同乗減額」についての詳細は，Q39の論述を参考にされたい。

(b) 素因減額

素因減額とは，不法行為において，被害者の身体的要因（既往症などの疾患など）が損害（人損）の「発生」や「拡大」をもたらした場合，さらには，被害者の心因的要因が損害（人損）の「発生」や「拡大」をもたらした場合に，裁判所が，被害者の損害賠償額を決定する際に，公平の見地から，過失相殺の規定（民722条2項）を類推適用して，上記の損害賠償額を減額しようとする場合である。

判例は，素因減額の考え方を肯定し，「身体に対する加害行為と発生した損害との間に相当因果関係がある場合において，その損害がその加害行為のみによって通常発生する程度，範囲を超えるものであって，かつ，その損害の拡大について被害者の心因的要因が寄与しているときは，損害を公平に分担させるという損害賠償法の理念に照らし，裁判所は，損害賠償の額を定めるに当たり，民法722条2項の過失相殺の規定を類推適用して，その損害の拡大に寄与した被害者の右事情（著者注：上記の心因的要因のこと）を斟酌することができるものと解するのが相当である。」と述べており（最判昭63・4・21民集42巻4号243頁），さらに，「被害者に対する加害行為と被害者のり患していた疾患とがともに原因となって損害が発生した場合において，当該疾患の態様，程度などに照らし，加害者に損害の全部を賠償させるのが公平を失するときは，裁判所は，損害賠償の額を定めるに当たり，民法722条2項の過失相殺の規定を類推適用して，被害者の当該疾患をしんしゃくすることができるものと解するのが相当である。」と判示している（最判平4・6・25民集46巻4号400頁）。

この素因減額については，民法722条2項が類推適用される場合であるから，「主張」責任や「立証」責任などにつき，基本的に前記の過失相殺と同様に考

えることができる。

　そして，賠償義務者が，抗弁として素因減額を主張する場合には，賠償義務者は，①被害者に身体的要因や心因的要因があったこと，②（加害行為が原因になるだけでなく）そのような身体的要因や心因的要因も原因となって，損害が「発生」し，あるいは，「拡大」したものであること，③被害者の身体的要因や心因的要因の態様・程度などを主張・立証することになる。このうち③の被害者の身体的要因や心因的要因の態様・程度については，素因減額割合を基礎づける事実となる。

〔5〕 過失相殺の方法

(1) 過失相殺の方法

(a) 交通事故における裁判や保険実務においては，過失相殺が問題になる場合，加害者の過失と被害者の過失を対比しそれらを総合的に考察して，両者の過失割合を定めており，この場合に，交通事故に不可抗力的要素があるときには，加害者と被害者の非難可能性の割合に応じ両者に按分して割り振る方法を採っている[3]。

　さらに，過失相殺が問題になる場合において，上記〔3〕(1)(a)において述べたように，判例は，過失相殺をするかどうか，すなわち，被害者の過失を斟酌して被害者の損害賠償額を減額するかどうかは，裁判所の自由裁量に属するとしている（前掲最判昭34・11・26）。

　しかし，交通事故の損害賠償請求事件は数も多く，その中には事故態様が似たものも多いため，過失相殺の判断が各裁判所の自由な裁量に委ねられるとすると，判断に"ばらつき"が生じることにもなり，そうすると当事者間に不公平が生じかねない。

　　[3]　例えば，加害者の過失が4割，被害者の過失が1割，不可抗力的要素（悪天候，濃霧など）が5割ある事例においては，不可抗力的要素の5割を加害者に4，被害者に1の割合で按分し，両者の過失割合につき加害者が8割，被害者が2割というように考え，被害者について2割の過失相殺を行うことになる。

(b) そのため，過失相殺が問題になる場合において，実際には，加害者と被害者の過失割合につき，一般的に，別冊判例タイムズ38号『民事交通訴訟

における過失相殺率の認定基準』〔全訂5版〕，『赤い本』，また『青本』などの基準を参考にして，両者の過失割合を決定し，過失相殺を行って，判断にそれほどの"ばらつき"が生じないようにしている。

　上記の別冊判例タイムズ38号などにおける基準は，編集者がこれまでの判例や裁判例の傾向を斟酌し，交通事故における事故態様とそれに応じた過失割合の基準として公表したもので，すでに膨大な数の交通事故の裁判や保険実務の処理において，参考にすべき基準として用いられており，交通事故における，事故態様とそれに応じた過失割合を決める基準あるいは目安として，一定のコンセンサスを得ていると考えられ，これらにおける基準を，参考基準として用いることに一定の合理性が認められるからである。

　(c)　上記のように，別冊判例タイムズ38号，『赤い本』，また『青本』などの基準を参考にして，被害者と加害者の過失割合を決定し，過失相殺を行うことができるようになり，裁判所の判断の"ばらつき"が少なくなって，さらには，訴訟外での交渉も容易になり，交通事故訴訟の提訴も減少し，訴訟に要する時間も短縮され，紛争解決の省力化が実現できるようになった。

　しかし，交通事故の事故態様は千差万別であり，そのため，上記の別冊判例タイムズ38号などの基準に該当しないものもある。その場合には，道路交通法などの道路交通法規の優先関係，事故発生時と場所の環境など（例えば，昼間か夜間か，交差点か，直線道路か，天候，交通量，商店街か，住宅地か，運転慣行など），さらに，事故発生の予見可能性や回避可能性などを検討し，その上で，別冊判例タイムズ38号などの基準も参考にして，個別具体的に被害者と加害者の過失割合を決定し，過失相殺を行うことになる。

　その際，実際の交通事故の事故態様を上記の別冊判例タイムズ38号などの事例に無理にあてはめ，そこにおける基準を形式的に適用して，過失相殺を行うようなことがないように，注意しなければならない。

(2)　損害費目別の過失相殺の可否

　(a)　交通事故における裁判や保険実務においては，一般に，すべての損害費目を合算して，その後に，合算した総額につき一括して被害者の過失を斟酌し過失相殺を行うという方法が採られている。

　(b)　しかし，(a)のような方法を採った場合には，例えば，被害者の過失が

大きい場合には，被害者の手元に治療費が残らなくなったり，加害者側においてあらかじめ治療費を支払っているため被害者がこの治療費を返還しなければならなくなったりする事態も生じえ，このような場合に，怪我を負った被害者に満足な治療を受けさせようとする配慮から，損害の費目別の過失相殺を行うことが考えられる。

過失相殺については，裁判所の自由裁量が認められているので，上記(a)のような一括して過失相殺を行うという方法を採ると，被害者が満足な治療すら受けえなくなるような特別の事情がある場合には，例外的な措置として，被害項目別の過失相殺が認められる可能性がある（福岡地判昭62・1・22交民集20巻1号86頁参照）。このような場合には，被害者は，上記の特別の事情につき主張・立証を行わなければならない。

(3) 自賠責保険における過失相殺の制限

(a) 交通事故における保険実務において，自賠責保険の場合には，被害者を保護する見地から，過失相殺が制限されている。

すなわち，被害者に重大な過失がある場合にのみ，被害者の過失を理由とした減額が行われる。具体的には，①被害者の過失が（後遺障害又は死亡にかかるものについても，また，傷害にかかるものについても）7割未満の場合には減額をしない。②被害者の過失が後遺障害又は死亡にかかるものについては，(ⅰ)7割以上8割未満の場合には2割減額，(ⅱ)8割以上9割未満の場合には3割減額，(ⅲ)9割以上10割未満の場合には5割減額とする。そして，③被害者の過失が傷害にかかるものについては，7割以上10割未満の場合には一律に2割減額とする（自賠責保険支払基準第6第1項）。

さらに，被害者の傷害による損害額が20万円以下の場合には，重大な過失による減額を行わず，また，重大な過失による減額を行った結果，20万円以下になる場合には，20万円にするとされている。

(b) なお，「自賠責保険における過失相殺の制限」についての詳細は，Q1〔2〕(1)(g)やQ29の各論述を参考にされたい。

[井手　良彦]

Q 27 | 裁量による過失相殺

裁判所は当事者の主張がない場合でも過失相殺できるか。

A

〔1〕 はじめに

　交通事故の被害者は，加害者に対し，不法行為に基づく損害賠償請求をすることができる（民709条）。不法行為の損害賠償も債務不履行によるそれと同様に金銭賠償を原則とする（民722条1項・417条）。交通事故訴訟（以下「交通訴訟」という）とは，損害賠償金による解決を図ることであるが，裁判所が損害額を判定するにあたり，被害者にも過失があると認められる場合には，この事実を考慮して加害者が賠償すべき賠償額を全額としないで，被害者の損害額を減額することが公平の観念に沿うといえる。

　被害者の過失を理由とする損害賠償額の減額について，民法722条2項は，「被害者に過失があったときは，裁判所は，これを考慮して，損害賠償の額を定めることができる。」と規定している。

　交通訴訟の特色として，①基準の存在，②責任保険，③書証中心という3つの紛争解決に向けたキーワードがある。被害者の過失相殺率の基準が示され，これにより同様な事件における被害者間の公平を図ることができるし，保険制度があることで，損害額の支払が担保されているといえる。また，書証の提出により，裁判所と当事者が事案を早期に把握して事故態様等について共通意識をもつことができる。

　こうした交通訴訟の特色も踏まえた上で，裁判所は，当事者の過失相殺の主張がなくとも証拠等により被害者の過失を認定して過失相殺ができるか，加え

て，事前に保険会社との交渉等があって当事者間で過失割合につき合意がある場合に裁判所はこの合意を考慮するのか，被告が過失を争わない場合（口頭弁論期日を欠席した場合も含む）も過失相殺できるかといったことなどを検討していきたい。

〔2〕 被害者の過失

(1) 過失相殺における過失の意味

民法722条2項の「被害者に過失があったときは」とは，過失相殺することをいうのであって，被害者に発生した損害の一部を請求する加害者に転嫁しないことであり，損害賠償義務を負担することになる民法709条の過失とは異なる。民法722条2項の過失は，同法709条の過失における注意義務違反の過失責任そのものをいうのではなく，被害者の落ち度や不注意を含む被害者側の事情等をいう（最判昭39・6・24民集18巻5号854頁）。

例えば，損害の発生と損害の拡大に寄与した原告の落ち度あるいは不注意として，二輪車でヘルメットを着用せずに頭部に重傷を負ったなども具体例の1つとして挙げられる。

この過失行為については，自己の行為の責任を弁識する能力・知能（民712条・713条）は不要であり，一般的には，事理弁識能力（危険な行為であることを理解する能力）があれば足り，この能力は，今日では7歳位（小学校1年生程度）の年齢で身につくと考えられている（大阪地判平19・5・9判タ1251号283頁等）。名古屋市でも有数の繁華街で交通量の多い十字路交差点において，2人乗りの自転車と生コン運搬車両との衝突事故となった事案でも，この2人の8歳の男の子（死亡）に対して，過失相殺の適用をしている（前掲最判昭39・6・24）。なお，事理弁識能力を欠く者については，被害者側の過失として斟酌している（最判昭34・11・26民集13巻12号1573頁）。

(2) 過失相殺において裁判所が考慮すべき事由等

過失相殺の対象となるのは，原則として，被害者の全損害ということになる。

その上で，実務においては過失割合とか過失相殺率が争点となるが，交通訴訟においては，事故類型ごとに区別した過失相殺率の認定基準が公表されている。よく利用されるのが，東京地裁民事交通訴訟研究会編『民事交通訴訟にお

ける過失相殺率の認定基準』〔全訂5版〕（別冊判タ38号）（以下「別冊判タ38号基準」という）である。

　別冊判タ38号基準によれば，過失割合と過失相殺率は異なる。過失割合は，当事者双方を相対的に見た責任割合を示したものであり（相対説），四輪車同士の事故の場合はこの過失割合を示している。これに対し，過失相殺率は，被害者側の損害の減額率を示したものである。いわゆる交通弱者である単車，自転車，歩行者（以下「歩行者等」という）と四輪車との事故については，歩行者等の過失相殺率を示したものであり（歩行者等が加害者である場合は，この減価率の適用はない），別冊判タ38号基準で示される四輪車の割合（率）は，あくまで被害者である歩行者等の過失相殺率に対する注意的な記載である（歩行者については，歩行者の過失相殺率しか示されていない）。なお，四輪車同士の過失割合は，原則的に，各四輪車の過失相殺率としても妥当する。

　別冊判タ38号基準は，同一の事故類型につき，被害者の損害の減額率を認定する上で基準となるが，民法722条2項のいう裁判所が考慮すべき事由とは，損害の発生及び損害の拡大と因果関係のある被害者の過失（不注意）にある。

　被害者の過失の存在は，加害者の不法行為責任に関して賠償額を軽減するにとどまり，加害者の責任を否定するものではない。

　通常，裁判において民法722条2項は，加害者からの損害賠償額の減額請求の根拠として利用され，裁判所の裁量による損害賠償額の減額というかたちで示される。この規定の意義は，前記(1)に記載したとおり，被害者が発生・拡大させた損害を加害者に転嫁することを許さないことにあるが，加えて，損害賠償における損害の公平な分担を実現するための調整機能を果たす規定として適用され，素因減額（被害者の身体的要因（既往症等）が損害の拡大に寄与している場合等の減額）においても類推適用される。

(3)　不法行為の過失相殺の性質

　不法行為における過失相殺については，判例は，「不法行為による損害賠償の額を定めるにあたり，被害者に過失のあるときは，裁判所がこれをしんしゃくすることができることは民法722条の規定するところである。この規定によると，被害者の過失は賠償額の範囲に影響を及ぼすべき事実であるから，裁判所は訴訟にあらわれた資料にもとづき被害者に過失があると認めるべき場合に

は，賠償額を判定するについて職権をもってこれをしんしゃくすることができると解するべきであって，賠償義務者から過失相殺の主張のあることを要しないものである。」旨判示した（最判昭41・6・21民集20巻5号1078頁）。

旧民法722条2項でも「之ヲ斟酌スルコトヲ得」と規定し，斟酌するかしないかは裁判所の自由裁量であるとする（最判昭34・11・26民集13巻12号1562頁）。むしろ，被害者の過失が明らかな場合には，斟酌すべきであり，これを斟酌しないときはそれだけの特段の事情を明らかにする必要があるとも考えられる。判例でも，「訴訟ニ現ハレタル資料ニ依レハ被害者ニ過失アリト認ムヘキ事情ノ存スルコト判文上明ナル場合ニ於テ此ノ点ニ付何等明言スル所ナク又判文ノ全般ニ徴スルモ賠償額ニ別段ノ影響ヲ及ホサスト認メタル趣旨ノ観ルヘキモノナキトキハ仮令賠償義務者ヨリ此ノ点ニ付何等ノ主張ナシトスルモ該判決ハ審理不尽ノ違法アルモノト謂ハサルヘカラス」と判示している（大判昭3・8・1民集7巻9号648頁）。

以上のことから，過失相殺をするかどうかの判断は，裁判所の自由裁量に属し，過失相殺の主張については弁論主義の適用はなく，裁判所が職権で考慮することができると説明できる。

しかし，一般的には，当事者に対して不意打ちを避けるという弁論主義の機能を考慮すると，過失相殺の抗弁を行使するとの権利主張までは必要ないとしても，裁判所が過失相殺において考慮すべき被害者の過失を基礎づける具体的事実については，口頭弁論において当事者が主張しなくてはならないと考えるのが相当である（浦和地判昭57・2・12判時1064号112頁等）。

過失相殺は，加害者に対する損害賠償請求額を減額する抗弁（損害賠償請求権の一部発生障害事由）といえるが，裁判所が減額を考慮する意味において，請求原因事実に対する他の抗弁事由とは若干異なるものといえる。

〔3〕 過失相殺の裁量性

(1) 免責の主要事実はあるが過失相殺の主張が明らかではない場合

実務的にも事例は多いと思われる。こういった事案では，免責の主張の中には予備的に過失相殺の主張が含まれ，かつ，当事者双方も過失の存否・程度をめぐって争うのであるから，裁判所が免責までは認めず，過失相殺を行ったと

しても不意打ちという危険性はない。この場合は，過失相殺が許されるということになる。

前掲の判例（浦和地判昭57・2・12）では，過失相殺について，判決理由の中で「事実摘示のとおり被告は，明示的には本件事故の発生原因につき，○○（被告の従業員）の無過失，亡△△の過失を挙げているが，このことにより仮定的に過失相殺の主張もなすものと解する。」として，「本件事故については，△△にも相当程度の過失があったといわざるをえず，その割合は，概ね△△が7割強，○○が3割弱とみるのが相当である。」旨判示した。

(2) 当事者間で過失割合や過失相殺率の合意ができている場合

交通事故の当事者間で過失相殺や過失相殺率の合意ができていることも稀ではなく，この合意が裁判所を拘束するとなると，裁判所の裁量権が制限されることとなる。

それでも事故の状況を最もよく知っている当事者間の合意であるから，民事訴訟法上処分権主義をとっている限り，無効・取消原因がなく，内容においても公平性を欠くものではないような場合は，この合意を訴訟上の合意として有効と考える余地もある。

しかし，当事者間の合意とはいっても，裁判では，審理の中の一過程でしかなく，あくまで交通訴訟は，金銭の交付により紛争解決を図ろうとするものであり，当事者双方の合意内容を確認することではないから，裁判所は，原則，当事者間の過失割合等の合意に拘束されることなく審理を進めることができると考える。原告が，被告は過失責任を認めていると主張する事案でも，当事者双方から具体的事実を述べさせ，証拠により過失相殺の要否等を認定するのが相当である。

原告の本件示談により過失割合の合意が成立しているとの主張に対し，被告らが仮に合意が成立しているとしても，客観的証拠に基づく過失割合との差異が著しいことに鑑みると，その合意は当事者を拘束しないと争った事案において，裁判所は，当事者間の過失割合の合意について，「過失相殺の要否，その割合については裁判所の裁量事項であり，仮に訴訟外で過失割合についての合意が成立していることが窺われても，それを両当事者が訴訟において争わないなどの特段の事情がある場合はともかく，原則的には裁判所はそれに拘束され

ないのであって，原告の主張は理由がない。」旨判示している（東京地判平8・8・27交民集29巻4号1191頁）。

(3) 被告が過失を争わない場合（口頭弁論期日を欠席した場合も含む）

前記〔2〕(3)記載のとおり，少なくとも裁判所が過失相殺において考慮すべき被害者（原告）の過失を基礎づける具体的事実については，口頭弁論において当事者が主張することが必要となってくる。過失を基礎づける事実の立証責任も，損害賠償請求権の一部発生障害事由として，賠償義務者（被告）が負うものとすべきである。

交通訴訟において，被告が欠席し，答弁書も提出しない場合，同訴訟の特色である書面中心主義（前記〔1〕）からして，原告から審理に必要な証拠（書証）が提出予定になってはいるが，被害者である原告の過失を基礎づける具体的事実が弁論に表れていないこともある。

もっとも，請求原因事実には，事故態様，被告の責任原因（過失の具体的内容）が記載されている。この具体的事実から，原告の本件事故における過失責任（原告の落ち度あるいは不注意等）を挙げることもできるし，あるいは，原告が過失割合の主張も含めた自らの過失を基礎づける事実（不利益陳述）を述べていることもある。このような場合，裁判所は，事件内容を把握した上で，裁量により過失相殺することができると考える。

ただし，裁判所は，原告に対して，本件事案の説明をした上で反論の機会を与えるのが相当である。交差点内での出会い頭の衝突事故などの事故類型として，一般的に過失相殺の必要があると判断できても，本件事故当時の状況等により基本的な過失相殺率を修正する必要がある場合もあるからである。原告が，追加的に主張・立証することにより，被告のために過失相殺する必要がなくなることもありうる。

裁判所は，原告に過失相殺の事由があることについて説明しても，原告から何ら反論がない場合や反論しても理由がない場合は，原告に対して，請求の減縮を促すか，あるいは，提出予定の書証（甲号証）を提出させた上で終結し，過失相殺の必要性について判断することになろう。

(4) 被害者に素因減額事由がある場合

交通事故と被害者の身体に生じた損害との間に相当因果関係があったとして

も，被害者が事故当時に有していた身体的要因（既往症等）や心因的要因が被害の発生や被害の拡大に寄与していることもある。この場合，これらの事由を一定の限度で考慮して損害額を認定することを素因減額という。

　判例は，被害者に対する加害行為と加害行為の前から存在した被害者の疾患（身体的要因）とがともに原因となって損害が発生した場合において，当該疾患の態様，程度に照らし，加害者に損害の全部を賠償させるのが公平を失するときは，損害賠償の額を定めるにあたり，民法722条2項の規定を類推適用して，被害者の疾患を斟酌することができると判示した（最判平4・6・25民集46巻4号400頁）。

　また，身体に対する加害行為によって生じた損害（むち打ち症）の事例で，被害者の心因的要因による寄与があったとして民法722条2項を類推適用した判例もある（最判昭63・4・21判タ667号99頁）。

　過失相殺をするかどうかの判断は，裁判所の自由裁量に属し，過失相殺の主張については弁論主義の適用はなく，裁判所が職権で考慮することができるとの最高裁の判断があり（前掲最判昭41・6・21），素因減額についても，民法722条2項を類推適用することにより，これと同様と説明できるものの，前記〔2〕(3)記載のとおり，裁判所は，当事者に対する不意打ちのおそれ等を考慮して，当事者に具体的な事実を述べてもらうなど適切な訴訟進行を図る必要がある。

〔中林　清則〕

28 非接触事故と過失相殺

非接触事故における過失相殺について説明しなさい。

〔1〕 はじめに

　非接触事故とは，広い意味では，接触という結果が発生しなかった交通事故をいう。ただ，この意味では，ほかに車両が通行していない道路を走行している際，急カーブでハンドルを切り損ねてガードレールに衝突して自車を損壊させた場合も，非接触事故に含まれるのであるが，本問では，このような事故の相手方が存在しない場合は想定せず，車両同士又は車両と歩行者との間に接触という結果が発生しなかった交通事故，すなわち相手方が存在する交通事故を想定して，非接触事故の過失相殺について説明していくこととしたい。

〔2〕 非接触事故の因果関係について

　非接触事故の過失相殺の説明をする前提として，非接触事故における，車両の運行又は歩行者の行動と結果発生との間の因果関係について説明する。

　これについて，最高裁（最判昭47・5・30民集26巻4号939頁）は，単車が運転を誤り，対向する歩行者が避難した方向に突進したため，歩行者が驚き転倒して受傷したという事案において，「車両と被害者の直接の接触がないときであっても，車両の運行が被害者の予測を裏切るような常軌を逸したものであって，歩行者がこれによって危難を避けるべき方法を見失い転倒して受傷するなど，衝突にも比すべき事態によって傷害が生じた場合には，その運行と歩行者の受傷との間に相当因果関係を認めるのが相当である。」として，非接触の一事を

もって車両の運行と被害者の受傷との間の因果関係を否定できない旨判示した。
　下級裁の裁判例の中には，約106m前方のA車が蛇行したため，驚いて急ブレーキをかけたB車が横転したという事案で，上記最高裁判例を引用して，B車の横転とA車の蛇行との結び付きは，いわば偶然であり，合理的に予見可能な結果とすることはできず，両者の間に衝突にも比すべき事態が存在しているものとはいえないとして因果関係を否定したものがあるが（東京地判平3・5・17交民集24巻3号574頁・判夕767号195頁），非接触事故の交通事故訴訟において，因果関係が争われる事案は多いものの，相当因果関係自体は否定されることなく，相当因果関係が存在するとの前提のもとに過失相殺の問題として処理されることのほうが多いのではなかろうかと考えられる。

〔3〕 非接触事故の過失相殺について

(1) 非接触事故の過失相殺に関する基本的な考え方

　本来，非接触の事実それ自体は，車両同士又は車両と歩行者との接触がなかったという結果発生に関する問題（結果論）であり，被害者の負傷や被害車両の損壊という結果発生について双方の過失がどの程度の割合で寄与しているかという原因論である過失相殺の問題には，直接には関係しないものといえる。
　そうすると，基本的な考え方としては，過失相殺の割合を検討するについて，非接触事故の場合であっても，東京地裁民事交通訴訟研究会編『民事交通訴訟における過失相殺率の認定基準』（別冊判夕38号）の基準（以下「別冊判夕38号基準」という）等を参考にするなどして，接触があった場合の事故態様として基本的過失割合を検討し，これを出発点として，一方の過失を加重又は軽減するような事情（例えば，車両が減速・徐行したかどうか，速度違反，交差点への先入関係，車両による合図の有無など）が認められれば，当該事情に応じて基本的過失割合の修正を検討することになろう。

(2) 非接触の事実自体が過失相殺において考慮される場合

　非接触事故の交通事故訴訟では，回避行動をとった車両運転者の相手方の側から，当該回避行動が適切ではなかった，又は不適切な点があったという趣旨の主張がされる場合がある。
　上記のような回避行動が不適切である等の主張は，本来非接触という結果に

至る経緯に関する主張にすぎず，運転者の負傷や車両損壊について，どちら側にどの程度の責任があるのかという責任原因を基礎づける主張ではないから，上記(1)で述べたように，過失相殺の判断との関係では，上記主張がされるような事情があるとしても，本来は，影響はない（過失割合に関する結論を左右しない）ものともいえる。

ところが，車両運転者の回避行動が適切ではなかった又は不適切な点があったという主張がされた場合において，裁判所が，回避行動が適切ではなかった又は不適切な点があったとして，不適切性の度合いに応じて，回避行動を執った側に基本的過失割合を不利に修正して過失相殺の判断をする場合もあり，この点をどのように説明すべきかが問題となる。

このような場合には，過失相殺の判断において，非接触の事実自体が，回避行動に不適切な点があったか否かという形で，実質的に考慮されているものといえよう。

ただ，上記回避行動が不適切であったとの主張は因果関係がないことを基礎づける主張としてなされることもあり，裁判所も同主張を因果関係の有無に関する判断の中で検討する場合もあるので，必ずしも過失相殺の判断の中で考慮されるわけではないことを付言しておきたい。

〔4〕 非接触事故事案の審理について

以上を踏まえた上で，非接触事故事案の審理がどのように行われるのか，また，当事者の主張・立証活動に留意すべき点はどこにあるか等につき，下記のような事例を設定して，具体的に説明していきたい。

> 〔事例〕
> 　一般道路を走行している四輪車が自車進行方向右側路外にある店舗の駐車場に入ろうとして右折しようとしたところ，対向車線を左に寄って走行していた単車の運転者がこのままでは四輪車と衝突するかもしれないと考え，咄嗟に急ブレーキをかけたことにより，バランスを崩して道路左端の歩道に乗り上げて転倒して負傷し，単車も損壊した（以下「本件交通事故」という）。
> 　単車の運転者は，四輪車の運転者を被告として，本件交通事故による人損及び

物損の損害賠償請求訴訟を提起した。

被告は，本件交通事故は，原告自身の運転操作により生じた自損事故であり，四輪車の運行と原告の受傷及び車両の損壊との間に因果関係はなく，また，非接触事故であるから，何ら被告に過失はないと主張して争っている。

(1) 因果関係について

まず，因果関係については，四輪車の右折行動がなければ，単車が急ブレーキをかけることはなく，したがって，バランスを崩して転倒するようなことはなかったものと考えられるので，四輪車と単車との間に接触の事実はない（非接触）が，特段の事情のない限り，四輪車の右折行動と単車の転倒による運転者の受傷及び車両の損壊という結果発生との間に相当因果関係を認めてよいものと考えられる。

(2) 基本的過失割合について

上記事例に記載するような状況の下で，単車と四輪車が，非接触ではなく，実際に接触・衝突した場合には，別冊判タ38号基準によれば，直進車である単車の通行を右折車である四輪車が妨げたことになるため，四輪車の運転者に主たる過失があるが，単車の運転者にも軽度の前方不注視があったとして，基本的過失割合としては，四輪車に9割，単車に1割の過失があるとされている。

そうすると，上記事例においては，四輪車と単車が接触しなかった場合でも，接触・衝突した場合と同様に基本的な過失割合を四輪車の運転者（被告）9割，単車の運転者（原告）1割として，これを出発点とし，四輪車側に右折の際徐行しなかった，合図を出さなかった等四輪車の過失が加重されるような事情があれば，それに応じて四輪車側に不利に修正され，一方，単車側に速度違反や四輪車が右折を完了していた又は完了に近い状態であった等単車の過失が加重されるような事情があれば，それに応じて単車に不利に修正されることになろう（以上，別冊判タ38号基準364頁【220】参照）。

(3) 被告から，原告の回避行動が不適切であったという趣旨の主張があった場合

被告は過失がないとして争っているが，非接触の事実を主張するだけでは，前記〔3〕(2)で述べたように，原告の帰責性を基礎づけることはできないから，

上記(2)の過失相殺の判断に影響を与えることはないと考えられる。

　そこで，被告としては，原告に帰責性があるというために，より具体的に原告の回避措置がいかに不適切であったのかを主張・立証する必要がある（この場合，原告に単車の回避措置が適切であったことについて主張・立証責任があるのではなく，被告のほうに単車の回避措置が不適切であったことについての主張・立証責任があると解すべきである）。

　原告の回避行動が不適切であったという主張とは，具体的に本事例でいうと，単車が急ブレーキをかけた地点と四輪車との間には十分な距離があり，急ブレーキをかけずに進行しても接触・衝突は回避できた，あるいは，単車が速度を適度に調節すれば，右折しようとしていた四輪車の後方を通り抜けることができ，接触には至らなかったといった主張になろう。

　四輪車の運転者である被告からこのような主張があり，裁判所が過失相殺の判断の中で検討する必要があると考えた場合には，提出された証拠等から，単車が四輪車を発見して急ブレーキをかけた位置や四輪車との間の距離関係，事故前の双方の速度，事故現場付近の道路の状況等を認定し，さらに単車運転者である原告の上記状況下での心理内容等の主観的事情をも併せ考慮して，単車の回避行動が通常人であればとりうる範囲の回避行動といえるかどうか，言い換えれば，単車が当該回避行動をとらなければ安全に事故を回避できない状況であったか否かを検討する。

　そして，単車の回避行動が通常人ならとりうる回避行動の範囲を逸脱している（安全に事故を回避できる状況であったのにあえて当該回避行動をとった）と考えられる場合には，その不適切性の程度に応じて，過失割合が原告に不利に修正されることになる。

　一方，単車の回避行動が通常人のとりうる回避行動の範囲内と考えられる場合は，別冊判タ38号基準に基づく基本の過失割合は修正されないことになろう。

〔辰已　晃〕

Q 29 自賠責保険と過失相殺

自賠責保険における過失相殺（重過失減額）について説明しなさい。

〔1〕 自動車損害賠償責任保険及び自動車損害賠償責任共済

　現代社会は自動車の利用がなければ成り立たない一方，日々発生する交通事故は被害者等関係者に深刻な打撃を与える。交通事故による損害賠償としては，民法の不法行為制度があるが，加害者に賠償する資力がない場合には現実に賠償を受けることが困難であることなど，被害者の救済としては十分なものとはいえない。特に，人身事故の場合は，被害者やその家族の生活基盤を壊滅させるような深刻な被害が発生することも少なくないことから，人身事故の場合における被害者救済のために，昭和30年に自動車損害賠償保障法（以下「自賠法」という）が制定された。

　自賠法は，第3章において，自動車損害賠償責任保険及び自動車損害賠償責任共済の制度（以下両者を併せて「自賠責保険等」という）を設け，運行の用に供されるすべての自動車について自賠責保険の締結を事実上強制することによって（自賠5条），加害者が無資力の場合であっても，被害者が同保険金から損害の賠償を受けることができるよう図っている。

　自賠責保険契約は自賠法6条で定める保険者等（損害保険会社等）と保険契約者（自動車を運行の用に供する者）との契約によって成立するが（自賠11条1項・2項），各保険会社作成の保険約款は内閣総理大臣の認可を必要とし，いずれの保険会社の約款も共通のものとなっている。

〔2〕 自賠責保険における保険金の支払基準

　従来，自賠責保険金等の支払は，運輸省地域交通局長が定める「自動車損害賠償責任保険（共済）支払基準」を受けて，各保険会社が策定した「自動車損害賠償責任保険（共済）損害査定要綱」に基づいてなされていた。しかし，運行の用に供されるすべての自動車について加入を強制し，被害者に対する救済を現実的かつ確実に行うという自賠責保険等の社会保険的性格に鑑みると，保険者がいずれの保険会社であっても，保険金の支払が迅速かつ画一的に行われる必要がある。このことから，自賠法16条の3第1項が新設され，自賠責保険等の保険金の支払基準が定められた（平成13年金融庁，国土交通省告示第1号「自動車損害賠償責任保険の保険金等及び自動車損害賠償責任共済の共済金等の支払基準」（以下「支払基準」という））。これにより，保険会社等は同支払基準に従って保険金等を支払う法的義務を負うことになり，保険会社等の支払基準違反を防止するために，保険会社の情報提供義務（自賠16条の4～16条の6），保険金請求者による国土交通大臣への申出制度（自賠16条の7），国土交通大臣の指示（自賠16条の8）の制度が定められている。

〔3〕 自賠責保険等における過失相殺（重過失減額）

(1) 民法上の過失相殺と支払基準における過失相殺（重過失減額）

　民法上の不法行為に基づく損害賠償請求の場合の過失相殺は，損害の公平分担の観点から，通常，被害者の過失割合分が減額される（民722条2項）。これに対し，自賠責保険等の保険金等の支払の場合は，被害者の救済を重視し，民法722条2項のような厳格な過失相殺は行わず，以下のとおり，被害者に過失割合7割以上の重大な過失がある場合にのみ保険金額を減額し，また，減額割合も最大5割と制限している（支払基準第6第1項）。

(2) 減額の基準となる額

　自動車損害賠償保障法施行令2条並びに別表第1及び第2に定める保険金額等は保険等によっててん補される最高限度額であり，支払基準第2ないし第5に基づいて算定された損害額が前記保険金額等より少ない場合に実際に支払われる保険金等は同損害額である。したがって，重過失による減額も，積算した

減額適用上の 被害者の過失割合	減額割合	
	後遺障害又は死亡に係るもの	傷害に係るもの
7割未満	減額なし	減額なし
7割以上8割未満	2割減額	2割減額 ただし，損害額（後遺障害及び死亡に至る場合を除く）が20万円未満の場合はその額とし，減額により20万円以下となる場合は20万円とする。
8割以上9割未満	3割減額	
9割以上10割未満	5割減額	

損害額が保険金額等以上となる場合は保険金額等を基準として減額が行われるが，損害額が保険金額等に満たない場合には積算した損害額を基準として減額が行われることになる（支払基準第6第1項）。

例えば，被害者死亡の場合において，被害者の過失割合が9割以上10割未満の場合は5割減額されるところ，死亡の場合の保険金額は3000万円であるから（自賠令2条1項1号イ），支払基準第4に従って積算された損害額が3500万円であれば，保険金額3000万円から5割減額された1500万円が支払われ，積算された損害額が2000万円であれば，2000万円の5割である1000万円が支払われることになる。

(3) 支払基準の拘束力

自賠責保険等の保険者である保険会社等が保険金を支払う場合には支払基準の重過失減額の定めに拘束されるが，裁判所は支払基準に拘束されることなく損害賠償額の算定をして支払を命じることができる（最〔1小〕判平18・3・30民集60巻3号1242頁）。このため，訴訟係属後は，裁判所の司法判断との関係で，前記のような有利な取扱いによる保険金の支払がなされないこともあり，被害者は訴訟提起前に自賠責保険等の被害者請求を済ませておくことが望ましい。

(4) 重過失減額の認定機関

自賠責保険等は，その運営上，損害計算や過失の認定が統一されていることが望ましいことから，損害保険料率算出機構が一括して損害調査を行っている。すなわち，損害保険料率算出機構が全国に設置した自賠責損害調査事務所が当

事者への照会などの方法で事故態様の調査を実施し，その調査結果に基づいて地区本部及び自賠責損害調査センター自賠責保険（共済）審査会が重過失減額の要否や減額額を審査をする態勢となっている（ただし，全国共済農業協同組合連合会の自賠責共済は独自調査）。

(5) 重過失減額に対する不服申立て

重過失減額に対し不服があるときは，被害者は自賠責保険会社に対する異議申立てや自賠責保険・共済紛争処理機構に対する紛争処理の申請をすることができる。

〔野藤　直文〕

Q30 | 共同不法行為と過失相殺

交通事故訴訟における共同不法行為と過失相殺について説明しなさい。

〔1〕 共同不法行為に関する従前の通説・判例

(1) 意義・制度趣旨

民法719条は，「数人が共同の不法行為によって他人に損害を加えたときは」，各自が連帯して損害賠償責任を負うとする原則規定（1項前段）を置くとともに，「共同行為者のうちいずれの者がその損害を加えたかを知ることができないとき」にも，共同不法行為者と同様に扱うこととし（1項後段），「行為者を教唆した者及び幇助した者」を共同不法行為者とみなす規定（2項）を置いている。

これらの規定は，①成立要件の面から，事実的因果関係の立証負担を軽減し，②成立範囲の面から，教唆者及び幇助者を共同不法行為者とみなし，③効果の面から，共同不法行為者に連帯責任を課すことによって，被害者の救済を厚くすることにねらいがあるものと解されている。

(2) 成立要件

前記のような制度趣旨を受けて，共同不法行為の成立要件としては，①共同不法行為者各人の行為について，それぞれ独立に不法行為の要件を備えていること，②各人の行為が関連共同していること，③関連共同性の要件としては，共謀はもとより共同の認識（主観的関連共同性）までは必要なく，客観的に関連共同していれば足りる（客観的関連共同性）と解されており，判例も同旨である（最判昭43・4・23民集22巻4号964頁，最判昭32・3・26判タ69号63頁）。

また，客観的関連共同性があれば足りるとの見解を踏まえて，過失による教

唆・幇助も認めるべきであるとする裁判例もある（東京高判昭46・5・18判時706号33頁）。

(3) 効　果
(a)　対被害者との関係における効果

不法行為の一般原則どおり，各人の行為と相当因果関係の範囲内にある全損害を連帯して賠償しなければならない（最判昭43・4・23民集22巻4号964頁）。ここでいう「連帯」は，民法432条以下の一般の「連帯債務」とは異なり，「不真正連帯債務」とされている。その理由は，①民法434条以下の連帯債務と解すれば，絶対的効力事由が各共同不法行為者の責任にも及んで債権の効力が弱まり，被害者保護に欠けること，②共同不法行為者間には連帯債務者間に想定されるような緊密な人間関係はなく，絶対的効力事由を適用する基礎がないこと，③不真正連帯債務と解されている使用者と被用者の責任関係等と別に解するのは不合理であることが挙げられ，判例も民法434条の適用が排除されるとしている（最判昭57・3・4判時1042号87頁）。

加害者の一人に対する請求が他の加害者に対して時効中断の効力を有するかについては，認める学説もあるが，判例は否定している（前掲最判昭57・3・4）。また，加害者の一人に対する免除・放棄の効果については，裁判例の大勢は他の加害者に対する効力を否定している（盛岡地判昭51・1・26交民集9巻1号91頁ほか）。さらに，民法719条1項後段との関係で，因果関係の不存在を主張して免責を求めたり，損害発生への与因の違い（寄与度）を主張して減責を求めることができるかについては，裁判例の大勢はこれを否定している。

(b)　共同不法行為者間における効果

不真正連帯債務者である共同不法行為者間の負担部分及び求償関係が問題となるが，共同不法行為者の一人が弁済等により賠償債権を満足させ，他の共同不法行為者に免責を得させた場合は，求償権を取得するとするのが通説であり，判例も同旨である（最判昭41・11・18民集20巻9号1886頁，最判昭54・3・2交民集12巻2号327頁，最判昭63・7・1民集42巻6号451頁など）。

何を基準として負担部分を決すべきかについては，違法性の程度，過失の割合，寄与度の割合などによるべきとする見解があるが，判例は過失の割合によって決定すべきとしている（前掲最判昭41・11・18）。また，求償権を行使するた

めには自己の負担部分を超えて支払うことを要するかについては，判例は負担部分を超えて支払うことが必要であるとしている（前掲最判昭41・11・18，東京地判昭42・9・27判タ211号170頁，神戸地判平10・12・10交民集31巻6号1888頁など）。

〔2〕 共同不法行為に関する最近の議論の状況

(1) 共同不法行為の成否を議論するメリット

各加害者の行為と損害発生との間に相当因果関係がある場合（単独不法行為の競合の場合）には，民法709条により全損害について賠償請求することができるから，ことさら共同不法行為の成立を主張するメリットはない。

共同不法行為が成立することのメリットは，第1に加害者の連帯責任である。前記のとおり「不真正連帯債務」と解されており，損害賠償債権の効力が強化されて被害者の救済を厚くしている。第2のメリットは，損害発生への与因の違い（寄与度）による減責の主張を排除する根拠となることである。学説には寄与度減責の主張を認める見解もあるが，判例は否定している（最判平13・3・13判タ1059号59頁）。第3のメリットは，各加害行為と損害との因果関係立証の負担が軽減されることである。共同不法行為の成立要件として，この個別的因果関係の存在を必要とすべきかについては争いがある。これを必要とすれば単独不法行為が競合する場合と同様であり，民法719条の存在理由がなくなることから，関連共同性の認められる共同行為と損害との因果関係が認められれば足りるとすることでほぼ一致していると解される。

(2) 民法719条1項前段と後段の関係

以上の各点を踏まえて民法719条1項の要件を整理すると，以下のとおりとなる。

(a) 1項前段について

一般不法行為の要件のほか，複数の加害者が関連共同性の認められる加害行為をすることが要件となる「加害行為一体型」の場合を規定している。複数加害者のある交通事故の場合は，実務上は，主観的関連共同性が問題となることはほとんどなく，客観的関連共同性（運転行為の共同）が認められれば共同不法行為の成立を認めるのが一般であるが，どのような場合に客観的関連共同性が認められるかが問題となる。一般には，各事故の場所的・時間的近接性が最も

重要な要素となるが，各事故の原因結果等も考慮される場合がある。自動車同士が衝突して第三者や同乗者が傷害を受けるなど，各加害行為が同一場所で同時に行われた場合（いわゆる同時事故）には，客観的関連共同性が認められる。第1事故と第2事故の間に時間的経過がある場合（いわゆる異時事故）の中には，玉突き事故のようなほぼ同一場所で加害行為が行われた場合（「同時類似事故」ともいわれる）と，異なる場所で加害行為が行われた場合（「純粋異時事故」ともいわれる）があり，特に後者の場合には，どの範囲までを適用対象とするかが問題となる。共同不法行為の成立の効果，特に加害者の一人が自己の加害行為との因果関係の不存在を証明しても免責が認められない（主張自体失当となる）こととの関係で，慎重に検討する必要がある。

(b) 1項後段について

まず，複数の加害者のうちいずれかが損害を惹起したことは明らかであるが，いずれが損害を惹起したかは不明の場合に，事実的因果関係の立証負担を軽減し因果関係を推定する「加害者不明型」の場合を規定している。この推定を働かせることにより，加害者でありうるとされた者全員に賠償責任を負わせるという重大な結果を生じるので，加害者でありうる数人の者が特定され，それ以外に加害者になりうる者がいない場合に限って適用すべきであるとする見解がある。

また，前記の「純粋異時事故」の場合は，第1事故による損害は第2事故の前に少なくとも一部は具体化しているので，第1事故による損害は第1事故の加害者のみに請求し，第2事故後に具体化した損害については両加害者に請求することになるのが原則である。しかし，第2事故後に具体化した損害について被害者の損害全体に一体性があって，どちらの事故によって生じたのか区分できず，各加害行為が損害発生にどこまで寄与しているか（事実的因果関係ありといえるか）が不明の場合（「損害一体型」という）がある。この「損害一体型」の場合にも1項後段を適用ないし類推適用して，事実的因果関係の立証負担を軽減し因果関係を推定すべきかについては見解の対立があり，裁判例も分かれている（肯定するものとして東京地判平21・2・5交民集42巻1号110頁，大阪地判平12・2・29交民集33巻1号407頁，否定するものとして名古屋地判平26・6・27自保ジャーナル1931号85頁，大阪地判平26・5・13自保ジャーナル1928号62頁がある）。一般的には，各

事故の場所的・時間的近接性が稀薄になるほど、関連共同性がないとして否定される傾向にあると解されるが、時間的近接性については、約11ヵ月の間隔があっても共同不法行為の成立を認めた裁判例（浦和地判平4・10・27交民集25巻5号1272頁）もあるが、2ヵ月の間隔しかないのに否定した裁判例（神戸地尼崎支判平6・5・27交民集27巻3号719頁）もあり、一様ではない。

(c) まとめ

以上をまとめると、1項前段は加害行為一体型（適用）、1項後段は加害者不明型（適用）及び損害一体型（類推適用の余地あり）、2項は教唆者・幇助者を1項前段の共同行為者（加害者）とするみなし規定ということになる。

〔3〕 共同不法行為成立の場合の抗弁

共同不法行為が成立する場合の加害者側の抗弁については、以下のように整理することができる。

(1) 因果関係不存在の抗弁

(a) 加害行為一体型（1項前段）

因果関係不存在の主張は失当として認められず、これを証明しても免責を得られないと解される。

(b) 加害者不明型（1項後段）

加害者不明の場合は、因果関係の存在を推定するにとどまるから、損害発生と自己の行為との因果関係が存在しないことを理由に免責を求める旨の抗弁が認められ、これが証明されれば免責されるとするのが多数である。

(c) 損害一体型（1項後段）

自己の行為が損害発生にどこまで寄与しているかが不明の場合も、因果関係の存在を推定するにとどまるから、因果関係不存在の抗弁を認め、これが証明されると免責されるとするのが多数である。

(2) 寄与度減責の抗弁

共同不法行為の成立が認められ、因果関係不存在の抗弁も排斥される場合に、他の共同行為者がいることを理由に、責任の範囲を全損害ではなく自らが寄与した限度に軽減することを求める主張である。判例は「各不法行為者が賠償すべき損害額を案分、限定することは、連帯関係を免除することとなり、共同不

法行為者のいずれからも全額の損害賠償を受けられるとしている民法719条の明文に反し，これにより被害者保護を図る同条の趣旨を没却する」として否定している（前掲最判平13・3・13）。

たしかに，民法719条の効果として連帯責任を定める以上，原則として，寄与度減責の抗弁は否定されざるを得ないと解されるが，この判例が寄与度減責を一律に否定したものと理解すべきかどうかについては，検討の余地があるとする見解もある。すなわち，損害発生についての寄与の度合いがごくわずかな加害者に，他の加害者の賠償能力に問題がない場合にまで全額の賠償責任を認めるのは，かえって公平性，相当性を欠く場合がありうるとして，例外的に抗弁を認める余地もあるとするのである。

(3) **過失相殺の抗弁**

共同不法行為が成立する場合にも，被害者側に過失があれば，加害者から過失相殺が主張されることになる。

〔4〕 過失相殺の方法についての基本的考え方

共同不法行為の場合は，加害者及び加害行為が複数あることから，過失相殺の方法について特有の問題がある。

(1) 絶対的（加算的）過失相殺

加害者A，Bの行為を一体として捉えてそれらの過失割合を合計したものと，被害者Cの過失割合とを対比して過失相殺する方法である。この場合は，A，Bの過失割合は合計され，A，Bともに自己の過失分だけでなく他の加害者の過失割合をも負担することになるので，寄与度減責を認めるべきでない場合に妥当すると解される。

(2) 相対的過失相殺

加害者A，Bのそれぞれの過失割合を，被害者Cの過失割合と対比して過失相殺する方法である。この場合は，A，Bは自己の過失割合に相当する負担を負うことになり，加害者間の寄与度に差があって，同率の過失相殺が不適当で寄与度減責を認めるべき場合に妥当すると解される。

(3) 判例における過失相殺の状況

(a) 同時事故——最判平15・7・11判タ1133号118頁

複数の加害者の過失及び被害者の過失が競合する1つの交通事故（同時事故）において，その交通事故の原因となったすべての過失の割合を認定することができるときには，絶対的過失割合に基づく被害者の過失による過失相殺をした損害賠償額について，加害者らは連帯して共同不法行為に基づく賠償責任を負うと解すべきであり，各加害者と被害者との関係ごとにその間の過失の割合に応じて相対的に過失相殺をすることは，民法719条の趣旨に反するとして，絶対的過失相殺の方法を採用している。

(b) 異時事故——前掲最判平13・3・13

交通事故と医療事故が競合した事案（純粋異時事故）について，放置すれば死亡に至る傷害を負ったが，事故後搬入された病院において通常期待される適切な治療が施されていれば被害者を救命できた場合には，交通事故と医療事故のいずれもが被害者の死亡と相当因果関係を有するとし，運転行為と医療事故における医療行為とは民法719条所定の共同不法行為にあたるから，各不法行為者は被害者の被った損害の全額について連帯責任を負うべきであり，被害者との関係では，各不法行為者の結果発生に対する寄与の割合をもって被害者の被った損害の額を案分し，各不法行為者が責任を負うべき損害額を限定することは連帯関係を免除することになり，民法719条の明文に反し許されないとして，相対的過失相殺の方法を採用している。

(c) 両判例の検討

判例は，同時事故の場合（上記(a)）には絶対的過失相殺の方法を採用し，異時事故の場合（上記(b)）には相対的過失相殺の方法を採用しており，共同不法行為の内容に応じて過失相殺の方法を選択していることが明らかである。したがって，いずれの方法が原則であるということは一概にいえない。一般的には，同時事故のように各加害行為の間に強度の関連共同性があって，これらを一体的に捉えることができる場合（民法719条1項前段の加害行為一体型）には，絶対的過失相殺の方法が適合し，異時事故のように時間的・場所的近接性の観点から各加害行為の間の関連共同性がさほど強くなく，これらを一体的に捉えることが容易でない場合（民法719条1項後段の加害者不明型ないし損害一体型）には，相対的過失相殺の方法がより適合するということができるのではないか。

(4) 共同者の過失の評価に関する判例

Aが運転しBが同乗する自動二輪車と，これを停止させる目的で前方の路上に停車していたパトカーとが衝突し，Bが死亡した交通事故につき，Bの相続人がパトカーの運行供用者に対し損害賠償を請求する場合において，①AとBは，上記交通事故の前に上記自動二輪車を交代で運転しながら共同して暴走行為を繰り返し，パトカーに追跡されていたこと，②Aは，道路脇の駐車場に停車していた別のパトカーを見つけ，これから逃れるため制限速度を大きく超過して走行するとともに，その様子をうかがおうとしてわき見運転をしたため上記交通事故が発生したものであることなどの事実関係の下では，Aの上記②の運転行為はAとBが共同して行っていた上記①の暴走行為の一環を成すものとして，過失相殺をするにあたり，Aの上記②の運転行為における過失をBの過失として考慮することができるとした（最判平20・7・4判タ1279号106頁）。

〔5〕 複数事故の類型と過失相殺方法の選択

(1) **同時事故**

自動車同士が衝突して第三者や同乗者が傷害を受けるなど，各加害行為が同一場所で同時に行われた場合には，強度の客観的関連共同性が認められ（加害行為一体型・1項前段），絶対的過失相殺の方法によることになる。

(2) **異時事故**

(a) 同時事故と同視しうる場合（同時類似事故）

第1事故と第2事故の間に多少の時間的経過はあるが，いわゆる玉突き事故や，第1事故の直後に対向車や後続車との間で第2事故が発生した場合のように，ほぼ同一場所で加害行為が行われたときは，時間的・場所的近接性に照らして，同時事故と同視することができるので，絶対的過失相殺の方法によることになる。

(b) 加害者不明型（1項後段）

泥酔して路上で寝ていた被害者を轢過して傷害を負わせた自動車が，前後して事故現場を通過した2台の自動車のうちのいずれか不明である場合は，加害者不明型の共同不法行為にあたる。因果関係不存在の抗弁が認められず，寄与度減責の抗弁も認められない場合は，過失相殺については絶対的過失相殺の方法によることになると思われる。

（c）損害一体型（1項後段）

　被害者が第1事故により傷害を受けた後に，第2事故により同一部位にさらに傷害を受けた事案において，各加害行為が損害発生にどこまで寄与しているかが不明の場合に，因果関係不存在の抗弁が認められないときは，過失相殺については相対的過失相殺の方法によることになると思われる。この点に関する裁判例には，以下のようなものがある。

【共同不法行為の成立を肯定】
　第1追突事故による受傷が症状固定する前に，第2出合い頭事故により同一部位（頭部）を受傷（いずれも頚椎捻挫）した事案について，関連共同性を認め，被害者に残存する後遺障害は第1事故による傷害と第2事故による傷害に基づくものであるとして因果関係を肯定し，第1事故による受傷はさほどではないのに対し，第1事故による受傷は顔面も打ち付け鼻骨骨折も伴うことを認定して，第1事故による寄与度を3割，第2事故による寄与度を7割とした事例がある（東京地判平21・2・5交民集42巻1号110頁）。

【共同不法行為の成立を否定】
　①　第1事故と第2事故の間隔が3ヵ月半ある事案について，双方の加害行為は社会的に1個の行為とみることはできないとし，第1事故による頚椎捻挫の症状が継続している状態で第2事故が発生し，第2事故後の症状に影響を及ぼしていると認定して因果関係を肯定した上で，第1事故の衝撃のほうがはるかに軽微であったとして，治療経過や第2事故後の症状に照らして第1事故と第2事故の寄与度を1対9とした事例がある（東京地判平17・3・24交民集38巻2号400頁）。

　②　第1事故から約4ヵ月後に第2事故が異なる場所で発生した事案について，発生原因等においても何ら関連共同性は認められず，社会的に1個の加害行為とみることはできないとし，頚部等に第1事故による残存症状がある時点で第2事故が発生し，第2事故後の症状は双方の事故による受傷結果が複合したものと認定して因果関係を肯定した上で，事故の間隔が約4ヵ月あること，第1事故による残存症状は第2事故発生時点で相当程度軽減されていたこと，第2事故後の症状の程度，治療経過に照らして，第1事故と第2事故の寄与度を2対8とした事例がある（山口地下関支判平17・11・29自保ジャーナル1632号）。

③　第1事故から約2ヵ月半後に異なる場所で第2事故が発生し、その11日後にさらに異なる場所で第3事故が発生した事案について、第1事故と第2事故は時間的・場所的に近接しているとはいえず、第1事故により第2事故が発生したという関係にもないとし、第2事故と第3事故は時間的にはやや近接しているが場所的には近接しているとはいえず、第2事故により第3事故が発生したという関係にもないとして関連共同性を否定し、被害者の傷害は、第1事故により発生し、第2事故により悪化し、第3事故によっても悪化したとして因果関係を肯定した上で、事故態様、衝撃の程度、治療状況を考慮して、寄与割合を第1事故50％、第2事故30％、第3事故20％として、各加害者に寄与割合に応じて損害を負担させた事例がある（横浜地判平21・12・17自保ジャーナル1820号）。

　④　第1事故から53日後に第2事故が異なる場所で発生した事案について、時間的・場所的近接性が稀薄であること、受傷部位も一部異なることから関連共同性は認められないとし、第1事故による頚部の運動時痛、可動域制限などの残存症状があり症状固定に至っていない状況で第2事故が発生したこと、第2事故により従前の頚部挫傷等のほか新たに腰部挫傷と診断されていることから因果関係を肯定した上で、事故態様、重傷内容、治療状況を考慮し、第2事故以降の損害については、受傷部位が頚部挫傷の範囲で重なっているから特定は困難としたが、民事訴訟法248条に照らして、6割が第1事故、4割が第2事故によって生じたと判断した事例がある（名古屋地判平26・6・27自保ジャーナル1931号）。

〔6〕　交通事故と医療事故の競合

(1)　共同不法行為の成否

　異時事故の1つの典型事例として、交通事故によって傷害を受けた被害者が、搬送された病院で発生した医療事故により傷の程度が拡大したり（症状増悪）、死亡する場合がある。この場合、医療事故における過失と損害との間に因果関係がある限り、民法719条所定の共同不法行為として、交通事故の加害者とともに医療機関の賠償責任が認められる。ただし、医療事故以前の交通事故による損害も請求される場合には、因果関係不存在の抗弁が認められる余地があり、

因果関係が認められる場合には，寄与度減責の抗弁が問題となる。

(2) 判例の状況

(a) 前掲最判平13・3・13

通常期待される適切な治療が施されていれば被害者を救命できた場合には，交通事故と医療事故のいずれもが被害者の死亡と相当因果関係を有し，運転行為と医療事故における医療行為とは民法719条所定の共同不法行為にあたるとし，各不法行為者は被害者の被った損害の全額について連帯責任を負うべきであり，各不法行為者の結果発生に対する寄与の割合をもって被害者の被った損害の額を案分し，各不法行為者が責任を負うべき損害額を限定することは許されないとして寄与度減責の抗弁を否定した上で，過失相殺については相対的過失相殺の方法を採用している（原審である東京高判平10・4・28判時1652号75頁は，交通事故と医療事故の競合事案では，各加害者が共同不法行為者の関係にある場合にも各自その定められた寄与度に応じた損害を賠償すればよいとした。この裁判例をはじめ，以前には寄与度減責を認める裁判例もあったが，この最高裁判例以降は見当たらない）。

ただし，この最高裁判例については，①交通事故によって放置すれば死亡に至る程度の傷害を受けた被害者が，適切な診療を受けていれば死亡を免れたのに，傷害の治療中に医療機関の過誤により死亡した場合には関連共同性及び因果関係が肯定されるから，加害者と医療機関の共同不法行為が成立し，寄与度減責の抗弁は失当となり，相対的過失相殺をすることはよいとしても，②被害者が必ずしも死亡に至る程度の傷害を受けなかったにもかかわらず，医療事故により死亡した（症状増悪した）場合のうち，医療事故が医師の重過失や説明義務違反に基づくなど，交通事故による傷害に対する通常の治療行為とは過失の性質・内容が著しく異なる場合（過失内容の連続性を欠く場合）にまで常に共同不法行為が成立するとすることには疑問があり，関連共同性若しくは因果関係を否定すべき場合もありうるとの指摘がある（佐久間邦夫＝八木一洋編『リーガル・プログレッシブ・シリーズ5 交通損害関係訴訟』〔補訂版〕（青林書院）264頁）。さらに，放置すれば死亡に至る傷害を受けた被害者が，いったんは一命をとりとめ快復途上にあったが，その後に発生した医療事故によって死亡に至った場合や，交通事故により四肢麻痺等の身体的障害は残るものの放置しても死亡には至らない被害者が，搬送された病院において血液型不適合の輸血をされたため死亡した

場合にも，同様の疑問があるとも指摘されている（三村晶子・最判解説民事篇平成13年度（上）240頁以下）。

裁判例においても，医師の過失が重過失にあたるか否かが検討される事例がある（名古屋地判平18・7・28自保ジャーナル1667号，福岡高宮崎支判平18・3・29判タ1216号206頁など）。仮に，医師の重過失や説明義務違反が認められれば，関連共同性若しくは因果関係は否定され，連帯責任ではなく分割責任と解することになることになるのではないかと解される。

(b) その他の肯定裁判例

交通事故と医療事故は互いに競合して後遺障害という不可分一個の結果を招来し，この結果についていずれも相当因果関係を有するとした上で，自動車の運転行為と医療行為という異質な行為が，時間的に先後して関与し不可分一個の損害が発生した場合に，その寄与度を数量的に把握することは事柄の性質上極めて困難であるとし，損害の公平な分担の理念に照らして一切の事情を総合的に考慮しても運転行為と医療行為のいずれか一方が他方と比較して，後遺障害という結果発生に対して特に大きく寄与したと断定することはできないとして各寄与度をそれぞれ5割と推認した上で，各共同不法行為者間における損害の公平な分担は，寄与度に応じた求償関係を認めることによって図るべきであるとした事例がある（前掲福岡高宮崎支判平18・3・29）。

(c) その他の否定裁判例

追突事故により頸椎捻挫の傷害を負った被害者が，頸部牽引の治療中に看護師の牽引機械の操作ミスにより頸部痛が生じたとして共同不法行為による損害賠償請求をした事案について，追突事故による頸部損傷はほとんど完治して痛みも感じていなかったことを認定して，追突事故と牽引機械操作ミスによる事故との関連共同性を否定した事例がある（京都地判平13・10・2自保ジャーナル1434号）。

〔7〕 共同不法行為における損害額算定に関する判例の状況

(1) 共同者の一人のみに過失相殺があり他の一人が一部損害てん補した場合

1つの交通事故について甲及び乙が被害者丙に対して連帯して損害賠償責任

を負う場合において，乙の損害賠償責任についてのみ過失相殺がされ，両者の賠償すべき額が異なる場合に，甲が一部てん補した損害額を乙が賠償すべき損害額から控除することができるとすると，乙は，自己の責任を果たしていないにもかかわらず控除額だけ責任を免れることになる。甲が無資力のためにその余の賠償をすることができない場合には，乙が控除後の額について賠償をしたとしても丙は損害全額のてん補を受けることができないことになり，また，甲及び乙が共に自賠責保険の被保険者である場合に，甲の自賠責保険に基づきてん補された額を乙が賠償すべき損害額から控除すると，乙の自賠責保険に基づきてん補されるべき金額はそれだけ減少することになる。そうすると，本来は甲，乙の自賠責保険金額の合計額の限度で被害者の損害全部をてん補することが可能な事故の場合であっても，自賠責保険金による損害のてん補が不可能な事態が生じるという不合理な結果を生じるから，甲がした損害の一部てん補は，てん補額を丙が甲からてん補を受けるべき損害額から控除し，その残損害額が乙の賠償すべき額を下回ることにならない限り，乙の賠償すべき額に影響しないとした（最判平11・1・29判タ1002号122頁）。

(2) 後遺障害による逸失利益の算定

(a) 別の原因による被害者死亡

交通事故の被害者が後遺障害により労働能力の一部を喪失した場合における逸失利益は，事故当時における被害者の年齢，職業，健康状態等の個別要素と平均稼働年数，平均余命等に関する統計資料から導かれる就労可能期間に基づいて算定すべきであって，交通事故の後に別の原因により被害者が死亡したとしても，事故の時点で，死亡の原因となる具体的事由が存在し，近い将来における死亡が客観的に予測されていたなどの特段の事情がない限り，死亡の事実は就労可能期間の認定上考慮すべきではないとした（最判平8・4・25交民集29巻2号302頁）。

(b) 第2の交通事故による被害者死亡

交通事故の被害者がその後に第2の交通事故により死亡した場合，最初の事故の後遺障害による財産上の損害の額の算定にあたっては，死亡の事実は就労可能期間の算定上考慮すべきではないとした上で，後遺障害による財産上の損害の額の算定にあたっては，事故と被害者の死亡との間に相当因果関係がある

場合に限り，死亡後の生活費を控除することができるとした（最判平8・5・31交民集29巻3号649頁）。

〔8〕 共同不法行為者間における求償

(1) 求償の可否及び割合

　民法719条1項に定める共同不法行為者の「連帯」責任は，いわゆる不真正連帯債務を意味し，通常の連帯債務における負担部分（民436条2項）はないと解されている。しかし，賠償義務者間の公平な損害の分担のため求償を認めるのが一般であり，その範囲（求償割合）については，公平の原則に従い，損害発生に対する与因の大小，すなわち過失割合によって判断するのが一般である。この点について判例は，被用者と第三者との共同過失によって惹起された交通事故による損害を使用者が賠償したときは，使用者は第三者に対し求償権を行使することができるとし，その場合の第三者の負担部分は，共同不法行為者である被用者と第三者との過失の割合に従って定められるべきであるとしている（最判昭41・11・18判タ202号103頁）。

(2) 損害賠償債務の一部の履行があった場合等の取扱い

(a) 損害賠償債務の一部履行

　共同不法行為者の1人が一部の損害賠償義務を履行した場合は，前記の求償割合による事故の負担部分を超えて賠償義務を履行した場合に他の共同不法行為者への求償を認めることになる。この点について判例は，被用者と第三者との共同不法行為により他人に損害を加えた場合において，第三者が自己と被用者との過失割合に従って定められるべき自己の負担部分を超えて被害者に損害を賠償したときは，第三者は，被用者の負担部分について使用者に対し求償することができるとしている（最判昭63・7・1判タ676号65頁）。

　また，交通事故と医療過誤とが競合した事案について，共同不法行為の成立と連帯責任を認め，裁判上の和解により被害者に対して損害賠償を支払った保険会社の病院側に対する求償請求が認められた事例（福岡高宮崎支判平18・3・29判タ1216号206頁），交通事故と医療過誤との競合事故について，交通事故の加害者と医師の共同不法行為責任を認め，運行供用者から医師に対する求償を認めた事例（名古屋高判平2・7・25判タ752号200頁）がある。

自賠責保険金が支払われた場合については，判例は，損害総額につき各共同不法行為者の負担部分を確定した上で，自己の負担部分に自己の契約していた自賠責保険による給付金を充当する取扱いとした（負担部分確定後自賠責保険控除説）（最判平15・7・11判タ1133号118頁）。この点については，損害総額から双方の自賠責保険から支払われた保険金を控除した後に負担部分を確定する見解（自賠責保険控除後負担部分確定説）もある。

(b) 共同不法行為者の1人と被害者との訴訟上の和解における債務免除

共同不法行為者の1人と被害者との間で成立した訴訟上の和解における債務免除の効力が，他の共同不法行為者に対しても及ぶか，及ぶとした場合の求償金額の算定方法が問題となる。この点について判例は，甲と乙が共同不法行為により丙に損害を加えたが，甲と丙との間で成立した訴訟上の和解により，甲が丙の請求額の一部につき和解金を支払うとともに，丙が甲に対し残債務を免除した場合において，丙が右訴訟上の和解に際し乙の残債務をも免除する意思を有していると認められるときは，乙に対しても残債務の免除の効力が及ぶとした。そして，他の共同不法行為者乙に対しても残債務免除の効力が及ぶときは，甲の乙に対する求償金額は，確定した損害額である右訴訟上の和解における甲の支払額を基準とし，双方の責任割合に従いその負担部分を定めて算定すべきであるとしている（最判平10・9・10判タ985号126頁）。

(3) **求償権の遅延損害金起算点及び消滅時効期間**

求償権の法的根拠については，民法442条を準用する見解もあるが，判例は，損害の公平な分担という理念に基づいて，その実質は不当利得返還請求権ないし事務管理上の費用償還請求権とするものと解され，遅延損害金の起算点については，期限の定めのない債務として履行請求時（民412条3項）とするものと解される（前掲最判平10・9・10）。

消滅時効期間については，その実質は不当利得返還請求権ないし事務管理上の費用償還請求権であるとして10年間としている（東京地判平16・5・24交民集37巻3号648頁）。

［藤岡　謙三］

Q31 | 三者関与事故と過失相殺

三者関与事故における過失相殺について説明しなさい。

A

〔1〕 はじめに

　同じく三者関与事故といっても様々なケースが想定され，複数の車両が関与して単一の事故（同時事故）や各別の事故（異時事故）を惹起したり，交通事故と医療過誤が競合したりする場合がある。このようなケースにおいて，複数の加害者が賠償責任を負い，被害者側にも損害の発生や拡大につき過失（落ち度）があった場合，過失相殺はどのようになされるべきであろうか。
　本問では，交通事故と医療過誤が競合する場面と，加害者が複数である交通事故の場面とに分けて検討する（なお，本問に関しては，山本豊「加害者複数の不法行為と過失相殺－交通事故と医療過誤の競合事例と加害者複数の交通事故の事例を中心に」交通事故紛争処理センター編『交通事故紛争処理の法理』444頁が示唆に富んでおり，参考になる）。

〔2〕 共同不法行為と過失相殺

　三者関与事故については，共同不法行為の成否と，その後の過失相殺の在り方を順次，検討することになるため，共同不法行為と過失相殺に関する前提知識について概説しておきたい。
　なお，共同不法行為と過失相殺についてはQ30の論述も参照されたい。
(1)　共同不法行為の一般論
(a)　共同不法行為の成立要件

共同不法行為の成立要件については，学説において議論が錯綜しているところ，伝統的な考え方によれば，民法719条1項前段は，複数の加害行為がそれぞれ独立して民法709条の要件（故意・過失，権利侵害〔違法性〕，損害の発生，因果関係，責任能力）を充足することを前提にして，各行為者の間に，通謀又は共同の認識がなくとも，客観的関連共同性（時間的・場所的近接性，社会通念上の一体性を基軸にして，客観的に1個の不法行為があると見られる関係）があれば成立するとされている（客観的共同説）。また，同条1項後段は，複数行為者のうちのある者が違法な行為をしたことは確実であるが，誰の行為によるものか不明という場合（加害者不明型で，択一的競合の関係にある場合）に，明文で因果関係の主張・立証責任を転換させ，関連共同性が存在しなくても連帯責任を負うとする規定と解されている。

　最高裁判例（最判昭43・4・23民集22巻4号964頁。いわゆる山王川事件）もこの見解に立つとされているが，判例が民法719条1項前段において各行為と損害との因果関係（個別的因果関係）の存在を必要とする立場であると論じることには，これを疑問とする指摘もある（三村晶子・最判解説民事篇平成13年度（上）250頁）。この点について，最近の考え方では，各行為者の間に関連共同性があって，各行為を一体的にとらえた「共同行為」と結果との間に因果関係が認められれば足りるとし，「共同行為」を組成する各行為と結果との間の個別的因果関係は不要と解されている。なぜならば，伝統的な考え方のように個別的因果関係の存在を必要とすると，その立証がなされた場合は，各行為者は当然に民法709条による責任を負うことになり，行為の関連共同性という要件を付加するところの共同不法行為の規定は無用のものとなるからである。

　なお，民法719条1項に基づいて，共同行為者は，各自が連帯して賠償義務を負うが，この規定にいう「連帯」の意味については，いわゆる不真正連帯債務と解されている（最判昭57・3・4裁判集民事135号269頁，最判平6・11・24裁判集民事173号431頁）。

　(b)　共同不法行為の成立が肯定される場合における抗弁

　最近の考え方によれば，因果関係の不存在や寄与度減責（当該加害行為が損害発生に寄与した割合の限度で賠償義務を負うとの原理。特別法上（大気汚染防止法25条の2，水質汚濁防止法20条）において，この理論が採用されている）の抗弁の可否については，

概ね次のように要約できよう。

すなわち，①民法719条1項前段は，個別的因果関係のみなし規定であって，各行為者は自己の行為と損害との間の因果関係の不存在や寄与度減責の抗弁を主張することができず，全損害について連帯責任を負うことを免れない，②同条1項後段は，個別的因果関係の推定規定であって，各行為者は自己の行為と損害との間の因果関係の不存在や寄与度減責の抗弁を主張することができ，立証できたときは責任の範囲が限定される。

(2) 共同不法行為における過失相殺の方法

交通事故の発生等につき被害者側にも過失（落ち度）がある場合，加害者から過失相殺（民722条2項）の主張がなされるが，共同不法行為の場合は加害者や加害行為が複数であることから，過失相殺の方法については，特有の問題があり，絶対的（加算的）過失相殺という考え方と相対的過失相殺という考え方がある（佐久間邦夫＝八木一洋編『リーガル・プログレッシブ・シリーズ5 交通損害関係訴訟』〔補訂版〕257頁）。

(a) 絶対的過失相殺

絶対的過失相殺とは，共同不法行為の加害者らの行為を一体的にとらえ，これと被害者の過失割合を対比して，過失相殺する方法である。例えば，XがY及びZの共同不法行為によって120万円の損害を被り，その過失割合がX：Y：Z＝1：2：3である場合は，Xは，Y及びZに対し，連帯して100万円（120万円×(2＋3)／(1＋2＋3)＝100万円）の支払を請求することができることになる。

(b) 相対的過失相殺

相対的過失相殺とは，二当事者対立構造という民事訴訟の構造に合わせて，各加害者と被害者との関係ごとに，その間の過失の割合に応じて過失相殺する方法である。上記設例でいうと，Xは，①Yに対し，80万円（120万円×2／(1＋2)＝80万円）の，②Zに対し，90万円（120万円×3／(1＋3)＝90万円）の各支払を請求することができ，YとZは責任が重畳する80万円の限度で連帯責任を負うことになる。

〔3〕 交通事故と医療過誤が競合した場合

　交通事故によって傷害を受けた被害者が，搬送された病院で生じた医療過誤によって，症状が増悪したり，死亡したりしたようなケースである。その競合事例には種々のケースがあるところ，ここでは以下の各事例をもとに検討する。
　なお，以下では，被害者をX，加害者をY，Zとする。

(1) Xが死亡した場合

〔事例1〕
　自動車運転上の過失が認められる運転者Yの惹起した交通事故によって放置すれば死亡に至る傷害を受けたXが，適切な診療を受けたならば死亡を免れたはずであるのに，医師Zの医療過誤によって，これを受けられずに死亡した場合

　「事例1」に類した，医療機関のみが被告とされた事案において，最高裁判例（最判平13・3・13民集55巻2号328頁。以下「平成13年最判」という）は，交通事故と医療過誤のいずれもが，被害者の死亡という不可分1個の結果を招来し，この結果について個別的相当因果関係を有するとして，民法719条1項前段の共同不法行為の成立を認め（平成13年最判は，適用条文を民法719条としか表示していないが，判示内容からして同条1項前段の意味であると解される），被害者の死亡による損害全部について医療機関に賠償責任を負わせ，寄与度減責を否定した。関連共同性の要件については言及していないものの，その連鎖性ゆえに，交通事故と医療過誤とが社会観念上一体性を有することが前提になっているものと解される。
　また，過失相殺の点については，「過失相殺は不法行為により生じた損害について加害者と被害者との間においてそれぞれの過失の割合を基準にして相対的な負担の公平を図る制度であるから，本件のような共同不法行為においても，過失相殺は各不法行為の加害者と被害者との間の過失の割合に応じてすべきものであり，他の不法行為者と被害者との間における過失の割合をしん酌して過失相殺をすることは許されない」と判示し，相対的過失相殺の方法を採用した。
　平成13年最判の判示内容に照らすと，「事例1」においても，Y及びZに民法719条1項前段の共同不法行為の成立を認め，相対的過失割合によって過失

相殺することになろう。ただし，平成13年最判は，2つの不法行為の性質，運転者と医師の斟酌すべき過失の内容がそれぞれ異なった，相当に特殊性のある事案について下された判決であるから，共同不法行為の成立と寄与度減責の否定に関する同判決の射程は，比較的限られたものと解されている（山本・前掲450頁）。したがって，同判決と事案が異なる場合は，一律に同様な法的解決が妥当するとは限らない点に注意すべきである。

(2) Xの症状が増悪した場合

〔事例2〕
　自動車運転上の過失が認められる運転者Yの惹起した交通事故によって，全治6ヵ月程度の傷害を負ったXが，医師Zの医療過誤に遭って，重篤な後遺症を残すに至った場合

「事例2」については，YがXに加えた損害（以下「損害1」という）と，Zの医療過誤によってXに生じた損害（以下「損害2」という）の範囲が分別できる場合と，分別が困難な場合とに分けて検討する。

(a) 損害1と損害2の範囲を分別できる場合

「事例2」の場合，Yが損害1について，Zが損害2について，それぞれ賠償責任を負い，Zが損害1について賠償責任を負わないことは明らかであるから，YとZの共同の賠償責任が問題となるにしても，それは損害2についてのみとなる。しかし，損害1と損害2の範囲が分別できるのであれば，加害行為の一体性や損害の不可分性は認められず，共同不法行為規定の適用場面とはいえないことになる。そうすると，Yが損害2についても責任を負うかどうかは，Yの行為と損害2との間に相当因果関係があるか否かによって判断されることになろう。これが肯定されれば，Zに故意・重過失があるのでない限り，Yは民法709条（又は自賠法3条）によって損害2についても損害を負うことになる（同旨の裁判例としては，東京地判昭51・6・21判時843号63頁，福岡地判昭59・8・10判時1140号110頁，仙台地判平6・10・25判タ881号218頁。なお，医師に重過失があったケースで，交通事故加害者の損害2についての責任を否定した裁判例としては，東京地判昭54・7・3判時947号63頁）。このようにして結果的にYがZとともに損害2について責任を負うことになった場合は，無関係な複数人の不法行為が偶然に同一の損害を惹

起したことになり，いわゆる競合的不法行為ということができる。
　他方，Yの行為と損害2との間の相当因果関係が否定されれば，Yはその後の医療過誤を考慮することなく，交通事故によって通常生じたであろう損害についてのみ賠償責任を負い，拡大損害部分についてはZが賠償責任を負うことになる。

　(b)　損害1と損害2の範囲を分別するのが困難な場合
　Y及びZ双方がXに対して損害を与えたことは確かであるが，各行為による損害の範囲がどれだけであるか（後遺症がいずれによるものか）不明な場合（後記〔4〕(2)(b)の損害一体型）をどのように取り扱うかが問題となる。この場合，損害2の発生について，YとZという複数の加害者が関与しているが，YとZとの間には，民法719条1項前段において必要とされるような加害行為の一体性は認められないから，結局のところ，同条1項後段の（類推）適用の可否が問題となる。これについては，判例の準則といえるものはなく，学説も次のような見解が対立している。
　すなわち，①（民法719条1項後段適用説）この見解は，同条1項後段は，各行為者のうち誰が損害を惹起したのか不明な場合（択一的競合関係にある場合）に適用されて，各行為者に全損害の賠償責任を負わせる趣旨の規定であるから，理論的には共同不法行為に関するものではなく，独立した不法行為が競合した場合（競合的不法行為）に関するものであって，免責あるいは減責の主張も認められるとする，②（分割責任説）この見解は，競合的不法行為の場合は，分割責任が原則であり，その責任限度は法的評価の寄与度に応じて判定されることになるが，寄与度不明の場合には民法719条1項後段を類推適用して全損害の賠償責任を負うとする，③（割合的因果関係説）この見解は，寄与度に応じた因果関係の割合によって加害者の責任を認めることを前提に，交通事故と医療過誤が競合したことが明らかである場合には，民法719条1項前段を適用する一方，そのいずれが原因となったか不明な場合には，同条1項後段を適用すべきだとするものである（三林宏「競合的不法行為（原因競合）と共同不法行為」能見善久ほか編『論点体系判例民法8不法行為Ⅱ』357頁，山本・前掲453頁）。

　(c)　過失相殺の方法
　過失相殺にあたっては，上記(a)については，当然，個々の加害者ごとに行う

ことになり、上記(b)については、いずれの説に立っても平成13年最判の考え方が基本的に妥当すると思われるので、相対的過失相殺の方法によることになろう。

〔4〕 加害者複数の交通事故の場合

　加害者複数の交通事故には、各事故間に時間的・場所的近接性がある「同時事故」と、各事故間に時間的経過が存在する「異時事故」がある。異時事故の中にも、いわゆる玉突き事故のように各事故が同一場所で行われた場合と、異なる場所で行われた場合がある。いずれの場合も、各事故の加害者は、多重事故から生じた全損害について賠償責任を負うのか、自分が直接関係した事故の損害分についてのみ賠償責任を負うのかが問題となる。ここでは、同時事故と異時事故とに分けて、次の各事例をもとに検討する。

(1) 同時事故の場合

　同時事故とは、連鎖的な二重衝突のように、各加害行為が同一場所において同時に行われた類型をいう。

〔事例3〕
　Z車が違法な路上駐車をしていたので、後から来たY車がZ車を避けるべくセンターラインを越えて走行したところ、対向してきた速度超過のX車と衝突した場合

　「事例3」に類した、単一の交通事故に3つの主体が関与した事案において、最高裁判例（最判平15・7・11民集57巻7号815頁。以下「平成15年最判」という）は、複数加害者を共同不法行為者とした上で、過失相殺の点については、「複数の加害者の過失及び被害者の過失が競合する一つの交通事故において、その交通事故の原因となったすべての過失の割合（以下「絶対的過失割合」という）を認定することができるときには、絶対的過失割合に基づく被害者の過失による過失相殺をした損害賠償額について、加害者らは連帯して共同不法行為に基づく賠償責任を負うものと解すべきである。これに反し、各加害者と被害者との関係ごとにその間の過失の割合に応じて相対的に過失相殺をすることは、被害者が共同不法行為者のいずれからも全額の損害賠償を受けられるとすることによっ

て被害者保護を図ろうとする民法719条の趣旨に反することになる」と判示し，絶対的過失相殺の方法を採用した。

　平成15年最判の判示内容に照らすと，「事例3」においても，Y及びZに民法719条1項前段の共同不法行為の成立を認め，絶対的過失割合によって過失相殺することになろう。このように同時事故の場合には，双方車両の運転者の行為が一体となって被害者に損害を発生させているのであるから，原則として，絶対的過失割合を認定することができ，絶対的過失相殺の方法によることになる。

　ただし，次のような場合については，別個の検討が必要となる。

(a)　複数加害者の一部が被害者側に属する場合

〔事例4〕
　Y及びZ双方に自動車運転上の過失が認められる衝突事故によって，Zの運転する車両の助手席にシートベルト不装着のまま同乗していたX（Zの子）が傷害を負った場合（過失割合をX：Y：Z＝5：60：35とする）

　共同不法行為者中に被害者X側に属する者Zがいて，Zに過失（被害者側の過失）が存在する場合，被害者Xの加害者Yに対する損害賠償の局面では，XとZの過失を加算して40％（5＋35＝40）の過失相殺をし，XからZへの損害賠償の局面では，5％の過失相殺をする結果，相対的に過失相殺を行うことになる（最判平11・1・29判時1675号85頁）。

(b)　複数加害者の一部についてのみ過失相殺が認められる場合

〔事例5〕
　信号無視して道路を横断していたXが，Xの殺害を企んでいたYに轢過されて負傷し，路上に倒れていたところ，自動車運転上の過失が認められる後続車Zに再度轢過された場合

　共同不法行為者中のYに故意による不法行為が存在する場合は，故意によるYと，故意の存在しないXとの間で過失相殺を行うのは妥当ではない。そこで，XとZとの間でのみ過失相殺を行うことになり，結果的に相対的過失相殺の方法を用いることになる。

(2) 異時事故の場合

異時事故とは，被害者（被害車両）への衝突・打撃が複数あり，先行事故と後続事故とが区別される態様のものである。ここでは，競合した事故の数が2つの場合を前提にして，先行事故を第1事故，後続事故を第2事故とし，Y及びZ双方に自動車運転上の過失が認められるものとする。

(a) 同時事故と同視しうる場合

〔事例6〕
　歩行中のXが，Y車にはねられて横臥した直後，Z車に轢かれて死亡した場合

異時事故の場合であっても，「事例6」のように第1事故と第2事故が時間的・場所的に近接しており，第1事故の第2事故への影響が存在し，各不法行為と損害との間に因果関係が存在する場合には，ほぼ同一の機会に生じた1個の社会的事実と認められる（同時事故と同視できる）ので，民法719条1項前段の共同不法行為の成立が認められ，絶対的過失割合によって過失相殺することになろう。

なお，同時事故と同視しうる程度の時間的間隔は，およそ4，5秒が限度とする見解もある（坂東司朗「交通事故の競合」飯村敏明編『現代裁判法体系(6)交通事故』149頁）。

(b) 損害一体型にあたる場合

損害一体型とは，加害行為を行ったと目される主体とその行為の内容は特定されているが，被害に一体性があるため，各行為について，全損害との間に因果関係が存在するのか，一部との間にしか因果関係が存在しないのか，それともまったく因果関係が存在しないのかが明らかでない場合をいう。学説は，損害一体型の場合についても，加害者不明型について規定した民法719条1項後段の（類推）適用を肯定している（佐久間＝八木編・前掲247頁。同旨の裁判例としては，名古屋地判平10・12・25自保ジャーナル1316号3頁，浦和地判平4・10・27交民集25巻5号1272頁）。

〔事例7〕
　Xが，第1事故によってY車から傷害を受けた後に，第2事故によってZ車から同一部位にさらに傷害を受けた場合

　「事例7」については，第2事故が発生した時点で，第1事故による傷害の症状が固定していた場合と，固定していなかった場合とに分けて検討する。
　(イ)　第2事故が発生した時点で，第1事故による傷害の症状が固定していた場合（第1事故による損害と第2事故による損害の範囲を分別できる場合）　最高裁判例（最判平8・4・25民集50巻5号1221頁〔交通事故によって負傷した者が，後に海岸で貝採り中に死亡した事案〕，最判平8・5・31民集50巻6号1323頁〔交通事故によって負傷した者が，後に別の交通事故で死亡した事案〕）や，自動車損害賠償保障法施行令2条2項の規定の趣旨に照らすと，症状が固定していたということは，第1事故による損害が確定した後に，第2事故にかかる単独の不法行為が競合したことになるから，共同不法行為の成立は否定され，各加害者は自己の行為と因果関係のある損害分についてのみ賠償責任を負うことになろう（佐久間＝八木編・前掲261頁。同旨の裁判例としては，東京地判平8・9・4交民集29巻5号1327頁，大阪地判平9・5・16交民集30巻3号714頁）。したがって，この場合は，結論的には分割責任となって，第1事件の加害者Yは，第2事件の存在を考慮することなく算定された損害の範囲で賠償責任を負うことになる。
　(ロ)　第2事故が発生した時点で，第1事故による傷害の症状が固定していなかった場合（第1事故による損害と第2事故による損害の範囲を分別することが困難な場合）　第2事故が発生した時点で第1事故による傷害の症状が固定しておらず，しかも，両事故が上記(a)で述べた同時事故と同視しうる場合にあたらないときの法的処理については，民法719条1項後段の（類推）適用の可否が問題となる。裁判例も肯定説（東京地判平21・2・5交民集42巻1号110頁等）と否定説（大阪地判平26・5・13自保ジャーナル1928号62頁等）に分かれており，基本的には上記〔3〕(2)(b)と同様の問題状況を呈している。
　(ハ)　過失相殺の方法　過失相殺にあたっては，上記(イ)については，当然，個々の加害者ごとに行うことになり，上記(ロ)については，事故の全体像を視野に入れて合一的に過失割合の認定を行うのが相当な場面とはいえず，いずれの

説に立っても平成13年最判の考え方が基本的に妥当すると思われるので，相対的過失相殺の方法によることになろう。

［宇都宮　庫敏］

Q32 信号機以外の規制・誘導に従った場合の過失相殺

道路交通法上の信号機以外の規制・誘導に従った場合の過失相殺について説明しなさい。

〔1〕 はじめに

本問では，信号機以外の規制・誘導として，①警察官等が手信号等により規制・誘導にあたっている場合，②工事現場やイベント会場で交通規制や誘導の業務にあたる民間会社の誘導員・警備員が規制・誘導にあたっている場合の2つの場合を取り上げ，それぞれの場合の事故における過失相殺について説明していきたい。

〔2〕 警察官が手信号等による規制・誘導にあたっている場合

(1) 警察官の手信号等の意味

道路交通法7条は，「道路を通行する歩行者又は車両等は，信号機の表示する信号又は警察官等の手信号等に従わなければならない。」と定めている。

警察官等の「等」とは，都道府県警察の警察官を除く職員で，政令で定められた要件を備える者の中から警察本部長が任命する交通巡視員のことをいう（道交6条・114条の4第1項。以下，「警察官」とのみ表記する）。

警察官による規制の内容に関して，道路交通法施行令には，手信号による信号及び灯火による信号の2種類が規定されており，それぞれの種類及び各種類に対応する意味内容については，同施行令4条（手信号の場合）及び同施行令5

条（灯火による信号の場合）に定められている。

(2) 警察官の手信号等による交通整理が行われている場合の過失相殺

警察官の手信号等による規制等については，道路交通法上は，信号機による灯火による規制等と同一の効力がある（道交6条）。

それでは，警察官の手信号等による交通整理が行われている場合において，手信号等に従った又は従わなかったことにより事故が発生した場合，過失相殺を検討する上で，信号機により交通整理が行われている場合と同様に考えてよいのであろうか。

この点，これを肯定し，過失相殺について信号機による交通整理の行われている事故の場合と同様の基準に基づいて判断するという考え方もある。例えば，相当以前の裁判例の中には，警察官の手信号による交通整理の行われている交差点にいずれも直進して進入しようとした四輪車同士の出合い頭事故の事案で，上記のような交差点に進行する運転者には，警察官の手信号を確実に読みとり，その信号の表示に従って安全運転をし，事故発生を未然に防止すべき注意義務があるとし，警察官の手信号を見誤った側の運転者に一方的な過失があり，手信号に従って進行した側の運転者には過失がないという趣旨の判示をしたものがある（名古屋地判昭51・5・14交民集9巻3号701頁）。

これは，信号機により交通整理の行われている交差点において，赤色信号で直進しようとした四輪車と青色信号に従い直進しようとした四輪車との出合い頭事故の場合は前者の過失の割合を10割（一方的過失）とする過失相殺の基準を，警察官の手信号により交通整理が行われていた場合にも，あてはめて判断がされているものと考えられる。

ただ，警察官の手信号や灯火による交通整理が行われるのは，事故発生時，デモ行進時又は祭礼時等の特殊な状況下に限られており，交通規制の明確性は，信号機の灯火による規制の場合と異なり，警察官の手信号や灯火の表示の的確性，認識可能性，当該現場の道路状況，交通事情等により千差万別であろうから，過失相殺の割合について，一律に信号機による交通整理の行われている場合と同様の基準にあてはめて考えることは相当でなく，具体的な事故態様ごとに上記のような諸事情を総合考慮して，信号機による交通整理が行われている場合とは別の過失相殺の基準で，あるいは同じ基準を修正する形で過失相殺の

判断がされる場合が多いものと考えられる。

　例えば、信号機も作動している交差点において、緊急自動車（加害車両）が交差点内を警察官の手信号に従って進行中、被害者（歩行者）が警察官の手信号にも、加害車両のサイレン吹鳴にも気づかずに、横断歩道を横断してもよいものと考えて、加害車両の直前に急に飛び出したため、加害車両と衝突した事故につき、「加害車両が警察官の手信号に従って進行していたような場合であっても、本件のように、本件事故現場交差点付近が相当に混雑し、とりわけ加害車両から見て前方左右の見通しが悪いときには、例外的な交通整理の方法である警察官の手信号に気付かずに、車両や人が交差点内に進行してくる可能性は容易に肯認できるのであるから（ことに自動車運転免許証を有しない一般の歩行者にとって、信号機が作動している場合には、警察官の手信号は認識し難い面があることを考慮すべきである）、自動車の運転手としては、なお前方注視義務及び徐行義務を尽くすべきである。」旨判示して、加害者側に6割、被害者側に4割の過失を認めた裁判例がある（神戸地判昭56・10・28交民集14巻5号1240頁）。

　これについては、加害者は警察官の手信号に従って進行していたのであるから、青信号で交差点に進入した場合と、他方、歩行者は手信号に気づかず横断を開始したのであるから赤信号で横断歩道の横断を開始した場合と、それぞれ同様に考えられ、基本的過失割合は、加害車側に3割、被害者（歩行者）側に7割の各過失があると考えられるところ（東京地裁民事交通訴訟研究会編『民事交通訴訟における過失相殺率の認定基準』（別冊判タ38号）（以下「別冊判タ38号基準」という）の【32】参照）、上記裁判例は、警察官の手信号による交通整理が例外的な場合であって、信号機による交通整理の場合と同視することなく、歩行者が事故現場付近の混雑状況や見通し状況から上記手信号に気づかない場合があることを特に考慮し、加害車両の運転者にはさらなる前方注視義務及び徐行義務が課せられるとして、信号機による交通整理が行われている交差点の事故とは別の基準で過失割合を認定したものといえる（あるいは、過失相殺の基準を大幅に修正したものともいえる）。

(3)　警察官の手信号等の解釈が争われる場合

　警察官の手信号や灯火による規制等に関する問題として、交通整理にあたっていた警察官の手信号や灯火の表示の解釈が争われる場合がある。

これについて，警察官の灯火による信号のうち，道路交通法施行令5条1項の「灯火を横に振っている状態」がどのような状態を指すのかが争いになった事案で，東京地判平24・1・25判例秘書登載は，「灯火を横に振っている状態のときには，①灯火が振られている方向に進行する交通については，信号機による青色灯火信号の意味と同じであり，②灯火が振られている方向に進行する交通とその灯火により交通整理が行われている場所において交差する交通については，信号機による赤色灯火信号の意味と同じであるとされている（道交6条5項，道交令5条1項）ところ，この状態は，当該警察官がその身体の正面を基準として灯火を左右の方向に振る状態を指し，身体の正面を基準に前後の方向に灯火が振られている状態を含まないというべきである。なぜなら，灯火を『横に』振るとの文言の通常の用法に従えば，当該灯火を振る警察官の身体の正面を基準に当該灯火が左右に振られていることを意味し，警察官の身体の正面を基準に前後に灯火が振られていることまで含まれないと解されるし，このように解することは，警察官による手信号の意味等を規定する道路交通法施行令4条1項が，手信号をする警察官の身体の正面を基準として『横に』との文言を用いていることとも整合するからである。」旨判示しており，この裁判例は，警察官によるほかの種類の手信号や灯火による信号の意味内容の解釈が問題になった場合にも参考になるものと考えられる。

〔3〕　交通規制を行う権限のない誘導員等による規制・誘導が行われている場合

(1)　誘導員等の規制・誘導の法的効力

　交通規制を行う権限を有する者は，都道府県公安委員会，警察署長，警察官，交通巡視員であり（道交4条・5条1項・6条），工事現場やイベント会場で規制・誘導の業務にあたる民間会社の誘導員・警備員（以下「誘導員等」という）の規制・誘導には，通常，法的規制の効力がないことになる。
　以下，これら法的規制の効力のない誘導員等による交通規制・誘導が行われていた場合に発生した交通事故について，誘導員等の規制・誘導に問題がなかった場合と規制・誘導が不的確であった等の問題があった場合に分けて，過失

相殺について説明していくこととしたい。

(2) 誘導員等の規制・誘導に問題がなかった場合の過失相殺

　誘導員等の規制・誘導に法的効力がないといっても，車両の運転者にとっては，これら規制・誘導を信頼して運行するのが一般的であるといってよく，また，実際上もこれら規制・誘導に従わざるを得ないのが通例であるといえることを考えると，誘導の的確性や誘導員等の動作への見通し状況等から，誘導員等の規制・誘導に問題がなかったといえるような事情の下では，誘導員等の規制・誘導に従った車両の運転者側が，過失割合を検討する上で，ある程度は有利に（従わなかった場合は不利に）取り扱われることになろうかと考えられる。例えば，東京地判平11・3・1交民集32巻2号451頁は，「信号機の設置されていないT字型交差点において，片側2車線道路の左側車線（右側車線は工事中で通行できず交通誘導員による交通整理が行われていた）を直進してきたトラック（B車）と，その左方（突き当たり路）から交差道路を左折しようとした大型トラック（A車）との衝突事故につき，直進車であるB車の運転手が，A車がすでに左折を開始し，交差点の100mも手前から前方注視と交通誘導員の（左折の）合図で，A車の左折を確認できたことにもかかわらず，かなり接近してからA車（の存在）と（誘導員の）停止合図に気づいていること，A車が左折を開始した時点ではB車を発見することは不可能であったこと，現実に誘導員がA車を左折させB車を停止させようとしたことは，（過失相殺を考えるうえで）B車に不利益な事情として重視せざるを得ない」旨判示（括弧内は筆者）して，B車の運転者が誘導員等の停止合図に気づくのが遅れたこと等を過失相殺においてB車の運転者に不利に（A車の運転者に有利に）考慮している（結論としてはA車に2割，B車に8割の過失があるとしている）。

　ただ，信号機や警察官の手信号による交通整理の行われている場合と異なり，あくまでも法的効力のない規制・誘導による場合であるから，車両の運転者には，誘導員等の規制・誘導に従うだけでなく，運転者自身にも道路状況や交通状況に応じて進路の安全を確認する注意義務が課せられており，車両の運転者が誘導員等の規制・誘導に従っていたかどうかだけでなく，このような安全確認の注意義務に反していたかどうかも併せて考慮の上，過失相殺の判断がされるものと考えられる（東京地判平25・2・27判例秘書登載参照）。

(3) 誘導員等の規制・誘導に不的確である等の問題があった場合

(a) 信号機による交通整理が行われている場合

例えば，交差点付近の工事現場で交通の規制・誘導業務にあたっていた誘導員等が，対面信号が赤信号であるにもかかわらず，進行してよい旨の合図を出し，この合図に従って，加害車両が進行したために被害車両と衝突した場合のように，信号機による信号灯火と異なる誘導員等の規制・誘導に従った場合の過失相殺について，まず検討する。

警察官は，必要があると認めるときには，信号機の表示と異なる意味内容を表示する手信号等をすることができる（道交6条）のに対し，誘導員等は，警察官のように信号機による信号を変更する権限は与えられていないから，車両の運転者としては，信号機の表示する信号灯火に従う義務があり，そうすると，上記のような事例では，一般的には誘導員等の過失よりもその規制・誘導に従った加害車両の運転者の過失のほうがより大きくなるものと考えられる（例えば，東京地判平15・9・8判例秘書登載は，対面信号機の表示が右折不可となっていることを確認しないまま，前方を走行していたタクシーが右折したことと，交差点を右折進行してもかまわない旨の誘導員の合図をそのまま信頼して右折進行した加害車両の運転者について，信号機の表示する信号に従うという道路交通法上の運転者の基本的な義務に反する重大な過失があると指摘し，同運転者には7割の，誘導員には3割の過失があるとしている）。

ただし，これと異なり，赤信号の際，停止線まで車両を移動させるために白旗を振って合図したところ，交差点に進入できるものと信じて交差点に進入した車両と青色の対面信号に従って交差点に進入した車両が衝突した事故に関し，停止線で停止させず，白旗を振って，交差点への進入が許されているものと誤信させる状況を作り出しながら，交差点の進入を阻止しなかった誘導員には6割の過失があるとし，一方，対面信号が赤色であるにもかかわらず，誘導員の合図が交差点に進入できることを意味するものと誤信して交差点に進入した車両の運転者の過失は4割であるとして，誘導員の過失のほうが重いものと判断している裁判例（大阪地判平6・2・24交民集27巻1号224頁）もあるので，事故態様や交通状況によっては，誘導員等の責任のほうが大きいものと判断される場合もあろう。

(b) 信号機による交通整理が行われておらず，誘導員等による規制・誘導

しか行われていなかった場合

　誘導員等による規制・誘導しか行われていない場合に，加害車両の運転者が不的確な規制・誘導に従った結果，加害車両を被害車両に衝突させたというような交通事故において，加害車両の運転者，誘導員及び被害車両の運転者との間での過失相殺については，どのように考えればよいのであろうか。

　このような場合，加害車両の運転者には，上記(a)の場合と同様，誘導員等の指示に従うだけでなく，進路前方左右の安全確認の注意義務が課せられていると考えられるから，加害車両の運転者と誘導員等は，被害者との関係では，共同不法行為となると解されよう。

　そして，加害車両の運転者と誘導員等との間の過失割合については，双方の予見可能性，事故回避の可能性，事故への帰責性等を総合考慮して判断することになるものと考えられる。

　また，加害車両の運転者・誘導員等と被害車両の運転者との過失割合を検討するについては，「A運転の自動二輪車が，被告Y_3（被告Y_1（建設会社）から交通誘導業務の委託を受けたY_2会社の従業員）が交通誘導業務を行う道路において，B運転のダンプカーと衝突した後に死亡した交通事故（原告はAの相続人）について，Y_3による交通整理は道路交通法上の交通整理ではないから，Y_3の誘導に従ったダンプカーの運転者Bも事故の責任を免れないとしたうえで，Y_3の誘導は基本的な注意義務を怠ったものであり，Y_3の過失がなければ，ダンプカーが停止することにより，Aの死亡という結果発生は回避できたものといえるから，Y_3とBは共同不法行為責任を負うとし，他方，自動二輪車の運転者Aの過失割合は，A自身の運転行為の不注意の内容・程度を基礎として評価されるべきものであるから，被告Y_3の過失を除いて考慮されることによって重く評価されたり，被告Y_3の過失が併せ考慮されることによって軽く評価されたりする関係にはないというべきである。」という趣旨の判示をした裁判例（東京地判平25・2・27判例秘書登載）も参考となろう。

[辰巳　晃]

Q33 | 高速道路の停車車両に後続車両が追突した場合の過失相殺

高速道路で事故を起こし停車していた車両に後続車両が追突した場合の停車車両と後続車両の過失相殺について説明しなさい。

〔1〕 はじめに

　停車車両に後続車両が追突する態様の交通事故は高速道路に限るものではないが，このような追突事故が高速道路で発生した場合で過失相殺を検討するときに格別に考慮する要素があるのか，これが本問のテーマといえよう。
　そこで，本問の説明に入る前に，①高速道路の定義，②一般道路との差異，及び③高速道路における法規制の特例等を概観することとしたい。

(1) 高速道路の定義

　ここでの高速道路とは，高速自動車国道法4条1項に定める「高速自動車国道」及び道路法48条の2第1項・2項に定める「自動車専用道路」を併せたものをいうこととする*1。

> *1　ちなみに，東名高速や名神高速（いずれも通称。正式名称は，「高速自動車国道の路線を指定する政令」の別表を参照されたい）は高速自動車国道であり，首都高速や阪神高速は自動車専用道路である。高速自動車国道の法定速度は時速100kmである（道交令27条1項。区間によっては120kmの引上げも検討されているようである）。これに対し，自動車専用道路の法定速度は時速60km（道交令11条）であるが，区間の一部（首都高速や阪神高速の各湾岸線等）によっては80kmまで引き上げられている。

(2) 一般道路との差異

　高速道路は，人がみだりに立ち入ること及び自動車による以外の方法により

通行することは禁じられている（高速自動車国道法17条，道路法48条の11）。つまり，自動車*2による通行のみが認められている。

> *2 ここにいう自動車とは道路運送車両法2条2項に定めるものをいい（高速自動車国道法2条4項，道路法2条3項），自動車に該当しない，つまり高速道路を通行できないものとしては，総排気量が125cc以下の二輪及びミニカー（道路交通法施行令，同法施行規則上のもの）がある。さらに細かくいうと，自動車によっては高速自動車国道の通行はできないが自動車専用道路の通行は可能なものも存在するが，ここでは立ち入らない。

(3) 高速道路における法規制の特例等

　高速道路は自動車の通行に特化したものであり，しかも高速での通行が許容されるものであることから，自動車の円滑な通行を図ることを目的として道路交通法は第4章の2で自動車の交通方法等の特例を規定している。

　まず，自動車の交通方法としては，①横断，転回，後退の禁止（道交75条の5），②本線車道通行車が本線車道進入車よりも優先すること（道交75条の6），③本線車道出入時における加速車線，減速車線を通行する義務（道交75条の7），④停車及び駐車の原則的禁止（道交75条の8）等が規定され，運転者の義務としては，⑤燃料，冷却水，オイルの量や貨物の積載状態の点検義務（道交75条の10），⑥本線車道等や路肩等で停止したときの停止表示義務（道交75条の11第1項）*3，⑦本線車道等で運転不能になったときの退避義務（道交75条の11第2項）が規定されている。また，高速自動車国道に限っては最低速度（時速50km，道交令27条の3）未満での原則的進行禁止（道交75条の4）が規定されている。

　このような交通方法等の特例をみると，高速道路を通行するに際しては，後続車の通行の支障にならないように通行しなければならず，そのためには停車しないことはもとより，仮に何らかの事情により停車せざるを得ない場合でも後続車の通行に配慮しなければならず，この点が一般道路におけるものよりも強く求められるというべきである。そうであれば，高速道路における停車車両の運転者の過失は，一般道路における過失よりも重く評価しなければならないことになろう。

　もっとも，追突事故の発生場所が高速道路とはいえ，後続車両（追突車）が加害車両であることが原則である。したがって，過失相殺を考えるにしても，

順序としては，まずは追突車の運転者の過失を検討し，次に被害車両である被追突車の運転者の過失を検討するべきであろう。

そこで，以下，加害車両（後続車両・追突車），被害車両（停車車両・被追突車）の各運転者の過失を検討し，続いて両者の過失相殺を検討していくこととする。

なお，過失相殺一般については，本章【概説】等を参照されたい。

> ＊3　停止表示の方法として器材（停止表示器材。一般的に三角停止表示板と呼ばれているもので，一定の基準を満たしたもの）を設置しなければならないとされている（道路交通法施行令，同法施行規則参照）。

〔2〕 後続車両と停車車両のそれぞれの過失

以下においては，後続車両（追突車）をＡ車，停車車両（被追突車）をＢ車と呼ぶことにしてそれぞれの過失をみていくこととする＊4。

> ＊4　文中，「Ａ（Ｂ）車の過失」の語を用いるが，これは「Ａ（Ｂ）車の運転者の過失」の意味で用いる。

(1) **Ａ車の過失**

Ａ車の過失としては，前方注視義務に違反した過失＊5が基本的に認められよう。

> ＊5　具体的には，停車車両等，自車（Ａ車）の通行の妨げになる存在の有無を確認するために自車の進路方向である前方を注視して運転する義務があるのにこれを怠り，停車車両Ｂ車の存在に気づかずそのまま運転をした過失というべきであろう。

(2) **Ｂ車の過失について**

Ｂ車としては，①停車する原因となるような事故（先行事故）を起こしてはならないし，仮に先行事故を起こした場合であれば，②事後的な措置（後続車が追突することを避けるための措置）として路肩，路側帯へ退避する義務及び停車していることを後続車へ警告する義務＊6を負うものというべきであり，このような義務を怠ることがＢ車の過失になるものといえる。そして，この過失は，追突事故が高速道路上のものであれば，一般道におけるものよりもその程度は大きいものといわなければならないであろう。

以上を踏まえて，Ａ車とＢ車の過失相殺について検討をしていくとす

*6 停止表示器材設置義務が法定されていることは前記〔1〕(3)のとおりであるが、警告する義務は、これよりも広い内容を意味している（後記〔3〕(1)参照）。

〔3〕 A車とB車の過失相殺

過失相殺については、事故態様を類型化した上で、その基本割合並びに修正要素及び修正率が基準化され、これを掲載した文献として、東京地裁民事交通訴訟研究会編『民事交通訴訟における過失相殺率の認定基準』〔全訂5版〕（別冊判タ38号。以下「別冊判タ38号」という）、日弁連交通事故相談センター東京支部編『民事交通事故訴訟・損害賠償額算定基準』〔2016年版〕（上巻／基準編）（以下『赤い本』という）及び損害賠償算定基準研究会編『注解交通損害賠償算定基準　実務上の争点と理論（下）過失相殺・寄与度編』〔3訂版〕（以下『基準』という）がある。

本問においては、基本的に、前記の別冊判タ38号に従って高速道路での追突事故を類型化して過失相殺の基本割合並びに修正要素及び修正率を掲載することとし、併せて、『赤い本』、『基準』におけるものも掲載することとしたい。

追突事故の類型としては、①B車が停止した場所についてみると、本線等（本線又はこれに接する加速車線、減速車線、登坂車線をいう）の場合と路肩等（路肩、路側帯）の場合が、②車両についてみると、四輪同士の場合、一方が二輪で他方が四輪の場合が考えられ（二輪同士の場合は四輪同士と同様の扱いで足りるであろう）、これらの類型ごとにみていくこととする。

(1) **B車が起こした先行事故そのものに同車に過失がある場合**（本線等での追突）

	基　　本*7	A車 60　：　B車 40
修正要素	視認不良*8	−10
	追越車線*9	−10
	B車の車道閉塞大*10	−10
	B車のその他の著しい過失・重過失*11	−10～20
	A車の速度違反*12	＋10～20
	B車が退避不能かつ停止表示器材設置等*13	＋20
	A車のその他の著しい過失・重過失*14	＋10～20

（別冊判タ38号【320】476頁より）

*7　A車に前方注視義務違反が、B車に過失のある先行事故により停止し、かつ、退避及び表示のどちらかに過失がある場合である。『赤い本』（344頁、高〔10〕の基本①）、『基準』（340頁、高〔7〕）いずれも同一の基本割合である。もっとも、『赤い本』においては、前提条件は退避可能である場合とし、「警告措置をとる時間的余裕のない場合あるいは後続車への警告をすることが不可能な事情がある場合を前提としている。」としている（344頁）。警告については*13を参照。

*8　別冊判タ38号（465頁）では、夜間、降雨等の場合をいい、ただし、夜間といっても、照明の設置状況等によってはこの修正要素を適用しない場合もあるとしている。『赤い本』（344頁、高〔10〕）及び『基準』（340頁、高〔7〕）では夜間又は視界不良とし、修正割合を10％～20％と幅をもたせている。

*9　別冊判タ38号（462頁）では、追越車線通行車は、走行車線通行車よりも高速で通行するのが通常であり、このことから追越車線上の停車車両への追突の回避はより困難になるとしている。

*10　別冊判タ38号（463頁）では、概ね2車線分以上の進路妨害がある場合や、2車線分以上が閉塞された場合であるとしている。『赤い本』（344頁、高〔10〕⑦）では、車両が斜め・横向停車した場合など車道の閉塞の程度が大きい場合としている。

*11　別冊判タ38号（476頁）では、著しい過失の例として、先行事故についてB車に主たる過失がある場合、B車が路肩等に退避できたのに退避措置を怠り、かつ、停止表示器材の設置が可能であったのにこれも怠った場合などが考えられるとし、重過失の例としては、B車が風景・事故見物のために意図的に停車した場合を挙げている。『赤い本』（344頁、高〔10〕⑧）では、「故意・重過失による停車」とし、例として、無謀運転と評価できるような過失の程度が重大な事故で停車した場合、あるいは必要性のない故意の停車の場合としている。

*12　『赤い本』（344頁、高〔10〕）や『基準』（340頁、高〔8〕）では、時速20km以上

の速度違反の場合を10％加算修正，40km以上のものを20％加算修正している。
* 13　別冊判タ38号（464頁）では，Ｂ車が物理上又は事実上，路肩等に退避することができず，かつ，①停止表示器材を設置した場合，②同器材を設置する時間的余裕がなかった場合，又は，③発煙筒の使用等，視認性の高い警告措置がとられた場合としている。

　『赤い本』（344頁，高〔10〕）では，退避不能と警告措置（停止表示器材設置を含めたもの）を分けて，退避不能をＡ車に10％加算修正し，次に警告措置をとった場合をＡ車に10％加算修正，怠った場合をＢ車に10％加算修正している。ここでいう警告措置とは，ハザードランプ（非常点滅表示灯）の点滅，停止表示器材設置等であるとしている。また，『基準』（342頁以下）では，修正要素・修正割合として，警告を怠った場合にはＢ車に10％加算修正し，警告措置をとった場合にはＡ車に10％加算修正し，ハザードランプの点灯があれば警告の怠りとはいえないが，警告措置をとったと評価するにはやや効果が十分ではない場合もありうるとして，その場合はＡ車に5％加算修正することも考えてよいとしている。別冊判タ38号（464頁）では，ハザードランプの点灯にとどまる限りは，原則として，この修正要素を適用しないとしている。

* 14　別冊判タ38号（476頁）では，著しい前方不注視がある場合であるとし，その例として，Ｂ車設置の停止表示器材の認識が可能であった場合，Ｂ車のハザードランプによってその存在を容易に知りえた場合，Ａ車の先行車が何台もＢ車を回避して走行している場合等を挙げている。『赤い本』（344頁，高〔10〕⑥）では，見通しも良いのにぼんやりしてあるいはいねむりなどで事故の直前まで停止と気づかずほとんどノーブレーキのまま追突した場合などが考えられるとしている。

(2)　Ｂ車が起こした先行事故そのものに過失はないものの，同車に同事故後の措置について過失がある場合（本線等上の追突）

基　　　本*15	Ａ車80　：　Ｂ車20
修正要素 視認不良	－10
追越車線	－10
Ｂ車の車道閉塞大	－10
Ｂ車のその他の著しい過失・重過失*16	－10〜20
Ａ車の速度違反	＋10〜20
Ａ車のその他の著しい過失・重過失*17	＋10〜20

（別冊判タ38号【323】479頁より）

*15 別冊判タ38号（479頁）では、B車の過失は、退避可能であったのに退避しなかった過失、又は、退避不能であったが停止表示器材は設置可能であったのにこれを怠った場合を前提とし、この場合、前記(1)の例と比べると、先行事故に過失がない分だけ過失の程度は小さいとしている。『赤い本』（344頁、〔10〕）では、退避又は警告のいずれにも落ち度のない場合（B車の過失を0とする次の(3)の例）における修正要素として退避、警告のいずれかが可能な場合を設けて、過失割合も20％と固定することなく、B車に10〜20％の加算修正として幅をもたせている。

*16 別冊判タ38号（479頁）では、退避を怠った過失及び停止表示器材の設置を怠った過失のいずれも認められる場合としている。

*17 前記*14を参照。

(3) B車の先行事故そのものにも同事故後の措置にも同車に過失がない場合（本線等での追突）

基　　本*18		A車 100　：　B車 0
修正要素*19	視認不良	考慮しない
	追越車線	考慮しない
	B車の車道閉塞大	考慮しない
	B車の著しい過失・重過失	考慮しない
	A車の速度違反	考慮しない
	A車のその他の著しい過失・重過失	考慮しない

（別冊判タ38号【326】482頁より）

*18 別冊判タ38号（482頁）では、B車が自己に過失のない先行事故で停車した後、同車の退避が不可能であり、かつ、停止表示器材を設置したもののA車が追突したか、B車の運転者等が死傷又は時間的余裕がなかったことにより停止表示器材を設置できない状況下でA車が追突した場合を想定している。このことは、B車が四輪車、二輪車いずれの場合でも同じであるとしている。

*19 別冊判タ38号（472頁）では、B車に過失はないから修正要素による修正はしないとしている。『赤い本』（344頁、高〔10〕）では、この場合における修正要素として、前記(2)で述べた退避可能、警告措置の怠りのほかに、①夜間又は視界不良、②交通量多し、③B車による車道閉塞大の修正要素を設け、これらの場合にはいずれもB車に10％加算修正し、また、A車については、④速度違反の修正要素を設け、この場合にはA車に時速20km以上の場合には10％加算修正、40km以上の場合には

20％加算修正し，⑤A車のその他の著しい過失・重過失の修正要素を設け，この場合にはA車に10〜20％加算修正している。

(4) B車が路肩・路側帯（路肩等）に停止している場合

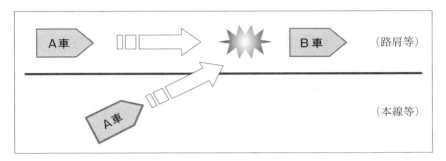

　路肩等＊20を車両が通行することは原則として禁じられているものの，B車が先行事故により路肩等に退避することは，やむ得ない理由によるもの＊21というべきである。このようなB車にA車が追突した場合には，原則としてすべてA車の過失によるものと考えるべきである（別冊判タ38号483頁）。

　なお，先行事故にB車の過失がある場合には，修正を要する。

  ＊20　「路肩等」の語はすでに何度か用いているが，ここで，路肩，路側帯について若干の説明をしておく。まず，路肩については，道路構造令2条12号で定義されており，道路の主要構造部を保護し，又は車道の効用を保つために，車道，歩道，自転車道又は自転車歩行者道に接続して設けられる帯状の道路の部分をいう。この路肩の通行については，道路法47条4項に基づく車両制限令9条において禁止されているものの，道路交通法では75条の3で例外的に自動車が路肩を通行できる場合を規定している。次に，路側帯については，道路交通法2条3号の4で定義されており，歩行者の通行の用に供し，又は車道の効用を保つため，歩道の設けられていない道路又は道路の歩道の設けられていない側の路端寄りに設けられた帯状の道路の部分で，道路標示によって区画されたものをいう。車両は，原則として，路側帯の通行を禁じられている（道交17条1項参照）。

  ＊21　高速道路の路肩等については，道路交通法75条の8第1項2号は，故障その他の理由によりやむを得ない場合には路肩等に停車することが例外的に認められる旨規定している。ここにいう故障その他の理由としては，ガソリン切れ，ラジエーターの水切れ，エンジンの過熱（オイル切れ），運転者の過労等により物理的に運行で

きなくなった場合等とされている（道路交通執務研究会編著・野下文生原著『執務資料道路交通法解説』〔15－2訂版〕868頁）。B車が先行事故により路肩等に停止することは，やむを得ない場合に該当するものといえよう。

基　　本	A車 100：B車 0
修正要素*22 視認不良*23	－10～20
B車がはみ出し停車*24	－20
B車のその他の著しい過失・重過失*25	－10～20
A車の速度違反*26	＋10～20
B車の停止表示器材設置	＋10
A車のその他の重過失*27	＋10

（別冊判タ38号【327】484頁より）

* 22 　『赤い本』（345頁，高〔13〕）では，修正要素として，A車が二輪の場合を設け，この場合，B車に10％加算修正をするとしている（ただし，B車に過失が認められ，かつ，B車が四輪のときに限る）。
* 23 　別冊判タ38号（484頁）では，10％の減算修正を原則とするが，B車が四輪，A車が二輪の場合に限って20％減算し，『赤い本』（345頁，高〔13〕）では，夜間又は視界不良とされており，B車に過失がある場合に限って同車に10％加算修正するとしている。
* 24 　A車が路肩等を通行していた場合には適用しない（別冊判タ38号484頁）。
* 25 　別冊判タ38号（484頁）では，B車にやむを得ない理由がない場合や先行事故にB車の過失がある場合をいう。もっとも，B車が路肩等からはみ出すことなく停止していたときは，B車としては道路交通法72条1項の危険防止に必要な措置をとったと評価できる反面，路肩等に進入して追突したA車には重い過失があるというべきであるから，この修正要素は慎重に検討するべきであるとしている。
* 26 　『赤い本』（345頁，高〔13〕），『基準』（346頁，高〔9〕）では，時速20km以上の速度違反の場合を10％加算修正，40km以上のものを20％加算修正している。
* 27 　別冊判タ38号（484頁）では，路肩等に停車中のB車に追突すること自体，少なくともA車に著しい過失があったものと考えられるから，重過失がある場合に限り修正するものとしている。『赤い本』（345頁，高〔13〕）では，A車の意図的な路肩走行は重過失と評価されるとしている。

(5)　A車，B車いずれかが自動二輪車である場合

この場合，追突車が自動二輪車で被追突車が四輪車の場合（四輪停車型）と，

追突車が四輪車で被追突車が自動二輪車の場合（二輪停車型）の２つの型があるが，この２つの型において，Ｂ車（四輪・二輪）に先行事故そのものに過失がある場合とない場合のそれぞれの過失割合をみていくこととする。

① 四輪停車型

② 二輪停車型

(a) Ｂ車（四輪・二輪）が起こした先行事故そのものに同車の過失がある場合

		① 四輪停車型	② 二輪停車型
基　　本*28		Ａ車 50：Ｂ車 50	Ａ車 70：Ｂ車 30
修正要素*29	視認不良*30	－20	－10
	追越車線	－10	－10
	Ｂ車の車道閉塞大	－10	考慮しない
	Ｂ車のその他の著しい過失・重過失	－10〜20	－10〜20
	Ａ車の速度違反*31	＋10〜20	＋10〜20
	Ｂ車が退避不能かつ停止表示器材設置等*32	＋20	＋20
	Ａ車のその他の著しい過失・重過失	＋10〜20	＋10〜20

（別冊判タ38号【321】【322】477頁より）

*28　基本割合は『赤い本』（345頁，高〔11〕，高〔12〕。以下同じ）も同じである。

*29　『赤い本』では，この場合における修正要素として，交通量多しの要素を設け，この場合にはＢ車に10％加算修正している。

*30　『赤い本』及び『基準』（340頁，高〔8〕。以下同じ）では夜間又は視界不良とし，修正割合を10〜20％と幅をもたせている。

*31　『赤い本』及び『基準』では，速度違反については，時速20km以上の場合には10

％加算修正，40km以上の場合には20％加算修正している。

*32 『赤い本』では，B車が退避不能の場合及び警告措置をとった場合はA車に各10％加算修正し，B車が警告措置を怠った場合は同車に10％加算修正している。

(b) B車（四輪・二輪）が起こした先行事故そのものに過失はないものの，B車に同事故後の措置について過失がある場合*33

		① 四輪停車型	② 二輪停車型
	基　　本	A車 70：B車 30	A車 90：B車 10
修正要素 *34	視認不良	−20	−10
	追越車線	−10	−10
	B車の車道閉塞大	−10	考慮しない
	B車の著しい過失・重過失	−10〜20	−10〜20
	A車の速度違反	＋10〜20	＋10〜20
	A車のその他の著しい過失・重過失	＋10〜20	＋10〜20

（別冊判タ38号【324】【325】480頁より）

*33，*34 『赤い本』では，先行事故そのものにも停車後の対応にも落ち度がないことを前提条件とし，この場合の基本割合を追突車100，被追突車0として，基本割合を異にしている。その上で，修正要素として，①退避可能，②警告措置の怠りを設けて，四輪停車型の場合には，①，②いずれもB車に15〜20％の加算修正をし，二輪停車型の場合には①，②いずれもB車に5〜10％の加算修正をしている。また，修正要素として，③夜間又は視界不良，④交通量多しを設けて，いずれの型でもB車に10％の加算修正をし，さらに，修正要素として，⑤A車の速度違反を設け，四輪停止型の場合には，速度（時速20km以上及び40km以上の2類型）によりA車に5％又は10％の加算修正をし，二輪停車型の場合には，速度（前記のとおり2類型）によりA車に10％又は20％の加算修正をしている。加えて，⑥追突車のその他の著しい過失又は重過失の修正要素を設けて，二輪停車型の場合にはA車に10〜20％の加算修正をし，四輪停車型の場合にはA車に5〜10％の加算修正をしている。なお，四輪停車型の場合に限って，⑦B車による車道閉塞大の要素を設け，同車に10％の加算修正をしている。

［神谷　義彦］

Q34 過失相殺等の示談の法的拘束力

過失相殺等の示談の法的拘束力について説明しなさい。

〔1〕 はじめに

1 A（加害者）とB（被害者）の間で交通事故が発生し、Bに100万円の損害が発生した。
2 Bの100万円の損害について、AとBは交渉を経て、AがBに70万円を支払うことを内容とする示談が成立した。これは、上記交通事故にはBにも3割の過失があるとして過失相殺したことによる。
3 前記示談成立後、Bは、Aに対して、当該交通事故により損害が100万円発生したと主張して、100万円の賠償を求める訴えを提起した。

このようなBのAに対する訴えにおいて、Aは、当該交通事故に基づく損害賠償はすでに示談により解決済みであると反論（抗弁）することが想定される。このAの抗弁に対して、Bが当該交通事故に自己の過失はなく、仮にあったとしてもごく軽微なものにとどまるのに示談で3割の過失があることを認めたのは錯誤であるからこの示談は無効であるという再反論（再抗弁）することは可能かどうか、これが本問のテーマである[1]。

もっとも、示談においては、冒頭の例のようにBの過失を考慮したものだけではなく、Bの過失を考慮しない示談[2]もありえようし、さらにBの過失を考慮する以前にそもそもAに過失がないことを内容とする示談もありえよう[3]。これらの示談を「過失相殺等の示談」としてその法的拘束力を検討するが、以下においては、示談について概観した上で、過失相殺等の示談の法的拘束力

を錯誤の点から検討し、さらには示談が案にとどまり未成立の場合においてもその内容が法的拘束力を有する場合があるのかどうか、といった点も検討していくこととする。

> *1 冒頭の例の訴えはBの請求金額が示談における金額を上回るものであるが、逆に、Aが負う債務額が示談における金額（70万円）よりも少ない（例えば、60万円を超えて存在しない）として、AがBに対して債務不存在確認の訴えを提起することもありえよう。
>
> *2 この場合にも上記*1のような債務不存在確認の訴えの提起が考えられる。
>
> *3 この場合の示談はAがBに対して損害賠償責任を負わないことを内容とするものになろう。

〔2〕 示談について

示談は交通事故による損害賠償に係る紛争を解決する1つの方法であり、当事者同士で進めることもあれば、任意保険のオプションである示談代行サービスにより保険会社の交渉担当者が被害者側と進めることもある。

なお、示談の内容としては、冒頭の例に記載した①当事者の一方（加害者側）が他方（被害者側）に対して一定の金額を支払う（給付条項）約束とともに、②被害者側はその金額以外には将来的にも一切請求しないことを約束する（清算条項）ことを定めるのが通例であろう*4。

次に、示談を法的にみれば、これは契約の一種であり、当事者が互いに譲歩をした場合には和解（民695条）に該当するが、一方のみが譲歩することによって成立した場合には和解類似の無名契約といえる*5。当該示談がいずれのものであっても、その目的は紛争について一定の合意をすることによって解決を図る点では同じである。つまり、示談とは、民法上の和解と和解類似の契約を含むものであり、そうすると、成立した示談について錯誤の有無等、その効力を検討する際には、当該示談が和解に該当しないものであったとしても、和解の効力と同じように検討をするのが相当であろう。

> *4 示談書の定型書式には、①については事故の責任割合を記載する欄が設けられ、②については不動文字で「今後本件に関してはいかなる事情が発生しても、裁判上、裁判外を問わず一切異議の申立て、請求を行わないことを誓約します。」と印刷さ

れている例が多いようである（宮原守男編集代表『2016年交通事故損害賠償必携（資料編）』515頁）。
* 5　冒頭の例の示談における過失相殺が双方の譲歩によるもの（例えば，Aは6：4，Bは8：2と考えていたものの，双方1割ずつの譲歩により7：3とした場合）であれば和解になる。

〔3〕 過失相殺等の示談の法的拘束力

(1) 法的拘束力

　示談が契約である以上，私的自治の原則により，成立した場合には当事者はその内容に拘束されることはいうまでもないことであろう。

　また，示談が民法の一般通則に即して成立・効力が判断されることもいうまでもない。ただし，錯誤については検討を要しよう。契約の要素に錯誤があった場合には無効の主張（民95条）ができることが原則であるものの，和解においては民法696条が置かれ，争いの目的である権利の存否について取り決めをしたときにはその内容に拘束され，以後，この争点について取り決めた部分については錯誤無効の主張はできないと規定されているからである。もっとも，同条だけで和解と錯誤の問題をすべて解決できるわけではないとされている*6。

　この点，判例は，争いの目的とならない事項について錯誤がある場合には，同条の適用はないとしている（大判大6・9・18民録23輯1342頁）。学説も，和解によって止めることを約した争いの目的であった事項について錯誤があったとしても当事者はその無効の主張はできないが，争いの対象となる事項の前提ないし基礎として当事者が予定した事項についての錯誤は和解の効果に影響を及ぼすとしている（我妻栄『債権各論中巻二（民法講義V3）』881頁）。

　そして，示談の効力については和解と同様に検討するのが相当であることは前記のとおりであり，そうすると，示談における錯誤についてもこれと同様に扱うことになる*7。そこで，過失相殺等の示談と錯誤について以下に検討することとする。

* 6　内田貴『民法Ⅱ債権各論』〔第3版〕318頁。
* 7　民法696条については，当該示談が和解であれば「適用」になるし，和解類似の無名契約であれば「類推適用」になろう。もっとも，以下においては，単に「適

用」の語を用いる。

(2) 過失相殺等の示談と錯誤

(a) 過失相殺等の示談における錯誤は，①過失相殺等のみの錯誤と②事故態様（Aの過失を含む）やBの過失を根拠づける事実といった，過失相殺等の前提となる事項の錯誤[*8]の2つに分類することができよう。

他方で，示談における錯誤無効の主張の可否については，前記和解と錯誤における考え方に従えば，錯誤の対象が，Ⓐ争いの対象となる事項（民696条適用）とⒷ争いの対象の前提，基礎となる事項（民696条適用されず）という2つの場合に分類することができよう。

そこで，①，②とⒶ，Ⓑがどのような関係に立つとみるべきかについて検討を進めていくこととする。

　*8　この錯誤はひいては過失相殺等の錯誤を導くものになる。

①過失相殺等のみの錯誤	Ⓐ争いの対象となる事項 （民696条適用）
②過失相殺等の前提となる事項の錯誤	Ⓑ争いの対象の前提等となる事項 （民696条適用されず）

(b) 示談の目的は紛争を解決することにあり，そのために金銭の授受をするものであるから，争いの対象は支払うべき金銭の額であり，この金額算定の直接の根拠となるのは過失相殺等であるという考え方に立てば，①の錯誤はⒶと，②の錯誤はⒷと結びつきやすいように思われる。例えば，事故態様にBの過失を修正要素として考慮すると当該交通事故における過失割合はA8割，B2割とするのが基準とされている場合において，Bは事故態様や自己の過失を誤ることなく認識し，その上でこの割合を錯誤し，示談においては，過失割合をA7割，B3割としてAがBに対して70万円を支払う内容の示談が成立したときであれば，①の錯誤であるからⒶに該当し，そのために民法696条によって錯誤無効の主張はできない，といえることが多いであろう[*9]。しかしながら，当該交通事故がA8割，B2割の過失割合が基準とされるものであるのに，正反対のA2割，B8割とする示談が成立したときのような場合にまで同様の扱いをすることは過度の割り切りというべきもののようにも思われる。こ

のようにみると，①の錯誤であるから必ずしもⒶに該当するとは限らない場合もありえよう。
　次に，②の錯誤は文字どおり前提となる錯誤であるからⒷに該当するというのであれば，②の錯誤は争いの対象の前提，基礎となる事項であるから錯誤無効の主張は可能になるといえよう。しかしながら，過失相殺等の前提となる事項であっても争いの目的とされ，この点を明確にして初めて示談が成立する場合もありうるところである（むしろ，これこそが争いの主たる目的であることも多いと思われる）。そうであれば，②の錯誤は必ずしもⒷに該当するものではなくⒶに該当するときもあり，そして，Ⓐに該当すれば錯誤無効の主張はできず示談は維持されることになるが，それが相当でない場合もありえよう。
　　＊9　もっとも，この場合でも民法の一般通則に即して示談の成立・効力を判断する場合もありえよう。例えば，示談交渉中にBが自己の過失を3割と誤解していることをAが認識し，このBの錯誤状態をことさら利用してAに有利な示談を成立させたという事情があれば，別途，詐欺の成否を検討する場合もあろう。

　(c)　このようにみてくると，①の錯誤はⒶに該当し，②の錯誤はⒷに該当するという考え方を基本に置きながらも，事案によっては，当該示談に拘束力を認めてこれを維持することが相当なのか，それとも錯誤無効であるとして拘束力を否定するのが相当なのかといった効力の面をも考慮した上でⒶ，Ⓑどちらに分類されるのかを判断していくことがむしろ適切な解決に資する場合もありうるものと思われる。
　(d)　裁判例をみると，①停車中の被害車両に後続する加害車両が追突した交通事故において，被害者（死亡）は停止表示器材を設置*10していたのにこれを知らずに過失割合を定めた示談には錯誤があるという主張に対して，停止表示器材の設置を含めて認定した事故態様における過失割合と，前記示談における過失割合との間には不一致はないとして錯誤の主張を認めなかったもの（名古屋地判平14・3・1交民集35巻2号336頁），②対面進行してきた加害車両が歩行者（被害者）に衝突した交通事故において，被害者が路側帯から90cm車道内に入っていた事実を基礎として過失割合を定めた和解契約（示談ではなく和解契約としている）には錯誤があるという主張に対して，被害者の身体が路側帯から車道内に出たとしても20ないし30cmであったと認定し，当該和解契約は基礎事実

の認定，ひいては過失割合の評価に錯誤があるとして無効を認めたもの（岡山地判平2・12・27交民集23巻6号1569頁），③停車車両に対する追突事故において，同車両の運転者が加害者であり，同人の過失を基礎に成立した示談について，加害者に過失はないのにこれがあるとの認識のもとで成立した示談には錯誤があるとして錯誤主張を認めたもの（勝山簡判昭44・6・26判タ242号278頁）がある。

*10 停止表示器材（一般的に「三角停止表示板」と呼ばれているもの）の設置は過失割合を検討する際の考慮すべき要素である。この点についてはQ33を参照されたい。

(3) 過失相殺等の示談が案にとどまる場合の法的拘束力

AとBが示談案（100万円の損害について被害者Bにも過失が3割あるとして過失相殺して加害者Aは70万円を支払うというもの）に基づいて交渉を重ねている段階で，BがAに対して100万円全額の支払を求める訴えを提起してきた場合，Aはこの過失相殺等の示談案を抗弁として主張できるのかどうかという問題である。

原則としては，AとBとの間には合意が成立していないのであるから，示談案に拘束力を認めることはできず，したがって，抗弁を認めることはできないというべきであろう。

しかしながら，一方（A）が示談案を他方（B）に提示して誠実に交渉を進めた結果，示談内容（過失割合をA7割，B3割としてAはBに損害額の7割を支払う）は合意に達し，Aは支払のための金銭も確保し，示談書にBの署名押印を残すだけの段階にまで至った時点で，Bが理由を告げることなく急遽示談を拒否して損害額の全額の賠償を求める訴えを提起してきたような場合で，Bの示談拒否が明らかに不当なものというべきときには，Bの対応は信義則に反するとして，当該示談案に例外的に拘束力を認めてよいときもあるのではないかと思われる*11。

*11 示談の成立を信頼していたのにその信頼を裏切ったことが不法行為を構成するとして損害賠償を求めるのも1つの方法であるが，これは本問とは別問題である。もとより，当該交通事故に基づく損害賠償訴訟において相殺の主張はできない（民509条）。

[神谷　義彦]

Q35 道路の瑕疵による交通事故と過失相殺

道路の瑕疵によって交通事故が生じた場合の過失相殺について説明しなさい。

〔1〕 道路の瑕疵の意義

(1) 道路の意義

　道路とは，一般交通の用に供する道で，その設置管理者ごとに高速自動車国道，一般国道，都道府県道，市町村道の区分があり（道路法2条・3条），橋，鉄道・軌道設備などとともに民法717条の「土地の工作物」にあたると解される（最判昭46・4・23民集25巻3号351頁）。道路管理者は，道路を常時良好な状態に保つように維持し，修繕し，もって一般交通に支障を及ぼさないように努める義務を負う（道路法42条）。また，「土地の工作物」とは，人工的作業によって土地に接着して設置された物件をいい，道路はその代表的なものであるが，コンクリート・ブロック塀，自動販売機なども含まれる。他に河川なども含まれる国家賠償法上の「公の営造物」よりは狭い概念とされている。

(2) 設置・管理・保存の瑕疵の意義

　民法717条における土地工作物の設置の瑕疵とは，原始的瑕疵すなわち設計の不備・材料の粗悪など設計・建設自体に不完全な点があることをいい，管理・保存の瑕疵とは，後発的瑕疵すなわち維持・修繕等に不完全な点があることをいう。これは，国家賠償法2条における公の営造物の設置・管理の瑕疵について，営造物が通常有すべき安全性を欠いていることと解されているのと同義である（最判昭45・8・20民集24巻9号1268頁・判タ252号135頁）。民法717条ないし国家賠償法2条の実質的根拠を，危険責任を中心とする無過失責任と解する

ことから，工作物ないし営造物の安全性の欠如が，客観的にそれに内在する物理的瑕疵又はそれ自体を設置し管理する行為によるかどうかによって設置・管理・保存の瑕疵の有無を判断すべきであるとされ（最判昭37・9・4民集16巻9号1834頁），瑕疵があるかどうかは当該工作物ないし営造物の構造，用法，場所的環境及び利用状況等諸般の事情を総合的に考慮して具体的，個別的に判断される（最判昭53・7・4民集32巻5号809頁）。損害賠償責任の有無の判断基準としては，①事故の発生が客観的に予測されえない場合は，損害発生の回避可能性がないものとして免責され，②事故の発生が客観的に予測されうる場合でも，不可抗力ないし回避可能性がないときは免責される。そして，②の場合の責任の存否は，道路に対する防護施設の程度，事故に結びついた道路の瑕疵を生じさせた自然現象ないし人工作用の規模，生じた瑕疵に対して講じた措置を総合して判断すべきことになる（鈴木重信・最判解説民事篇昭和45年度（上）317頁）。

〔2〕 道路の瑕疵による交通事故における過失及び過失相殺の基本的考え方

　道路の瑕疵による交通事故によって車両ないし運転者が損害を受け，さらに他の車両等にも接触して人的・物的損害を与えた場合は，道路管理者，被害車両運転者（加害者），他の車両運転者（被害者）の三者の過失及び三者間における過失相殺が問題となる。

　以下では，A県が管理する県道上を，Bが中型トラックを運転して第2車線を走行中に，第2車線上の路面の陥没箇所に突っ込んだため急ブレーキをかけ第1車線側に横転して負傷し，さらに第1車線をB車の後方から走行していたC運転の自動二輪車に接触してこれを転倒させ，Cに重傷を負わせた事例を基本に，三者間の過失及び過失相殺について検討する。

(1) 道路管理者A県の責任

　道路管理者は国，都道府県又は市町村であるから，道路の瑕疵を原因とする交通事故については，国家賠償法2条に基づいて国ないし自治体（本事例ではA県）が賠償責任を負うことになる（これは民法717条の工作物責任と競合する）。後記裁判例のとおり，路面に相当程度の陥没箇所があり，走行中の車両がこれに突

っ込んで急ブレーキをかけ横転した場合は，道路管理上の手落ちがあったと解され，道路管理の衝にあたる公務員等の故意・過失は問題とならない無過失責任と解されている。そして，民法717条の工作物責任とともに不法行為責任の一種と解されている。

(2) トラック運転者Bの過失

事故現場付近の状況に照らして，Bが前方注視をしていれば陥没の存在を容易に発見することができ，これに突っ込んで急ブレーキをかけ横転する事態を回避することができる状態にあった場合には，Bには予見可能性及び結果回避可能性の存在を前提とした結果回避義務があると解されるから，その前方不注視も事故の原因と解され，Bの過失を認定することができる。Bの過失を認定する前提としては，①陥没箇所の位置（道路の中央付近か側端付近か），大きさ（幅・直径・深さ等）などの現場道路の状況，②見通し状況（直線かカーブか，夜間か昼間か，街路灯の状況（明るさ）等），③乾燥状態か湿潤状態か，④陥没発生後の時間的経過及びその間に道路管理者がとった措置の有無・内容，⑤陥没発生後に類似の事故が発生しているか，⑥Bにその他の法令違反（速度遵守・調節義務違反，信号遵守義務違反，前照灯点灯の有無，飲酒等）はないか等の事情を総合的に考慮する必要がある。

(3) 自動二輪車運転者Cの過失

Cが前方を注視し，あるいはB車の動静を注視していればB車が急ブレーキをかけ横転する事態を予見することができ，B車との接触を回避することができる状態にあった場合には，Cには予見可能性及び結果回避可能性の存在を前提とした結果回避義務があると解されるから，その前方不注視ないし動静不注視も事故の原因と解され，Cの過失を認定することができる。Cの過失を認定する前提としては，①見通し状況（直線かカーブか，夜間か昼間か，街路灯の状況（明るさ）等），②乾燥状態か湿潤状態か，③Cにその他の法令違反（速度遵守・調節義務違反，信号遵守義務違反，前照灯点灯の有無，飲酒等）はないか等の事情を総合的に考慮する必要がある。

(4) AB間の過失相殺

過失相殺の基本的な考え方については，被害者及び加害者の過失の対比により定めようとする立場（相対説）と，被害者の過失の大小を重視する立場（絶対

説）とがあるが，相対説が通説的見解とされている（東京地裁民事交通訴訟研究会編『民事交通訴訟における過失相殺率の認定基準』〔全訂5版〕（別冊判タ38号。「緑の本」といわれる）43頁）。本事例ではAが加害者，Bが被害者という関係になるが，Aは無過失責任を負うので，Bの過失と対比すべきAの過失とは何かという問題がある。厳密にいえば，過失相殺の対象となる民法722条の過失は，民法709条の過失とは異なり，他人の権利等を侵害してはならない注意義務違反（真正過失）のほか，自己の身を守る注意義務違反（不注意又は落ち度）も含まれるとされている（坂井芳雄編『現代損害賠償法講座(7)損害賠償の範囲と額の算定』（日本評論社）346頁，法曹会編『例題解説交通損害賠償法』229頁）。そうすると，Bの過失と対比すべきAの過失としては，道路管理者に課せられた道路法上の各種の義務（道路法42条以下）を踏まえて，当該道路の構造，防護施設の程度，場所的環境及び利用状況，生じた瑕疵の程度（事例では，路面陥没の範囲・大きさ・場所等）及びこれに対して講じた防護・補修措置，当該措置をとるまでの期間等諸般の事情を総合的に考慮することになる。

(5) **道路管理者A，被害者（加害者）B，被害者Cの三者間の過失相殺**

本事例のように道路の瑕疵による交通事故における被害者Bがさらに第三者Cに被害を与えた場合は，この第三者Cとの関係では，道路管理者Aと被害者Bは民法719条の共同不法行為者の関係となる（国賠4条参照）。この点はQ30に譲る。

〔3〕 道路の瑕疵が問題となる事例及び過失相殺に関する裁判例

裁判例で問題となる道路の瑕疵は，路面の瑕疵，路肩等の瑕疵，信号機等の瑕疵などである。以下では，そのような道路の瑕疵による交通事故の事例及び過失相殺についての裁判例の状況を概観する。

(1) **路面の瑕疵**
(a) 道路の陥没
① 東京地判平元・12・5交民集22巻6号1375頁
被害者が自動二輪車を運転中，道路の陥没部分に自動二輪車を落ち込ませて

転倒し被害者が死亡したと主張する事故について，道路の陥没部分と頭部を激突させたとする支柱，その手前の接触痕等がある縁石の位置関係などに照らして被害車両が転倒した地点は本件陥没部分の位置より相当手前の地点となり，被害者が本件陥没部分に本件車両を落ち込ませて転倒したということはありえないとして請求を認めなかった。

② 大阪地判平2・5・31交民集23巻3号691頁

道路の陥没及びこれによって生じたL型街渠との段差のためバランスを失って自動二輪車が転倒したと主張する事故につき，陥没はその深さが最大でも5cm程度で走行中に一見した程度では存在に気がつかず，その上を車両で走行してもショックを感じない程度のよくみられるものである上，段差は車両の走行を予定していないL型街渠との間に生じたものにすぎないとして，道路に設置・管理の瑕疵を認めなかった。

③ 京都地判昭54・11・28交民集12巻6号1562頁

自転車搭乗の被害者が道路の止水栓のくぼみ（道路の端から約70cmのところ，直径約20cm，深さ3～4cm）にハンドルをとられて（推認）対向加害車の前に飛び出して衝突した事故につき，この程度のくぼみはよく散見できるところであり，これを避けるなり，たとえハンドルをとられても危険の発生しないよう注意をすれば事故の発生を避けることはできるのが通常であるとし，この程度のくぼみをもって道路の設置又は管理上の瑕疵とみるのは相当でないとした。

④ 和歌山地判昭51・9・30判時850号85頁

台風の通過直後，台風によって陥没した県道に転落死亡した事故につき，道路陥没の発見者から連絡された時点でこれを調査し，その前に危険を知らせるための標識を設置し，あるいはロープや柵で交通を遮断する等の措置をとるべきで，これらの措置をまったくとらずそのまま放置した点において道路の管理には瑕疵があったといわざるを得ないとした。過失相殺については，夜間，小雨の中を台風通過後に異常に増水した川と山に挟まれた危険な道路区間を通行するのであるから，被害者は道路情報板に掲げられた規制標示に留意し，前方に注意し，十分にその安全を確認しつつ安全な速度と方法で進行すべき注意義務があったのに，これを怠ったために本件道路の陥没を事前に発見できなかった過失があるとし，5割の過失相殺をした。

⑤　熊本地判昭50・1・29交民集8巻1号181頁

　市道の路面状況が簡易舗装で，事故現場付近を含む相当区間にわたって破損による大小の窪みが点在し，被害者がそのいずれかに原動機付自転車の前輪を落輪して操縦の自由を失い中央線を越えてモルタル壁に衝突した事故につき，被告は速やかに破損個所を修繕するか（現に事故の翌日，本件窪みは補修されている），破損個所の付近等に標識を掲げて通行車両等の徐行を促す等して交通の危険の発生を未然に防止するための措置を講ずべきであったとして市に道路管理の瑕疵に基づく責任を認めた。過失相殺については，被害者は市道が悪路であることを知悉していたにもかかわらず，平衡を失しやすい原動機付自転車を運転して，夜間時速30kmの制限速度をかなり超えて疾走した無謀な運転が市道の瑕疵と相俟って事故の原因となったとして，被害者に6割の過失相殺を認めた。

⑥　東京地判昭47・4・10判タ282号363頁

　下水道埋設工事のため，道路を掘削した後に埋め戻して，仮復旧したところに生じた幅約1m，深さ約10cmの陥没部分に単車が落ち込み運転者が死亡した事故につき，良好な道路条件の舗装道路においては，通常の車両運転者は陥没部分の存在を直前まで気づかず他の平坦部分と同様の道路条件であると予想して走行するのが普通であり，被害車両のような単車にとって右陥没部分の及ぼす衝撃は小さくなく，走行速度によってはハンドルの自由を失って本件事故のような結果を招来する危険性が多分にあったというべきで，本件交差点は右陥没部分のために通常の道路に期待される安全性を欠いており道路の管理に瑕疵があったとした。過失相殺については，被害者は道路工事の案内板の設けられた本件交差点を通過するについて，相当程度の速度を出したまま前方注視義務を十分に尽さなかった過失があるとし，右過失を斟酌して3割程度減額するのが相当とした。

⑦　津地四日市支判平25・3・29判時2186号67頁

　走行中の原動機付自転車が道路の陥没した穴に転落して重傷を負った事故につき，毎日2回パトロールしていたが道路の陥没が通報された時刻まで陥没を予見することはできなかったこと，道路下の暗渠の耐用年数を考慮してもその亀裂を予見することはできなかったこと，道路の陥没が通報された時刻は職員の出勤時刻前で，出勤した職員は通報の報告を受けて速やかに事故現場に赴き

通報後1時間以内に到着し通行止めフェンスの設置を開始したこと，本件事故は職員がフェンス設置にあたり事故現場を離れたわずか1，2分の間に発生したことを考慮し，道路管理の瑕疵を否定した。

(b) 路面の段差——最判昭59・2・27交民集17巻1号8頁

住宅団地内の道路において，マンホールの切下げ補修工事のためマンホールの周囲が約2m四方掘削され，路面と約5cmの段差が生じていたが，マンホールの蓋の上に赤色点滅灯一基，進行車両からみて手前側に工事用バリケードが置かれていたところ，夜間，飲酒のうえ自動二輪車を運転中の被害者が赤色点滅灯の点滅を発見しながら工事中であることに気づかず右バリケードに衝突し転倒受傷した事故につき，工事施工者に過失を認めず，道路管理者としての市にも責任を認めなかった原審判断を支持した。

なお，原動機付自転車で走行中にアスファルトの剥げた道路の陥没部分（下の砕石部分と合せて深さ約6cm）にはまり転倒し負傷した事故につき，原動機付自転車のような軽量かつ安定性の低い車両がハンドルをとられ転倒する危険性があるのにこれを除去しなかったとして道路管理者としての責任を認めた上，被害者にも運転操作に過失があるとして5割の過失相殺をした事例がある（福岡地小倉支判平13・8・30判時1767号111頁）。

(c) 路面上の鉄蓋——千葉地判平14・1・21判タ1089号147頁・判時1783号127頁

歩行者が激しい降雨時の坂道においてグレーティング（鉄蓋）上で転倒して負傷した事故につき，転倒した部分付近の斜度は14.0度でかなり急であること，歩行者の履き物はゴム底・滑り止め付きのジョギング用運動靴であったこと，付近の住民が滑ったり転倒したりする危険があるとの認識を抱いており，この点について被告に口頭の陳情があったこと，鉄蓋の縦方向の幅は50cmであり歩行者が通常の歩行中にこれに足を乗せることも起こりうる事態であり，歩行者の転倒傷害事故が発生する危険性が相当程度に高いことは被告において予測可能であったとして町道の管理の瑕疵を肯定した。過失相殺については，歩行者が，事故当時，左手で傘を差し右手ではリュックサックを背負った妻の左手を握るという不安定な姿勢で，足元を十分に注視しなかったため本件鉄蓋に足を乗せる直前までこれを発見することができなかったこと，本件町道の鉄蓋に

おいて負傷事故が発生したのは本件が初めてであったことを併せ考慮して，歩行のあり方ないしその不注意が本件事故の発生及び損害の拡大に一定の原因を与えたことは否定できないとして歩行者の過失割合を5割と評価した。

(d) 路上の鉄板の存在——大阪地判平11・1・14交民集32巻1号80頁

路上の鉄板は付替え工事の完了した街渠のコンクリート養生及び保護と，右街渠と塗装部分の間の段差から原動機付自転車等の二輪車や通行人を保護するために設置されたものであること，鉄板による段差は約1.2cm程度であって，通常の道路においても頻繁に見受けられるものであったこと，前方注視を怠りさえしなければ鉄板の存在を容易に発見することができる状態にあったこと，過去に類似の事故が発生していないことから，公の営造物あるいは土地工作物の設置又は管理・保存に瑕疵があったと認めることはできないとした。

(e) 道路上の枕木の存在——最判昭37・9・4判タ139号51頁

原審が，県は本件国道管理の瑕疵に基づき発生した本件事故の損害を賠償する責任があるとし，県の過失相殺の主張は採用できないとした判断は証拠関係に照らし相当であるとした。

(f) 歩道上の蓋——名古屋簡判平18・8・2判タ1229号229頁

歩道の一部である蓋付U形側溝の上を歩いていた歩行者が，持ち上がっていた蓋につまずいて転倒し負傷した事故につき，側溝は雨水等の排水を本来の目的とするが，側溝は歩道の一部であって，蓋がされて本来の歩道部分と段差がないから人が歩くことも当然予想されることから，蓋が5cmほど持ち上がっている状態は歩行者がそれにつまずいて転倒する危険性は十分にあり，本件歩道には通常有すべき安全性を欠いていたとして市に道路管理上の瑕疵があるとした。過失相殺については，被害者が本件蓋の持ち上がっている状態を発見することは十分可能だったのに，何ら合理的な理由なく本件側溝を歩行したことが本件事故発生の一つの原因であるとし，8割の過失相殺を認めた。

なお，歩道に敷設された排水溝上の鉄蓋が約4cm浮き上がって歩道との段差ができ，夜間，歩行者がこれに躓いて転倒，負傷した事故について，本件歩道が広く一般に開放された生活施設で，構造上歩行者の安全を確保することが要求されること，危険箇所は速やかに修復するか危険警告の標識等を設置することが求められること，現場付近の照明は十分でなく鉄蓋と歩道との段差を発

見することは困難であったことを考慮し，本件歩道の管理に瑕疵があったとした上で，歩行者の過失を否定して過失相殺の主張を認めなかった事例がある（京都地判平13・5・7判時1760号123頁）。

(g) 路面の凍結

道路管理の瑕疵を認めなかった事例（最判昭61・6・24交民集9巻3号617頁，広島高松江支判平25・1・30判時2191号49頁）があるが，他方で，道路管理者には路面凍結を防止する義務があり，本件事故現場付近の全面にわたる凍結は，道路管理者である被告からの委託業者が実施した融雪装置の放水に起因するものであり，道路管理者は容易にその実施時期・方法を把握することができ，気象条件等も通知されるシステムになっており，一般の気象情報を利用することによっても容易に路面凍結を防止できたにもかかわらず，委託業者になるべく雨天ないし曇天時に放水するよう指示していたにすぎず，放水による路面凍結を防止する措置をなんら講じていなかったとして道路管理の瑕疵を認めた事例もある（福井地判平7・4・4判時1555号112頁）。

(h) 故障車の存在——最判昭50・7・25民集29巻6号1136頁

幅員7.5mの国道の中央線近くに故障した大型貨物自動車が約87時間駐車したままになっていたにもかかわらず，道路管理者がこれを知らず，道路の安全保持のために必要な措置をまったく講じなかった場合に，道路管理の瑕疵を認めた（過失相殺についての言及はない）。

(2) **路肩等の瑕疵**

(a) 落　　石

① 最判昭45・8・20民集24巻9号1268頁・判タ252号135頁

国道に面する山地の上方部分が崩壊し，土砂とともに落下した直径約1mの岩石がたまたま通行していた貨物自動車の運転助手席の上部にあたり，その衝撃により助手席の同乗者が即死した事故について，従来附近の道路でしばしば落石や崩土が起き通行の危険があったにもかかわらず，道路管理者において「落石注意」の標識を立てるなどして通行車に対し注意を促したにすぎず，道路に防護柵又は防護覆を設置し，危険な山側に金網を張り，常時斜面部分を調査して落下しそうな岩石や崩土を除去し，事前に通行止めをするなどの措置をとらなかったときは，通行の安全性の確保に欠け，その管理に瑕疵があったと

した（過失相殺なし）。

　② 岡山地判昭46・3・30交民集4巻2号537頁

　以前から小石がパラつくことがあったにもかかわらず，防護覆，ネットを張りつけたりせず，単に保安灯，セーフティコーン，現場に「落石注意」の標識と手前に「徐行」の標識をそれぞれ設置してパトロールしたのみ（単に車中から観察するにすぎない）であり，山腹そのものを精密に調査した形跡はなく，管理に瑕疵があったとした。過失相殺については，原告が警告標識に気がつかず漫然と時速60kmで進行して先行車を追い越そうとした点に過失があるとし，30％の過失相殺を認めた。

　(b)　路肩部分の崩壊――東京地八王子支判昭50・12・15交民集8巻6号1761頁

　舗装された車道幅員5.6mの都道において，大型貨物自動車が大型バスとすれ違うため車道左いっぱいに寄った際，簡易歩道とされていた段差約3cmの未舗装の路肩部分に左側車輪を落としたところ，路肩部分が崩壊し自動車が道路から転落し付近の家屋に飛び込んだ事故につき，車幅の大きい大型車どうしがすれ違う場合には過失により路肩部分にはみ出すことは十分に予想され，車道に近い部分ではそのような場合にも耐えられる強度を備えていなければならないとして管理の瑕疵を肯定した（過失相殺なし）。

　(c)　路肩の軟弱――松江地判昭44・4・9判タ235号248頁

　県道の路肩の舗装外の部分に右車輪をとられ転落した自動車事故につき，自動車の路肩通行は予想されておらず，路肩の舗装外の部分が軟弱であっても「路肩弱し」との表示をする必要はなく，事故現場附近で屈曲しているわけでもなくきわめて見通しのよい場所であり特に危険でないことが認められるから，ガードレール等の防護施設を設けたり，事故現場附近を追越禁止区域に指定する等の措置を講ずることも必要でないと考えられ，車道外側線を設けることは転落等の事故防止のためには望ましいとしても，外側線を引かないまま道路の供用を開始したとしても道路管理に瑕疵があるとはいえないとした。

　(d)　路肩部分の窪地の存在――札幌高判昭54・4・26判タ387号112頁

　国道の構造，交通量，使用状況等の具体的状況に応じて適切にその管理をすべきであるから，当該道路の具体的状況により，当該道路の安全確保のために

路肩部分をも自動車が安全に進行できるように管理すべき場合もあり，当該路肩が安全性を欠如しているときは，路肩部分の窪地の存在が道路の管理上の瑕疵にあたるとしたが，道路の具体的状況に照らして，事故原因は被害者の無謀な運転及び同人の運転技術の未熟並びにこれらに由来する本件窪地に落輪後の運転措置の不適切によるものであるとして，窪地の存在という本件道路の管理の瑕疵と事故の発生及び同乗者の死亡との間には法律上の因果関係はないとした（古崎慶長「自賠法3条と道路管理責任」吉田秀文＝塩崎勤編『民事交通・労働災害訴訟法』（裁判実務大系(8)）125頁以下参照）。

(e) 路側帯内のセメントレンガの破片——福岡高判昭53・4・11判タ368号280頁

自転車通行人が，自転車等が通行できる幅員1.05mの路側帯に落ちていた拳大のセメントレンガの破片に乗り上げ転倒して後続自動車に轢過され死亡した事故につき，通常の自転車の運転能力のある者が進路前方に通常の注意を払って進行していれば容易に回避することができ，何人でも簡単に除去できるものであるから，道路の瑕疵にあたるとしてもその程度は軽く，その瑕疵は道路パトロールカーによる道路巡回の後1時間20分以内に突然現出したものであり，道路の維持・管理に不完全な点があったことによるものとはいい難いとして道路管理の瑕疵に基づく損害賠償責任を否定した。

(f) ガードレールの不設置——和歌山地判昭48・4・12判時723号81頁

原動機付自転車を運転して県道を走行中，道路左側の山肌の壁面から落下し路上に散乱していた石塊に乗りあげ，ハンドル操作の自由を失って道路下へ転落死した事故について，本件道路が従前から危険性を有しており，落石や土砂崩壊のおそれのある箇所には予防工事を実施し，落石・崩土がある場合はこれを速やかに除去し，道路右側の路肩には道路外逸脱・川への転落防止のためガードレールを設置し，道路の安全性を確保・維持すべきであったとして管理の瑕疵を肯定した。過失相殺については，被害者にも前方不注視，運転操作の誤りという過失があるとし，8割の過失相殺を認めた。

(g) 掘削工事中の保安措置の不十分——大阪地判平3・10・17交民集24巻5号1232頁

被害車（原動機付自転車）が，対向して走行してくるトラックを避けようと進

路を左側に変えたところ，道路左端に工事中の溝を発見し急制動をかけたが転倒して溝に落ち込んだ事故につき，溝の掘削工事における保安措置が不十分であったとして現場責任者の使用者である工事会社の責任を認め，道路の管理者である市の責任も認めた（過失相殺の言及なし）。

(3) 信号機等の瑕疵

(a) 信号機の設置位置の不適当——最判昭48・2・16民集27巻1号99頁

南北に通ずる道路と東西に通ずる2本の近接した道路とがほぼ直角に交わる交差点のほぼ中央に電車の軌道が敷設されているなど，複雑な構造を有する交差点において，東西に通ずる道路上の車両の進行を規制するとともに，交差点の北側の横断歩道上を西から東に向かう歩行者の歩行をもかねて規制するものとして東側に信号機が設置された場合に，横断歩道の西端から信号機の設置位置までの距離が約30mあり，同西端からの信号機の見通し角度が正面から右約47ないし55度であったため，一般の歩行者にとって右信号機が横断歩道の歩行をもかねて規制するものであることを容易に認識できないときは，右信号機は，横断歩道の歩行者の歩行をも規制するものとしては不適当な位置に設置されていたもので，その設置に瑕疵があったとして瑕疵を肯定した（過失相殺なし）。

(b) 信号機位置・信号サイクル不適切——東京地判平16・1・22交民集37巻1号105頁

事故の原因は，原告が走行してきた踏切のある道路及び交差点に設置された信号機に対する被告の管理に瑕疵があったためであると主張した事案で，遮断機が上がり始めてから上がり終わるのに約4秒間，さらに信号機が赤色点滅に変わるのに約6秒間の待機を強いられることになるとしても，前方を注視すれば，踏切の向こう側に接して交差点が存在し，信号機が自己の車両の交通を規制していることを認識することは容易であるから，本件事故当時，原告が信号機を認識していれば，その表示（赤色）に従って停止線の手前で停止し続けることによって本件事故は発生しなかったとして，信号機に対する被告の管理に瑕疵があったとすることはできないとした。

(c) 黄色点滅信号の誤設置——千葉地判平10・11・24交民集31巻6号1753頁

交通事故当時，交差点の信号機の信号が主道路及び従道路とも黄色点滅信号となるように誤って設定されていたときは，信号機の信号の管理に瑕疵があるとした。過失相殺については，加害者は制限時速40kmのところ時速約59kmで本件交差点に差しかかり，信号機の表示が黄色点滅信号であることを認めたが減速することなくそのままの速度で本件交差点内に進入し，被害者も制限時速40kmのところ時速約42kmないし45kmで本件交差点に差しかかり，信号機の表示が黄色点滅信号であることを認めたが減速することなくそのままの速度で本件交差点内に進入し，出合い頭に衝突したことから，双方に徐行義務不履行の過失があるとし，双方の速度や速度違反の程度，各車道の幅員等を考慮して，過失割合を加害者6割，被害者4割とした。

(d)　信号の時間配分の不適切——最判昭60・4・26交民集18巻2号281頁

　交差点において西進中の加害車と北上横断中の歩行被害者がいずれもその対面信号に従って交差点に入ったのに，加害車が交差点を通過し切らないうちに横断歩道の歩行者用信号機が青に変わるという信号機設置，管理の瑕疵があったために生じた事故であると主張した事案で，被害者が青信号に従って横断を開始したものと仮定して，加害車の走行状況を原審の説示する時速，反応時間，制動時間，制動距離等に則り衝突地点から逆算すると，加害車はその対面信号が青から黄に変わった時には交差点より手前にいたことになるなど判示のような事情があるときは，加害車と被害者がともに青信号で交差点に入ったとの原審の認定には経験則違反又は理由不備，理由齟齬の違法があるとして差し戻した。

(e)　赤色灯の消灯——最判昭50・6・26判タ325号189頁

　県道上に道路管理者の設置した堀穿工事中であることを表示する工事標識板，バリケード及び赤色灯標柱が倒れ，赤色灯が消えたままになっていた場合であっても，それが夜間，他の通行車によって惹起されたものであり，その直後で道路管理者がこれを原状に復し道路の安全を保持することが不可能であったという事実関係のもとでは，道路の管理に瑕疵はなかったとした。

(4)　その他の瑕疵

(a)　防護柵——最判昭53・7・4民集32巻5号809頁

　道路側端に転落防止のために設置されていた防護柵の上段鉄パイプ製の手摺

上に，6歳の幼児が腰かけて遊ぶうち誤って約4m下の校庭に転落し，頭蓋骨陥没骨折等の傷害を負った事案につき，鉄パイプはこの種の柵に通常用いられる丸棒状のもので，幼児がこれを遊び道具とするのに適するものではなく，本件道路付近が子どもらの遊び場所となっていたとしても，防護柵設置の後他に子どもの転落事故が発生，住民が事故防止措置をとるよう陳情していた等の事実が認められない状況を踏まえ，防護柵の材質・高さ等の構造に照らし，通行時の転落防止目的からみればその安全性に欠けるところがなく，被害者が当時危険性の判断能力に乏しい6歳の幼児であったとしても，本件道路及び防護柵の設置管理者において通常予測することのできない行動に起因するものであったとして設置・管理の瑕疵を否定した。

なお，自転車で夜間走行中に県道に隣接する県有地内の用水路に転落死亡した事故について，県道を走行する車両との衝突を避けるために本件県有地に進入直進して用水路に転落する危険性があること，特に夜間は先に用水路があることを発見しにくい状況であること，用水路の深さは2.5mないし3mあること，用水路には防護柵等の転落防止措置が講じられていないことを考慮し，用水路の管理の瑕疵を肯定した上で，被害者が前照灯を点灯せず前方を注視しないまま漫然と進行したことが推認できるとして5割の過失相殺をした事例がある（福岡地判平25・4・10判時2199号40頁）。

(b) 野生のエゾシカの飛び出し——札幌地判平10・12・14判時1680号109頁

高速道路を走行中の自動車が，飛び出した野生のエゾシカと衝突し車両が破損した事故につき，本件事故当時，事故現場付近にエゾシカが出現することについて被告は予見可能であり，高速道路においてはエゾシカのような大型野生動物との衝突を回避することは容易でなく，自動車との衝突事故が発生し重大な事故に至ることも十分に予測することができ，事故現場付近にはエゾシカの進入を防ぐために防護フェンスその他の防護設備を設置する具体的必要性があったと認められるが，そのような防護設備は設置されていなかったことから，本件道路は高速道路として通常備えるべき安全性を欠き，その設置・管理に瑕疵があったとした。被害者の過失については，事故現場付近の道路の状況や事故の態様を考慮すると，過失があったとは認められないとした。

(c) ガードレールの不設置——最判昭55・12・11判タ434号166頁・判時991

号76頁

　薄暮時ないし夜間における降雨時に，道路とこれに沿う川との境の見分けがつきにくく道路を走行する自動車が運転を誤って川に転落する危険のある場合でも，右危険に対する安全を確保するには視線誘導標識ないし夜間の照明設備を設置すれば足り，夜間の降雨時に右の見分けのついていた運転者が他の理由で急制動の措置を講じたため自動車が路面を滑行して川に転落したという事故との関係において，ガードレールの設備のないことを道路の設置ないし管理の瑕疵とするためには別段の事情が存在することを必要とし，路面がかまぼこ型であったなど原判示のような事実があるというだけで右の瑕疵があるとした原判決には理由不備の違法があるとした。

　(d)　埋立地の岸壁の不備——最判昭55・9・11判時984号65頁

　港湾施設の建設工事中である埋立地内の道路を夜間走行していた自動車が，道路前方の岸壁から海中に転落して運転者が死亡した事故について，右埋立地内の道路が一般車両の通行する都市計画幹線道路と舗装ずみの取付道路で結ばれていて，港湾施設工事に関係のない一般車両であっても取付道路を通って埋立地内の道路に入ることができ，夜間には一般人が釣やドライブの目的で立ち入ることがあるのに，取付道路の入口付近には立入禁止，立入制限の掲示等は設置されておらず，転落現場付近の夜間照明も対岸の埋立地にあるものだけで，一般人にとって一般道路と埋立地内の道路との区別がつかず，夜間とくに雨天等の視界不良の状態が重なったときは，土地不案内の自動車運転者にとって道路前方に岸壁があってこれが海面と接していることを識別することが必ずしも容易でない状況にあることから，埋立地の管理には瑕疵があるとした（差戻し，過失相殺の言及なし）。

　(e)　照明設備の不備——最判昭55・3・13判タ417号91頁・判時968号46頁

　歩道と車道とが分離されず，歩行者が通行している路肩部分が未舗装で降雨時にぬかるむうえ夜間の照明が十分でない道路であっても，その設置・管理に瑕疵はないとした。

　(f)　街灯が設置されていない交差点——岡山地判平25・2・21判時2185号101頁

　大型貨物自動車が，深夜，街灯が設置されていない交差点を通過する際に，

中央分離帯に衝突し反対車線を越えて歩道上の電柱に衝突した事故について，比較的交通量の多い交差点であること，交差点マークも消えかかっていたこと，設置されていた反射板の性能が劣っていたことを考慮して道路管理の瑕疵を肯定した上で，運転者が特殊車両通行許可を得ず通行条件も遵守していなかったこと，時速約10ｋｍの速度超過があったことを考慮して８割の過失相殺をした。

［藤岡　謙三］

Q 36 | 自転車事故と過失相殺

　自転車と歩行者の交通事故，自転車同士の交通事故における過失相殺について説明しなさい。

〔1〕 はじめに

　自転車が関連する交通事故のうち，自転車と四輪車・単車との事故の過失相殺については，一定の基準が示されている（『赤い本』，東京地裁民事交通訴訟研究会編『民事交通訴訟における過失相殺率の認定基準』〔全訂5版〕（別冊判タ38号））。しかし，自転車と歩行者の交通事故，自転車同士の交通事故における過失相殺については，自転車事故の特殊性や，自転車事故の裁判例が他の事故に比べて少ないことから，定型化することが困難であるとされ，これまで総合的な過失相殺の基準が提唱されてこなかった。

　ところで，近年，交通事故全体の件数が減少傾向にある中，自転車が関連する交通事故は，全交通事故の約2割を占め，その割合が増加傾向にあるとされている。警視庁のホームページによれば，歩行者と自転車との事故については，平成9年が633件であったのに対し，平成19年には2869件となり，この10年間に約4.5倍も増加しており，自転車同士の事故は，平成9年が637件であったのに対し，平成19年には4184件となり，この10年間で約6.5倍も増加している。

　このような自転車事故の増加を受け，自転車事故の防止を目的として，道路交通法の改正が行われ（平成19年6月20日法律第90号），同法改正法の一部は平成20年6月1日に施行された。また，平成27年6月には，違反を繰り返す自転車の利用者に「自転車運転者講習」を義務づけ，これを受講しないと5万円以下の罰金も科せられるようになった。このような取り組みもあってか，自転車

事故は平成20年ころをピークに減少に転じ，平成27年には，歩行者と自転車との事故については2506件，自転車同士の事故については2519件となっている。しかし，自転車事故の割合は未だ高水準にあり，自転車事故の内容も，自転車の無謀な運転や，自転車のスピード性能の向上もあり，被害者が死亡を含む重篤な傷害を被る事案が多くなっている。

本問においては，まず，道路交通法上の自転車及び歩行者の交通規制について概観し，そして，最近，自転車事故における判例の集積もあり，自転車と歩行者の交通事故，自転車同士の交通事故における過失相殺についても，一定の基準が示されるようになったので（前掲別冊判タ38号，『赤い本』（下）〔2014年版〕53頁等），これらの基準も参考にしながら，いくつかの裁判例を通して，具体的に自転車と歩行者の交通事故，自転車同士の交通事故における過失相殺がどのようになされるかについて検討することとする。

〔2〕 道路交通法上の自転車の交通規制

自転車は，道路交通法上，車両にあたり（道交2条1項8号），原則として，同じく車両である自動車や原動機付自転車と同様な交通規制を受ける。例えば，自転車は，歩道又は路側帯と車道の区別のある道路において，原則として，車道を通行しなければならない（道交17条1項本文），道路の中央から左の部分を通行しなければならない（道交17条4項），交差点においては左方が優先する（道交36条1項1号），優先道路を通行する車両が優先する（道交36条2項），広路を通行する車両が優先する（道交36条3項），安全な速度と方法で進行する義務がある（道交36条4項），指定場所において一時停止しなければならない（道交43条），夜間などに灯火をつけなければならない（道交52条1項），酒気帯び運転が禁止されている（道交65条）等の規制がある。

他方で，四輪車と異なる自転車特有の規制がある。例えば，車両通行帯の設けられていない道路では，道路の左側端に寄って通行しなければならない（道交18条1項本文），路側帯を通行することができる（道交17条の2），並進してはならない（道交19条），交差点を右折する際はできる限り道路の左側端に寄り，かつ，交差点の側端に沿って徐行しなければならない（いわゆる二段階右折。道交34条3項）等の規制である。また，普通自転車（車体の大きさ及び構造が内閣府令で定

める基準に適合する二輪又は三輪の自転車で，他の車両を牽引していないもの（道交63条の3））は，道路交通法17条1項の規定にかかわらず，道路標識等により通行することができることとされている歩道を通行することができるとされ（道交63条の4第1項1号），さらに，今般の道路交通法の改正により，普通自転車が，児童，幼児その他の普通自転車により車道を通行することが危険であると認められるものとして政令で定める者であるとき（道交63条の4第1項1号）や，車道又は交通の状況に照らして当該普通自転車の通行の安全を確保するため当該普通自転車が歩道を通行することがやむを得ないと認められるとき（道交63条の4第1項3号）も歩道を通行することができるとされている。

この他に，自転車の運転者には，当該車両等のハンドル，ブレーキその他の装置を確実に操作し，かつ，道路，交通及び当該車両の状況に応じ，他人に危害を及ぼさないような速度で運転しなければならない（道交70条）という，一般的な安全運転義務がある。この安全運転義務違反には安全操作履行義務と，安全状態確認義務があるとされる。安全操作義務違反にあたる行為の具体例としては，両手放し運転，座席の上に横ばいになって運転する等，ハンドル又はブレーキを直ちに操作することができないような方法で運転すること，蛇行運転，凍結路における急激なハンドル操作などが考えられる。また，運転者の遵守義務として定められている「傘差し運転，物を持っての運転，携帯電話の使用の禁止」等（道交71条）は，片手運転につながり，安全操作義務違反にあたると考えられる。

〔3〕 歩行者の道路交通法上の義務

歩道等が設置されていない道路では，歩行者は原則として道路の右側端に寄って通行しなければならない（道交10条1項）。歩道等が設置されている場合には，歩行者は歩道等を通行しなければならない（道交10条2項）。

なお，平成19年の法改正により，普通自転車通行指定部分があるときは，その部分は避けて通行するように努めなければならない（道交10条3項）。

歩行者は，道路を横断しようとするときは，横断歩道がある場所の付近においては，その横断歩道によって道路を横断しなければならない（道交12条1項）。

目の見えない者，幼児，高齢者の道路通行における注意，これらの者の保護

については，道路交通法14条が規定している。

この他に，歩行者の道路における禁止行為としては，酒に酔って交通の妨害となるような程度にふらつくこと（道交76条4項1号），交通の妨害となるような方法で寝そべり，すわり，しゃがみ，又は立ち止まっていること（道交76条4項2号），交通の頻繁な道路において，球戯をし，ローラー・スケートをし，又はこれらに類する行為をすること（道交76条4項3号）などがある。

〔4〕 自転車事故の特殊性

(1) 自転車の物理的特性

自転車には原則として原動機がなく人力により走行することから，一般に，低速で走行する特性がある。しかし，最近は，電動アシストがある自転車も普及しており，また，性能が向上し，原動機付自転車並の速度で走行できるものもある。この他，自転車は，簡易な構造になっているため，運転操作が容易であるが，二輪走行することから，走行時や停止時において不安定になりやすいという特性を有している。

(2) 自転車の賠償責任における問題

自転車の運転にあたっては，運転免許を受ける必要はなく，幼児あるいは小中学生も運転可能であり，これら未成年者が加害者になる事故も少なくない。自転車事故により，未成年者が加害者責任を負う場合，未成年者に賠償能力がないため，民法714条の責任無能力者の監督義務者の責任を問えるか，民法709条で親権者の監督義務を問えるかという問題がある。

また，自転車には自動車損害賠償保障法の適用がなく，任意保険の加入が少ないため，現実に事故が発生し，賠償問題が生じた際は，加害運転者の賠償資力が不足するという問題がある。一般的に，過失相殺の認定は，発生した事故自体の態様に基づき行われるものであり。賠償資力の不足が直ちに過失割合の認定に影響を及ぼすことはないが，交通事故においては相対的に優位に立つ者が危険を負担するという考えもあり，加害者の賠償資力が過失割合の認定において微妙な影響を与える場合もあると考えられる。

〔5〕 自転車と歩行者の交通事故

　自転車と歩行者との事故について，過失割合を考える際，参考になるのは，四輪車・単車と歩行者との事故における過失割合の基準であり，四輪車・単車を自転車と置き換えることが考えられる。

　しかし，自転車には，四輪車・単車と比較して，一般に，軽量かつ低速（時速15km 程度とされる）であり，簡易な構造であるため運転操作や停止措置が容易であり，他者と衝突した場合に相手に与える衝撃や外力が少なく，四輪車・単車よりも，歩行者に対する優越性の程度は低いといわれている。また，自転車は，身近な交通機関として幼児から高齢者まで幅広い層に利用されている上，運転にあたっては運転免許が不要であるため，自転車利用者に道路交通法規が周知徹底されておらず，道路交通法規が必ずしも遵守されていない交通実態がある。

　以上のような実情から，単純に四輪車・単車を自転車と置き換えることは，相当でなく，自転車と歩行者との事故においては，基本的には，自転車の特殊性を考慮して，四輪車・単車と歩行者との事故におけるよりも，歩行者の基本の過失相殺率を自転車に有利に修正することが相当である。

　ただし，事故の発生場所や態様によっては，歩行者保護の要請が絶対的な場合，あるいは強く働く場合があることや，事故態様によっては歩行者側の道路交通法上の義務違反の程度が異なり，歩行者保護の要請にも差があることなどを考慮すると，一律に一定の割合で自転車に有利に修正をすることは必ずしも相当ではない。例えば，自転車が時速30km の高速で走行している場合は，当該自転車は原動機付自転車と同等に扱う必要があると考えられる。

　ここで，自転車と歩行者との事故について，2つの判例を検討する。

【事例1】 歩道における自転車と歩行者の事故（大阪地判平19・7・10交民集40巻4号866頁）

〔事故の概要〕

　Y（中学3年生，裸眼視力0.2以下で事故当時は眼鏡不着用）は，Y車を運転し，本件歩道を前照灯を点灯しないままで，速めの速度で進行し，本件事故現場の先

にある交差点を横断しようとしていたが、信号機が青信号であったことから、信号が変わらないうちに交差点を横断しようとしていたところ、折から、横断歩道を歩行していたX（男性62歳）を認めたものの、制動の措置をとる間もなくY車前部をXに衝突させ、Xを転倒させ死亡に至らせた。

　本件歩道は、自転車歩道通行可で幅員2.5mである。本件事故現場付近は見通し良好で、街路灯のためやや明るい状態であった（事故日時は12月24日午後6時ころ）。

〔判決の要旨〕

① Yは、歩道上を自転車で走行するに際し、歩行者等の動静に十分注意を払いつつ進行し、かつ、事故当時は、日没後であったにもかかわらず、前照灯を点灯して自車の接近を、歩行者等に知らしめる注意義務があったにもかかわらず、本件歩道が街灯等によりやや明るい状態であったことや、歩道上を通行する者がほとんどいなかったことに気を許し、前照灯を点灯しないまま、早めの速度で進行した上、交差点の信号に気を取られ、前方の注視を怠った過失により発生したものであることは明らかである。しかも、Yの視力は裸眼で0.2程度であったにもかかわらず、本件事故当時、眼鏡をかけていなかったというのであるから、このことも相まって、前方の確認が十分でなかったといわざるを得ない。他方、本件歩道には、自転車歩道通行可の標識が設置されていたというのであるから、Xにおいても、前方を確認しつつ歩行すべきであったということはできるものの、本件歩道はその幅員が2.5mと比較的狭い上、Xは、本件歩道の端に近い部分を歩行していたというのであるから、このことと、Y車の前照灯が点灯されておらず、かつ、Y車が速めの速度で進行していたことを併せ考えると、Xに過失相殺の対象としなければならない程度の過失があったと認めることはできない。

② Yは、普段から危険な自転車の運転をしていた事実はなく、過去に同様の態様の交通事故を起こしたこともないから、自転車の走行に関して、監督状況に特段の問題があったということはできず、Yが眼鏡をかけずに自転車を運転していたことも、このことからのみ直ちにZ（Yの母親）が監督義務を怠っていたということはできないので、Zに監督義務違反があるとして、民法709条の責任を問うことはできない。

* 本件においては，事故状況からしてYの前方不注視等の過失が著しく大きく，Xに歩行者として特段の交通法規違反がなかったため，歩行者保護の要請が強く働き，自転車に有利な修正がなされなかったため，Yの過失割合が10割になったものと思われる。

　また，本件のように，責任能力がある未成年者が事故の加害者の場合，未成年者の親権者に民法714条の責任無能力者の監督義務者責任を問うことができないので，709条の不法行為責任が問えるか問題となる。本件では，Zに709条の責任は問えないとされたが，Yが母子家庭であることが考慮されたものと思われる。

【事例２】車道における自転車と歩行者の事故（広島地尾道支判平19・10・9判時2036号102頁）

〔事案の概要〕

　Yは，本件事故現場に至る長い下り坂を，他の仲間３人とともに，Y車（マウンテンバイク）に乗車し，ツーリング用ヘルメットを被り，前傾姿勢となって前方視認範囲が狭いまま時速30kmで走行させていたところ，突然近寄ってきた犬を避けようとして，犬を散歩させながら車道に侵入してきたXにY車を衝突させた。

〔判決の要旨〕

　Yに前方注視義務があることはもちろんであるが，Xにも，事故現場付近に横断歩道があるのにそれ以外の場所で車道に立ち入ったこと，散歩させていた犬が突然Y車に向かっているが，犬を戸外で散歩させるときは犬が他者の交通等に迷惑をかけることのないよう配慮する義務があること，車道に立ち入る際は周囲に注意を払う義務があるので，XとYの過失割合をX30％，Y70％とする。

* 本件は，一般道路を使用して行われた自転車行事中での事故で，行事主催者が行事催行前に沿線住民に行事について周知広報等をしたり，一般人が道路に入ることが予想される付近に監視員を立てたり，行事の幟を立てたりしなかったこと，自転車がスポーツ用でかなりの高速であったことが自転車側の過失を大きくしたものと思われる。

〔6〕 自転車同士の交通事故

　前記〔4〕のとおり，自転車には四輪車・単車と異なる特性があることから，これらの特性を踏まえて四輪車・単車同士の事故の過失割合を参考にして具体的に検討する必要がある。

　自転車同士の事故であっても，自転車にも一般用，スポーツ用，電動アシスト付きと多様な車種があり性能も異なり，高速のスポーツ用自転車は原動機付自転車と同様の注意義務が課されることもあると考えられる。

　また，自転車は免許が必要でなく，年少者や高齢者も運転し，あまり道路交通法令を意識せず運転している者が多いといわれているが，自転車同士の事故について過失割合を検討する際は，道路交通法令による規制を前提にすべきであり，道路交通法令の規制を知らないことや，道路交通法令が守られていない運転慣行があることを，ことさらに重視することは相当でない。

　自転車同士の交通事故で多い類型は，交差点における出合い頭の衝突事故，歩道上における接触事故であるから，これらの類型について過失割合を判断した判例を具体的に検討することにする。

> 【事例3】信号機により交通整理の行われていない交差点における自転車同士の事故（東京地判平22・9・14交民集43巻5号1198頁）

〔事案の概要〕

　信号機により交通整理の行われていない交差点において，午後7時過ぎ，X（原告，事故当時71歳，左方車）が，道路の中央あたりを走行し，交差点に進入する際に交差道路の右方を見たが，人影や自転車のライトを確認することができなかったため，歩行者や進行してくる自転車はないものと考え，そのまま，交差点に進入し，Y（被告，12歳，右方車）が，通常よりも速い速度で，道路の中央あたりを走行し，交差点の手前でブレーキをかけて減速して交差点に進入したところ，交差点の中央付近でX車の右側面の中央付近ないし後部とY車の前輪が衝突した。

〔判決の要旨〕

　Yには，交差点に進入するにあたって，減速したのみで交差道路の交通状況

に関する確認を行わず交差点に進入してくるX車に対する注意が十分でなかった過失がある。一方，Xにも，交差点付近は明るくなく，ブロック塀で見通しが悪いという交差道路の交通状況の確認が十分でなく，交差点に進入してくるY車を見落とした過失がある。

　X車が左方から進行してきた上，交差点に先入れしていること，事故当時Xは71歳とやや高齢であり，Yは，12歳と極めて若年であることなどの事情を考慮してXとYの過失割合をX40％，Y60％とするのが相当である。
　　＊　自転車同士の事故に関しても道路交通法上の義務が過失の内容となっている。判決では左方優先についての言及があるが，左方優先の理由は，日本のように左側通行の場合には左側に回避する余地がなく，右側に回避する余地が大きいこと，見通しのきかない交差点では，右方車から左方車を発見することが容易であることからとされる。ただし，自転車同士の事故では，自転車は低速で，運転操作が容易であること，左方から交差点に進入する自転車も停止措置・回避措置をとることが容易であることから，事故態様によっては左方優先をあまり重視することは相当でないものと考えられる。
　　　なお，Yの両親の過失責任につき，Yが自転車の運転に際し交通法規を遵守するよう教育監督すべき義務に違反したと認められるとして，民法709条の責任があるとし，【事例１】と判断が分かれている

【事例４】歩道上の自転車同士の事故（東京地判平22・１・22自保ジャーナル1827号154頁）

〔事案の概要〕

　Yが，Y車に乗車し，２人乗りで歩道の真ん中よりやや左側を走行し，Xが，X車に乗車し，後方からY車を追い抜こうとしたところ，Y車が右側にふらつきX車と接触した。

〔判決の要旨〕

　Yについては，Y車を運転するにあたり，そもそも２人乗りのような危険な運転方法を採ってはならない上，自車の側方等の周囲の状況に十分注意してY車を走行させる義務があるのに，これらを怠り，２人乗りのY車を右側にふらつかせ，右後方からY車に追い抜こうとしていたX車の左側面にY車の右側面を接触させ，本件事故を惹起させた過失があるというべきである。他方，Xについても，幅員の狭い歩道内でY自転車を追い抜こうとするに際しては，Yの

注意を喚起するためにベルを鳴らすなど安全な方法と速度で走行する義務があるにもかかわらず，ベルを鳴らすことなく，Y車よりも速い速度で追い抜こうとしたために，Y車との接触時にブレーキをかけるなどの適切な措置をとることができず，接触場所から5.4m進行してバリケードに衝突するまでX車を停止させることができなかった過失がある。上記認定の双方の過失に照らせば，Xの過失は4割，Yの過失は6割と認めるのが相当である。

* 都市部では，歩道上での自転車同士の事故，自転車と歩行者の接触事故が多発している。本件は先行する自転車を後方から追い抜く際の事故であるが，自転車は構造上後方確認が困難であるから，後方から追い越しをする自転車は，これを踏まえて先行車の動きに十分注視する義務がある。しかし，本件では狭い歩道上を2人乗りしていた先行車の危険運転を重視して，先行車の過失割合が大きくなっている。後方車は耳にイヤホンをつけていたが，その点は本件事故には直接影響しなかったとして過失の内容となっていない。

〔7〕 ま と め

　以上みてきたように，自転車が関連する事故において，過失割合を認定する際は，自転車には構造上の特殊性があること，自転車は手軽な乗り物で，不規則な動きをすること，運転者には年少者や高齢者も多く道路交通法規が守られていない状況があること，歩行者の優越性に加えて，加害者になった年少者・高齢者の優越性も考慮する場面があることを認識する必要がある。

　自転車と歩行者の事故においては，歩行者の弱者としての優越性が基本となるが，自転車側が年少者・高齢者の場合，これらの者の優越性も考慮する必要がある。また，自転車同士の事故においては，基本的には対等な当事者同士の事故として，四輪車・単車の事故における過失相殺率を参考にすることになるが，自転車もその種類によりその性能に大きな違いがあり，実際の走行速度も，その危険性も大きく異なっていること，加害者となった年少者・高齢者の優越性も考慮する必要があることなどから，四輪車・単車の事故より柔軟できめ細かい利益考慮を行い，過失割合を認定する必要があるものと考えられる。

[丸尾　敏也]

Q 37 | 被害者側の過失

　民法722条2項にいう被害者の過失には被害者側の過失が含まれるか。含まれるとした場合,「被害者側」の範囲についても説明しなさい。

A

〔1〕 過失相殺

(1) **過失相殺の法理**

(a) 民法722条2項は,「被害者に過失があったときは,裁判所は,これを考慮して,損害賠償の額を定めることができる。」と定めている。すなわち,被害者が,加害者(不法行為者)に対し,不法行為に基づく損害賠償請求をした際,その賠償額について,被害者に過失があることを理由に,損害賠償の金額を減じられるというものであり,これを過失相殺という。

　過失相殺の法理は,加害者の不法行為によって被害者に生じた損害を,被害者と加害者との間で公平に分配・分担させようという公平の理念に基づき認められるものである。

(b) なお,ここでいう「過失」は,不法行為の成立(交通事故訴訟についていえば,交通事故の発生)についての過失だけでなく,損害の拡大についての過失も含む。すなわち,事故後,被害者が適切に治療を受けなかったために,病状が悪化し,治療期間が延びた場合などに,治療費に関する賠償の額が減額されることがある。また,過失相殺されるべき被害者には,責任能力(行為の結果として責任が生じることを認識する能力)があることまでの必要はないが,事理弁識能力(損害の発生を避けるのに必要な注意をする能力)が存在することが必要であり,「過失」とはいっても,不法行為法上の過失ではなく,何らかの不注意ないしは落ち度で足りる(したがって,理論的には,被害者に不法行為責任は生じないものの,

過失相殺はされることがありうる)。

(2) 訴訟における適用場面

(a) 基　本

　原告が運転する自動車（原告車）と被告が運転する自動車（被告車）とが衝突した交通事故（本件事故）について、原告車の所有者である原告が、被告に対し、民法709条に基づいて、原告車の修理代金30万円、レッカー代金2万円及び代車料5万円に係る損害を賠償請求する訴訟において、本件事故における過失割合が原告2割、被告8割であったとする。その場合、原告が被告に賠償請求できる金額は、原告の過失分である2割に相当する金額を減じられるから、総損害額37万円の8割（1－0.2）に相当する29万6000円となる。

(b) 抗　弁

　訴訟においては、被告が、原告（側）の過失又は落ち度を基礎づける具体的な事実を主張し、過失相殺の抗弁として提出（主張）することになる。理論的には、裁判所は、被告が過失相殺の抗弁として主張していなくとも、原告（側）の過失又は落ち度を基礎づける具体的な事実が当事者双方のどちらかから主張されていれば（したがって、この限りにおいて、弁論主義が適用される）、職権で過失相殺をすることができるが、訴訟代理人としては、過失相殺の抗弁として明確に主張することが望ましい（実際の訴訟においては、被告が過失相殺の抗弁を主張するのかどうか不明瞭な場合があり、その場合には、裁判所が過失相殺の抗弁を主張する趣旨か否かについて釈明を求めることがある）。

〔2〕 被害者側の過失

(1) 被害者側の過失という考え方

　民法722条2項においては、「被害者に過失があったとき」と定められている。しかし、必ずしも、被害者自身の過失である必要はなく、被害者と一定の関係にある者の過失を過失相殺において考慮できるとするのが判例・通説の確立した立場である（最判昭34・11・26民集13巻12号1573頁、最判昭42・6・27民集21巻6号1507頁「民法722条2項に定める被害者の過失とは、単に被害者本人の過失のみでなく、ひろく被害者側の過失をも包含する。」）。

　先に述べたように、過失相殺は、被害者と加害者との間の損害の公平な分配

という理念から導き出される考え方であるから，具体的な事案に照らし，被害者自身の過失ではなくとも，被害者と一定の関係にある者の過失をしん酌することが公平であるとして，過失相殺が許されるのである。

(2) 「被害者側」の範囲

それでは，被害者とどのような関係にある者の過失が，被害者側の過失とされているのかを以下に述べる。

(a) 被害者と使用者・被用者の関係にある者

(イ) 趣　旨　　被用者が使用者の業務執行行為について第三者に損害を与えた場合，使用者が第三者に対して損害賠償責任を負う（民715条　使用者責任）。すなわち，使用者が加害者側に立った場合には，使用者は，被用者の過失について損害賠償責任を負わされるのである。

それとの均衡を考えれば，使用者が被害者側に立った場合，過失相殺の局面において，使用者も，被用者の過失について相応の負担をするのが公平に適うといえる。

よって，「被害者と使用者・被用者の関係にある者」の過失を「被害者側の過失」として，被害者の損害賠償請求権を過失相殺するのが判例・通説であり，実務である。

(ロ) 具体例　　被害車両を所有する原告（例えば，A株式会社）が，加害車両の運転者である被告に対し，損害賠償請求をした事案において，被告は，原告に対し，被害車両をAの業務執行につき運転していた被用者（例えば，Aの従業員であるB）の過失を主張して，過失相殺の抗弁を提出することができるのである。

(b) 被害者と身分上ないしは生活上一体をなすと見られるような関係にある者

(イ) 趣　旨　　被害者側に過失がある場合，加害者は，被害者に対し，その被った損害の全額を賠償し，その後に，過失があるとされる被害者側の者に対し，その者の過失割合に応じた求償をするのが本来的な筋道である。しかし，一方，被害者側の過失をしん酌して過失相殺を認めれば，上記のような求償関係の手間が省け，紛争を1回的に解決できるという合理性があり，結果として，加害者と被害者側の者との連帯責任を分割したことになる。

よって,「被害者と身分上ないしは生活上一体をなすと見られるような関係にある者」の過失を「被害者側の過失」として,被害者の損害賠償請求権を過失相殺するのが判例・通説であり,実務である。

(ロ) 具体例　　上記のような求償関係を省し,紛争を一挙解決できるという理由で,被害者側の過失として過失相殺することを正当なものとして是認できるのは,被害者と被害者側の者との間に「財布はひとつ」という関係がある場合であるといわれている。すなわち,「被害者と生計を一体としている者」は被害者側の過失としてしん酌することができるのである。ただ,上記(a)の「被害者と使用者・被用者の関係にある者」と比較して,どのような者であれば,「被害者と身分上ないしは生活上一体をなすと見られるような関係にある者」にあたるといいうるのかはあまり明確ではない。そこで,以下,判例等に現れた具体例をあげておく。

【肯定例】

① 夫婦（内縁を含む),未成年の子と親,同居して経済的に一体関係にある兄弟姉妹

これらの者が「被害者と身分上ないしは生活上一体をなすと見られるような関係にある者」にあたることは,異論がない。

簡裁に多く係属する物損に関する損害賠償請求訴訟では,被害車両の所有者が夫（又は妻,父,母),同車両の運転者がその妻（又は夫,子）であるという事案は少なくない。この場合,被害車両の所有権侵害を主張し,所有者が原告となって訴えが提起されるわけであるが,同車両の運転者である妻（又は夫,子）は,原告と「財布はひとつ」という関係であるという理由から,運転者である妻（又は夫,子）の過失を被害者側の過失としてしん酌して,過失相殺されることになる。

なお,夫が妻を同乗させていたときの交通事故について,妻が事故の相手方に対し損害賠償（人損）請求をした事案において,「夫婦の婚姻関係が既に破綻にひんしていたなど特段の事情のない限り,夫の過失を被害者側の過失としてしん酌できる」とした事案（最判昭51・3・25民集30巻2号160頁）がある。原則として,夫婦の一方の過失は,被害者側の過失であると考えられているわけである。この場合,「事故時,夫婦の婚姻関係が既に破綻にひんしていた」事実は,

過失相殺の抗弁に対する再抗弁にあたると思われる。
　② 未成年の子について，その実母と内縁関係にある夫
　未成年の子（同乗者）が損害賠償請求をした事案で，その実母（同乗者）と内縁関係にある夫（運転者）の過失を被害者側の過失としてしん酌した事案がある（大阪地判平19・12・18交民集40巻6号1646頁）。この事案では，子，実母及び内縁の夫は同居しており，経済的に一体であるとの事実認定がされていたことに注意を要する。
【否定例】
　③ 近く婚約をして将来結婚する予定の者
　恋愛関係にある男性の運転する自動車に同乗して交通事故にあい，死亡した女性の遺族が，加害車両の運転者に対し，損害賠償請求をした事案において，上記男性と女性は事故の約3年前から恋愛関係にあったものの，婚姻していたわけでもなく，同居していたわけでもないから，身分上，生活関係上一体をなす関係にあったとはいえないとされた事案がある（最判平9・9・9裁判集民事185号217頁）。
　④ 職場の同僚
　職場の同僚が運転する自動車に同乗して交通事故にあった原告が，加害車両の運転者に対し，損害賠償請求をした事案において，「同じ職場に勤務する同僚であるというだけの事実から，直ちに，身分上，生活関係上一体をなす関係にあるもの」ということはできないとされた事案がある（最判昭56・2・17裁判集民事132号149頁）。
【その他】
　⑤ 幼児と親等の監護者については，**Q38**を参照されたい。
　⑥ 好意同乗者については，**Q39**を参照されたい。
　(3)　**訴訟における適用場面**
　(a)　注　意　点
　以上に見たように，権利侵害を主張する者（例えば，被害車両の所有者である原告）と同車両の運転者が異なる場合に，過失相殺の抗弁を主張する被告訴訟代理人は，原告と運転者が過失相殺を認めるに足りる関係を有することをも主張しなければならない（理論的には，上記関係性の主張がない場合には，過失相殺の抗弁

の主張自体が失当となる)。実際の交通事故訴訟において，このような関係性の主張漏れが多いので注意を要する (主張漏れがある場合には，裁判所が，過失相殺の抗弁を提出する被告訴訟代理人に対し，原告と運転者との関係性につき釈明を求めることになろう)。

(b) 具体例

① 被害車両の所有者である原告 (A株式会社) が，加害車両の運転者である被告に対し，損害賠償請求をした事案において，被害車両の運転者Bの過失を主張して過失相殺の抗弁を提出する場合には，「AがBの使用者であること」，「本件事故が，BがAの事業を執行するに際し起きたこと」を主張する必要がある。

② 被害車両の所有者である原告A (父) が，加害車両の運転者である被告に対し，損害賠償請求をした事案において，被害車両の運転者B (子) の過失を主張して過失相殺の抗弁を提出する場合には，「Bが，Aと身分上ないしは生活上一体をなすと見られるような関係にあること」を，具体的には「BがAの子であり，経済的に一体である事情」を主張する必要がある。

(c) なお，簡裁に多く係属する物損に関する損害賠償請求訴訟では，被害車両の所有者である原告と同車両の運転者との間に「身分上ないしは生活上一体をなすと見られるような関係」がないけれども，被告からの過失相殺の抗弁に対し，原告又は原告訴訟代理人から「過失相殺の対象としてほしい。」との意思が示されることがある。仮に，原告と運転者との間に過失相殺が認められるような関係がないとして，過失相殺の抗弁自体を失当とすると，被告が原告に損害の全額を支払い，その後，被告が原告車の運転者に対し，その過失分に相当する額の求償請求をすることになるが，当事者双方のいずれもそのような迂遠なことは望まないのであろう。したがって，そのような場合には，口頭弁論調書にその旨を記載し，過失相殺をすることがありえよう。

[織田 啓三]

Q38 幼児の被害事故と過失相殺

幼児が交通事故の被害者である場合，その幼児の行為等を過失相殺において考慮しうるか説明しなさい。

〔1〕 幼児に関する道路交通法の定め等——前提

(1) 幼児とは

社会通念上，幼児とは，小学校就学前の者をいうとの認識が一般的と思われるところではあるが，道路交通法（以下「道交法」という）14条3項は，「幼児とは6歳未満の者」を，「児童とは6歳以上で13歳未満の者」をいうと定めている。

(2) 親権者等の責任

(a) 保護責任者の責任

幼児を保護する責任のある者は，交通のひんぱんな道路又は踏切若しくはその付近の道路において，幼児に遊戯をさせたり，又は自ら若しくはこれに代わる監護者が付き添わないで幼児を歩行させてはならない（道交14条3項）。

(b) 運転者の責任

車両等の運転者は，監護者が付き添わない幼児が歩行しているときは，一時停止し，又は徐行して，その歩行を妨げないようにしなければならない（道交71条2号）。

(c) 訴訟代理人としては，上記の定め等を念頭に置いて，当該交通事故における加害者や被害者の過失又は落ち度を構成する必要があることを忘れてはならない。

(3) 過失相殺率における修正要素

東京地裁民事交通訴訟研究会編『民事交通訴訟における過失相殺率の認定基準』〔全訂5版〕（別冊判タ38号）においては、人的損害賠償請求をする被害者が「児童、幼児、高齢者、身体障害者等」にあたる場合、過失相殺率をこれらの者に有利に修正するよう定められている。そして、事故類型によっては、幼児の修正率を児童の修正率よりも、高く定めている場合もある。これは、幼児をより保護すべきであるとの考えに基づくものと思われる。

なお、個々の交通事故訴訟において、「幼児か否か」が争点になる（すなわち、結論に影響を与える過失相殺の際の修正要素とするか否かが争点となる）ことはあまりないと思われるが、仮に、「幼児か否か」（幼児修正をするか否か）が争点になった場合、道交法の前記(1)の定めにかかわらず、小学校就学前の者であれば、6歳に達していたとしても、幼児として扱い、修正要素とする考えもあろうかと思われる。

〔2〕 過失相殺の適用

(1) 過失相殺の法理

過失相殺の法理は、加害者の不法行為によって被害者に生じた損害を、被害者と加害者との間で公平に分配・分担させようという公平の理念に基づき認められるものであり、過失相殺されるべき被害者には、責任能力（行為の結果として責任が生じることを認識する能力）があることまでの必要はないが、事理弁識能力（損害の発生を避けるのに必要な注意をする能力）が存在することが必要である。この場合、「過失」とはいっても、不法行為法上の過失ではなく、何らかの不注意ないしは落ち度で足りる（したがって、理論的には、被害者に不法行為責任は生じないが、過失相殺はされることがありうる）。

(2) 事理弁識能力の有無

(a) どの程度の年齢であれば、事理弁識能力があるとされるのか、すなわち、その者の不注意ないしは落ち度をもって過失相殺されるのかは、一概にいうことはできないが、現在では、小学校に入学した「児童」については、事理弁識能力があるとして、同児童の不注意ないしは落ち度をもって過失相殺の対象とされているようである。

幼児については、その年齢や事故の具体的な態様等によって、当該幼児に事

理弁識能力があるとされる場合もあれば，事理弁識能力がないとされる場合もあるようであるが，下級審においては，5，6歳で事理弁識能力がそなわると判示するものが多いといわれている。4歳11ヵ月の幼児について事理弁識能力を肯定した裁判例もある（横浜地川崎支判昭46・3・15判タ261号248頁）。しかし，3歳児以下であれば，ほぼ，事理弁識能力は否定されることになろうかと思われる。

(b) したがって，幼児が被害者となる交通事故が発生し，幼児が損害賠償請求をした場合に（原告は負傷した幼児本人であるところ，その法定代理人である親権者が訴訟を提起して，訴訟行為をすることになる），加害者が過失相殺の抗弁を提出するには，幼児に事理弁識能力がある場合は当該幼児の不注意ないしは落ち度を主張することになるが，事理弁識能力が認められないような年齢の幼児の場合には，幼児自身の落ち度を主張することはできないから，その他の者（幼児と一定の関係にある者）の過失ないしは落ち度を主張する必要がある。この場合に，被害者側の過失という考え方を用いて，一定の関係にある者の過失ないしは落ち度を主張することになる。

(3) **裁　判　例**

(a) 基本的な考え方——最判昭42・6・27民集21巻6号1507頁

被害者本人が幼児である場合における民法722条2項にいう被害者の過失には，被害者側の過失をも包含するが，被害者側の過失とは，被害者本人である幼児と身分上ないし生活関係上一体をなすとみられる関係にある者の過失をいう。

なお，この判例は，保育園の保母Aに引率されて保育園に登園途中の園児Bが交通事故にあって死亡した事案で，Aには，Bを監護するについて過失があるが，Aは，Bの両親から直接に委託を受けて，被用者としてBの監護をしていたのではなく，保育園の被用者としてBを含む園児らを引率監護していたにすぎないとして，Aの過失を被害者側の過失としてしん酌して過失相殺することはできないとした点に注意を要する。

(b) 具体的には，幼児の両親の過失が，被害者側の過失と認められる裁判例が多い。

① 東京地判平16・1・26判例秘書

自転車の通行が許された近隣有数の商店街の歩行者用道路において，被害者本人である幼児（5歳）を連れて買い物をしていた母親は，幼児が急に道路に飛び出すことのないように注意し，又は道路の安全を確認してから横断させるなどしていれば，本件事故（幼児が，自転車にはねられ，負傷した事故）の発生は避けられたとして，母親の過失を被害者側の過失として，1割の過失相殺を認めた。
　②　東京地判平27・2・10判例秘書
　歩車道の区別のない交通頻繁な道路（路側帯あり）で，幼児（3歳）が，路線バスにひかれて死亡した事故において，幼児とともに買い物に来ていた母親が，約28.2m離れた位置にいる幼児を認めながら，買い物で購入した荷物を自転車にしまっている間に幼児から目を離し，幼児が路線バスの右側方の道路上を，同バスと同じ方向に走り，その後，路側帯側から車道側へ進路変更した路線バスにひかれたという認定事実の下で，母親には，子である幼児が自分から離れ，交通頻繁である本件道路のそばにいるのを認めたのであるから，すぐに連れ戻し，自分の手の届く範囲の下で看視すべき義務があったのにこれを怠り，幼児から目を離してしまったため，本件事故に至ったから，母親には本件事故について過失があるとされた。本件事故においては，路線バスの運転手には，路線バスの側方を走ってくる幼児の存在を予測することが困難であったこと，幼児の走ってきた位置の多くがサイドミラー等の死角であったことなどから，原告側の過失は5割とされた。
　③　福岡地判平27・5・19判例秘書
　母親が幼児（2歳）を連れて買い物をした後，荷物を車両に積み込む間，幼児から目を離したため，幼児が駐車場の走行スペースへと移動し，駐車区画から走行スペースへと発進した被告車にひかれて死亡した事故について，車両及び人の通行が頻繁な駐車場内においては，被害者側である母親においても，事故の発生防止を車両運転者の注意にのみ委ねるのではなく，幼児の動静に注意しておく義務があったのに，これを怠った過失があるとして，1割の過失相殺を認めた。
　④　東京地判平24・7・18交民集45巻4号830頁——幼児に事理弁識能力を肯定しつつ，母親の過失も併せて認定した事例

一方通行の道路を直進していた被告車が，道路の右側にあるパーキングエリアから道路を渡り始めた幼児をはねた交通事故において，幼児は事故当時5歳7ヵ月であったこと，車道を直進していた四輪車と車道を横断中の幼児とが衝突したという事故態様に照らして，幼児は過失相殺の前提となる事理弁識能力を有していたと判断された。そして，幼児自身に，被告車が間近に迫った状態で，駐車車両の間から道路の斜め横断を開始した過失を認定するとともに，事故の前に，一緒にいた母親が先に道路を横断して，道路の左側にある路側帯に移動しており，幼児はその母親に向かって道路を横断したことから，母親の過失も被害者側の過失として認定した。

〔3〕 ま と め

まず，当該幼児に事理弁識能力があるか否かを検討する。すでに述べたように，年齢，事故の具体的態様から，事理弁識能力の有無を検討する。

(1) **幼児に事理弁識能力がある場合**

当該幼児自身の過失ないしは落ち度を過失相殺において考慮しうる。

よって，訴訟代理人としては，当該幼児の年齢，本件事故の態様から，幼児に事理弁識能力があることを主張し，かつ，具体的な幼児の行動を過失ないし落ち度として主張することになる。

なお，この場合であっても，幼児と一定の関係にある者の過失を被害者側の過失として併せて主張することができる場合は多いのであろうから，そのような場合には，訴訟代理人としては，被害者側の過失をも併せて主張するのが相当であろう（上記〔2〕(3)(b)④の裁判例を参照）。

(2) **幼児に事理弁識能力がない場合**

当該幼児自身の過失ないしは落ち度を過失相殺において考慮することはできない。

よって，訴訟代理人としては，幼児と一定の関係にある者の過失ないしは落ち度を被害者側の過失として過失相殺すべきであると主張することになる。

〔4〕 補 足——被害者側の過失を採用しない考え方

判例，実務の立場によれば，幼児が道路に飛び出して交通事故の被害にあっ

た場合であっても，その幼児を連れていたのが親であったときには，被害者側の過失として，親の監督義務違反をもって過失相殺するのに対し，親でなく，上記最高裁判決のように，保母が幼児を連れていたときには，被害者側の過失にはあたらないとして，保母の監督義務違反等をもって過失相殺することができないという結論になる。

　しかし，そのような結論は妥当性を欠くとして，もはや被害者側の過失という考え方によるのではなく，被害者の行為態様自体を問題にして過失相殺するのが妥当であるとの考え方がある。例えば，被害者が車両の通行の頻繁な道路に飛び出して事故にあった場合を想定すれば，その飛び出し行為自体を問題として，過失相殺するのが公平か否かを考えるべきであるとするのである。

　このような考え方は，傾聴に値すると思われるが，現時点において，実務に携わる訴訟代理人としては，判例，実務が採用している「被害者には事理弁識能力が必要であり，それがないときには，被害者側の過失が認められるか否か」という考え方によって主張を組み立てるのが相当であろう。

[織田　啓三]

Q39 | 好意同乗者と過失相殺

好意同乗者について過失相殺の規定が適用又は類推適用されるか，以下の事項ごとに説明しなさい。
(1) 単なる便乗・同乗した場合。
(2) 危険承知で同乗した場合。
(3) 同乗者が交通事故発生の危険性が増大するような状況を作出した場合。
(4) 加害者と共同暴走行為をしている運転者の過失については，同乗者の過失として評価しえないか。

〔1〕 好意同乗論

(1) **問題意識（出発点）**

運転者（好意運行者）の好意により無償で同乗していた自動車が交通事故にあい，当該同乗者（好意同乗者）が損害を被った場合に，当該車両の運行供用者や運転者が当該同乗者に対し負う損害賠償責任の範囲を制限（賠償額を減額）することができるのか。できるとすれば，それはどのような場合なのか。これが，好意（又は無償）同乗（又は同乗減額）の問題である。

かつては，好意同乗者の他人性（自動車損害賠償保障法（以下「自賠法」という）3条にいう「他人」にあたるか否か）という責任論から損害減額論まで様々な問題が議論されていたが，責任論について，現在では，好意同乗者は，原則として，「他人」に該当し，例外的に，好意同乗者が共同運行供用者にあたる場合（保有者が同乗していなかった事案で，運行支配の程度が，保有者は「間接的，潜在的，抽象的」であるのに対し，好意同乗者ははるかに「直接的，顕在的，具体的」であったとき。保有者が同乗していた事案で，好意同乗者の運行支配の程度が，運転者に比べて「優るとも劣らな

い」ときなど）には「他人性」が否定されるとする裁判実務が定着している。

　よって，現在では，好意同乗の問題は，専ら損害論の分野で議論されているといえよう。

(2) 同乗減額

　(a) 好意同乗者が，同乗車両の運転者（好意運行者）に対し，損害賠償請求をした場合に，運転者が「好意同乗であること」を理由に，その賠償額の減額を主張できるかという論点について，次のように場合分けがされている（実務は，この立場にほぼ固まっているとされている）。

　① 単なる便乗・同乗型

　好意同乗者に帰責性がない単なる便乗又は同乗である場合には，単なる同乗者であることのみをもって，賠償責任者を保護するために賠償額を減額する必要性も合理性も存しないから，減額しない。

　② 危険承知型

　事故発生の危険性が高いような客観的事情（運転者の無免許，薬物乱用，飲酒，疲労等）が存在することを知りながら，あえて同乗した場合には，過失相殺の規定の適用又は類推適用により減額する。

　③ 危険関与・増幅型

　同乗者自身が，事故発生の危険性が増大するような状況を現出させた場合（例えば，速度違反をあおったような場合など）には，過失相殺の規定の適用又は類推適用により減額する。

　④ 運行供用者型

　好意同乗者が，共同運行供用者となる場合（この場合，運転者に自賠法３条の責任が否定されても，民法709条の責任が認められる）には，過失相殺の規定の適用又は類推適用により減額する。ただし，裁判例において，当該同乗者について，上記の②又は③にあげたような事情が存在しないのに，単に自賠法３条の規定との関係では運行供用者にあたりうるということのみをもって，賠償金額を減額するとしたものは見当たらないとの指摘もされている。

　(b) かつて，好意同乗者の賠償額を減額するとの考え方が支配的であった時期もあったが，現在では，上記(a)のとおり，同乗者に，当該事故の発生について帰責事由があるかどうかが判断の基準とされており，①のように，同乗者

に帰責性のない単なる便乗・同乗の事案では同乗減額を認めず，②，③のように同乗者に事故の帰責性が認められる場合には同乗減額を認めるのが実務の立場である。

(3) **裁 判 例**

(a) 同乗減額を否定した事例

① レンタカーでの旅行中，運転者が時速50km制限のところ，時速100kmから120kmに加速して先行車を追い越した後，進路変更しようとして急ハンドルを切ったため制御不能となり，縁石に衝突して横転し，同乗者が死亡した事案で，同乗者に無謀な運転を誘発するような行為は認められず，運転に危険性が高いことを承知ないし予想できたような事情もないとして，同乗減額を認めなかった（東京地判平15・9・3交民集36巻5号1208頁）。

② 路面凍結によりスリップしてトンネル壁に衝突し，助手席で仮眠中の同乗者が負傷した事案で，同乗者には事故発生の危険が増大するような状況を自ら積極的に現出させたり，事故発生の危険が高い事情が存在することを知りながらこれを認容して同乗した等の事情はないとして，同乗減額を認めなかった（大阪地判平18・4・25交民集39巻2号578頁）。

(b) 同乗減額を肯定した事例

① 加害者を呼び出して一緒に飲食店で飲酒した被害者が助手席に同乗中の事故（なお，第三車両が存在する）について，自ら事故発生の危険性が高い状況を招来し，そのような状況を認識した上で同乗したとして，同乗減額を認めた（東京地判平19・3・30交民集40巻2号502頁）。

② 加害車に同乗して飲酒目的で居酒屋へ行き，飲酒後助手席に同乗中，ハンドルをとられてトンネル内で側壁に衝突する事故が発生し，被害者が受傷した事案で，加害者が飲酒運転をすることを認容し，飲酒していることを承知で同乗したとして，同乗減額を認めた（名古屋地判平20・1・29交民集41巻1号114頁）。

③ オートマチック車限定の運転免許しか有しない加害者がマニュアル車を運転し，これに同乗した被害者が死亡した事故について，被害者は，マニュアル車の運転免許のない加害者がマニュアル車の運転をすることを知りながらこれを容認して同マニュアル車に同乗したのであり，被害者が，加害者の運転開始後にその運転を制止したり，同マニュアル車を降りようとした形跡はないと

の事実のもと，被害者にも過失があると認めた（大阪地判平28・3・30自保ジャーナル1971号60頁）。

〔2〕 設問(1)，(2)，(3)について

　設問(1)の「単なる便乗・同乗した場合」（好意同乗者に帰責性がない単なる便乗・同乗）には，そのことのみをもって，賠償額を減額することはしない。すなわち，過失相殺の規定は適用又は類推適用されない。

　設問(2)の「危険承知で同乗した場合」には，好意同乗者は，事故発生の危険性が高いような客観的事情（運転者の無免許，薬物乱用，飲酒，疲労等）が存在することを知りながら，あえて同乗したのであるから，同事情が当該事故の発生に起因している場合には，過失相殺の規定の適用又は類推適用により賠償額を減額することになる。

　設問(3)の「同乗者が交通事故発生の危険性が増大するような状況を作出した場合」には，好意同乗者は，速度超過をあおるなどして，当該事故が発生する危険性を増大させたのであるから，同事情が当該事故の発生に起因しているということができ，過失相殺の規定の適用又は類推適用により賠償額を減額することになる。

〔3〕 同乗車両と他の車両（第三車両）が絡む事故について

(1) 第三車両の運転者等との関係

　同乗車両と他の車両（第三車両）が衝突した事故について，第三車両の運転者，所有者等が，同乗車両の同乗者に対し，同乗減額を主張できるかという問題がある。

　好意同乗減額は，被害者と運転者（又は保有者）との人的関係に基づくものであり，原則として相対的効力しかもたないとの立場から，第三車両の運転者等は同乗減額を主張できないとする考えもありうるが，上記〔1〕(2)に示したように，同乗者の帰責性が認められることを根拠として，過失相殺の規定を適用又は類推適用するとの立場をとる以上，同乗者の運転者のみならず，第三車両の運転者等も，同乗減額を主張しうるとの考え方をとるのが正当である。ただし，同乗車両の運転者と第三車両の運転者の双方に過失が認められ，両者間

で過失割合が出る場合に、同乗者の過失割合（又は減額割合）を同乗運転者と第三車両運転者の双方の関係で同一とするのか、あるいは異なる過失割合（又は減額割合）とするのかは裁判例は分かれている。

(2) 最〔2小〕判平20・7・4裁判集民事228号399頁（判タ1279号106頁。以下「平成20年判決」という）について

(a) 本件は、AとBが午後9時頃から午後11時49分頃まで自動二輪車に2人乗りし、交替で運転しながら共同して暴走行為（空ぶかしや蛇行運転など）を繰り返していたところ、Aが、取締りのため出動していた小型パトカーを見つけ、制限速度時速40kmを大きく超過する時速70kmから80kmに加速して逃走しようとしたが、その際小型パトカーの様子をうかがおうとして脇見をしたため、前方に停車した本件パトカーを発見するのが遅れ、回避する間もなく、同パトカーに衝突し、その結果、同乗していたBが死亡した事故について、Bの遺族が、パトカーの運行供用者（県）に対し、損害賠償請求をした事案である。

県が過失相殺による賠償額の減額を主張したところ、原審（控訴審）は、A、B、パトカーの運転者C（警察官）の過失割合を6対2対2と認定し、「本件事故は、Bとの関係では、AとCとの共同不法行為により発生した。AとBとの間に身分上、生活関係上の一体性はないから、過失相殺するに当たってAの過失をいわゆる被害者側の過失として考慮することはできない」と判断した。

最高裁は、「本件運転行為（小型パトカーを見つけてからのAの運転行為）に至る経過や本件運転行為の態様からすれば、本件運転行為は、BとAが共同して行っていた暴走行為から独立したAの単独行為とみることはできず、上記共同暴走行為の一環を成す。したがって、県との関係で民法722条2項の過失相殺をするに当たっては、公平の見地に照らし、本件運転行為におけるAの過失もBの過失として考慮することができる。」と判断した。

(b) 平成20年判決は、AとBとの間に「使用者・被用者の関係」や「生計の一体的な関係」があったわけではないから、従前から考えられてきた「被害者側の過失」の類型とは異なると考えられる。しかし、過失相殺は、被害者に生じた損害を、被害者と加害者との間で公平に分担すべきという公平の理念から導かれる考えであるから、上記「使用者・被用者の関係」や「生計の一体的な関係」に限定されるべき理由はない。

本件事案の特徴としては，①AとBが交替で運転して，共同の暴走行為を繰り返し，②本件事故は上記共同の暴走行為の一環として生じたものであるから，Bが自らの損害発生に寄与したという事情が指摘できる。すなわち，本件事故の発生時点ではたまたまAが運転しており，Bは同乗者にすぎなかったものの，Aの運転行為はそれまでのA及びBによる共同暴走行為の一環として評価すべきであり，それゆえに，過失相殺の局面においては，Aの本件運転行為における過失をBの過失として評価，考慮できると判断したものである。

〔4〕 設問(4)について

A車両（運転者はA₁）とY車両（運転者はY₁）とが共同して暴走行為に及んでいる際に両車両が衝突する交通事故が発生し，A車両に同乗していたXが負傷したとして，Y₁に対し，損害賠償請求をした事案において，その事故の主たる原因があるY₁が，A₁の過失を理由に過失相殺の抗弁を提出した場合に，A₁の過失を理由に過失相殺の規定を適用又は類推適用できるか。

上記〔1〕で述べたように，Xが，A₁に対し，共同暴走行為をあおっていたとか，Y車両との共同暴走行為に及ぶことを知りながら，あえて同乗したなどの事情があれば，同乗減額することが公平の理念に沿うということができるから，過失相殺の規定を適用又は類推適用できる。

上記のような事情がまったくない場合，例えば，共同暴走行為に及ぶことをまったく知らなかったとか，暴走行為を止めようとA₁を注意したが聞き入れられなかったとか，そのような場合には，Xに帰責性がないから，過失相殺の規定を適用又は類推適用できないといえる。

また，平成20年判決の事案のように，A₁とXが代わる代わるA車両を運転して，共同暴走行為を行っていたような場合には，Xの過失をA₁の過失と捉えて，過失相殺することがありうるだろう。

［織田　啓三］

Q 40 ｜ 一部請求と過失相殺

　被害者が交通事故により被った損害の一部について賠償請求をする場合，相手方主張の過失相殺の取扱いについて説明しなさい。

〔1〕 はじめに

(1) 一部請求がなされる場合

　交通事故による損害には，Ｑ4〔2〕をはじめ各所で述べているとおり，大別して，人的損害と物的損害があり，また，財産的損害と非財産的損害（精神的損害，慰謝料）がある。さらに，財産的損害には，積極損害と消極損害がある。

　交通事故の被害者に，こういったいくつかの損害が発生しているときに，その一部について賠償請求（一部請求）をする場合としては，相当因果関係等につき，立証が難しい部分があるので，立証が容易な部分に限って訴訟を提起する場合，人的損害につき，治療継続中のため，全損害額が未確定であり，現時点では全損害の賠償請求をできないが，確定している損害部分だけでも早期に回復したい場合，紛争の早期解決のため，請求を一部放棄することも視野に入れ，是非とも請求を認めてほしい部分に限定して訴訟提起をする場合，一部は保険等を利用するのでそれ以外の部分だけ訴訟をすれば十分である場合等がある。また，二当事者間の事故については，実務上，過失割合が，事故態様等に応じて相当程度，定型化されていること（東京地裁民事交通訴訟研究会編『民事交通訴訟における過失相殺率の認定基準』〔全訂5版〕（別冊判タ38号）等。第4章【概説】参照）から，被害者が，ある程度，自分側の過失割合を予想しうる（弁護士が訴訟代理人になっている場合はもとより，本人で訴訟を提起，追行する場合でも，保険会社から教示される等して，過失割合をある程度予想している被害者が多い）ため，損害額から，

予め自分側の過失割合相当額を控除した残額について賠償請求をしてくる場合も少なくない。そして，一部請求には，訴え提起手数料（収入印紙代）を可及的に低く抑えたいという希望が，背景にある場合もある。

(2) **本問解説の構成**

交通事故について一部請求をする場合には，大別すると，①1つの交通事故により人的損害と物的損害の双方が発生したが，人的損害（あるいは物的損害）についてのみ，全部請求をする場合と，②ひとまず人的損害（あるいは物的損害）の一部のみを請求するという場合とがある。

以下，この2つに場合を分けて，一部請求の場合における過失相殺の取扱いにつき，説明することとする。その際，一部請求における損害賠償請求訴訟の訴訟物，すなわち審判対象との関係が問題となりうるので，損害賠償請求訴訟の訴訟物についても言及する。なお，被害者の過失を根拠づける事実の主張，立証がなされていることを前提とする。

〔2〕 人的損害（あるいは物的損害）についてのみ全部請求している場合

(1) **損害と訴訟物との関係**

人的損害と物的損害は，被侵害利益を異にするので，それぞれの損害に対する賠償請求権は，訴訟物が異なるという見解が，判例の立場であるとされている。

この点，不法行為に基づく損害賠償請求における訴訟物については，新訴訟物理論によれば，1つの交通事故による損害賠償請求の訴訟物は1個ということになるが，実務が採る旧訴訟物理論からは，必ずしもそうとはいえず，①被侵害利益が異なれば，それぞれ別個の損害賠償請求権が発生するとみて，被侵害利益によって訴訟物が異なるという見解，②人的損害について，財産的損害と非財産的損害（慰謝料）とで訴訟物は異なるという見解，③人的損害における財産的損害を，さらに積極損害と消極損害に区別し，慰謝料とともに人的損害を三分し，それぞれが1個の訴訟物であるという見解等があった。

そのような中，最判昭48・4・5（民集27巻3号419頁）は，同一事故により生じた同一の身体傷害を理由とする財産的損害と精神的損害は，請求原因事実及

び被侵害利益が共通であるから，訴訟物は1個であるとしている。この立場からは，人身損害における財産的損害につき，被害者がいくつかの損害項目（例えば，治療費，入院雑費，通院交通費，休業損害，後遺障害逸失利益等）を主張していたとしても，これらは慰謝料共々，1個の訴訟物に属するということになる。

そして，この昭和48年最高裁判決は，人的損害に関するものであって，物的損害との関係については，必ずしも明らかではなかったが，最判昭61・5・30（民集40巻4号725頁）は，1個の行為により同一著作物についての著作財産権と著作者人格権とが侵害されたことを理由とする著作財産権に基づく慰謝料請求と著作者人格権に基づく慰謝料請求とは，訴訟物を異にする別個の請求である旨判示したことから，人的損害と物的損害それぞれの損害賠償請求権は訴訟物が異なるという見解が，判例の立場であることが確認された。

なお，訴訟物の捉え方が以上のとおりであったとしても，損害額の算出方式としては，交通事故訴訟においては，各損害項目ごとに算定し，これを積み上げていくという個別損害積上げ方式が採られている。

(2) 帰　結

人的損害と物的損害それぞれの損害賠償請求権は訴訟物が異なる以上，人的損害（あるいは物的損害）についてのみ，全部請求をしている場合の過失相殺は，単純に，認定された損害合計額から過失割合分を控除すればよいということになる。

〔3〕 人的損害（あるいは物的損害）の一部のみを請求している場合

(1) 損害と訴訟物との関係

人的損害については，前述のとおり，いくつかの損害項目が主張されていたとしても，しかも，財産的損害と精神的損害が主張されていたとしても，訴訟物は1個であるというのが判例の立場である。人的損害について，訴訟物が1個であるとすると，一部請求をしている場合においても，これに対する判決が確定したときには，本来，その既判力が残部にも及ぶため，後日，残部につき，別訴提起をしても，確定判決の既判力により残部の請求が遮断されることになる。しかし，一部請求であることを明示していた場合には，明示された一部の

みが訴訟物となり，確定判決の既判力は，残部に及ばなくなるものとされている（最判昭37・8・10民集16巻8号1720頁）。

一方，物的損害については，損傷した物件ごとに訴訟物を異にするという見解が，実務の立場のようである。物件ごとに所有権，すなわち被侵害利益を観念できるからである。そうすると，被害者が，例えば，被害車両の修理費のみを請求し，代車費用を請求していないという場合には，一部請求であることを明示していないと，人的損害の場合と同様に，判決確定後に代車費用を請求しようとしても，既判力によって遮断されるということになる。これに対し，被害者が，車両に関する損害のみ請求し，積載物の損害については請求をしないでおくといった場合，積載物の損害がある旨明示していたかどうかにかかわらず，積載物の損害賠償請求は，車両損害に関する確定判決の既判力によって遮断されることはないということになる。

(2) 過失相殺の取扱い

では，同一被害者の人的損害（あるいは，同一被害者の同一物件に関する物的損害）について，一部請求がなされている場合の過失相殺は，どのようになされるのであろうか。

これについては，①請求額を端的に過失割合に応じて減額するという方法（按分説），②全損害額から過失割合に応じて減額すべき額を，請求額から減額するという方法（内側説），③全損害額から過失割合に応じて減額し，請求額の範囲内で残額を認容するという方法（外側説）がありえた（現実には，内側説を唱えていた者はいなかったようである）。

そのような中，前掲昭和48年最高裁判決は，被害者が第二審で請求拡張をしたが，その際，第一審で認定された自己の過失割合分を控除し，一部請求をしたところ，第二審が外側説に立って過失相殺をしたというケースについて，「損害の全額から過失割合による減額をし，その残額が請求額をこえないときは右残額を認容し，残額が請求額をこえるときは請求の全額を認容することができる」と述べ，最高裁としても，外側説を採用した。

外側説によれば，例えば，全損害額が1000万円であると認定され，そのうち600万円を請求していた場合において，被害者の過失割合が4割であったとすると，1000万円から4割（400万円）の過失相殺をし，残額の600万円が請求

額を超えていないことから，請求額600万円の全部認容をするということになる。

ちなみに，按分説に立った場合，請求額600万円から4割（240万円）の過失相殺をし，残額の360万円が認容され，また，内側説に立つと，1000万円の4割である400万円を，請求額600万円から控除した200万円が認容されることになる。

(3) 昭和48年最高裁判決の正当性及び射程範囲

前掲昭和48年最高裁判決は，外側説を採った根拠として，一部請求をした当事者の通常の意思を挙げている。過失相殺がなされうる事案において一部請求をした当事者（原告）としては，どうせ過失相殺により一定程度減額されるので，認容見込みのある部分に請求を限定しておき，残部については，請求しないでよいと考えたものであろうという当事者の合理的意思解釈を根拠としたものと解される。

そして，前掲昭和48年最高裁判決の判例解説（野田宏・最判解説民事篇昭和48年度462頁）においては，当事者の意思につき，明示的一部請求をした当事者の意思を前提とした検討がなされている。被害者が一部請求であることを明示していた場合には明示された一部のみが訴訟物となるというのが判例（前掲最判昭37・8・10）の立場であるが，そのような場合でも，外側説があてはまるということになる。むしろ，一部請求であることが明示されていない場合，残部が特定されていないわけであるから，外側説は，明示的一部請求の場合にこそ，よくあてはまるということになるのであろう。しかも，交通事故訴訟において一部請求がなされる理由は，上記〔1〕のとおり様々であるが，実務の取扱いは，理由の如何を問わず，外側説に立って処理することに固まっている。

もっとも，過失相殺の主張をした加害者としては，訴訟における請求額からの過失相殺を希望しているはずである（特に，明示的一部請求がなされている場合には，そうなるであろう）から，外側説に立つと，加害者への不意打ちになり，問題があるように見えなくもない。

しかし，過失相殺は，裁判所が職権でなしうるものであって（最判昭41・6・21民集20巻5号1078頁），弁論主義の適用がないことから，裁判所としては，当事者間の公平に反しないのであれば，当事者の希望する過失相殺の方法を採用し

なくてもよいということになる。特定の損害項目に限定した過失相殺さえ許されている（最判昭30・1・18民集17巻1号1頁）。そして，過失相殺後の残額が請求額を超えている場合には，請求額の範囲内で請求が認められることになるので，処分権主義との抵触は生じず，しかも，主張・立証されていない損害項目や立証されていない損害額については，結局，過失相殺の対象に含めることができない。したがって，外側説に立っても，加害者に対する不意打ちの誹りを受けるものではない（人的損害に属する財産的損害と精神的損害は，同一訴訟物に属する上，慰謝料には，財産的損害が主張どおりに認められない場合の補完的機能があるので，裁判所は，原告主張の慰謝料額を超えた額を認定しうるところ，慰謝料は，交通事故において相当程度定額化されている（**Q16**参照）とはいえ，裁判所の裁量によって，その額を認定することができるのであって，証拠によって，その額を認定するものではないことから，原告主張の慰謝料額を超えた額が認定されたときに，まったく問題なしとはしない。ただし，被害者が慰謝料を請求していない場合にまで，裁判所が慰謝料を認定することはできないと解されることから，一定の歯止めはあるといえる）。むしろ，明示的一部請求がなされている場合，既判力との関係では訴訟物になっていない残部についても，過失相殺との関係では，事実上，審判の範囲に含まれうるので，紛争の一挙解決といった観点からは，加害者に有利な側面もあるといえる。

〔4〕 補　　論

(1) 一部支払がなされている場合

損害の一部につき，支払がなされている場合，その支払が特定の損害項目のためになされていたとしても，その損害項目が残部と同じ訴訟物に含まれていたときには，支払額は同一訴訟物に含まれる損害全体のために充当されることになる。したがって，被害者が，支払を受けた部分を除いて訴訟提起をしている場合でも，支払済みの額を含めた全損害を認定し，そこから過失相殺をした後に，支払額が充当されることになる。

(2) 素因減額との関係

加害者が，被害者の既往症その他の身体的素因等を理由に，民法722条2項の類推適用による人的損害の賠償額の減額（これを素因減額という）を主張した場合（判例法理により，民法722条2項を類推適用し，損害賠償額を定めるにあたり，一定

限度で被害者の身体的素因等を斟酌することが認められている。なお，裁判所が職権で斟酌することも可能とされている）において，裁判所が素因減額をするときも，過失相殺をする場合と同様に扱われる。

[小泉　孝博]

第 5 章

交通事故訴訟の手続

〔１〕 交通事故訴訟の特徴

(1) はじめに

　裁判所における交通事故訴訟の事件数は，昭和45年ころにピークに達し，その後減少に転じたが，平成12年ころから再び増加傾向にあり，特にここ数年の増加は著しいものがある。交通事故の発生件数は平成16年の約95万件をピークに減少傾向が続いているにもかかわらず，交通事故訴訟が増加している。その理由としては，①自動車保険において弁護士費用特約が一般化し，訴訟の提起が容易になったこと，②損害保険会社の保険金の支払の査定が厳しくなったこと，③国民の権利意識が高まり，かつ，交通事故訴訟は，通常は，被告が任意保険に加入しており，支払が確保されていることから，原告又はその代理人弁護士において，示談せずに訴訟において主張できるものをすべて主張して，裁判所の判断を仰いでみようとする傾向があること，④保険会社が求償金の回収に努めるようになったことなどが考えられる。

　事件の内容としては，地方裁判所においては，交通事故により脳に外傷性の損傷を受け，高次脳機能障害による高額の損害賠償を請求する事案や，重篤な後遺障害が残ったとして高額の逸失利益を主張する事件が少なくない。一方，簡易裁判所においては，弁護士特約の普及もあり，物損事件が増加している。

(2) 交通事故訴訟の特徴

　交通事故訴訟の特徴として，他の民事訴訟事件と比べ類型が限られており，一定の方式になじみやすいという側面がある。そして，民事交通事故の紛争が訴訟へと発展するケースをみると，訴訟提起前に当事者間の自主交渉や，各種

のADR（裁判外紛争処理制度）の手続を経ていることが多く、争点がどこにあるのか把握しやすくなっている。その上、裁判所の民事交通訴訟専門部や弁護士会の「基準」が公表されており、損害額や過失割合について予想を立てることが容易である。交通事故訴訟は事件解決に向けた訴訟活動が容易な訴訟類型ということができる。

〔2〕訴訟物

　交通事故における紛争を訴訟上の請求として訴訟提起する際は、訴訟物をどのようにとらえるかが問題となる。交通事故訴訟における訴訟物は、責任主体との関係、被侵害利益との関係で異なってくる。

(1) 責任主体との関係

　責任主体との関係では、①被害者が加害者に対し訴えを提起する損害賠償請求訴訟、②加害者が被害者に対して訴えを提起する債務不存在確認請求訴訟、③被害者に損害保険金を支払った保険会社が、保険代位により、加害運転者に対する訴訟を提起する保険代位による損害賠償請求訴訟、④交通事故で人身損害を受けた被害者が、加害自動車の保有者が明らかでないため自動車損害賠償保障法（以下「自賠法」という）3条に基づく損害賠償請求訴訟（自賠72条1項前段）、⑤その他、任意保険の約款に基づく損害賠償請求訴訟等が考えられる。

　被害者が加害者に対し訴えを提起する損害賠償請求訴訟については、実定法との関係で、直接の加害行為者（運転者）（民709条）、運行供用者（自賠3条）、使用者（民715条）が考えられる。民法709条、715条の場合、賠償請求する側で、加害行為者の故意・過失、損害の発生、行為と損害の因果関係を主張・立証する必要がある。しかし、自賠法3条の場合は、人身事故については、自動車の運行供用者は故意・過失のないことを立証しない限り責任を免れることはできないとし、立証責任が転換されている。

　そこで、民法709条と自賠法との関係が問題となる。考え方としては、①自賠法3条は、民法709条の特別法であり、民法709条に優先して適用され、法条競合の関係にあり、訴訟物は同一とするもの、②両者は、別の規定であり、請求権が競合し、訴訟物は異なるとするものが考えられる。実務では請求権が競合するという考えがとられているが、被害者にとっては、自賠法3条で請求

するのが有利であるから，実際の訴訟では，通常，人身損害については自賠法3条に基づいて請求するか，自賠法3条と民法709条を選択的に請求することがなされている。

　裁判所としては，加害者の過失が認められる場合には，どちらの請求で認めても違いはないが，加害者の過失が真偽不明の場合には，自賠法3条に基づく場合には請求が認められ，民法709条に基づく場合には請求が棄却されるということが起こりうるので，仮に，人身損害があるのに，被害者が民法709条のみによって請求し，同条では認められないが，自賠法3条によると認められるという事案については，裁判所の釈明により，被害者には自賠法3条による請求を追加してもらうことが望ましい。

　請求権が競合するとの考えに立った場合，理論的には，いずれかの請求で棄却された場合，もう一方の請求をしても訴訟物が別であれば直ちに既判力に抵触することにはならないと考えられるが，自賠法3条で請求して認められなかった場合には，民法709条に基づく請求が認められるとは考えがたく，争点は同一であり，後訴は信義則に反し許されないと解される。

(2) 被告侵害利益との関係

　損害賠償請求訴訟において，訴訟物として実務的に重要なのは，同一の事故で人身傷害及び物的損害が生じた場合，どの範囲で同じ訴訟物と解するかという点である。侵害行為や被害者が別であれば，訴訟物が異なるのは当然であるが，問題となるのは，同じ被害者につき損害項目ごとに訴訟物が異なるのかという点である。

　人的損害には，治療費，休業損害，通院交通費，後遺障害逸失利益，慰謝料等が考えられ，物的損害には，車両の修理費，評価損，代車使用料，休業損害等が考えられる。これらの損害を，すべて1つの訴訟物とするのか，人的損害と物的損害と2つに分けるのか，人的損害につき財産的損害を積極損害（治療費，通院交通費等），消極損害（休業損害，後遺障害逸失利益等）の3つに分けるのか，人的損害も物的損害も各費目，各物件ごとにすべて異なるとするのか，見解が分かれている。

　これらの見解の大きな相違点は，同じ訴訟物であれば，一部請求として特定しない限り，請求しなかった部分についても既判力が生じ，再訴ができないと

いうことである。例えば，人的損害につき，慰謝料は別途請求するつもりでまず財産的請求をしていたとしても，一部請求を明示していない限り，後日，慰謝料は請求できないことになる。訴訟物を狭く解すると，被害者の主張していない損害費目については既判力で遮断されることはないので，被害者にとって有利であり，同一事故で何度も応訴を強いられる加害者にとっては不利となる。

　しかし，他方，消滅時効の観点からすると，被害者が訴え提起後に新たな損害費目を追加した場合，別の訴訟物と解すると，訴えの提起により時効が中断していないので，追加した新たな損害費目がすでに時効により消滅していることがありうる。さらに，訴訟物が異なると，処分権主義との関係で損害費目の流用が認められないので，被害者にとって不利となる。例えば，被害者が，後遺障害逸失利益1000万円，慰謝料500万円を請求したとき，裁判所が後遺障害逸失利益800万円，慰謝料700万円が相当であると判断した場合，後遺障害逸失利益と慰謝料を訴訟物は別であると考えると，裁判所としては，慰謝料としては500万円を認容するしかなく，総額として1300万円が認容額となるが，同じ訴訟物と考えると，総額として1500万円を認容しても，処分権主義に反しないことになる。

　最判昭48・4・5民集27巻3号419頁は，人的損害につき，「同一事故により生じた同一の身体傷害を理由とする財産上の損害と精神上の損害とは，原因事実および被侵害利益を共通にするものであるから，その賠償の請求権は1個であり，その両者の損害を訴訟上あわせて請求する場合にも，訴訟物は1個であると解すべきである」と判示し，財産的損害，精神的損害を問わず，同じ訴訟物であるとした。

　休業損害や後遺障害逸失利益は無職者等では一義的に算出が困難であること，相当な治療期間や症状固定時期のように医師によっても見解が異なることがあること，各損害費目の損害額について，原告と裁判所との間で見解が異なることもあるが，原告の意思としては，通常，総額として一定額の支払を求めることに意義を有すると思われること，慰謝料は補完的機能を有すると解されていることからすると，損害費目の流用を認めることは原告の意思に沿うものと考えられる。

　以上みてきたように，人的損害については，1個の訴訟物と考えられるから，

損害費目の流用を認めても処分権主義に反しないと解されるが，ある損害費目について，原告の主張する損害額を超えて認容することや，原告が主張していない損害費目を認めることが弁論主義に反しないか問題となる。

入院雑費につき，神戸地判平9・2・12交民集30巻1号215頁は，原告が請求の拡張をしていないにもかかわらず，金額的に大きなものでなかったためか，裁判所は特に釈明もせず，原告の請求額を超えて認容している。実際の訴訟では，裁判所の釈明で適正な損害額に訂正されることが多いものと思われる。

慰謝料につき原告の主張する額以上のものを認めた判例としては，神戸地判平10・4・23交民集31巻2号599頁がある。慰謝料はいっさいの事情を斟酌したうえで算定されるのであり，補完的機能を有していることからすると，原告の主張する額を超えて認容したとしても弁論主義には反しないものと考えられる。他方，原告が主張していない損害費目を損害として認容することは，当事者に対する不意打ちとなり，弁論主義に反して許されないと考えられる。

(3) **一部請求**

1個の債権の数量的な一部請求についての判決の既判力については，数量的な一部についてのみ判決を求める旨を明示して，訴えが提起された場合に，その一部請求についての確定判決は残部に及ばず，その明示がない場合には残部の請求を認めないとするのが判例である（最〔2小〕判昭37・8・10民集16巻8号1720頁）。

そこで，原告としては，後日別訴での請求を予定している場合には，一部請求であることを明示しておく必要がある。実務では，後遺障害については，訴え提起時には症状が固定していない場合が多いため，その後の訴訟提起で後遺障害逸失利益と後遺障害慰謝料を請求することがあるが，一部請求であることを明示していないと，全部請求と解されるから，後日の別途請求は認められない可能性がある。

しかし，どのような場合に一部請求であるといえるかについては明確な基準が示されているわけではなく，また，下級審における具体的な事案においては厳格に明示を要求しているようには窺えない。

横浜地判平15・3・25自保ジャーナル1503号は，前訴において，治療費や休業損害等の費目について請求し，口頭弁論終結時においても未だ治療中であ

り、医師から症状固定の診断を受けておらず、後遺障害逸失利益や後遺障害慰謝料を請求していなかったが、訴状等に一部請求であることを明記していなかったため、後訴で後遺障害に関する請求をしたことが既判力に抵触するかが争われた事案につき、「明示的一部請求と認められるためには、特に一部のみを請求し、残部は別訴に留保する旨の主張を必須のものとして要求すべきではなく、むしろ、特定の損害の費目のみを主張し、請求している場合には、既に現実化した損害や、一部現実化していなくても、将来を予測して主張することが可能な損害でない限り、主張する損害に限って請求する趣旨、すなわち明示的な一部請求であると解するべきである」と判示し、前訴の既判力は後訴の請求には及ばないとして、後遺障害慰謝料を容認した。

福岡高判平21・7・7判タ1324号269頁は、原審が、原告は後遺障害が残存することを容易に予見できたのに、後遺障害による損害を除いた一部請求であることを明示して請求しておらず、後遺障害による損害が発生していることについてもまったく主張していないから、前訴において請求する損害が不法行為による損害の一部であることは明示されていなかったとして、訴えを却下したのに対し、人身傷害による損害のうち、後遺障害によるものとそれ以外のものとでは消滅時効等において取扱いを異にする面があることや前訴における主張書面の内容、症状固定の診断の有無、さらにはその内容等について検討を加え、長く原告の主治医を務めた医師による診断書を待って後遺障害による損害賠償をせず、当該請求を留保していることを明示していなかったとしても、やむを得ない面があったものと認め、前訴確定判決の既判力との抵触を認めず、本案について審理を尽くさせるため、原判決を取り消した上で原審に差し戻した。

一部請求であるか否かは訴え提起の段階で明らかにすべきであり、また、本来請求するのが通常である損害について請求されていない場合には、裁判所において釈明するなどして、別途請求する意思があるのかを明らかにしておくのが相当であろう。

〔3〕 訴訟運営

前述したように交通事故訴訟では、訴訟提起の段階で争点が明らかになっている場合が多く、交通訴訟専門部や弁護士会の「基準」により、損害額や過失

割合について予想が立てやすく，的確な訴訟活動が期待できる。そこで，双方に弁護士が受任している事件は早期に弁論準備手続に付され，争点整理が行われている。

　しかし，最近，交通事故の当事者が訴訟費用の心配をしないで訴訟提起できる弁護士特約の付いた自動車保険の普及によって，全国の簡易裁判所で物損事故訴訟が急増し，審理も長期化している。裁判所の統計によると，弁護士特約保険が商品化された2000年に簡裁に提起された交通事故訴訟は2422件だったが，2015年は１万9471件と，約８倍に急増し，平均審理期間も2005年の4.1月が2015年には5.6月に延び，地裁に控訴する割合も約６倍に増加している。弁護士特約の制度については，①事故当事者からすると，自動車保険のオプションとして，2000円程度の負担で保険会社から弁護士を選任してもらい，訴訟行為ができ，弁護士に対する報酬を負担する必要がないため，早期の和解による解決を望まず，自己の主張を貫き，弁護士に対しても自己の主張を無理強いする傾向がある，②弁護士としては，報酬がタイムチャージ方式となっているため，勝敗に関係なく，訴訟が長引けば長引くほど報酬が入るので，細かい主張を多くし争点を増やす傾向がある，③当事者と弁護士の関係が希薄で，弁護士が当事者を説得できない等の問題点が指摘されている。

　このような状況では，交通事故訴訟の審理が他の事件の処理にも影響を及ぼすため，簡易裁判所においては，①弁護士会と意見交換会等を開催し，審理の充実，訴額に見合った簡易迅速な訴訟審理に弁護士の理解・協力を得る，②早期に争点整理を行うため，訴訟提起の際，原告代理人に，基本書証，訴訟前の交渉状況，和解の可能性等記載した事情説明書や訴状のチェック表の提出をお願いする，③裁判所が積極的に釈明して早期に争点整理を行い，当事者や保険会社の同意を得られやすいように書面で和解案を提示する等の取り組みが行われている。

〔丸尾　敏也〕

Q 41 | 当事者(1)

　交通事故訴訟から生じた損害の賠償請求権者（原告）について説明しなさい。併せて，原告の訴状における請求の原因の記載例もあげて説明しなさい。

〔1〕 はじめに

　交通事故に基づく損害賠償請求の内容は，人的損害（事故）と物的損害（事故）に分けられ，事故内容によって，人損と物損の双方，人損のみ，物損のみと分類される。

　人損の賠償請求権者は，現実に損害を受けた者（被害者）ということになる。未成年者が受傷した場合，親が治療費等を支払っているとしても，実務上は，原則，未成年者自身の財産的損害として扱っている。

　もっとも賠償請求権者は，被害者のみに限られるわけではない。被害者本人が死亡した場合（死亡事故）は，相続人が相続により賠償請求権者となる。また，被害者の近親者は，固有の権利として非財産的損害である慰謝料請求権を有する。

　物損の賠償請求権者は，原則，その物の所有者であるが，それ以外の者が賠償請求権者と認められる場合もある。

　本問では，まずは，賠償請求権者（原告）について説明することとする。

　簡易裁判所は，事物管轄により訴訟の目的の価格が140万円を超えない請求について裁判権を有するから（裁33条1項1号），人損まで及ぶ場合に比べ，低額である物損のみの請求が多いのが簡易裁判所の交通事故訴訟の特色である。

　交通事故訴訟の損害賠償額を決定するには，当事者の過失割合，過失相殺が中心的課題となり，交通事故の程度の差こそあれ，運転者双方に過失があり，

その過失の存否，その程度等が審理される。低額の人損事故では，被害者救済を重視して過失割合を重視しない自賠責保険で大多数が処理されるが，物損事故では，第1に，責任原因としての事故発生に係る事故態様や過失割合が争点となり，第2に，損害の内容その額等が争点となることが多い。

こうした簡易裁判所の交通事故訴訟の特色も踏まえた上で，訴状における請求の原因について説明する。説明には，記載例として自動車により惹起された人損事故に限り適用がある自動車損害賠償保障法（以下「自賠法」という）3条（運行供用者責任）に基づく損害賠償請求も踏まえた人損事故・物損事故に係る請求の原因を示し（記載例1），物損事故における典型的な請求の原因（民法709条に基づく損害賠償請求）も示すこととする（記載例2）。最後に，請求者の損害賠償請求の期限（消滅時効）についても，少し述べることとする。

〔2〕 賠償請求権者

(1) 人損事故（生命・身体の侵害）における被害者

(a) 賠償請求者は，原則，事故により直接損害を受けた（傷害を受けた）被害者本人ということになる。

請求に係る基本となる根拠規定は，人損事故及び物損事故に共通して適用される民法709条（不法行為責任）と自動車により惹起された人損事故に限り適用される自賠法3条（運行供用者責任）である。この他にも，道路等の公の営造物の設置又は管理の瑕疵（欠陥）により事故が発生した場合は，国家賠償法2条（営造物責任）の規定がある。

また，人的な財産の損害を加えて損害賠償責任を負う者は，財産以外の損害（非財産的損害）も賠償すべきことの規定がある（民710条）。この非財産的損害の中心となるのが精神的苦痛であり，これを慰謝料という。なお，判例では，民法710条に規定される財産以外の損害とは，精神上の苦痛に限られるものではなく，金銭評価が可能であり，しかも金銭を支払うことが社会通念上妥当と認められるすべての無形の損害も含まれるとしている（最判昭39・1・28民集18巻1号136頁）。

(b) 被害者が未成年者の場合

被害者本人が未成年者であっても，訴えの原告，被告となりうる当事者能力

はあるが，未成年者は，完全な訴訟無能力者であり，原則，訴訟行為は法定代理人によってのみなすことができる（民訴31条，東京高判昭34・9・3下民集10巻9号1860頁）。このことは，あらかじめ法定代理人の同意（民5条1項）があっても同様であり，訴訟行為は，複雑かつ技術的な性格を有するから，未成年者は民法上の保護（民5条2項）よりも強く保護される。例外の1つとして，未成年者は，婚姻すれば成年に達したものとみなされるから（民753条），婚姻後は訴訟能力者となる。

　法定代理人は，未成年者の訴訟能力を補充する地位にあり，訴訟上は本人に準じ，法定代理人は，未成年者本人とともに訴状の必要的記載事項であり（民訴133条2項1号），未成年者が出頭すべき場合にも（同人の親権者父・母とも）出頭するし（民訴151条1項1号），送達は法定代理人になし（民訴102条1項），法定代理人の死亡又は代理権の消滅は訴訟中断事由となる（民訴124条1項3号）。未成年者の父母は共同して親権を行使することになる（民818条1項・3項）。

　原告が未成年者の場合，訴状の当事者の表示方法は，次のとおりとなる。

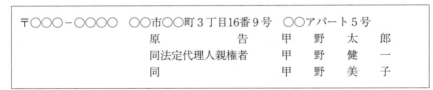

(c)　間接的な被害者の場合

　賠償請求者は，前記(a)のとおり，原則，直接事故で負傷した被害者であるが，間接被害者からの損害賠償請求についても少し述べることとする。

　間接被害者とは，被害者に生じた損害から派生して，その被害者本人あるいは他の第三者に波及した二次的な間接損害であり，通常は相当因果関係がないとされる。この間接損害であるいわゆる企業損害について，判例は，実質上，個人営業である会社の代表者の負傷事故について，間接被害者である会社は損害賠償請求者ではないとしながら，経済的に直接被害者である代表者と会社とは一体となす関係にあるものと認め，直接の被害者でない会社に生じた損害に事故との相当因果関係を認めた（最判昭43・11・15民集22巻12号2614頁）。この判断により，企業損害については，経済的同一であることが必要ということで一応

の解決がなされている。

　では，夫が事故により死亡し，このことで妻本人が体調を崩し病気になってしまい，妻の治療費や休業損害が発生した場合はどうか。近親者は固有の慰謝料請求権が認められているが（民711条），このような条文の根拠がないと慰謝料請求でも認められにくいとも考えられ（近親者の慰謝料請求については後記(3)で解説する），上記の企業損害の場合とは性質も違い，このような二次的な間接損害については，原則的に事故との相当因果関係（妻の治療費等が事故により通常生ずべき損害といえるか）を認めるのは困難な問題であるといえる。

(2) 物損事故における車両の所有者等

(a) 損害賠償請求者は，原則，損害を被った当該車両の所有者ということになる。

　請求に係る基本となる根拠規定として適用されるのは民法709条（不法行為責任）等である。

　借用していた自動車が交通事故に遭遇し，同車が損傷した場合に修理費相当額が損害として発生するが，自動車の所有者ではなく借受人が加害者に対してこの修理費相当額等を損害として請求できるのは，借受人自ら当該修理費等を負担し，借受人本人の現実の損害と認められる場合に限られる。

　なお，物損に関する慰謝料請求（民710条）は，原則，認められないとされる。判例は，「物損事故における損害については，修理費用等の財産的損害が塡補されることによって損害の回復が果たされるのが通常であるから，原則として，物を損壊されたことにより被った精神的苦痛に対する慰謝料請求は認められないというべきであるが，通常人においても財産的損害が塡補されることのみによって回復されない程度の精神的苦痛を生じるものと認められる場合には，財産的損害以外に精神的苦痛に対する慰謝料請求も認めることができるというべきである。」と判示した（大阪地判平12・10・12自保ジャーナル1406号4頁）。この判決では，慰謝料が損害賠償の対象となるとしたが，被害者個人の極めて特殊な感情まで保護するわけではなく，結局のところ，一般人の常識に照らして判断するということになる（東京地判平元・3・24交民集22巻2号420頁等）。

(b) 所有権留保特約付売買による車両の購入者

　車両代金完済前に損害が生じた場合，車検証の所有者欄にある販売会社，あ

るいは使用者欄にある購入者のどちらが請求者となるのかが問題となる。

　なお，購入代金を完済して購入者が実質的な所有者である事案については，裁判所から車両代金を完済したことの販売会社作成の完済証明書の提出を求められることもある。

　判決の傾向としては，当該車両の使用収益について直接利害を有する購入者の損害賠償請求（修理費相当額や支出した代車使用料等）を肯定するものが多い（水戸地判昭43・11・25交民集1巻4号1342頁等）。

　近時の判例は，修理費相当額の賠償について，「自動車が代金完済まで売主等にその所有権を留保するとの約定で売買された場合において，その代金の完済前に自動車が第三者の不法行為により毀滅するに至ったとき，第三者に対して自動車の交換価値相当の損害賠償請求権を取得するのは，不法行為時において自動車の所有権を有していた売主であって，買主ではないと解される。しかし，条件成就によって所有権を取得する期待権を有するとともに，当該車両の利用権を有するものであり，毀滅に至らない程度の損傷を受けた場合は，買主ないしはその意思に基づいて使用する者が，その利用権を侵害されたことを理由として，実際に支出したか，あるいは支出を予定する修理費の賠償を求めることができると解すべきである。」と判示し，また，評価損については，「評価損は，車両の交換価値の低下であり，車両の所有者に生じるものであるところ，……（原告）は，本件事故当時，被害車両の所有者でないし，その後代金が完済されたことを認めるに足りる証拠もないから，被害車両に評価損が生じているか否かを検討するまでもなく，（原告）が評価損を請求することはできない。」と判示した（東京地判平15・3・12交民集36巻2号313頁）。このように，事故により所有権留保特約付車両が毀滅に至ったか否かにより結論を異にするものであり，毀滅に至らなかった場合には，購入者は当該車両の利用権を有するから修理費相当額等の賠償を求めることができるとした。ただし，毀滅に至らなかった場合でも，評価損に関する損害賠償請求権の帰属主体は，あくまでも販売会社ということになろう。

　(c)　オートリースの利用者（ユーザー）

　リース車両は，リース会社がユーザーに代わって車両を購入して，これをユーザーに使用収益させるもので，前記(b)の購入方法（オートローン）と違い，リ

ースの契約期間終了後は，この車両をリース会社に返却しなくてはならない。事故によりリース車両が損壊した場合，この損害賠償請求者は誰になるのかが問題となる。

これについては，第三者の不法行為により損壊したリース物件の損害賠償請求権については，所有者であるリース会社にあると判示している裁判例が多い（東京地判平8・10・30交民集29巻5号1589頁等）。ガソリンスタンドでエンジンを停止させるなどの注意事項に従わず，洗車開始後，車両を前方に発進させて洗車機（リース物件）を損壊した事案では，リース物件の修理費を現実に出捐していないユーザーがリース契約を根拠に損害賠償請求をすることはできないが，本件においては，洗車機の修理費に関する損害賠償請求権は，リース会社からユーザーに譲渡されているとして，ユーザーの損害賠償請求権を認めているものもある（大阪地判平11・7・7交民集32巻4号1091頁）。

(3) 被害者の近親者

(a) 生命侵害の場合において，近親者（被害者の父母，配偶者及び子）は，加害者に対し，固有の慰謝料請求権を有する（民711条）。「固有の」ということは，被害者本人に発生し，相続人に相続される慰謝料（本人慰謝料）とは別ということである。

もっとも，近親者は，民法710条，709条に基づく近親者固有の慰謝料請求も可能である。この場合は間接被害者となる近親者の受けた非財産的損害（精神的損害）が賠償に値するか否か，すなわち事故による通常生ずべき損害といえるかが問題となるが，民法711条が適用される近親者には，この点の立証が不要である。

(b) 民法711条の近親者の範囲の拡張

被害者との間に近親者と同視できる身分関係があり，被害者の死亡により甚大な精神的苦痛を受けた者について民法711条の規定を何ら限定的に解することなく，同条を類推適用等することにより固有の慰謝料請求権を認めるのが相当な場合もある。

判例は，「不法行為による生命侵害があった場合，被害者の父母，配偶者及び子が加害者に対し直接に固有の慰藉料を請求しうることは，民法711条が明文をもって認めるところであるが，右規定はこれを限定的に解すべきものでは

なく，文言上同条に該当しない者であっても，被害者との間に同条所定の者と実質的に同視しうべき身分関係が存し，被害者の死亡により甚大な精神的苦痛を受けた者は，同条の類推適用により，加害者に対し直接に固有の慰藉料を請求しうるものと解するのが，相当である。」と判示し，死亡した夫の実妹について民法711条の類推適用により固有の慰謝料請求を認めた（最判昭49・12・17民集28巻10号2040頁）。

また，被害者が負傷した場合の近親者については，民法711条のような規定はないが，判例は，これを肯定し，「民法709条，710条の各規定と対比してみると，所論民法711条が生命を害された者の近親者の慰藉料請求につき明文をもって規定しているとの一事をもって，直ちに生命侵害以外の場合はいかなる事情があってもその近親者の慰藉料請求権がすべて否定されていると解しなければならないものではなく，むしろ，前記のような原審認定の事実関係によれば，被上告人は，その子の死亡したときにも比肩しうべき精神上の苦痛を受けたと認められるのであって，かかる民法711条所定の場合に類する本件においては，同被上告人は，同法709条，710条に基いて自己の権利として慰藉料を請求しうるものと解するのが相当である。」と判示した（最判昭33・8・5民集12巻12号1901頁）。実務の扱いとしても，被害者が重度の後遺障害を負った場合には，近親者にも別途慰謝料が認められている。

(4) 被害者の相続人，被扶養者

(a) 被害者が死亡した場合，被害者が加害者に有していた損害賠償請求権は，被害者の相続人が相続により承継する（最判昭42・11・1民集21巻9号2249頁）。つまり，死亡による逸失利益は，死者本人に財産的請求権が発生し，それを相続人が相続するということである。

相続に関する法定相続人，法定相続割合等は，民法第5編「相続」の各規定による。

(b) 扶養利益

内縁の妻など相続人ではないが，このような被扶養者が存在する場合，被扶養者は，被害者の死亡により同人に対する扶養請求権（扶養利益）を喪失したとして，これを財産的損害とする損害賠償請求権を行使することで自身の救済が図られる。

損害賠償請求において扶養関係が認められるのは、事故当時、被害者（死亡）が、内縁の妻などの扶養が可能であって、かつ、その者の扶養が必要不可欠な場合と考える。
　判例は、「……（自賠法）72条１項にいう「被害者」とは、保有者に対して損害賠償の請求をすることができる者をいうと解すべきところ、内縁の配偶者が他方の配偶者の扶養を受けている場合において、その他方の配偶者が保有者の自動車の運行によって死亡したときは、内縁の配偶者は、自己が他方の配偶者から受けることができた将来の扶養利益の喪失を損害として、保有者に対してその賠償を請求することができるものというべきであるから、内縁の配偶者は、同項にいう『被害者』に当たると解するのが相当である。」と判示した（最判平５・４・６判時1477号46頁）。この判決は、内縁の配偶者は自賠法72条１項の「被害者」に当たると判示したものであるが、むろん被扶養者が、死亡した被害者の相続人であっても同様である。
　被害者の被扶養者と相続人が別人である場合は、死亡した被害者の逸失利益から、優先する被扶養者の扶養利益喪失損害を控除し、その残額を相続人が取得することになろう（札幌高判昭56・２・25判タ452号156頁）。
　(c)　相続人が相続放棄した場合（扶養利益の有無）
　被相続人の損害賠償請求権も相続財産の一部であり、相続放棄した以上はこれを取得できない（民939条）。しかし、相続人が被相続人の扶養者でもある場合は、固有の損害として、加害者に対し、扶養利益に基づく損害賠償請求ができる。
　判例は、「不法行為によって死亡した者の配偶者及び子が右死亡者から扶養を受けていた場合に、加害者は右配偶者等の固有の利益である扶養請求権を侵害したものであるから、右配偶者等は、相続放棄をしたときであっても、加害者に対し、扶養利益の喪失による損害賠償を請求することができるというべきである。」と判示している（最判平12・９・７判タ1045号120頁）。

〔3〕　交通訴訟における損害賠償請求の請求原因

(1)　民法709条（不法行為）の請求原因
　民法709条の要件事実は、①原告が一定の「権利」（保護法益）を有すること、

②①の権利に対する被告の「加害行為」があること，③②についての被告の「故意又は過失」があること，④原告に「損害」が発生すること（数額），⑤②の加害行為と④の損害との間に「因果関係」があることである。交通事故の損害賠償請求の要件事実としても，民法709条が権利根拠規定である場合，加害者の加害行為，被害者の損害，加害行為と損害との因果関係，加害者の故意・過失が請求原因となり，この損害賠償請求の存在を主張する原告（被害者）に立証責任（証明責任）がある。

　特定の権利ないしは法律関係を明らかにするために，訴状の請求の原因（請求原因）で必要とされる記載事項は，以下のとおりとなる。
（ⅰ）　事故（日時，場所，当事者（運転者・所有者），車両の種別及び車両番号，態様）
（ⅱ）　責任原因（過失評価根拠事実）
（ⅲ）　物的損害（修理費，買替差額，評価損，代車使用料，休車損害，積荷損害等）
（ⅳ）　事故による傷害の状況及び通院経過等
（ⅴ）　人的損害（治療関係費，通院交通費，休業損害，通院慰謝料等）

(2)　自賠法3条の請求原因

　自賠法3条（運行供用者責任）は，民法709条の特則規定として，自動車事故により惹起された人損事故に限り，この適用があるが，自賠法3条本文は，「自己のために自動車を運行の用に供する者は，その運行によつて他人の生命又は身体を害したときは，これによつて生じた損害を賠償する責に任ずる。」と規定する。

　自賠法3条本文も，交通事故の損害賠償請求の権利根拠規定であり，①原告が，「本件事故」により，「死亡」し，又は「傷害」を受けたこと，②被告の「運行供用者たる地位の取得原因事実（自動車の所有者等）」，③「本件自動車」が，被告のため「運行の用」に供されたこと，④①の損害と③の運行との間に「因果関係」があること，⑤原告の「損害額（自賠法3条により人損に限り，物損を含まない）」が請求原因となる。

　この自賠法3条は，自動車事故による被害者の救済を図ることを目的とし，自動車を管理・支配する者に対して，強い危険防止責任を負わせて自動車事故の防止を図ることを目的とする規定であり，原告（被害者）は，責任原因として被告の運行支配・運行利益について法的地位の取得原因（自動車の所有者・賃

借権者等）（前記②）を主張・立証すれば足り（被告のほうで，運行供用者たる地位の障害・喪失原因事実（第三者に売却した等）を主張・立証しない限り（抗弁その1），運行供用者としての責任は免れない），加害者の故意・過失を積極的に立証しなくても損害賠償請求が認められる。つまりは，自賠法3条の損害賠償請求の場合は，自動車の運行によって損害が発生したという事実があれば，定型的な注意義務すら主張する必要もないことになる。

加えて，自賠法3条ただし書では，免責3要件（①被告及び運転者は，本件自動車の運行に関し注意を怠らなかった。②原告又は運転者以外の第三者は，本件事故の発生につき，故意又は過失があった。③本件自動車に構造上の欠陥又は機能の障害がなかった）をすべて証明したときはこの限りではないと規定している。これは権利障害規定であるから，被告に主張・立証責任がある（抗弁その2）。

以上のことから，運行供用者たる地位にある被告に対し，無過失責任に近い責任を負わせているといえる。

(3) 損害賠償請求権の個数
(a) 人的損害賠償請求権

財産的損害（治療費等の積極的損害や後遺障害による逸失利益等の消極的損害）及び非財産的損害（精神的損害・慰謝料）に分類できる。このように分類できる積極的損害，消極的損害，精神的損害の各損害項目（治療費，通院交通費，慰謝料等）の損害額を算定してすべて合算し，総損害額を出すのが現在の請求方式であり（裁判所も各損害項目ごとに損害額を認定する），これを個別算定積上げ方式という。

同一事件の人的損害賠償請求事件についての損害賠償請求権は，一個の請求権（訴訟物）と考える。

判例は，「本件のような同一事故により生じた同一の身体傷害を理由とする財産上の損害と精神上の損害とは，原因事実および被侵害利益を共通にするものであるから，その賠償の請求権は一個であり，その両者の賠償を訴訟上あわせて請求する場合にも，訴訟物は一個であると解すべきである。」と判示し，損害項目間で損害額の流用も認めている（最判昭48・4・5民集27巻3号419頁）。

訴訟物が一個であれば，各損害項目間の損害額を流用しても民事訴訟法246条に反することにはならないが，この流用を認めることが弁論主義に反しないかどうかという別個に検討を要する問題もある。前掲の判決（最判昭48・4・

5）は，損害賠償の一部請求と過失相殺について判断したものであり，各損害項目の主張があるところ，逸失利益についても請求額を超える損害額が具体的に主張され，その範囲内で請求が認容されているから，弁論主義の問題は生じていない。

　いずれにしても，裁判所は，各損害項目に従ってその請求額の範囲内で認められるかどうか個別に検討し，最後に認容額を決めるのであるから，結果において，慰謝料について50万円請求していたところ総請求額の範囲で70万円認められたとしても，これは慰謝料の補完的な作用（例えば，逸失利益としては認定できないが慰謝料として斟酌する等）を取り入れて妥当な判断をしたのであり，損害額の総額が被害者の関心事であっても，各損害項目の損害額はこの程度で，慰謝料を多めに請求しておけばよいというものでもない。

　訴状における請求の原因の記載方法として，請求権（訴訟物）の範囲を明確にする意味でも，損害額の内訳として各損害項目を記載した上で，この項目ごとに損害額（算出過程も含む）を明らかにすることが必要である。

(b)　物的損害賠償請求権

　損傷した物件ごとに評価するのが相当であり，物件ごとに一個の請求権（訴訟物）と考えるべきであろう。訴状における請求の原因の記載方法としては，物損についても，請求権（訴訟物）の範囲を明確にする意味でも，損害額の内訳として各損害項目（修理費，代車使用料等）を記載した上で，この項目ごとに損害額（算出過程も含む）を明らかにすることが必要である。

(c)　人的損害賠償請求権と物的損害賠償請求権の区分け

　前掲の判決（最判昭48・4・5）では，物的損害と人的損害との請求権の異同については何ら判断していないが，人的損害賠償請求権と物的損害賠償請求権とは，被害者が同一人であっても，被侵害利益を異にするから，それぞれ侵害された利益に応じて別個の請求権（訴訟物）と考える。

(4)　請求の原因の記載例

　前記(1)ないし(3)を踏まえて，民法709条の不法行為による損害賠償請求，自賠法3条による損害賠償請求の請求の原因の記載例を示すと以下のとおりであるが，人損に関する請求は，不法行為と自賠法3条による各請求が併存関係にあり選択的でもある。

自賠法は、人身事故にのみ適用があるので、人損と物損を同時に請求する場合は、人損については自賠法3条本文、物損については民法709条以下を責任原因事実として記載する。

(a) 人損と物損を同時に請求する場合（記載例1）

請求の原因
1 事故の発生（甲1ないし3）
　(1) 発生日時　　平成○○年○月○○日　午後○時○分頃
　(2) 発生場所　　○○市○○町○丁目○番○号先路上（以下「本件事故現場」という。）
　(3) 第1車両　　原告運転・所有の普通乗用自動車（以下「原告車」という。）
　　　　　　　　　　　　　　　（車両番号　○○501さ○○○○）
　(4) 第2車両　　被告運転の普通乗用自動車（以下「被告車」という。）
　　　　　　　　　　　　　　　（車両番号　○○508け○○○○）
　(5) 事故態様　　本件事故現場手前の交差点の赤信号表示により、先行する車両に続いて停止していた原告車の後部分に、被告車の前部分が追突した。
2 責任原因
　(1) 不法行為責任
　　　被告は、前方を注視し、進路前方の交通状況に即した運転操作をして進行しなくてはならない注意義務があるのに、これを怠り、漫然と前方を注視することなく被告車を進行させた過失により、本件事故を起こしたものである。
　　　よって、被告は、民法709条に基づき原告に生じた損害賠償責任を負う。
　(2) 運行供用者責任
　　　被告は、被告車を自ら運転し、自己のために被告車を運行の用に供していた。そして、原告は、被告車の運行により下記4記載の傷害を負い、損害を被った。
　　　よって、被告は、自賠法3条本文に基づき運行供用者責任を負う。
3 物的損害（○○万○○○○円）
　(1) 修理費

本件事故により原告車が損壊し，所有者である原告に修理費相当額（消費税を含む。）である○○万○○○○円の損害が発生した（甲4ないし6）。
 (2) 代車使用料
原告は，原告車の修理のため，7日間代車使用を余儀なくされた。その使用料は，○万○○○○円（消費税を含む。）（1日分○○○○円×7日間・平成○○年○月○日から同月○日まで）である。原告車は，毎日の通勤になくてはならないものである（甲7）。
4 傷害の内容及び通院経過
原告は，本件事故により，頸椎捻挫，腰椎捻挫，右膝関節捻挫，左肩関節捻挫等の傷害を負った（甲8）。
原告は，この傷害により，以下のとおり通院治療をした。
 (1) ○○整形外科病院（甲9の1ないし8）
　　通院期間　　平成○○年○月○日から平成○○年○月○日（○○日間）
　　通院日数　　○○日
 (2) ○○接骨院（甲10の1ないし8）
　　通院期間　　平成○○年○月○日から平成○○年○月○日（○○日間）
　　通院日数　　○○日
5 人的損害（○○万○○○○円）
 (1) 治療関係費
　　ア　○○整形外科病院分　　○○万○○○○円（甲9の1ないし8）
　　イ　○○接骨院分　　○○万○○○○円（甲10の1ないし8）
 (2) 通院交通費
通院に自家用車を利用し，合計○○○○円のガソリン代を要した（1km当たり15円として算定）（甲11, 12）。
　　ア　○○整形外科病院分　　○○○○円（○km×2（往復）×15円×○○日）
　　イ　○○接骨院分　　○○○○円（○km×2（往復）×15円×○○日）
 (3) 慰謝料
原告は，本件事故により，上記4記載の傷害を受け，約○ヵ月もの通院期間を要したことから，到底軽微な傷害とはいえず，慰謝料は○○万円と算定するのが相当である。

(4) 損益相殺

原告は，上記(1)ないし(3)の人的損害額の合計○○万○○○○円のうち，○○万○○○○円については，自賠責保険による支払を受けたから，これを控除し，人的損害の請求額は○○万○○○○円となる（甲13）。

6 よって，原告は，被告に対し，不法行為及び自賠法3条本文に基づく損害賠償金○○万○○○○円（物的損害と人的損害の合計額）及びこれに対する本件事故の日である平成○○年○月○日から支払済みまで年5分の割合による遅延損害金の支払を求める。

証　拠　方　法

証拠説明書記載のとおり

附　属　書　類

（記載省略）

(b) 物損を請求する場合（記載例2）

請求の原因

1 事故の発生（甲1ないし3）
  (1) 発生日時　　平成○○年○月○○日　午前○時○分頃
  (2) 発生場所　　○○市○○241付近○○高架橋上（以下「本件事故現場」という。）
  (3) 第1車両　　原告運転・所有の普通乗用自動車（以下「原告車」という。）
  　　　　　　　　　　（車両番号　○○501し○○○○）
  (4) 第2車両　　被告運転の普通貨物自動車（以下「被告車」という。）
  　　　　　　　　　　（車両番号　○○483い○○○○）
  (5) 事故態様　　本件事故現場において，路面が凍結していたため，スリップして半回転した被告車の左前部と後続車で右方に出て接触を回避しようとした原告車の左後部とが衝突した。

2 責任原因

被告車は，突然スリップしたものだが，被告は，車両を運転する際には，ハンドル・ブレーキを確実に操作し，かつ，道路，交通等の状況に応じ，他人に

危害を及ぼさないような安全な速度と方法で運転する義務があるにもかかわらず，これを怠り，漫然と被告車を走行させた過失がある。
　　よって，被告は，民法709条に基づき原告に生じた損害賠償責任を負う。
３　物的損害（○○万○○○○円）
　(1)　修理費
　　　本件事故により原告車が損壊し，所有者である原告に修理費相当額（消費税を含む。）である○○万○○○○円が発生した（甲４，５）。
　(2)　評価損
　　　原告車は，平成○○年○月○日に初度登録された外国車の人気車種であり，本件事故当時，走行距離も○○○○キロメートル程度であった。本件事故によりその原告車の交換価値が低下し，少なくとも上記の修理費の３割である○万○○○○円の評価損が生じた（甲５，６）。
　(3)　代車使用料
　　　原告は，原告車の修理のため，14日間代車使用を余儀なくされた。その使用料は，○万○○○○円（消費税を含む。）（１日分○万○○○○円×14日間・平成○○年○月○日から同月○日まで）である。原告車は，毎日の通勤になくてはならないものである（甲７）。
４　よって，原告は，被告に対し，不法行為に基づく損害賠償金○○万○○○○円及びこれに対する本件事故の日である平成○○年○月○日から支払済みまで年５分の割合による遅延損害金の支払を求める。
　　　　　　　　　　　証　拠　方　法
　証拠説明書記載のとおり
　　　　　　　　　　　附　属　書　類
　（記載省略）

　(c)　記載例の説明等
　(イ)　事故の発生（記載例１，２共通（以下「共通」という）・１項）は，事故を特定するためにわかりやすく記載する。特に，事故態様（同項(5)）は，車両の進行方向，衝突部位，どのようにして発生したか等をできるだけ詳しく記載するのが相当である。

(ロ) 責任原因（共通・2項）は、①不法行為責任では、過失評価根拠事実を記載する（立証責任がある）。過失とは、一定の状況下で損害発生の「予見可能性」があり、これを回避するために一定の行為をすべき義務（結果回避義務）があったのに、これを怠ったという「注意義務違反」であるから、例えば、「道路交通法違反の事実（安全運転義務違反等）」（この規則違反は一応「過失あり」と認定して）を具体的に記載する。②運行供用者責任については2項(2)のように記載する。被告の運行支配・運行利益についての法的地位の取得原因（所有者等）について主張・立証する。

(ハ) 物的損害（共通・3項）は、損害の項目ごとに損害の内容を記載して明らかにする。事故車が物理的全損あるいは経済的全損の場合で新たな車両を購入した場合は、修理費が損害となるのではなく、修理費を下回る事故車の事故当時の時価額が損害となるほか、新たな車両調達のための買替諸費用及び消費税等も損害となる（名古屋地判平15・2・28自保ジャーナル1499号17頁、名古屋地判平21・2・13交民集42巻1号148頁等）。買替諸費用に附随する費用として、登録・車庫証明手続代行費用、納車費用（東京地判平15・8・4交民集36巻4号1028頁）やリサイクル料金（東京地判平26・3・12交民集47巻2号308頁）も損害として認められている。また、事故車の自動車重量税の未経過分等も事故による損害と認められている（前掲東京地判平15・8・4）。

経済的全損（技術的に修理は可能であるが、修理費が事故車の時価額（＋諸費用等）を上回る場合）で買替えをすることが社会通念上認められるのは、フレーム等車体の本質的構造部分に重大な損傷が生じたことが客観的に認められる場合となろう。修理費が事故車の時価額（＋諸費用）を下回る場合は、修理によって事故前に原状回復できるから、買替えをしても、修理費相当額が損害となる（修理費相当額を請求する）。

物的損害として、修理費相当額ではなく、時価額及び買替諸費用等（請求できる項目をすべて記載したものではない）を請求する場合の記載例は、以下のとおりとなる。

(省略)
3 物的損害（○○万○○○○円）
　本件事故により原告車は損壊し，修理費○○万○○○○円を要する損害を受けた。事故当時の原告車の時価額は○○万○○○○円であり，同事故により経済的全損となった。原告は，原告車と同種同等の中古車両を購入して利益状態を回復するほかなく，新たな車両の買替諸費用等を要し，その費用に相当する損害を被った。
(1) 原告車の時価額○○万○○○○円（甲5，6，7）
(2) 車両再調達の買替諸費用等（甲7，8，9）
　ア　検査登録届出手続代行費用　　○万○○○○円
　イ　車庫証明手続代行費用　　○万○○○○円
　ウ　納車費用　　○○○○円
　エ　預り法定費用　　○○○○円
　　（検査登録届出○○○○円，車庫証明○○○○円の合計額）
　オ　車両本体価格に対する消費税　　○万○○○○円
　カ　リサイクル料　　○○○○円
(省略)

　評価損（記載例2・3項(2)）は，記載例のような事故歴により商品価値の下落が見込まれる場合（取引上の評価損）以外に，修理しても外観や機能上（安全走行の点では問題ない）の欠陥が残る場合（技術上の評価損・本問では記載例を省略する）がある。
　代車使用料（共通・3項(2)又は(3)）を請求できる要件は，①代車の必要性，②代車を使用した期間が相当であること，③代車（車種）の相当性であるから，これらを主張・立証することになる。
　㈡　人的損害（記載例1・4項，5項）は，被害の程度，傷害の内容及び損害の内容（損害額）を具体的に明らかにする。
　㈤　損益相殺（記載例1・5項(4)）は，自賠責保険による支払金は，人的損害を填補するものであることが明らかであるから，人的損害請求額の総額から控

除する（物的損害から控除できない）。被害者（原告）の過失責任による過失相殺もあるので，控除した差額を記載するだけでは足りない（自賠責保険給付は，原則，過失相殺後の金額に充当する）。

　保険金支払の内訳は，あくまで保険支払の便宜的なものであると考えて費目に拘束されることなく保険金支払額を控除する。

　(ヘ)　遅延損害金（共通・よって書き）の請求は，不法行為に基づく損害賠償債務は，損害の発生と同時に何らの催告をすることもなく遅滞となり，不法行為の日（事故発生日）から遅延損害金が発生する（最判昭37・9・4民集16巻9号1834頁）。利率は民法所定の法定利率（年5分）による（民404条。契約上の請求ではない）。

(5)　基本的な書証の提出

(a)　交通事故訴訟における審理は，書面中心に行われる。近時は，当事者双方に訴訟代理人弁護士がついて争い，事実認定にも困難を伴う事件もあるが，書証の多くは，請求原因事実を立証するための基本的な証拠であるばかりでなく，紛争解決に向けての重要な情報（本人尋問しなくとも心証を得ることができる等）が記載等されている。

　また，任意保険会社がすでに事件に関与していることもあり，原告側には基本的な書証が整っていると思われる。訴えを提起する原告においては，事故について，裁判所が事案を早期に把握し，当事者と裁判所が共通の認識をもてるように，訴状とともに基本的な書証の提出を求めたい。

　原告（訴訟代理人がいる場合は同代理人）には，裁判所が事前に基本的書証が不足していることを指摘することもあるが，交通事故訴訟の迅速な審理を意識して基本的な書証を整え，第1回口頭弁論期日を開催することは，当事者の早期紛争解決にとって重要なことである。

(b)　前記(4)の請求の原因の記載例に加えて，下段に，証拠方法として「証拠説明書記載のとおり」と記載したが，証拠（甲号証）の申出に際し，書証の取調べの必要性の有無の判断のための証拠説明書の提出を前提としたものである（民訴規137条1項）。

　請求の原因の記載例には，「甲1」とかの記載があるが，これは，原告の書証による立証手段を明らかにしたものでわかりやすい。

(c)　必要とされる書証は，以下のとおりである。

(イ)　事故の状況，事故態様等　①交通事故証明書（事故の特定等のほか，運行供用者の証明にもなる），②車検証（所有者確認のほか，年式や走行距離が評価損当否の証拠になるし，狭い道路での接触事故等では，車両の車幅等も証拠となる），③実況見分調書（事故態様等，事故直前の当事者の指示内容がわかる。人身事故で作成され，文書送付嘱託（民訴226条）により取り寄せもできる），④現場図面（事故状況図・本人作成分のほか，当事者の指示がほぼ正確な車両の走行状況，衝突地点，道路幅等の数値が入った保険会社作成の図面もある），⑤現場写真（道路状況や見通しの状況），⑥物件事故報告書（物損事故で当事者の話を聞いた警察官が作成した報告書であり，手書きの図面がある），⑦車両の写真（損傷の程度や傷跡で衝突の入力方向等が確認できる），⑧保険会社の調査報告書（当事者の主張，図面，写真，損傷状況（入力方向等）の評価等がある），⑨信号サイクル表（赤信号違反等の事案で威力を発揮する。県警本部から取り寄せたり，保険会社作成のものもある），⑩ドライブレコーダ（動画，静止画像・事故状況の認定に有益），⑪事故状況報告書（陳述書）（当事者双方から提出してもらうことにより，双方の主張の違いが明確となり争点が明らかになる）等。

　(ロ)　物的損害　①修理費見積書（損害額），②領収明細書（修理費用，代車使用料等），③時価額算定資料（保険会社の算定書やレッドブックの写し等），④写真（車両の損傷状況・車両番号を撮影すること），⑤各種諸費用等の領収書（損害額）等。

　(ハ)　人的損害　①診断書（受傷の事実，傷害名），②治療費等領収書（治療については，治療期間や内容の相当性を判断するため領収書だけでは足りない），③診療報酬明細書（自賠責保険の定型様式・治療の相当性等の立証に有益），④自賠責保険等保険金の支払明細書（損益相殺），⑤グーグルマップ等の道のり図（自動車通院の交通費の算出），⑥医師の同意書（接骨院等の医業類似行為の施術で医師の指示がある場合），⑦施術証明書・施術費支払明細書等。

〔4〕　被害者の損害賠償請求権の期間制限

(1)　消滅時効

(a)　民法724条前段では，「不法行為による損害賠償の請求権は，被害者又はその法定代理人が損害及び加害者を知った時から3年間行使しないときは，時効によって消滅する。」と規定し，事故により被害が発生しても，被害者が被害及び加害者を認識して初めて時効期間が開始されるから，3年という短期

消滅時効の定めであっても，時効期間の開始が事故発生時から遅くなることでは被害者を救済しやすくなっている。

　もっとも，裁判において加害者による消滅時効を援用する旨の意思表示が必要であるし，時効の中断や停止もある。

(b)　また事故発生時から20年という期間制限もある（民724条後段）。この後段規定は，被害者側の認識いかんを問わず一定の時の経過によって法律関係を確定させるために請求権の存続期間を画一的に定めたものであり，この期間を除斥期間としている（最判平元・12・21判タ753号84頁）。

(2)　民法改正法案の消滅時効期間

　物損請求を含む一般的な不法行為による損害賠償請求権については，現行民法と同様に短期消滅時効は3年であるが（改正民724条1号），生命又は身体の侵害による損害賠償請求権については，被害者保護の必要性が高いと考えられるため，より長い時効期間とし，被害者又はその法定代理人が損害又は加害者を知った時から5年間行使しないときとしている（改正民724条の2）。

　除斥期間の定めについては改正民法でも同様に20年間である（改正民724条2号）。

[中林　清則]

Q42 | 当事者(2)

交通事故訴訟から生じた損害の責任負担者（被告）について説明しなさい。併せて，被告が，原告車の経済的全損を主張したり，買替えに要する期間（代車期間）やその費用（代車費用（代車使用料））を争ったり，過失相殺を主張したりする場合（抗弁の主張）の記載例もあげて説明しなさい。

A

〔1〕 はじめに

　交通事故の被害者は，加害者に対し，民法709条に基づき損害賠償請求をすることができる。この民法の規定からわかるように，直接事故を引き起こした運転者（加害者）に適用されるのであるが，被害者救済の観点から，加害者以外にも，加害者の使用者に対し，使用者責任による損害賠償請求をすることができるし（民715条），自動車の運行供用者に対し，人的損害の賠償請求をすることができる（自賠3条）。さらに民法等には，施設管理者に対する損害賠償請求（民717条，国賠2条）や共同不法行為者（2台以上の車両の運転者が関与する事故等）に対する損害賠償請求（民719条）についても規定している。車両製造上の欠陥が交通事故発生の原因である場合は，メーカーや輸入業者に対しても製造物責任による損害賠償請求をすることが可能である（製造物責任法3条等）。

　また，本問で説明する責任負担者（被告）には直ちに該当しないが，保険制度がある以上，被害者は，保険会社に対し，一定の条件の下に保険金の直接請求ができる。自賠責保険会社への請求（自賠16条）は，保険金額が限定されるが，原則，被告とする必要はない。一方で，任意保険会社への請求は，通常，保険契約上，被害者が保険会社に直接請求できる旨の定めがあるが，保険会社が約定所定の免責を主張している場合など，同会社を被告とする場合もある。

交通事故の責任負担者（被告）について，近時は，自転車による交通事故も増加傾向にあり，未成年者が加害者となる場合がある。自転車には運転免許は必要ないし，事故当事者が未成年者の場合は，自転車運転のみならず，単車（自動二輪車だけでなく原動機付自転車も含む）や自動車運転においても責任能力の有無が問題となる。そこで，本問では，未成年者自身が責任負担者となるかについても説明することにする。

簡易裁判所では，物損事故の損害賠償請求事件が多いのが特色であるが，審理においては，損害額の有無と過失割合が主な争点となる。本問で取り上げる被告の抗弁事由については，抗弁の記載例を示して説明することにする。

〔2〕 交通事故における責任の主体

(1) 直接の加害行為者

(a) 運転者の民法709条の不法行為責任を求めるものである。この場合，原告側で，加害者の故意・過失，損害（額）の発生，加害行為と損害との間の因果関係を主張・立証する必要がある（最判昭28・11・20民集7巻11号1229頁）。

責任負担者である被告が争う場合は，損害額が過大であるとか過失相殺（抗弁）などを主張する。ただし，慰謝料の額については，不法行為に関する諸般の事情に即して裁判所が判断することであるから，当事者は主張・立証責任を負わない（最判昭32・2・7ジュリ129号74頁）。

(b) 共同不法行為者

(イ) 数人が共同の不法行為によって他人に損害を加えたときは，各自が連帯してその損害を賠償する責任を負う（民719条1項前段）。複数人の不法行為があって1個の損害が発生した場合の損害賠償請求の成立要件は，①各行為者が不法行為（民709条）の要件（加害行為と結果（損害）との間に相当因果関係があること等）を満たすこと，②各行為者の加害行為が客観的に関連共同することである（共同不法行為の成立について行為者の共謀の事実を要しない）。判例は，「民法第719条第1項前段ハ共同行為者ノ各自カ損害ノ原因タル不法行為ニ加ハルコト換言スレハ客観的ニ共同ノ不法行為ニ因リ其損害ヲ生シタルコトヲ要スルニ止マリ共謀其他主観的共同ノ原因ニ由リ其損害ヲ生シタルコトヲ要スルコトナシ」と判示している（大判大2・4・26民録19輯281頁）。関連共同性の要件が備わることによ

り，共同行為と結果との因果関係を主張・立証すれば，各行為者（被告）に全損害の賠償を求めることができるところに共同不法行為成立の意義がある。

　条文では，「連帯して」とあるが，各行為者が同一の損害について賠償義務を負う不真正連帯債務と解されている（最判昭57・3・4判時1042号87頁等）。責任負担者である共同不法行為者は，過失割合に応じた負担を負うことになる。

　(ロ)　異時事故においても（玉突き事故等），時間的・場所的な近接性があり，同一機会に生じた1個の行為と認められる関係にあれば，広く共同不法行為を認めている（東京地判昭48・2・26交民集6巻1号307頁等）。

　(ハ)　加害者が，自己負担分を超えて支払ったときは，他の共同不法行為者に求償権を行使することができる（最判昭41・11・18民集20巻9号1886頁）。例えば，原告の交通事故による損害額が100万円，共同不法行為者である被告Aと被告Bの過失割合が被告A3割，被告B7割と認定された場合で，被告Aが原告に対し，40万円支払済みであったとすると，AはBに対し，10万円の求償ができることになる（A，Bは連帯債務者でないからAが28万円の求償ができるものではない（民442条1項））。

　加害者にとっては，他の加害者が被害者に対して多額の賠償金を支払っているのに賠償請求を受けた場合，他の加害者の既払金を損害から控除させるため，加害者（被告）から共同不法行為の成立を主張することも考えられる。

　(ニ)　同時に行われた2つの不法行為のいずれかの行為が損害を発生させた場合，両当事者は，加害者が不明であっても全部の損害について連帯して負担する（加害者不明の共同不法行為。民719条1項後段）。判例でも，交差点で右折し一旦停止していた甲車と対向車線を直進して同交差点に進入してきた乙車（自動二輪車）が衝突し，乙車の乗員が負傷した交通事故の原因につき，①甲車の不注意による発進，②後続車丙車の甲車に対する追突，③それらの競合のうちいずれか確定できない場合に，民法719条1項後段によって甲・丙車の各運行と乙車の乗員の損害との間の因果関係を認めた事例がある（大阪高判昭60・3・14判タ560号250頁）。これは，確定できない不法行為と結果発生との間の因果関係を擬制したものといえる。責任負担者（被告）は，自己の行為と結果発生との間に相当因果関係がないことを主張・立証することで責任負担を免れることもできる。

(ホ)　近時は，飲酒運転等に対する法規制の厳格化に伴い（道交65条3項），運転者でなくとも，共同飲酒者を被告（責任負担者）として，事故発生における共同不法行為責任が認められることが増えてきている（民719条2項，東京地判平18・7・28判タ1289号203頁，仙台地判平19・10・31判タ1258号267頁等）。

　(c)　未成年者

　未成年者の加害行為により他人に損害を加えた場合，未成年者が，自己の行為を弁識するに足りる知能を具えていなかったときは，その行為について賠償の責任を負わないとした（民712条）。責任無能力者である未成年者は，責任負担者（被告）としての地位にないということである。判例は，「民法第712条ニ『行為ノ責任ヲ弁識スルニ足ルヘキ知能』ト謂ウハ固ヨリ道徳上不正ノ行為タルコトヲ弁識スル知能ノ意ニアラス加害行為ノ法律上ノ責任ヲ弁識スルニ足ルヘキ知能ヲ指スモノト解スルヲ相当トス」と判示している（大判大6・4・30民録23輯715頁）。

　未成年者の加害行為により損害が発生した場合，損害賠償請求の成立要件（加害行為と結果（損害）との間に相当因果関係があること等）を満たすことについては成人の場合と同じであるが，未成年者が責任負担者となるには，「自己の行為を弁識するに足る知能（責任能力）」を具えている必要がある（民712条）。この責任能力の有無は，問題となる行為ごとに判断することになるが，判例は，12歳前後で責任能力は具わるとしている事案が多い。責任能力は，親に怒られる等の意識（道義的）ではなく，もう少し高度な知能（法の裁きを受けることになる等の意識）が具わることである（前掲大判大6・4・30）。今日の情報化社会において未成年者の精神面での成熟度は増しているといえる。交通事故に関する責任能力も12歳前後で具わるとしてよい。責任能力がないことについては，責任負担者（被告）の抗弁事由となる。

　未成年者は，当事者（被告）として完全に訴訟無能力者であるから，原則，法定代理人（親権者）が訴訟行為を行う（説明については，**Q41**〔2〕(1)(b)を参照）。

　(d)　精神上の障害がある者

　精神上の障害により自己の行為の責任を弁識する能力を欠く状態にある間に他人に損害を加えた者は，その賠償の責任を負わない（民713条本文）。ただし，故意・過失において，一時的に心神喪失に陥った場合，判例は，「（被告は，）当

時心神喪失状態であったが，右心神喪失状態は一時的なもので，かつ右心神喪失状態を招くについては被告に過失が認められるから，民法713条但書により，同法709条の不法行為に基く損害賠償責任を負うことになる。」と判示している（神戸地尼崎支判平10・6・16判タ1025号243頁）。

心神喪失状態にあり責任能力がなかったことは，責任負担者（被告）の抗弁事由であるが，これが一時的なものであり，かつ，心神喪失状態に陥ったことにつき加害者に故意・過失がある事実は，原告の被告に対する再抗弁事由となる。

(2) **直接の加害行為者以外の者**

(a) 未成年者の監督義務者

(イ) 未成年者が責任無能力者である場合で，未成年者を監督する法定の義務を負う者（親権者等，以下「監督義務者」という）は，未成年者が第三者に加えた損害を賠償する責任を負う（民714条1項本文）。ただし，監督義務者が未成年者に対する監督義務を怠らなかったとき，又はその義務を怠らなくとも損害が生ずべきであったときは，責任負担者とはならない（民714条1項ただし書）。

近時の最高裁の判決で監督義務者の監督責任が争点となり，民法714条1項ただし書にあたる事例として具体的な判断を示した。この事案は，小学6年生の少年（責任無能力者）が，放課後の開放された小学校の校庭でサッカーのゴールに向けてサッカーボールを蹴ったところ，このボールが門扉や溝を超えて道路に出て，道路上を自動二輪車を運転し走行して通りかかった被害者が，ボールを避けようとして転倒し，傷害を負い，その後死亡したことから，被害者の遺族が少年の監督義務者（親権者）に対し損害賠償請求をしたものである。判決では，責任能力のない未成年者の親権者は，直接的な監視下にない子の行動について，人身に危険が及ばないように注意して行動するよう日頃から指導監督する義務があるが，その日頃の指導監督はある程度一般的なものとならざるを得ないから，通常は人身に危険が及ぶものとみられない行為によって，たまたま人身に損害を生じさせた場合は，特段の事情が認められない限り，子に対する監督義務を尽くしていなかったとすべきではないとして，親権者を責任負担者と認めなかった（最判平27・4・9判タ1415号69号）。

(ロ) 民法714条の監督義務者責任は，未成年者が責任無能力者である場合に

発生するもの（補充的責任）と解釈できる。

　しかし，判例では，責任無能力者の場合に限らず，監督義務者は，未成年者が責任能力者であっても，監督義務違反と未成年者の不法行為との間に相当因果関係がある場合は，監督義務者にも民法709条の不法行為が成立するものと解するのが相当であり，同法714条の規定がこの解釈の妨げとなるものではないとして，監督義務者と未成年者の双方が責任負担者として賠償責任を負うことになると判示した（最判昭49・3・22判タ308号194頁）。この事件は，少年（15歳・中学生）が殺人強盗事件を引き起こし，殺害された子の親が加害者である少年の監督義務者（親権者）を相手方にした慰謝料等請求事件であるが，被害者保護の観点からも監督義務者の責任を広くとらえてこれを認めたものである。

　交通事故の事案においても，未成年者が責任能力者だからといって監督義務者の責任を単純に排除することなく，その責任負担を考えることができる。

　未成年者が責任負担者として損害賠償請求が認められるとき，①監督義務者にも監督義務懈怠があり責任負担者と認められる場合と，②監督義務者には責任がなく損害賠償請求が認められない場合があり，これに明確な境界線があるとはいえない。

　裁判例では，監督義務違反と未成年の不法行為との間に相当因果関係を認めるためには，①監督義務者が相当の監督をすれば未成年者による加害行為の発生が防止しえたこと，②その監督を現実になしえたこと，③監督をせずに放置しておけば加害行為が発生する蓋然性が高いことの3要件を満たす必要があるとした（東京高判昭52・3・15交民集10巻2号323頁）。この事件では，監督義務者が子に単車を買い与えたとしても，問題行動を起こすなど悪性癖もなく，子の加害行為を予見できないものであり，監督義務者に損害賠償責任を問うべき上記3要件が充足したものとは認められないとして，監督義務者に対する請求は棄却された。

　裁判例では，未成年者が責任能力者であっても監督義務者が民法709条の不法行為責任を負うことになるのは，子が不良少年である事案があまりにも多い。

　判例は，子（18歳・飲食店店員・人身事故1件その他交通違反複数回あり）が単車（ナナハン）を運転し交通事故を起こした事件について，事故以前から監督義務者はその都度家庭裁判所から呼び出しを受けていたが，子には，他人を乗せたり

スピードを出さないようにとか一般的な注意に止まっていたこと，単車（ナナハン）は娘の夫から頼まれて保管していたが，子の所有する単車（原付）より排気量も大きく，両単車の運転技術も異なることは理解しえたこと，子の事故歴からして単車（ナナハン）に乗ったら事故を起こすかもしれないと予測しえたこと，子と同居しながらキーの保管についての配慮が欠けていたなどとして，監督義務者（親権者）にも民法709条の不法行為責任を認めている（横浜地判昭46・1・26交民集14巻1号133頁）。

(b) 使　用　者

(イ) ある事業のために他人を使用する者（使用者）は，被用者がその事業の執行について第三者に加えた損害を賠償する責任を負う（民715条1項本文）。この場合には，加害者である被用者も不法行為に基づく損害賠償責任を負う（民709条）。

民法715条に基づき，被用者の引き起こした交通事故について，使用者（雇用者）の損害賠償責任が認められるものであり，被害者救済の見地から，過失の主張・立証責任が転換されている。被用者の選任・監督の注意は，被用者に対する一般的な訓示や指導を与える程度では足りず，被用者に不法行為が成立する場合は，通常，使用者の被用者を選任・監督する上での不注意が事実上推認される傾向にあり，免責規定（民715条1項ただし書）が適用される事案は極めて少ない。

使用関係による事業の執行において被用者の不法行為（交通事故）がなされた事実は，被害者（原告）が主張すべき使用者責任の要件事実である。原告は，使用者（被告）が使用関係を争わないときは，単に，被用者が指揮監督下にあったことを主張すれば足りる。

(ロ) 自動車事故における人的損害については，請求の相手方が運行供用者であることが明らかであれば，事故についての免責事由の証明を相手方に負担させ，被害者の早期救済の実現のために自動車損害賠償保障法（以下「自賠法」という）3条に基づき損害賠償請求もできるが，相手方が運行供用者（責任負担者）と評価できるか争いのある事案も考えられる。

民法715条の使用者責任を求める請求と自賠法3条の運行供用者責任を求める請求とは請求権が競合していると考えられ，自動車事故の人的損害の場合は，

両請求権を選択的に主張できる。

　物的損害の場合は，自賠法3条の適用はないが，直接の加害者が任意保険に加入していなかった場合など，被害者は，被害者救済の見地から使用者責任を求める必要もある。

　(ハ)　被用者とは，たとえ一時的であろうと，使用者の指揮監督の下で使用者の事業に従事する者を指称するとし（大判大6・2・22民録23輯212頁），直接に雇用関係がある場合に限らず，（たとえ雇用関係がなくとも）実質的な指揮監督下にある場合は，使用関係を認めている（最判昭37・12・14民集16巻12号2368頁）。

　要するに使用関係（使用者の事業の範囲内であること）とは，使用者の報償責任の観点からも，それが一時的であろうと，非営利的であろうと，違法でもよいが，被用者が使用者の実質的な指揮監督下にあることをいう。

　事業の執行について（被用者の職務の範囲内であること）とは，使用者の職務行為そのものではなくとも，その行為の外形から観察して，あたかも被用者の職務の範囲内の行為に属するものとみられる場合も包含するとしている（最判昭32・7・16民集11巻7号1254頁）。

　被用者が，私用運転中（使用者の業務の範囲外）に交通事故を起こして問題となることもある。事案として，自動車販売を目的としたA会社の従業員Bが，日頃から業務執行のために使用していたA会社の所有車両を，会社に無断で乗り出し，帰宅中に事故を起こしたというものである。判決は，「民法715条に規定する『事業ノ執行ニ付キ』というのは，必ずしも被用者がその担当する業務を適正に執行する場合だけを指すでなく，広く被用者の行為の外形を捉えて客観的に観察したとき，使用者の事業の態様，規模等からしてそれが被用者の職務行為の範囲内に属するものと認められる場合で足りるものと解すべきである」と判示して使用者責任を認めた（最判昭39・2・4判タ159号181頁）。

　被用者のマイカー通勤中での交通事故でも使用者責任が認められるかについては，使用者の所有車両の場合と異なり，被用者の不法行為が，もっぱら客観的に使用者の支配領域の事柄か否かも判断基準としている。裁判例によると，従業員がマイカー通勤の途中で起こした事故の会社の責任については，原則，否定され（東京地判平7・3・7判タ902号150頁等），マイカーが日常的に外勤業務など会社業務に利用され，会社もこれを容認，助長しているような特別な事情

があれば，会社の責任が肯定されるという傾向がみられる。使用者責任が肯定された判例として，「本件事故は被告（従業員）の通勤途上の事故であり，まさに通勤のための自動車運転行為そのものから派生したものである。しかも，被告会社は，被告（従業員）がマイカー通勤することを前提として同被告に月額5000円の通勤手当を支給していたことからしても，被告会社は，被告（従業員）のマイカー通勤を積極的に容認していたことが認められるのであるから，被告会社は本件事故の結果につき使用者責任を負う」と判示した（福岡地飯塚支判平10・8・5判タ1015号207頁）。

㈡　被用者の責任負担（民709条）と使用者の責任負担（民715条）は，各々がそれぞれの立場で同一の損害について賠償義務を負うのであるが，この場合の両者の関係は不真正連帯債務であるとしている（最判昭46・9・30判タ269号194頁）。

使用者が，損害賠償債務を履行後，被用者に対し，求償権を行使できるが，内部割合そのものは，原則，被用者が全部負担する（民715条3項）。本来，被用者は，自分の不法行為として被害者に賠償しなくてはならないのであって，使用者の出捐により被用者が利益を得ることになるからである。

被用者が第三者との共同不法行為（前記(1)(b)）により他者に損害を与えた場合は，第三者が自己と第三者との過失割合に従って定められる自己の負担部分を超えて被害者に損害を賠償したときは，第三者は，被用者の負担部分について使用者に求償することができる（最判昭63・7・1民集42巻6号451頁）。

(3)　道路等の施設管理者

道路に穴があいていたり落石があったりして事故が発生した場合に，道路等の施設管理者である国や地方公共団体等は，被害者に対し，損害賠償責任を負う（民717条，国賠2条）。責任負担者として施設管理者に賠償責任を認めたものは，飛騨川バス転落事故（名古屋高判昭49・11・20判時761号18頁）や国道の融雪装置から放水された水が凍結してスリップ事故が発生した事案（福井地判平7・4・26判時1555号112頁）など多くの裁判例がある。

(4)　運行供用者

自己のために，自動車を運行の用に供する者（運行供用者）は，その運行によって他人の生命又は身体を害したときは，これによって生じた損害を賠償する責めに任ず（自賠3条本文）として，自動車事故により惹起された交通事故に

おいて，運行供用者を責任負担者とした。一定の場合，免責が認められているから（免責3要件（抗弁その1）。自賠3条ただし書），この運行供用者責任というのは，完全な無過失責任ではない。

自賠法3条（運行供用者責任）は，民法709条（不法行為責任）の特則規定であり，自動車事故による被害者の救済を図ることを目的として，自動車を管理・支配する者に対して，強い危険防止責任を負わせて自動車事故を防止する目的をもって規定された。

原告（被害者）は，責任原因として被告の運行支配・運行利益についての法的地位の取得原因（自動車の所有者であること等）を主張・立証すれば足り，加害者（運転者）の故意・過失を積極的に立証しなくても損害賠償請求が認められる。つまりは，自賠法3条の損害賠償請求の場合は，自動車の運行によって損害が発生したという事実があれば，被害者には，定型的な注意義務すら主張する必要がないということになる。

被告が，運行供用者としての責任を負わないためには，運行供用者たる地位の障害・喪失原因事実（抗弁その2）を主張・立証する必要がある。以下，本問では，所有者（保有者）以外の者の運行供用者責任（①被用者がマイカー通勤中の事故における会社の責任，②下請会社の被用者による運転中の事故における元請会社の責任，③代行運転中の事故における代行業者の責任，④子が自己所有する自動車の運転中の事故における親の責任等）の解説は省略することにする。

(a) 運行供用者と保有者の関係

運転者（運転補助者を含む。自賠2条4項）は，泥棒運転であれ，無断使用運転であれ，運行について直接自動車を支配し，運行による利益を受けているから，運行供用者にあたるのは当然である。

自動車の保有者（自賠2条3項）は，自動車を使用するについて正当な権利を有する者をいう。所有者はむろんのこと，所有者から無償で貸与を受けた者も保有者である。これに対し，所有者から盗み出し自動車を運転した者とか会社の所有車を私用で無断使用した者は保有者ではない。保有者とは運行供用者よりも狭い概念であり，運行供用者の中には，保有者と非保有者とがある。

(b) 運行供用者責任

所有者は，運行供用者といえるが，問題となるのは，この所有者が自動車を

直接使用しておらず，第三者が運転していて事故が発生した場合である。

　(イ)　泥棒運転　　所有者は，盗難車の運行を支配しているわけではなく，通常，運行利益が帰属するわけでもないので運行供用性は否定される。判例は，タクシー会社が自己管理している駐車場内にエンジンキーを差し込んだまま駐車させていた車両を第三者が盗み事故を起こした場合に，保有者であるタクシー会社の運行供用者責任を否定した（最判昭48・12・20判時737号40頁）。この場合，泥棒は，運行供用者であることは当然であるが，車両の保有者ではないから（前記(a)），被害者は，加害車両に付されている自賠責保険から損害賠償額の支払を受けることができないということになる（自賠11条・16条1項）。泥棒は運行供用者であるといっても，無資力だと同人からも損害賠償金の支払を受けられない。

　一方で，盗難車両の自動車の保有者が自動車管理上の過失がある場合に運行供用者として認定された事例もある（最判昭57・4・2判タ470号118頁等）。

　(ロ)　無断運転　　無断運転については，運転者と保有者とが人的関係にある場合と考えられ，農協の運転手が私用で農協の所有車両を無断で運転して人身事故を起こした事案で，判決では，「たとえ事故を生じた当該運行行為が具体的には第三者の無断運転による場合であっても，自動車の所有者と第三者との間に雇用関係等密接な関係が存し，かつ日常の自動車の運転及び管理状況等からして，客観的外形的には前記自動車所有者等のためにする運行と認められるときは，右自動車の所有者は『自己のために自動車を運行の用に供する者』というべく自動車損害賠償保障法3条による損害賠償責任を免れない」と判示して，農協が運行供用者に当たると認めた（最判昭39・2・11判タ160号69頁）。原則として，会社の所有車両を被用者が運転する場合に，会社の支配内において運転するのであり（運行支配），客観的外形的には，会社のためになされている（運行利益）と推定できるから，この推定を覆す特段の事情がない限り，保有者である会社は運行供用者責任を負うものと考える。

　被用者と雇用者の関係のみならず，家族や親族の無断運転した事案においても，保有者（親）と運転者（子）の間に一定の身分関係がある以上，原則，保有者には運行支配と運行利益があると推定される。保有者には，親子という身分関係を介して，子の無断運転後も自動車の管理・保管を維持すべき地位が継

続しており，無断運転した子からさらに子の友人が運転して同人が事故を起こした場合においても，保有者である親に運行供用者責任を認めている（最判平20・9・12判時2021号38頁）。

(ハ) 所有権留保　所有権留保特約付割賦販売契約に基づき売買された自動車が事故を起こした場合，通常，所有権留保権者である販売店や信販会社は運行供用者責任を負わない（最判昭46・1・26民集25巻1号126頁）。買主（加害者）に車両の引渡し後は，売主に返還されることを予定しないものであり，車両の運行支配・運行利益は買主に移転しているから，特段の事情がない限り，所有権留保権者は運行供用者責任を負わないものといえる。

(ニ) 賃貸借・使用貸借　貸与中の自動車が事故を起こした場合は，運転者（借受人）が，運行供用者であること，人的な関係に基づく貸与であり正当な使用権限があるから保有者でもあるといえる。したがって，上記(イ)や(ロ)のように運転者が泥棒運転や無断運転ではないので，運転者以外の保有者に運行供用者責任が認められないと自賠責保険から支払が受けられないという事態は避けられる。しかし，自賠責保険の限度以上の損害が発生している場合や運転者に資力がない場合（任意保険も加入していない等）は，貸主に運行供用者責任が認められるかが問題となる。裁判例をみると，貸主の運行供用者責任を肯定する傾向にある（最判昭46・11・16民集25巻8号1209頁等）。

使用貸借においても，人的関係が存在する場合は貸主の運行支配・運行利益は失われることなく，原則，貸主は運行供用者責任を負うといえるのだが，事故が貸主の許諾した利用権限外で発生した場合（2時間後に返還する約束で自動車を借り受けた者が約1ヵ月後に起こした事故等），もはや貸主の運行支配・運行利益が失われていることもあり，このような事実を貸主が主張・立証することで，貸主の運行供用者責任が否定されることもある（最判平9・11・27判時1626号65頁）。

〔3〕　請求原因に対する被告の抗弁

(1) 原告車の経済的全損

(a) 事故により車両が損壊した場合，修理により原状回復が可能であれば（分損），適正な修理費相当額が損害として認められる（現実に修理していなくとも修理費相当額を請求できる。仮定的修理費）。

技術的には修理可能であったとしても，修理費が，事故当時の車両価格（以下「時価額」という）（＋買替諸費用）を上回る場合を経済的全損であるという（修理費が時価額（＋買替諸費用）を下回る場合は，修理によって原状回復できるのだから，買替えをしても修理費相当額が損害となる）。

経済的全損の場合は，原告の損害は時価額相当額となる。原告においても，経済的全損による時価額相当額を損害として請求することもある（この原告の請求（買替諸費用を含む）については，Q41〔3〕(4)(c)(ハ)参照）。

なお，買替諸費用とは，事故との間に相当因果関係がある範囲で損害と認められる車両購入による納車費用，消費税，預り法定費用，手続代行費用等をいう。

原告が，被害車両が経済的全損であるのに，修理費相当額を請求した場合，原告の損害は，時価額相当額であるから，被告は，修理費相当額が，時価額に買替諸費用を加えた額を上回る事実を積極的に主張すべきである（抗弁事実）。

(b) 抗弁の主張

(イ)「記載例1」は，原告車は○○社のもので，年式は古くとも時価額が修理費を超えるので，修理費相当額を損害額として請求してきた事例であり，「記載例2」は，時価額算定方法において争いがある事例である。

■記載例1

1 原告車の修理費が70万円であることは，不知。この修理費を原告の損害とすることは，争う。

原告車が特別限定車であり希少価値があることは，否認する。

2 原告車の時価額は，既に法定耐用年数を超えているから，新車購入価格500万円（原告車は平成○年○月まで販売されており，同月の新車販売価格である。）の1割に相当する50万円となる。

したがって，原告が主張する修理費は，時価額及び買替諸費用を大きく超えており，原告車が経済的全損であることは明らかであり，その損害は50万円に止まる。

■記載例2

> 1　原告車は，本件事故当時，初度登録が平成○年○月であり，この登録から○年○月余が経過し，走行距離数も○万○○○○キロメートル走行していることから，既に本件事故が発生するまでに相当程度経済的価値を消費している。
> 　原告車の時価額は，レッドブックに基づき評価額を70万円と算出するのが相当であり，原告車の修理見積額はこの評価額を上回る価格（90万5000円（消費税を含む。））であるから，原告の損害を上記時価額70万円と認めるのが相当である。
> 2　訴外○○会社作成の調査報告書にある原告車の全損時価額80万円とは，保険金支払等のために保険会社の独自の観点から算出されたものであり，車両の客観的な価値を示す価格とはいえない。

(ロ)　時価額は，いわゆる中古車が損傷を受けた場合，当該自動車の事故当時における取引価格は，原則として，これと同一の車種・年式・型，同程度の使用状態・走行距離等の自動車を中古車市場において取得しうるに要する価額によって定められる（最判昭49・4・15民集28巻3号385頁等）。要するに中古車市場における再調達価格を求めることになる。

　実務においては，時価額算定について，オートガイド自動車価格月報（通称・レッドブック）や中古車価格ガイドブック（通称・イエローブック）を参考にしたりするが（当事者は，同一あるいは近似の車両があれば，書証として提出するのが望ましい），年式の古い車両では資料とすることができない。最近では，当事者は，インターネット情報における中古車販売価格の平均値等を参考にして算出したりすることもあり，これが立証方法の1つであっても，この価格がはたして客観的な市場価値を示すものなのか疑問である。

　年式が古く，評価額が0円の車輌（中古車市場0円）であっても，現実に走行していた車両の時価額を0円とするのは相当ではなく，算定資料がなくともある程度の損害額を認めるのが相当である。新車価格の1割の価格を時価額として認めている裁判例もある（東京地判平13・4・19交民集34巻2号535頁等）。

(2)　**代車費用**（代車使用料）

(a) 交通事故により車両が損壊した場合，被害者は，車両を修理する間や全損ならば買い替えるまでの間は，当該車両を使用できないことになる。

この場合，被害者に代車を使用する必要性・相当性（営業に使用するとかマイカー通勤に必要等）が認められれば，修理相当・買替相当期間の代車使用料を支出したときに原告の損害として認められる。代車使用料を現実に支出すれば損害となるのであって，修理費と異なり，仮定的代車費用（代車使用料）は認められない（東京地判平12・8・23交民集33巻4号1312頁等）。

代車使用料の請求には，立証方法として，事故車両等の車種に関する資料，代車の利用状況（報告書等），代車代金支払明細書等が提出される。被告は，代車使用期間が相当期間を超えているとか，代車が被害車両に相応する車種でない（代車使用料が高価である等）といえる場合は，不相当な事実を積極的に主張すべきである（抗弁事実）。

(b) 抗弁の主張

(イ)「記載例3」は，買替えに要する期間の相当性について争う事例であり，「記載例4」は，代車使用料を争う事例である。

■記載例3

1　原告の主張する代車使用につき，買替えに要する期間の相当性について争う。
2　原告は，車を買い替えるために要した期間だけでなく，原告車の修理費の算定に業者の見積書を取っていたので1ヵ月を要したこと，被告が加入していた自動車保険の対物超過特約の使用に関し被告から早期に回答が得られなかったことから，約2ヵ月間の代車使用期間を要したと主張するが，買替相当期間を超えるものであり，個別の事情等があるにしろ，通常，1ヵ月以上の期間を要することなどない。
　　また，複数の業者から見積りを取ったというがその証明もないから，何故，修理費用の算定に1ヵ月も要したのか不明である。
3　代車使用料とは，事故にあった車両の修理又は買替相当期間について認められるものであり，原告側の事情で修理費の見積りや買替えの判断が遅れたからといって，代車使用期間が伸長されるわけではない。

■記載例4

> 1　代車使用料については，不知。
> 2　原告は，代車使用料の損害額を算定するにあたり，その総額を主張するが，代車の車種，単価（1日）について主張しない（証拠（甲○）にも記載していない）。
> 3　原告車は，普通乗用自動車（国産車）であるので，レンタカー代を請求するにも，1日当たり○○○○円とするのが相当である。

(ロ)　代車使用料が認められるのは，現実に要した修理又は買替期間ではなく，これに要する相当期間についてである。この期間には，事情に応じて見積りその他交渉を要した相当期間も含める場合もある（東京地判平14・10・15交民集35巻5号1371頁等）。

代車の車種（グレード）については，代車使用料は，自動車の利用権の侵害を回復するためのものであり，短期間の代替手段であるから，原告車と同一車種であることは必要ではなく相応の車種で足りる。あるいは，代車が日常生活で運転していた同一車種（同グレード）の場合（高級車等）であっても，直ちに不相当な代車ともいえない。

したがって，原告は，代車に使用した車種及びその車種が相応の車種であることを主張する必要がある（大阪地判平7・8・18交民集28巻4号1141頁等）。

(3) 過失相殺

(a)　民法722条2項の過失相殺とは，当該事故により発生した損害の分担を考慮しないと公平が損なわれるという観点から，原告に発生した損害の一部を被告に転嫁しないことであり，民法709条の過失における注意義務違反の過失責任そのものをいうのではなく，原告の落ち度や不注意を含む原告側の事情等をいう（最判昭39・6・24民集18巻5号854頁等）。

この過失相殺を行うべき過失とは，原告の，①事故の原因となった過失と，②損害の発生・拡大に寄与した過失・不注意の2種類がある。

被告が，免責又は過失相殺の主張をする場合（抗弁事実），この事実の立証責任は被告にあると解されるので，被告は，訴訟において早期に具体的かつ詳細

な主張をするべきである。ただ，過失を斟酌すべき旨の主張は不要である（民722条2項，大判昭3・8・1民集7巻9号648頁）。原告本人のみならず，被害者側（原告の監督義務者等）の過失や被害者死亡の事案で原告（相続人）が損害賠償を請求する場合，被相続人である被害者本人の過失も考慮することができる。

　(b)　抗弁の主張

　(イ)　「記載例5」は，原告の責任原因（過失）を主張する事例であり，「記載例6」は，原告の損害の発生・拡大に寄与した事実（落ち度・不注意）等を主張する事例である。

■記載例5

1　原告は，交差点を右折して進行するに際し，右折先及び対向道路の安全を確認し，対向車線の安全を確認して対向車の通行を妨げることのないよう右折すべきであるのに，これを怠り，漫然と本件交差点を右折しようとした過失により，本件事故を惹起させたのであるから，同事故によって被告に生じた損害を賠償する責任がある。

2　被告は，対面信号が青信号から黄信号に変わる時点で，被告車が交差点の手前にある停止線に近接していたため，同地点に安全に停止できなかったことから，そのまま交差点を直進したのである。

3　本件事故は，対面信号が黄信号であるものの安全に停止できないため交差点の進入が許容された状態（道交法施行令2条1項）で交差点に直進して進入した被告車と同交差点を右折してきた原告車との衝突事故である。

＊　本件事故は，原告が，被告に対し，直進車（被告車）が赤信号で交差点内に進入し，右折車（原告車）が右折の青矢印信号で交差点内に進入したとして，赤信号を無視した被告車を運転していた被告に一方的過失（原告は無過失）があるとして訴訟提起された事案である。

■記載例6

> 亡○○は，シートベルトを装着しないで原告車を運転して南方道路の中央寄りを被告車よりも速い速度で進行し，正面衝突事故を引き起こし，死亡するに至ったものであり，本件事故の発生については，亡○○に重大な過失がある。

(ロ) 交通事故訴訟においては，事故類型ごとに区別した過失相殺率の認定基準が公表されている。よく利用されるのが，東京地裁民事交通訴訟研究会編『民事交通訴訟における過失相殺率の認定基準』〔全訂5版〕（別冊判タ38号）である。

この別冊判タ38号の基準等により，事案に応じて修正要素を加味して過失相殺割合が調整される。過失を基礎づける注意義務の根拠となるのは，道路交通法（以下「道交法」という）であり，道交法違反は一応過失ありと認められる。「記載例5」では，被告は，原告の前方注視義務違反を主張している。この違反は道交法上は明文の規定はないが，運転手の最も基本的かつ重要な義務である。原告が，信号機の表示（青矢印信号）に従い交差点内を通行したとしても，前方をよく注視していれば交差点内の車両の有無や動向を把握できたのに，これを怠り，対向車との衝突を回避できなかったとすれば，原告にも前方注視義務違反の過失を認めることがある。

「記載例6」では，原告の不注意が事故による損害の発生・拡大に寄与したとの主張であるが，裁判所は，この別冊判タ38号の基準の修正要素にも具体的に示されていないことも加味しながら具体的妥当性の調整を図ることになる。

交通事故訴訟では，シートベルト不装着が問題となり，被告からこの事実が損害の発生・拡大に寄与したと主張されることも少なくない。被害者が，シートベルト着用の義務（道交71条の3第1項）を怠り，正面衝突により上腹部がハンドルに衝突し，腹腔内出血を原因として死亡に至ったという事案などにおいて，シートベルト不装着が損害の発生・拡大に寄与したものと認められるときに，裁判所は，損害賠償額の算定にあたり，相応の過失相殺をすることもでき，調整された過失相殺率により，被害者に過失がない場合に認められる損害賠償額を減額することができる（民722条2項）。

[中林　清則]

Q43 | 消滅時効

交通事故による損害賠償請求権の消滅時効の起算点について，人損と物損に分けて説明しなさい。併せて，時効の中断について説明し，自賠責保険金の支払，任意保険会社からの支払及び示談交渉があった場合に時効が中断するかについても説明しなさい。

〔1〕 はじめに

債権の消滅時効は，「権利を行使することができる時」から進行し（民166条1項），「10年間行使しないときは，消滅する」（民167条1項）のが原則である。

しかし，不法行為による損害賠償請求権は，「被害者又はその法定代理人が損害及び加害者を知った時から3年間行使しないときは，時効によって消滅する。不法行為の時から20年を経過したときも，同様とする」と規定されている（民724条）。

3年の短期消滅時効が設けられた理由としては，①不安定な立場に置かれる加害者の保護，②被害感情の沈静化，③採証の困難などがあげられるが，判例は「民法724条が短期消滅時効を設けた趣旨は，不法行為に基づく法律関係が，通常，未知の当事者間に，予期しない偶然の事故に基づいて発生するものであるため，加害者は，損害賠償の請求を受けるかどうか，いかなる範囲まで賠償義務を負うか等が不明である結果，極めて不安定な立場におかれるので，被害者において損害及び加害者を知りながら相当の期間内に権利行使に出ないときには，損害賠償請求権が時効にかかるものとして加害者を保護することにあると解される」と判示している（最判昭49・12・17民集28巻10号2059頁）。

交通事故の損害賠償請求権は，民法上の請求によることはもとより自動車損害賠償保障法（以下「自賠法」という）3条，国家賠償法1条による場合も，時

効に関しては民法の規定が適用されるので（自賠4条，国賠4条），いずれの場面でも民法724条の問題となる。

交通事故による損害には治療費，休業補償，慰謝料等の人的損害と車両の修理費，休車損害，代車費用等の物的損害が考えられるが，人的損害と物的損害は訴訟物が異なるとされるので，損害賠償請求権の消滅時効の起算点についても別に検討する必要がある。

〔2〕 人損における消滅時効の起算点

民法166条1項が，時効の起算点につき，「消滅時効は，権利を行使することができる時から進行する」と規定しているのは，消滅時効の起算点につき，権利者・義務者という当事者の主観を時効の起算点から捨象し，客観的に権利行使可能な時をもって時効の起算点としたものと解されている。もっとも，権利行使の可能性については，法的に可能な時点を原則としながらも，事実的に可能な時点も考慮されている。判例も，弁済供託における取戻請求権（最判昭45・7・15判タ251号166頁），債権者不確知を原因とする弁済供託（最判平13・11・27判タ1079号155頁），自賠法72条1項前段による請求権（最判平8・3・5判タ910号76頁）については，権利行使が現実的に可能になった時点を時効の起算点としている。

これに対し，民法724条前段は，「被害者又はその法定代理人が損害及び加害者を知った時」を3年の短期時効の起算点としている。これは，被害者の認識という主観的なものに時効の起算点をかからしめており，民法166条1項の特則となっている。

本来，債務の消滅時効制度は，弁済の証拠や免責の証拠に代えて一定期間の経過をもって，直ちに義務を免れる制度であり，債務者の立場からは，法律が定めた時効期間は，弁済の証拠・免責の証拠の収集・保存の期間となる。よって，債務者が上記行動をするためには期間の起算点が容易にわかり，明確でなければならない。それにもかかわらず，不法行為において被害者（債権者）の主観に時効の起算点が置かれているのは，被害者にとっても不法行為による損害賠償債務の発生が不明確で不安定であり，被害者の立場にある権利者救済の視点があげられる。一方，時効期間の起算点における客観的観点については，

民法724条後段が「知った時」ではなく，「不法行為の時」という客観的起算点を規定することで，主観を基準とする同条前段における起算点とのバランスをとっているものと解される。

〔3〕 人損における時効の起算点についての論点

(1) 認識の主体である被害者

損害及び加害者を認識する主体である「被害者」とは，加害者に対して損害賠償請求権を取得する者である。原則として直接損害を被った本人であるが，被害者死亡の場合の相続人，扶養請求権を喪失した近親者，治療費・葬儀費用を負担した近親者等も含まれる。

(2) 認識対象となる損害

被害者が認識する損害については，損害の発生を知る必要があるが，その数額・程度の全部を知る必要はなく，人身事故の場合，事故による受傷を知れば，傷害と相当因果関係のある個々の治療費等，受傷後時間的経過に従い次第に具体化していく金銭支払は，将来的に必要となる支払も含めてすべて認識があったものとされる。これは，賠償されるべき損害の範囲は現実にはその後における当事者間の協定又は裁判の結果をまって確定するものであり，被害者が損害を被った事実を知りさえすれば，時効の進行を認めてよいからである。また，被害者が知った損害ごとに格別に時効が進行することになると，法が被害者・加害者間の法律問題を速やかに解決するために設けた時効制度の根本精神を没却することになるからである。

しかし，受傷時には予想しえなかった治療の費用や受傷時から相当期間経過後に現れた後遺症については別の考慮が必要である。

この点，最高裁は，「受傷時においては医学的にも通常予想しえなかったような治療方法が必要とされ，右治療のため費用を支出することを余儀なくされるにいたった等，原審認定の事実関係のもとにおいては，後日その治療を受けるようになるまでは，右治療に要した費用すなわち損害については，同条所定の時効は進行しない」とした（最判昭42・7・18民集21巻6号1559頁・判夕210号148頁）。また，最高裁は，「後遺症が顕在化した時が民法724条にいう損害を知った時にあたり，後遺症に基づく損害であって，その当時において発生を予見す

ることが社会通念上可能であったものについては，すべて被害者においてその認識があったものとして，当該損害の賠償請求権の消滅時効はその時から進行を始める」とした（最判昭49・9・26交民集7巻5号1233頁）。下級審においては後遺障害の時効の起算点について，症状固定時とするものが多く（大阪地判平10・12・1交民集31巻6号1820頁・判タ242号175頁，大阪地判平11・1・14交民集32巻1号69頁），損保実務も症状固定時としている。

(3) 違法性・因果関係

損害を知るとは，単に抽象的損害を知るだけでは足りず，加害行為が不法行為であること，すなわち不法行為の成立要件を満たしている事実も知る必要がある。不法行為性の認識がなければ，現実的提訴の可能性もないからである。

しかし，不法行為であることは加害行為の行われた状況を認識することによって知ることができるので，常に裁判所の判断を要するものではない。

(4) 加 害 者

被害者が認識する加害者とは，不法行為者自身のほか，使用者，運行供用者等も含まれる。民法715条の使用者の損害賠償責任において，「加害者を知る」とは，被害者において使用者，使用者と不法行為者との間に使用関係がある事実に加えて，一般人が，当該不法行為が使用者の事業の執行につきなされたものであると判断するに足りる事実をも認識することをいう（最判昭44・11・27民集23巻11号2265頁）。「事業の執行につき」という要件についてのみ「一般人」の認識が要求されるのは，使用者とか使用関係の認識においては，一般人の認識と具体的な被害者の認識との間では大きなズレはないが，「事業の執行につき」という要件に該当する事実の認識では，ズレの範囲が大きく，この点を被害者個人の認識を基準とすると，起算点が不明確となり，かつ賠償義務者の不安定な地位が長く続いて妥当ではないと考えられるからである。

加害者を知る程度としては，判例は「加害者に対する賠償請求が事実上可能な状況のもとに，その可能な程度にこれを知った時を意味するものと解するのが相当であり，被害者が不法行為の当時加害者の住所氏名を的確に知らず，しかも当時の状況においてこれに対する賠償請求権を行使することが事実上不可能な場合においては，その状況が止み，被害者が加害者の住所氏名を確認したとき，初めて『加害者ヲ知リタル時』にあたるものというべきである」と判示

している（最判昭48・11・16民集27巻10号1374頁）。

(5) 民法724条後段

民法724条後段の20年の期間については，判例は除斥期間としている（最判平元・12・21民集43巻12号2209頁）。除斥期間の根拠としては，①不法行為に基づく損害賠償請求権は，権利内容や権利主張の有無が極めて不確定なものであるから，一定の時の経過により，浮動的な権利状態を，客観的・画一的な要件により法律関係を確定する必要があること，②長期の時の経過により証拠が散逸し，裁判をするのが困難な訴訟が提起されるのを防止するために，一定の時の経過により一律に権利行使を遮断するのが妥当であることからである。20年の期間の起算点については，加害行為時か損害発生時か判例は分かれているが，中断もなく，援用も不要の除斥期間とするならば，加害行為終了時であると解するのが相当である。

〔4〕 物損における消滅時効の起算点

交通事故における物損は，車両の修理費，休車損害，代車費用等であり，損害の範囲が事故後拡大することはあまり考えられないので，物損の消滅時効の起算点は不法行為時になることが多いものと考えられる。

これに対し，人損については，後遺障害の治療期間が長期にわたることがあり，消滅時効の起算点をどこにするか問題となる。前述したとおり，下級審においては後遺障害の時効の起算点について，症状固定時とするものが多い。

そうすると，交通事故において，物損と人損がある場合，物損と人損は訴訟物が異なるので，物損の消滅時効の起算点は事故時となり，人損の消滅時効の起算点は事故後，後遺障害が症状固定した時となり，物損の消滅時効が先に完成することがある。判例も，人身損害については症状固定日から3年経過しないうちに時効中断（調停申立て）がなされた事案について，物損については，調停申立ての日までに3年以上経過しているのが明らかであり，物損は人損と別個の訴訟物であるから，物損についてのみ消滅時効により消滅することに問題はないと判示している（松山地今治支判平20・12・25交民集41巻6号1615頁・判時2042号81頁）。

〔5〕 時効の中断

　交通損害賠償請求においては，訴訟に至る前に示談交渉がなされたり，自賠責保険や任意保険から治療費等が支払われたりする場合がある。このような場合，債務承認があったとみることができるか問題になる。

　債務承認が時効の中断事由とされているのは（民147条3号），債務者自身が債務が存在することを認識して表明することによって，債権の存在が明確になるからである。この債務承認は，意思表示ではなく観念の通知といわれ，主観的な認識を表明するものであるから，一義的でなく具体的にどのような行為が債務の承認にあたるか争いになる。

　通常，債務者から示談の申入れを行った場合，債務者は損害賠償債務の存在を認識し，相当額の賠償額の提示を行うことが多い。このような場合には債務者自身が債務が存在することを認識し，これを表明したとして債務承認があったとみることができるだろう。

　しかし，債務者としては何らかの解決を求めているにすぎない場合，債務の有無に争いがある場合もある。このような場合，示談が成立しなかったとき，示談の申入れに債務承認があったとみるのには疑問がある。このような場合にも債務承認を認めると，何らかの解決を求めて話し合いに応じようとする誠実な債務者は時効の中断により不利益を被るのに対し，話し合いを拒否して期間を経過させた債務者は，時効中断とはならず，時効が完成することになり相当ではない。事故関係者の間で話し合いで紛争が解決されるのは好ましいことであり，示談の申入れがあった場合，直ちに債務承認があったとするのは相当でなく，債務者が債務の存在を明らかにしている場合にのみ時効中断を認めるべきである。

(1) 債務承認を肯定した裁判例

　横浜地判平元・10・26交民集22巻5号1203頁は，交渉の席で，「支払わないとは言っていない，交渉については，自賠責保険の代理店と連絡を取って，被告の妻を原告方に行かせる」旨の発言を，損害賠償債務を自認していなければありえないこととして，債務承認と認定している。

　東京地判昭48・7・18判時728号65頁は，被告側から被害者にあてた回答書

の賠償額は55万円であるが，原告の請求する180万円については，詳細な資料提出があれば，相当な賠償額を計算して支払う意思がある旨記載された文書をもって，債務承認としている。

神戸地判昭61・12・26交民集19巻6号1776頁は，加害車両の任意保険会社が，病院に治療費を一部支払った事実をとらえて，損害全体の債務承認と認定している。

(2) **債務承認を否定した裁判例**

大阪地判平7・6・29判時1560号120頁は，自賠責保険支払について，調査事務所から加害者へ照会がなされたが，加害者が回答しなかった事案について，承認が権利の存在を知っている旨の表示という積極的行為であること，回答しないという加害者の行為は，調査事務所に対してであり，債権者たる被害者に対してではないことを理由に債務承認を認めなかった。

大阪地判平10・3・19交民集31巻2号366頁は，事故の加害者代理人が，損害額を計算し，既払金を控除した残額を支払う旨申し入れたという事案について，被害者の主張に多くの疑問をもちつつ，円満解決のための提案にすぎないとして債務承認を認めなかった。

(3) **自賠責保険の支払と債務承認**

被害者が自賠法16条に基づき，自賠責保険会社から直接損害賠償金を受領した場合，被害者の加害者に対する損害賠償金請求権は債務承認があったとして，時効が中断するだろうか。

任意保険会社から被害者に損害賠償金が支払われる場合は，任意保険会社は契約者に対するサービスとして，加害者の代理人として支払手続を行っているので，加害者に対する損害賠償請求権の時効の進行は債務承認として中断する。

これに対し，自賠責保険会社と加害者は代理関係にないので，自賠責保険会社からの支払は，加害者に対する損害賠償請求権の時効中断事由にはあたらないと解される（大阪高判昭48・7・31判タ304号179頁，鹿児島地判昭61・9・29判タ623号171頁）。ただし，加害者が，被害者に保険金の請求及び受領に関する一切の事務を委任し，その旨の委任状を交付しているような場合は，債務承認にあたると考えられる。

[丸尾　敏也]

Q 44 | 交通事故訴訟提起をめぐる問題

交通事故訴訟提起前の準備事項，訴えの態様及び管轄について説明しなさい。

〔1〕 交通事故訴訟提起前の準備事項

(1) 証拠・資料の収集

原告は，訴訟提起の前に，事故態様や損害の状況等に関する証拠・資料を収集し，訴訟において，適切な主張・立証を迅速に行う準備をする必要がある。

(a) 交通事故の態様に関する証拠・資料

(イ) 交通事故証明書　　交通事故証明書は，交通事故発生の事実，日時，場所，事故の類型，当事者の氏名，住所，年齢等を明らかにする証拠で，交通事故訴訟において提出を求められる基本書証の1つである。交通事故証明書の申請用紙は，最寄りの警察署，交番等で受領することができる。

(ロ) 刑事事件記録　　刑事事件記録には，実況見分調書，事故車両の写真，運転者等事故関係者の供述調書が含まれ，これらは，事故現場の状況や事故態様についての重要な証拠となる。

刑事事件記録は，刑事事件がすでに確定しているときは誰でも閲覧が可能であり（刑訴53条1項），また，弁護士法23条の2に基づく照会により入手することができる。

被害者は，不起訴で終結した事件について，実況見分調書等限られた証拠書類の閲覧謄写申請ができ，被害者の代理人弁護士は弁護士法23条の2に基づく照会が可能である。なお，供述調書についても，民事訴訟係属後は，裁判所に対する送付嘱託により取り寄せることが可能であるが，検察庁は同刑事記録

の開示について厳格な要件を定めており，実際上開示は制限的なものとなっている（平成16年5月31日付け法務省刑総第627号「民事裁判所からの不起訴事件記録の文書送付嘱託等について」）。

また，係属中の刑事事件記録については，犯罪被害者保護法3条1項に基づいて，刑事事件の係属する裁判所に対して閲覧謄写の申請ができる（これら刑事記録等の取寄せ方法については，『赤い本』（上）〔2011年版〕396頁〔訴訟手続研究部会〕参照）。

(b) 損害に関する証拠・資料

(イ) 人的損害

(i) 診断書　　事故直後に診察した医師が作成した診断書は，被害者の受傷部位，程度等を明らかにする証拠であり，基本書証の1つである。

(ⅱ) 診療報酬明細書，領収書　　治療費を請求する場合は，治療費の領収書，診療報酬明細書が証拠となり，治療費のほかに通院交通費等を請求する場合はその領収書やレシートが証拠となる。なお，診療報酬明細書には，入通院の状況や治療状況等の記載もあり，これによって，被害者の治療内容や治療経過を証明することもできる。

(ⅲ) 診療録（カルテ）　　診療録により，被害者の受傷の程度・症状，具体的な治療内容等が明らかになる。すべての訴訟において診療録を証拠として提出する必要があるわけではないが，訴訟提起前の段階で加害者側が受傷の内容や程度等を争っていることが判明している場合には，弁護士法23条の2に基づく照会により診療録を入手し，予め検討しておくと迅速な訴訟進行が可能となる。

(ⅳ) 休業損害証明書，確定申告書の控え　　休業損害を請求する場合は被害者の基礎収入を主張・立証する必要があるが，給与所得者については休業損害証明書，事業所得者については確定申告書の控え等がその証拠となる。

(ロ) 物的損害

(i) 自動車検査証　　自動車検査証は，事故により損害を受けた車両が原告の所有車両であることを証明する証拠であり，物損事故の場合の基本書証の1つである。原告が所有名義人でない場合は，第三者に所有権が留保されているが原告が修理費を負担するとの特約が存在する等，原告に損害が発生したこ

との具体的な立証を求められることがある。

　(ⅱ)　見積書，請求書　　修理費の見積書，請求書は，自動車損壊による損害額立証の証拠となる。また，代車使用料やレッカー費用を請求する場合にはそれぞれの領収書が必要である。

　(c)　なお，簡易裁判所では，訴訟を迅速に解決するため，訴訟提起の段階で，交通事故証明書，自動車検査証（車検証），事故現場見取図，事故現場及び事故車両の損壊写真等基本的な書証の提出について協力を求められる例が多い。

(2)　**自動車損害賠償責任保険又は自動車損害賠償責任共済**（以下両者を併せて「自賠責保険等」という）**の被害者請求**

　(a)　自動車損害賠償保障法（以下「自賠法」という）は，被害者救済のために，保険契約の当事者ではない被害者にも保険会社等に対する直接請求権を認めているが（自賠16条1項），人身事故の被害者は，訴訟提起前に，自賠責保険等の被害者請求を済ませておくことが被害者に有利となる場合がある。

　(b)　自賠責保険等の保険金の支払については，「自動車損害賠償責任保険の保険金等及び自動車損害賠償責任共済の共済金等の支払基準」（平成13年金融庁，国土交通省告示第1号（以下「支払基準」という））が定められ，自賠責保険会社等は同支払基準に従って保険金を支払う法的義務を負う。

　支払基準による保険金等の支払の場合には，民法の不法行為に基づく損害賠償請求の場合のような厳格な過失相殺（民722条2項）は行われず，被害者に重大な過失がある場合に被害者に有利な減額割合で減額する重過失減額（支払基準第6第1項）が行われる。また，事故による受傷と死亡や後遺障害との因果関係が認定困難な場合，訴訟では請求が棄却される場合があるが，保険金等の支払の場合には積算した損害額又は保険金額のいずれか少ない金額から5割の減額を行うとされている（支払基準第6第2項）。

　このように，支払基準による保険金の支払の場合は被害者保護が手厚くなっているが，訴訟提起後は，裁判所の司法判断を優先させ，前記の被害者有利な取扱いがなされないことがあるので，被害者にとって，訴訟提起前に自賠責保険等の請求を済ませておくことが有利になる。

　(c)　また，労働者災害補償保険（以下「労災保険」という）では，第三者行為災害についての求償規定があり（労災12条の4第1項），受給権者に労災保険による

給付をしたことにより受給権者の損害賠償請求権を代位取得した政府が自賠責保険等へ求償請求することがある。政府の自賠責保険等への求償請求と被害者の自賠責保険等への被害者請求との間には優劣関係がないため，第三者行為災害による労働者災害補償保険の保険給付を受ける場合には，先に自賠責保険等の被害者請求を行ってその給付を受けておくことが被害者の利益を図ることになる。

（d）なお，自賠責保険等の被害者請求をする場合，加害車両に上乗せの対人賠償保険が付されている場合は，その対人賠償保険会社が自賠責保険も含めて一括支払を行い，その後，同保険会社が自賠責保険会社に求償請求をする一括払制度がある。また，損害賠償責任の有無や賠償額が確定していない場合でも，被害者が治療費などの出費をする必要がある場合などに備えて，被害者が被害者請求に先立つ仮渡金として保険会社に対して一定の金額の支払を請求できる仮渡金制度（自賠17条1項）もある。自賠責保険等の被害者請求をする場合には，これらの制度を利用することも可能である。

(3) 後遺障害等級認定（自賠責保険等の被害者請求，一括払いの事前認定）

（a）交通事故によって後遺障害が残った場合，自賠責保険等から後遺障害の程度に応じた保険金が支払われるが，その支払を受けるためには，自賠責損害調査事務所による等級認定を受ける必要がある。

訴訟手続上も，後遺障害の等級認定があれば，原則として，自賠法施行令2条別表後遺障害別等級表に定める等級に相応する労働力喪失の立証があったとされ，後遺障害に基づく損害の賠償を求める場合は，訴訟提起前に，後遺障害の等級認定を受けておくと訴訟が迅速に進行し，被害者（原告）の主張・立証が容易となる。

また，自賠責保険等の後遺障害等級認定を受けていれば自賠責保険等の支払額が予測できるため和解が成立しやすく，訴訟の早期解決が可能となる。

（b）なお，被害者からの自賠責保険等の等級認定請求は自賠責保険会社に対する被害者請求によって行うことができる。また，加害者が上乗せの対人賠償保険に加入しており，対人賠償保険会社が対人賠償保険と自賠責保険の一括払いを行う事案では，対人賠償保険会社から自賠責損害調査事務所に対し後遺障害について事前認定の依頼を行うことができるので，被害者は前記一括請求

の手続を利用して後遺障害の認定を受けることもできる。

〔2〕 交通事故訴訟における訴えの態様

(1) 物損事故の場合

被害車両の所有者等から，加害車両の運転者に対する民法709条に基づく損害賠償請求訴訟や使用者に対する民法715条に基づく損害賠償請求訴訟が提起される。なお，加害車両の運転者が，株式会社の代表者の場合は，民法715条ではなく，会社法350条の損害賠償請求訴訟となる。

(2) 人損事故の場合

(a) 物損事故の場合と同じく，被害者から加害車両の運転者や使用者に対する民法709条，715条等に基づく損害賠償請求も可能であるが，自賠法3条所定の運行供用者責任の場合は，条件付無過失責任といわれるほどその成立要件が緩和され被害者保護が図られていることから，通常，同法に基づいて損害賠償請求訴訟が提起される。

(b) 保険会社への請求

(イ) 自賠責保険会社　被害者から，自賠責保険会社に対し，自賠法16条1項に基づいて，保険金額の限度で損害賠償請求をすることができる。この場合において，裁判所は，自賠法16条の3第1項に規定する支払基準に拘束されることなく損害賠償額の算定をする。

(ロ) 任意保険会社　加害者側加入の任意保険契約において，被害者の直接請求を認めている場合は任意保険会社への給付請求訴訟が可能である。通常，加害者に対する損害賠償請求と併合されて訴訟提起される。ただし，損害賠償額が保険金額を超えない限り，判決等により損害賠償額が確定すると保険会社からその損害賠償額の支払を受けることができるので，通常，保険会社を被告に加える必要はない。ただし，保険会社がアフターロス契約（事故後契約）等保険契約の効力を争っている場合や保険約款所定の賠償責任条項の要件欠如や免責を主張している場合には同保険会社も被告とするのが相当である。

(3) 債務不存在確認訴訟

加害者の被害者に対する損害賠償債務の不存在確認訴訟である。同訴訟において，被告である被害者が原告の請求を争う場合には，被告から反訴を提起す

る。反訴の提起があった場合には，通常，本訴が取り下げられるが，取下げがない場合は確認の利益がないとして本訴は却下される（最〔1小〕判平16・3・25民集58巻3号753頁）。

〔3〕 交通事故訴訟の管轄

　交通事故訴訟は，被告の住所地等普通裁判籍の所在地（民訴4条1項），義務履行地（民訴5条1号），不法行為地（民訴5条9号）を管轄する裁判所の管轄に属する。原告は，前記管轄裁判所のうちから任意に選択して訴訟提起ができるが，事故の態様や訴訟提起前の当事者の主張等を勘案し，早期かつ適切な解決のためにもっとも適した裁判所を選択すべきである。不適切な裁判所に訴訟提起された場合には，被告から民事訴訟法17条に基づく移送の申立てがなされ，同申立てに基づく移送がなされる場合がある。

[野藤　直文]

Q45 | 交通事故訴訟の審理

交通事故訴訟の第1回口頭弁論期日以降の審理及び当事者の主張立証上の留意点について説明しなさい。

〔1〕 交通事故訴訟の特徴

　交通事故訴訟においては，ほとんどの場合，争点が「過失割合」及び「損害額」であり，訴訟提起前に保険会社を介して当事者間で示談交渉が行われ，その示談交渉を通じて当事者の対立点が明確になっていることが少なくない。また，各争点における証拠も定型的なものが多く，事故発生直後に警察官が現場に臨場し，証拠の収集・保全がなされていたり，訴訟提起前に保険会社が関与し証拠を入手していることが多い。加えて，過失割合について，東京地裁交通専門部の判断基準が公表され（東京地裁民事交通訴訟研究会編『民事交通訴訟における過失相殺率の認定基準』〔全訂5版〕（別冊判タ38号）），同基準が過失割合判断の指針として実務上定着している。交通事故訴訟における審理も，民事訴訟法，民事訴訟規則に則り進行すべきことは他の民事訴訟と異なることはないが，前記の事情から裁判所が早期に争点を把握することが容易であり，その判断資料も揃っている場合が多いことから，効率的で定型的な訴訟運営を行いやすい事件類型といえる。

〔2〕 第1回口頭弁論期日以降の審理

(1) 第1回口頭弁論期日における審理

　前記交通事故訴訟の特徴からすると，事前準備を十分行うことにより，第1回口頭弁論期日から，争点や今後の主張・立証方針について共通認識を形成す

るなど充実した審理を行うことが可能となるはずである。訴訟代理人の受任から第1回口頭弁論期日までの期間が短く準備が十分にできないといった事情もあると思われるが，簡易裁判所においては，比較的簡単な事件を簡易迅速に解決することが求められていることもあって，当事者に事前準備についての協力を要請し，第1回口頭弁論期日からの審理の充実を目指している。

(2) 第1回口頭弁論期日後の審理

交通事故訴訟においても，口頭弁論期日や弁論準備手続において当事者双方の主張・反論が行われ，人証等の証拠調べを経て，判決言渡しが行われることが予定されていることは，他の訴訟手続の場合と異ならない。ただ，簡易裁判所における物損事故の損害賠償訴訟においては，第2回ないし第3回口頭弁論期日までに当事者双方の主張及び運転者の陳述書を含む証拠書類の提出を完了させ，それを前提に和解勧告をして，和解が成立しない場合には双方運転者の尋問を経て判決の言渡しをするなど，訴訟の早期終結に向けた訴訟運営が指向されている。

なお，交通事故訴訟の場合，過失割合について前記判断基準が公表され実務上同基準に従うことについてほぼ異論がないこと，証拠が定型的で，警察等による証拠収集・保全がなされている場合が多く，訴訟の結論の予測が立てやすくなっていること，損害賠償額もある程度定額化されていることなどから和解による解決が多い。裁判所が和解案を提示しても和解が成立しない場合もあるが，その場合でも，裁判所のその時点での心証が明らかになることから，当事者にとってまったく想定外の判決がなされるといった事態が防止できるなどのメリットがある。

(3) 弁論準備手続

口頭弁論が行われる開廷日には多数の事件の審理が予定されており，1つの事件の口頭弁論に多くの時間は割けない。また，弁論準備手続においては，電話会議の方法によることも可能であることから，交通事故訴訟において，弁論準備手続が活用されることが多い。弁論準備手続では，裁判官と当事者双方との間で率直な意見交換が可能であり，主張や証拠評価について真の対立点を明確にした上で今後の立証方法等が検討されたり，同手続の成果を踏まえた和解勧試などが行われる。

〔3〕 交通事故損害賠償請求訴訟（事故によって損害を受けた原告から損害を発生させた被告への損害賠償請求）における主張・立証上の留意事項

(1) 原　　告
(a) 責任原因及び事故態様

交通事故訴訟では，民法709条・715条，自動車損害賠償保障法（以下「自賠法」という）3条（人身傷害の場合）等が訴訟物となるので，被告の責任原因がこれらのどれに該当するのか明示するとともに各訴訟物における要件事実を意識して訴状を作成する必要がある。また，過失を基礎づける具体的事実が主要事実となることから，訴状において，原告の主張する事故の態様及び事故原因を具体的に明示すべきである。なお，事故態様を主張する場合，原告主張の事故車両の動きを図示した事故状況説明図を添付するとわかりやすい。

交通事故発生の事実や被告の過失等を立証する証拠として，交通事故証明書，現場図面，現場及び事故車両の写真，運転者等の陳述書等が考えられる。刑事事件記録には，実況見分調書，事故車の運転者等の供述調書が含まれているので，人身事故の場合，訴訟提起前に弁護士法23条の2の照会をして刑事記録の写しを入手しておくか，訴訟提起後，第1回口頭弁論期日前に送付嘱託の申立てを行うことが望ましい。

(b) 物的損害

(イ) 所有権等の立証　　自動車の所有者が所有権侵害を理由として損害賠償請求をする場合は被害車両の所有者であることを主張・立証する必要がある。その場合の証拠として，通常，車検証や車検証名義人からの売買契約書等を提出する。

また，被害車両の所有者と利用権者との間で修理費を負担する特約がある場合等の場合は，同利用権者にも修理費の請求が認められる場合がある。この場合は，利用権限及び前記特約を主張するとともに，証拠として，実際に修理費用を負担したことを明らかにする領収書若しくは契約上原告が修理の費用負担をすることになっていることを明らかにする契約書等を提出する。

(ロ) 修理費等　　交通事故により車両が損壊した場合，後記の物理的全損及

び経済的全損の場合を除いて，適正な修理費相当額を損害として請求することができる。修理の必要性や相当性に争いがあるときは，修理内容及び修理費の額を個別・具体的に主張する必要がある。修理費相当額の証拠として，領収書，見積書，修理明細書，車両の損傷状況及び修理内容がわかる写真等を証拠として提出することが考えられる。

　交通事故により車両が大破するなどして修理により回復不可能な場合は物理的全損として，修理費が事故当時の車両価格（買替諸費用を含む）を上回るときには，いわゆる経済的全損として事故当時の車両価格が損害額となる（最〔２小〕判昭49・４・15民集28巻３号385頁参照）。物理的全損である事実は原告において主張・立証すべきであるが，修理費が事故当時の車両価格の合計額を上回り経済的全損となる事実は被告において反証すべき事実と解される。事故当時の車両価格とは，原則として，事故車両と同じ車種・年式・型で走行距離等が同程度の車両を中古車市場で取得するのに必要な価格（再調達価格）であり，自動車取得税，消費税，自動車重量税，検査・登録法定費用，車庫証明法定費用等も含まれるが，自動車税，自賠責保険料は還付制度があることからこれに含まれない。なお，残存の事故車両の売却代金が損益相殺される。

　(ハ)　代車料　　代車料を請求する場合は，代車を使用する必要性があったこと，現実に代車を使用し代車料を支払ったこと，代車の使用期間や使用車種が相当であることを主張・立証する必要がある。代車料が損害と認められる期間は修理や買替えに通常必要と認められる相当期間であるが，見積りや交渉のために必要と認められる期間も含まれる。証拠として，代車の使用期間，１日あたりの使用単価，代車料合計が記載された代車料の領収書等の提出が考えられる。

　(ニ)　休車損　　営業車両が事故により損傷し営業ができなかったため生じた損害を，休車損として，相当な修理期間又は買替期間の範囲で賠償請求をすることができる。休車損を請求する場合は，相当な修理期間又は買替期間，１日あたりの事故車両の利得見込額を主張・立証する。また，遊休車両がある場合には休車損は発生しないので，遊休車を保有していない事実も主張する必要がある。１日あたりの事故車両の利得見込額の算出方法として，確定申告等で被害者の１日あたりの全利得を算出し営業車両の台数で除する方法と，車両１台

あたりの売上げからガソリン代等の経費を控除して，車両の1日あたりの利益を算出する方法がある。

(ホ) 評価損　　事故歴がある車両という理由で，中古市場での売却評価が下落することがあるが，その売却価格の下落による損害について評価損（取引上の評価損）として賠償請求が認められる場合がある。評価損を請求する場合は，車種，事故車両の損傷部位，修理の内容・程度，修理費の額，初度登録からの期間，走行距離等の評価損の発生の有無等及び金額算定の考慮要素となる具体的事実を主張・立証する必要がある。その証拠として，一般財団法人日本自動車査定協会作成の事故減額証明書が考えられるが，同査定額は参考資料の1つとして取り扱われることが多い。

(c)　人的損害

(イ) 受傷の内容，程度　　人的損害の損害賠償を請求する場合は，受傷の事実・部位・内容・程度，事故との因果関係を主張・立証する必要があり，これらを立証する証拠としては，事故直後に診断した医師作成の診断書，診療報酬明細書，カルテ，各種検査記録，看護記録等がある。

(ロ) 治療関係費　　治療費や入院費として，事故による傷害の治療として必要かつ相当な範囲の実費が損害として認められる。証拠としては領収書，診療報酬明細書等がある。ただし，整骨院や接骨院などの施術費等を請求する場合は，原則として，領収書等に加えて，その施術が必要かつ相当であったことを証する医師の診断書・指示書が必要とされる。

症状が重篤で治療・看護上必要性のある場合や一般室に空室がなかった場合等特別の事情がある場合には，入院中の特別室の使用料も損害と認められる。特別室の使用料を請求する場合には，領収書のほか，特別室使用の必要性及び必要期間について具体的な事情が記載された医師の診断書や証明書の提出が必要とされている。

(ハ) 通院交通費　　通院交通費は，原則として，通院のために公共交通機関を利用する場合の実費が損害として認められる。タクシー代についてはその必要がある場合に限り認められる。領収書やレシートが証拠となるが，領収書が入手できないものについては，通院交通費の明細書を作成して提出する。なお，自家用車を利用した場合は，必要かつ相当な範囲で，ガソリン代，駐車料など

が損害と認められる。

　㈡　付添看護費　　入通院に近親者又は職業付添人の付添看護が必要な場合は，その費用が損害として認められる。病院が完全看護の態勢をとっている場合でも，受傷の内容・程度や年齢等を勘案して付添看護の必要性が認められる場合には損害と認められる。職業付添人の場合は必要かつ相当な実費額が，近親者が付き添った場合は，1日あたり，入院の場合で6500円程度，通院の場合で3300円程度が損害として認められている。付添看護費を請求する場合には，付添看護を必要とする具体的理由及び付添看護人が誰であるかを主張・立証する必要があり，その証拠として付添看護の必要性及び必要期間が記載された医師の診断書を提出する必要がある。また，職業付添人の看護の場合はその領収書も提出する必要がある。

　㈭　入院雑費　　入院期間中の諸雑費（日用品代，電話料等）として，1日あたり1500円程度が損害として認められており，入院雑費を請求する場合は，領収書等の証拠提出の必要はなく，入院期間を主張・立証すれば足りる。

　㈥　葬儀費　　交通事故により被害者が死亡した場合，社会通念上必要かつ相当と認められる限度で，葬儀費（仏壇，仏具等購入費及び墓碑建立費等を含む）を損害として請求できる。ただし，葬儀の規模や方法は様々であり，葬儀費として必要かつ相当な費用の金額がいくらか容易に判明しないことから，150万円をもって上限とされることが多い。

　㈦　休業損害　　休業損害は，「基礎収入（日額）×休業日数×休業割合」により算出される。

　　（i）基礎収入　　基礎収入は，原則として，被害者の現実の所得額に基づいて認定されるので，被害者の事故当時の現実の所得額を主張・立証する必要がある。事故時の現実の所得に基づいて基礎収入を認定することが不合理と認められる場合には，賃金センサスを用いて認定される。

　　給与所得者の基礎収入の認定にあたっては，事故前3ヵ月の平均支給額を基準とするのが一般的であり，休業損害証明書を証拠として提出することが多い（休業損害証明書に事故直前3ヵ月前の給与の支払状況が記載されている）。基礎収入は，本給のほか，歩合給，各種手当を含み，手取額ではなく税金込み額である。

　　被害者が事業所得者（個人事業主，自由業者等）の場合は，確定申告書の控え，

納税証明書，課税証明書等に基づいて，被害者の現実の所得額を主張・立証する。ただし，事業所得者の場合，事故前の収入と事故後の収入の差額が損害と考えられることから，死亡事故の場合を除き，事故前及び事故後のものが必要である。また，事業所得者が過少に申告したとして申告外の所得を主張する場合もあるが，その場合は厳格な立証を求められ，帳簿，領収書，通帳，経費等の資料に基づいて主張・立証することになる。

　被害者が年金生活者，学生，失業者等で収入がない者については，通常，休業損害は認められない。ただし，就職が内定していたり被害者の就職活動の状況により就労の見込みがあったと認められる場合には休業損害が認められることがある。この場合の基礎収入は，失業前の所得，経歴，年齢，学歴等を総合考慮して判断されるのでこれらの事実について主張・立証する必要がある。

　(ⅱ)　休業日数　　事故発生日から症状固定日までの間で，被害者が現実に休業した日数のうち，傷害の内容，程度，治療経過，被害者の仕事の内容等を勘案して相当と認められる範囲が休業日数として認定される。このため，休業損害を請求する場合は，事故発生日から症状固定日までの間の被害者の休業日数に加えて，休業の相当性についても主張・立証する必要がある。

　なお，被害者が従事する仕事内容，傷害及びその治療内容を勘案し，ある程度就労可能な期間があると認められる場合には，休業日数中の休業割合を下げたり，減収額について割合的認定がされることがある。

　㈏　逸失利益

　　(ⅰ)　後遺症による逸失利益　　「基礎収入×労働能力喪失率×労働能力喪失期間×ライプニッツ係数（中間利息控除）」により算出される。

　基礎収入の認定については，基本的に休業損害の場合と異ならない。ただし，後遺症による逸失利益の算定は長期間に及ぶ逸失利益を推認するものであるから，幼児，学生，主婦のように事故時に現実の収入がない者や就労後まもない若年者が被害者の場合には，賃金センサスの全年齢平均賃金又は学歴別平均賃金をもって基礎収入と認定されることが多い。

　労働能力喪失率は，原則として，自賠法施行令別表第１，第２の後遺障害別等級表・労働能力喪失率を基本としながら，後遺障害の部位，程度，事故後の稼働状況等を勘案して決定されるので，これらの事実についての主張・立証を

検討する必要がある。また，外貌醜状や歯牙障害など通常それだけでは労働能力に影響がないと考えられる後遺障害について逸失利益を請求する場合は，減収の事実及びこれらの後遺障害が労働能力にどのような影響を与えているのかを具体的に主張・立証する必要がある。

　労働能力喪失期間は，原則として，症状固定から67歳までであるが，高齢者で症状固定から67歳までの期間よりも平均余命の2分の1のほうが長い場合は，後者の期間の逸失利益が認められることが多い。また，いわゆるむち打ち症の場合は，後遺障害等級12級程度のものについては10年，14級程度のものについては5年を上限として制限される場合が多い。

　中間利息の控除については，単利式のホフマン方式と複利式のライプニッツ方式があるが，東京地裁，大阪地裁，名古屋地裁及び横浜地裁の交通部ではライプニッツ方式によることに統一されている。中間利息を控除する基準時については，事故時とするもの，症状固定時とするもの，紛争解決時とするものなど見解が分かれているが，実務上，①症状固定時とする取扱いや，②原則として症状固定時とするが事故から症状固定までの期間が長期にわたる場合は事故時を基準とする取扱いが多い。なお，若年の未就労者については，症状固定時の年齢から労働可能な67歳までの年数に相当するライプニッツ係数から症状固定時の年齢から就業可能な年齢までの年数に相当するライプニッツ係数を減じたライプニッツ係数が使用される。

　　(ⅱ)　死亡逸失利益　　「基礎収入×(1－生活費控除割合)×ライプニッツ係数(中間利息控除)」により算出される。

　死亡による逸失利益については，存命であったら必要であった生活費を基礎収入から控除(損益相殺)する。同控除額を算定するにあたって，実際に必要な生活費を個々に認定するのは困難であるため，実務上被害者の家族関係，所得，生活状況等を勘案して，概ね基礎収入の30％ないし50％の範囲で控除割合を設定して控除生活費を算定している。

　　(リ)　慰謝料　　入通院慰謝料を請求する場合は，診断書，診療報酬明細書等に基づいて，入院・通院の期間や実際の通院回数を主張・立証する。通常，これらの事実を基礎として，『赤い本』記載の「入通院慰謝料別表Ⅰ，Ⅱ」等に従って慰謝料額が算定される。

後遺障害慰謝料を請求する場合は，自賠責保険等の後遺障害等級認定を受け，後遺障害診断書や後遺障害等級認定票に基づいて主張・立証をする必要がある。後遺障害慰謝料は，通常，後遺障害等級認定により認定された等級に応じ『赤い本』や『青本』に準拠して算定される。

　被害者死亡の場合の慰謝料の認定については被害者の家庭における地位・役割，年齢等が斟酌されることから，死亡による慰謝料を請求する場合には，戸籍謄本（全部事項証明書）及び被害者の家庭における地位・役割についての陳述書を証拠として提出する必要がある場合がある。

　なお，①ひき逃げ，飲酒運転，無免許運転，著しいスピード違反など加害行為の態様が悪質である場合，②事故後の加害者に著しく不誠実な態度がある場合，③被扶養者が多数の場合などの事実があれば慰謝料の増額事由となりうるので，これらの事実を主張・立証して基準額を超える慰謝料請求をすることも可能である。

(d) 弁護士費用

　弁護士費用を請求するためには，委任契約と報酬の支払合意がなされたことを主張・立証する必要があるが，当該弁護士が訴訟代理人として活動していることによって，これらの事実について主張・立証がされているものと解される。なお，弁護士費用は，事案の難易，請求額，認容額，その他諸般の事情を考慮して相当と認められる額が損害と認められるが，実務上，認容額の1割程度が弁護士費用として認められることが多い。

(e) 遅延損害金

　交通事故に基づく損害賠償請求においては事故発生日からの遅延損害金の請求が可能である。これに対し，保険会社が保険金を支払ったことにより被害者の損害賠償請求権を代位取得したことを理由とする求償金請求訴訟の場合は，保険金支払日の翌日からの遅延損害金の請求しかできない。

(2) **被　　告**

(a) 請求原因に対する認否

　早期に争点を明確にするため，請求原因に対する認否はできる限り具体的に行うべきである。

(b) 免責・過失相殺

被告が免責又は過失相殺の主張をする場合，これらの根拠事実を具体的に主張し，同事実を証明する証拠を提出する必要がある。

　自賠責保険，任意保険，自動車共済，労災保険，被告からの既払金（損害の塡補）があるときは，総損害額に対して過失相殺減額を行い，その後に既払額を控除して残損害額を算定するが，健康保険からの給付金については，総損害額から同給付金を控除し，その後に過失相殺をする裁判例が多い。

　(c)　損害の塡補

　(イ)　損害の塡補については，被告に主張・立証責任があり，被告において正確な塡補額を主張するのが原則である。原告が既払金を控除した上で請求する場合も多いが，その場合でも，後になって他に既払金があることが判明することがないように，被告は早急に塡補額全額について調査する必要がある。

　(ロ)　塡補対象が限定される保険（自賠責保険，労災保険等）から損害の塡補があった場合には，それぞれの損害費目を分けて塡補額を主張し，それに応じた証拠を提出する必要がある。

[野藤　直文]

事項索引

あ

明らかになった評価損 … 262
アジャスター … 271
按分説 … 406

い

異時事故 … 330
慰謝料 … 164, 476
　　──の増額事由 … 178
　　──の調整機能 … 167, 180
一部請求 … 403, 415
一括払制度 … 13
逸失利益 … 475
　　──性が肯定される年金
　　　 … 128
　　──性が否定された年金
　　　 … 131
違法な事業 … 117
医療過誤 … 327

う

内側説 … 406
運　行 … 10
運行起因性 … 69
運行供用者 … 10, 63, 446
運行供用者責任 … 63, 75
　　親の── … 81
運行支配 … 67
運行利益 … 67

か

買替差額 … 208, 223
買替諸費用 … 213, 224
会社役員 … 186
改造車 … 227, 229
各種手当 … 109
学生・生徒・幼児等
　　 … 105, 191
家事従事者 … 104, 121, 189

男性の── … 123
過　失 … 48
過失相殺 … 7, 52, 231, 281,
　　300, 306, 324, 335, 342,
　　375, 385, 392, 403, 406
　　──において裁判所が考慮
　　　すべき事由等 … 294
　　──における過失（の意
　　　味） … 283, 294
　　──における主張責任
　　　 … 282
　　──における立証責任
　　　 … 283
　　──の裁量性 … 296
　　──の方法 … 290
過失相殺等の示談 … 353
過失相殺能力 … 284
過少申告 … 116
仮定的代車料 … 247
監督義務者責任 … 55

き

技術上の評価損 … 250, 261
基礎収入 … 108
既判力 … 413
基本的な書証の提出 … 435
客観的関連共同性 … 325
客観的評価損 … 261
休業損害 … 182, 474
休車期間 … 236
休車損 … 215, 234, 472
求償権の遅延損害金起算点
　　 … 323
給与所得者 … 103, 108, 183
強制保険 … 3
共同者の過失の評価に関する
　　判例 … 315
共同不法行為 … 60, 309, 324
　　──における損害額算定に
　　　関する判例の状況 … 320

共同不法行為間における求償
　　 … 322
共同不法行為成立の場合の抗
　　弁 … 313
共同暴走行為 … 401
寄与度減責 … 325

け

経済的全損 … 209, 227, 233
警察官の手信号等 … 335
減価償却定率法 … 275
兼業者 … 122
健康保険 … 43

こ

後遺障害 … 174
後遺障害慰謝料 … 174
後遺障害等級認定 … 8, 466
後遺症による逸失利益 … 475
好意同乗 … 288
好意同乗論 … 397
高速自動車国道 … 342
高速道路 … 342
交通事故証明書 … 463
交通事故訴訟
　　 … 411, 463, 469
　　──における損害賠償請求
　　　の請求原因 … 425
交通事故と医療事故の競合
　　 … 318
交通巡視員 … 335
公的年金制度 … 127
抗　弁 … 449
高齢者・年金受給者等 … 192

さ

裁判基準差額説 … 24
債務承認 … 461
差額説 … 23
算定方法 … 183

し

事業所得者 …… 104, 115, 184
　　──の寄与部分（寄与率）
　　　………………………… 116
時　効
　　──の起算点………… 457
　　──の中断…………… 461
事故減価額証明書 ……… 257
自損事故保険 ……………… 28
示　談 ……………………… 354
　　──と錯誤…………… 356
　　──の法的拘束力…… 355
実況見分調書……………… 272
自転車 ……………………… 376
自転車事故 ………………… 375
児　童 ……………………… 391
自動車専用道路…………… 342
自賠責共済 ………………… 3
自賠責損害調査事務所
　　………………… 14, 307
自賠責保険 ………… 1, 64, 305
死亡による逸失利益 …… 102
死亡慰謝料 ……………… 168
死亡逸失利益
　　………………… 108, 138, 476
　　──の算定……… 115, 121
車検落ち ………………… 278
車両保険 ………………… 33
重過失減額 …………… 7, 306
柔道整復師による施術 … 156
修理費 …………… 206, 471
就労可能年数
　　… 105, 111, 118, 123, 140
主観的評価損 …………… 261
受給開始前の年金の逸失利益
　　性 ……………………… 135
傷害慰謝料 ……………… 170
消極損害 ………………… 96
使用者責任 ……………… 54
症状固定 ………………… 182
症状固定後の治療費 …… 147
症状固定日 ……………… 145

消滅時効 ………… 436, 456
賞　与 …………………… 109
将来の昇給 ……………… 109
処分権主義 ……………… 414
所有権留保 ……………… 250
事理弁識能力 …………… 392
申告外所得 ……………… 116
人傷基準差額説 …………… 24
人身傷害補償保険 ………… 22
人損事故 ………………… 467
人損と物損を同時に請求する
　　場合 …………………… 429
人的損害 ………… 89, 403, 473
信頼の原則 ……………… 48
診療行為と施術行為 …… 155

す

スクラップ代金 ………… 224

せ

生活費控除
　　……… 106, 112, 118, 123,
　　　　　　　　　　136, 140
請求権競合説 …………… 88
精神的損害（慰謝料）…… 101
整体，カイロプラクティック
　　の施術等 …………… 160
政府保障事業 …………… 36
責任能力 ………………… 392
積極損害 ………………… 92
絶対的（加算的）過失相殺
　　………………… 314, 326

そ

素因減額 ………………… 289
増加保険料 ……………… 217
葬儀費 …………………… 474
相対的過失相殺 …… 314, 326
訴訟物 …………………… 412
外側説 …………………… 406
損益相殺 ………………… 193
損益相殺的な調整 ……… 194
損害賠償 ………………… 49

損害賠償請求権の個数 … 427
損害保険料率算出機構
　　………………… 14, 307

た

第三者行為災害届 ………… 42
代　車 …………………… 240
　　──の種類…………… 245
　　──の使用期間……… 244
　　──の必要性………… 241
代車費用 ………… 214, 240
代車料 …………… 214, 472
退職金 …………………… 109
対人賠償責任保険 ………… 17
対物賠償責任保険 ………… 21
他人性 ……………………… 70
他法令給付 ………………… 39
短期消滅時効 …………… 456

ち

中間利息控除
　… 106, 112, 118, 124, 141
中古車情報 ……………… 276
直接の加害行為者 ……… 439
直接の加害行為者以外の者
　　……………………… 442
治療関係費 ……………… 473

つ

通院交通費 ……………… 473
通常損害 ………………… 229
付添看護費 ……………… 474

て

定額法 …………………… 233
定率法 …………………… 233
デコレーション部分 …… 230

と

同時事故 ………………… 330
同乗減額 ………………… 397
搭乗者傷害保険 …………… 31
動物占有者責任 …………… 59

事項索引　*481*

登録落ち…………………*226*
道路等の施設管理者……*446*
道路の瑕疵
　　——が問題となる事例及び
　　過失相殺に関する裁判例
　　…………………………*362*
　　——による交通事故におけ
　　る過失及び過失相殺
　　…………………………*360*
　　——の意義　…………*359*
特別損害…………………*230*
土地工作物責任…………*58*
独居者（独り暮らしの無職家
事従事者）………………*122*
共稼ぎ……………………*122*
取引上の評価損……*250, 261*

な

内職等……………………*122*

に

日本自動車査定協会……*257*
入院雑費…………………*474*
入通院慰謝料……………*172*
任意自動車保険………*2, 16*
認定される施術費とその範囲
　…………………………*161*

ね

年　金
　　——の逸失利益性について
　　の判断要素……………*132*
　　——の受給期間………*136*
年少女子の基礎収入……*139*

は

賠償請求権者……………*419*
パートタイマー…………*122*

ひ

被害者側の過失……*285, 386*
被害者請求…………*12, 465*
非接触事故………………*300*
　　——の因果関係………*300*
　　——の過失相殺………*301*
評価損……*211, 249, 259, 473*
　　——の算定方法………*255*

ふ

不真正連帯債務…………*325*
物件事故報告書…………*272*
物損事故…………………*467*
物損を請求する場合……*431*
物的損害
　………*206, 403, 464, 471*
　　——に対する慰謝料…*220*
物理的全損……*209, 224, 233*
不法行為責任……………*45*

へ

ベースアップ……………*109*
弁護士特約…………*34, 417*
弁護士費用…………*222, 477*
弁護士費用等補償特約……*34*
弁論主義…………………*415*

ほ

歩行者……………………*377*
保有者……………………*65*

ま

マッサージ師，はり師，きゅ

う師の施術………………*158*

み

みなし評価損……………*262*

む

無償同乗……………*288, 397*
無職者……………………*191*
無申告……………………*116*
むち打ち症………………*174*
無保険車…………………*37*
無保険車傷害保険…………*30*

ゆ

遊休車……………………*235*
誘導員等…………………*338*

よ

幼　児……………………*391*

り

リース……………………*251*
リース会社…………………*78*
旅客運送契約………………*86*

れ

レッドブック………*225, 274*
レンタカー会社……………*75*

ろ

労災保険……………*41, 465*
労働者災害補償保険
　　　　　　→　労災保険
路　肩……………………*349*
路側帯……………………*349*

■編集者

梶村 太市（常葉大学法学部教授・弁護士）
西村 博一（宇治簡易裁判所判事）
井手 良彦（東京簡易裁判所判事）

《SEIRIN PRACTICE》
プラクティス　交通事故訴訟

2016年12月26日　初版第1刷印刷
2017年1月12日　初版第1刷発行

編集者　梶村 太市
　　　　西村 博一
　　　　井手 良彦

発行者　逸見 慎一

発行所　東京都文京区本郷6丁目4-7　株式会社　青林書院
振替口座　00110-9-16920／電話03（3815）5897〜8／郵便番号113-0033
ホームページ☞ http://www.seirin.co.jp

印刷／星野精版印刷　落丁・乱丁本はお取り替え致します。
Ⓒ2017　Printed in Japan
ISBN 978-4-417-01703-5

JCOPY〈㈳出版者著作権管理機構　委託出版物〉
本書の無断複写は著作権法上での例外を除き禁じられています。複写される場合は、そのつど事前に、㈳出版者著作権管理機構（電話03-3513-6969、FAX 03-3513-6979、e-mail: info@jcopy.or.jp）の許諾を得てください。